世界华文教育年鉴（2014）

THE YEARBOOK OF CHINESE EDUCATION IN THE WORLD (2014)

贾益民　主编
胡培安　胡建刚　副主编

社会科学文献出版社
SOCIAL SCIENCES ACADEMIC PRESS (CHINA)

2013年3月，中央外事办公室原副主任裘援平接替当选全国政协副主席的李海峰，出任国务院侨务办公室主任、党组书记。

2013年5月21日至26日，中国海外交流协会副会长马儒沛率领中国海外交流协会文教部部长雷振刚、华侨大学校长贾益民、暨南大学校长胡军等一行6人，赴台参加“2013两岸华文教育论坛”，访问多所高校，研讨两岸华文教育与中华文化传播合作模式。

2013年，国务院侨务办公室委托华侨大学开展的“海外华文教育情况普查”项目正式启动。图为项目组对菲律宾华文学校开展模拟调查。

由华文教育学家贾益民教授主编的中国首部《世界华文教育年鉴（2013）》编纂完成，由社会科学文献出版社出版发行。

“《华文教师证书》等级标准研制”顺利结项。图为《华文教师证书》实施方案、《华文教师证书》考试样卷等研究成果。

2013年12月26日，由中国国务院侨务办公室主办、华侨大学承办的第二届海外华裔青少年中华文化大赛总决赛在厦门举行。缅甸队荣膺状元，巴西队、意大利队分获榜眼和探花。

第二届中华文化大赛知识竞赛现场。

国务院侨务办公室副主任马儒沛为第二届中华文化大赛状元缅甸队颁奖。

国务院侨务办公室文化司司长雷振刚、华侨大学校长贾益民为第二届中华文化大赛榜眼巴西队颁奖。

为帮助海外华文学校改善办学条件，优化办学环境，提升办学水平，2013年，国务院侨务办公室遴选出第三批华文教育示范学校，共有88所海外华文学校入选。图为入选学校菲律宾罗申那同和中学、宿务中华中学举行“中华文化大乐园”活动。

2013年，缅甸东方语言与商业中心董事长曾圆香女士当选2013年度“中华之光——传播中华文化年度人物”，这是继泰国华文民校协会主席梁冰女士后又一华教人士获此殊荣。

华侨大学与泰国曼谷吞武里大学合作的中文电视栏目《你好BTU》开播。吞武里大学是泰国高校中唯一拥有电视台的大学。图为华侨大学校长贾益民和泰中文化经济协会副会长、泰国曼谷吞武里大学董事局主席参猜共同为节目开播鸣锣。

华教人物

（按音序排列）

陈永栽

梁　冰

荣　萌

苏一新

孙浩良

陶　凯

伍善雄

杨启秋

叶新田

郑年锦

本书系“海外华文教育与中华文化传播协同创新中心”研究成果。

华侨大学

中国社会科学院文化研究中心

香港凤凰卫视

中国华文教育基金会

台湾世界华语文教育学会

社会科学文献出版社

《世界华文教育年鉴（2014）》
编委会

华文教育工作是一项伟大的事业（代序）

国务院侨务办公室副主任
中国海外交流协会副会长
任启亮

20世纪80年代以来，中国通过改革开放政策不仅迅速地发展了国民经济，也极大提升了中国的国家地位。世界范围内的“中国热”“汉语热”和“中华文化热”，又为当代海外华文教育创造了前所未有的良好“生态环境”，华文教育获得了全方位的发展。以汉语作为第二语言的教育及以文化教育为主要形态的华文教育，以新移民和工作于域外的众多华侨子弟为教学对象的新型侨民教育，都得到了突飞猛进的发展，华文教育迎来了又一个大发展的春天。

在华文教育发展的每个阶段，都有大批的华侨华人亲力亲为，或捐钱捐物，或多方组织，或据理抗争，或毕生从教，无私奉献，可歌可泣。从情感上讲，他们投身华文教育事业，要么是出自培养后人的朴素情怀，要么是对故国热土的深深眷恋，要么是民族情感的自我驱使，要么是文化传承的内在自觉，这种情感纯洁而又高尚，真诚而又宝贵。倾心华文教育，传承中华文化，已成为海外华人社会的一种传统、一种风尚，也成为海外华族积淀民族精神的核心要素。正是一代又一代华侨华人的不懈努力，海外华族的民族精神才得以生生不息，优秀的中华文化才得以薪火相传。我们应对这些华文教育的先驱们表示深深的敬意，并承接起他们的事业，承担起我们的使命，把华文教育事业的发展推向新的高度！

华文教育从来就是海外华族的应尽之事，也是祖（籍）国不可推卸的责任。“无论是从我们民族优秀传统文化的传承角度考虑，还是从我们骨肉同胞的亲情考虑，我们都应在海外华文教育问题上给予帮助，给予支持。”① 海内外中华儿女，同宗同根，血浓于水，兄弟同心，互帮互助，携手前进，共创辉煌，自是应有之义；传承传播中华文化，建设国家软实力，提升民族自豪感，实现中华民族的伟大复兴，筑梦、追梦、圆梦，是海内外中华儿女共同的时代理想。今天，动员一切力量，整合社会各方资源，解决华文教育各个环节存在的实际问题，推进华文教育事业健康发展，这是时代赋予我们的使命，也是实现中国梦这一民族伟业的有机组成部分。

中国政府一直高度重视海外华文教育工作，21 世纪以来，更是将这一工作提升到国家层面，2004 年，在胡锦涛总书记的倡议下，“国家海外华文教育工作联席会议”和中国华文教育基金会成立，开创了华文教育事业新的局面。习近平总书记更是亲自参加海外华裔青少年“中国寻根之旅”开营仪式，并提出了“团结统一的中华民族是海内外中华儿女共同的‘根’，博大精深的中华文化是海内外中华儿女共同的‘魂’，实现中华民族的伟大复兴是海内外中华儿女共同的‘梦’”② 的著名论断。作为主管部门，国务院侨务办公室在华文教育方面开展了一系列富有创新性的工作，设立国内华文教育基地，建设海外华文教育示范学校，组织编写适应海外需求的《中文》教材，连续举办海外华裔青少年中华寻根之旅活动，“走出去”举办中华文化大乐园，“请进来”举办中华文化大赛，设立华文教育奖学金，开展海外华文教育师资的系列培训，扶持海外华文学校，拓展海外办学，加大华文教育科学研究……这些工作对海外华文教育事业的发展起到了巨大的推动作用，成效显著。

然而，毋庸讳言，海外华文教育事业还面临各种各样的困难，华文教育师资缺乏的现状没有得到根本的改变，教材的本土化、国别化工作尚未系统开展，远程教育系统并不完善，海外华文学校基础设施普遍较为落后，华文教育学科建设仍有不尽如人意之处，华文教育社会资源积聚及整合的成效不明显，新生代华侨华人精英人士投身华文教育事业的主动性不强，等等，这些问题都需要海内外华人社会团结起来，群策群力，互帮互助，逐步克服或改善。

---

① 转引自李海峰《充分发挥侨务工作在弘扬中华文化中的积极作用》，《求是》2012 年第 8 期。

② 引自刘维涛、王尧《共同的根共同的魂共同的梦　共同书写中华民族发展新篇章》，《人民日报》2014 年 6 月 7 日第 1 版。

华侨大学发起编纂《世界华文教育年鉴》，这是一项巨大的工程，其重要意义不言而喻。《年鉴》综览世界华文教育发展的概况，提供华文教育全面而又详细的信息，记录华文教育年度发展的足迹，评述不同国家教育政策对华文教育的影响，介绍海内外各个学校或机构开展华文教育的成功经验，搭建业界交流平台，促进华文教育科学研究。2013 年出版的第一部华文教育年鉴已经产生了广泛的社会影响，受到了业界各方面的高度肯定。值此 2014 年度年鉴即将付梓之际，我们祝愿《世界华文教育年鉴》越办越好！

是为序。

2014 年 12 月 18 日

前言

贾益民

《世界华文教育年鉴》是反映世界华文教育事业发展历程的大型史料性工具书，其编辑出版对于大力发展华文教育事业、促进华文教育学科的学术研究具有重要的参考价值和借鉴作用，不但可以为国家及地方侨务部门提供政策性决策参考，为有关专家学者研究世界华文教育现状提供事实依据，也可以为海内外各类华文教育办学机构、华文教育从业者提供系统的、全方位的资讯平台。

在华侨大学华文教育研究院同仁的不懈努力下，在海内外相关单位及机构的大力支持下，《世界华文教育年鉴（2013）》于2014年在社会科学文献出版社顺利出版发行。该书的编辑出版受到了国务院侨务办公室领导的高度肯定，得到了业界同人的广泛认可与普遍赞誉，这些都激励着我们全身心地投入到2014年度年鉴的编撰工作中。

《世界华文教育年鉴（2014）》继续坚持史料性、权威性、学术性的编写理念，客观、真实地记录世界华文教育的政策变化、发展动态、活动资讯和学术成就，冷静地观察和分析世界华文教育的生态环境和多样形态，系统地反映世界华文教育的发展态势。

《世界华文教育年鉴（2014）》大体沿用了2013年度年鉴的编写框架和内容设置，增加了“2004～2011年华文教育主要著作辑录”和“华文教育人物”两个板块。“2004～2011年华文教育主要著作辑录”共收录了149部华文教育专著或教材，并对其中31部著作进行了简要介绍。著作收录的时间上限为2004年，下限为2011年。2004年是华文教育发展历史上具有重要意义的一年，在当年的全国两会上，胡锦涛总书记对华文教育工作做出了重要的指示，发表了重要的讲话。为了落实总书记的指示精神，华文教育联席工作会议建立，中国华文教育基金会成立，华文教育事业发展及学术发展进入了一个崭新的历史时期。可以说2004年是21世纪华文教育工作具有标志意义的一年。为了帮助华文教育研究人士了解2004年以后学术著作的概况，我们搜集整理了这些年出版的学术著作的资料，以方便大家查阅。“华文教育人物”栏目重点介绍了10位对华文教育事业做出突出贡献的精英人士，他们中既有倾资助学的著名侨领，又有长期坚持战斗在华文教育一线的教师。介绍他们在为华文教育事业奋斗中的奉献精神和感人事迹，这超越了一般意义上的宣传，更多是要凝心聚气，为华文教育事业的可持续性发展树立榜样，大力弘扬海内外华人社会承继中华文化尊师重教的优良传统，戮力同心，敢于担当，创造华文教育更加美好的未来。由于受年鉴篇幅的限制，同时也要顾及华文教育人物国别的平衡，许多著名的华文教育人物没有进入今年的年鉴，但我们将在今后的年鉴编写中陆续介绍。

基于对2013年年鉴收集信息的梳理与观察，我们可以看到，2013年，世界范围内，欧洲地区的华文教育发展进展快、亮点突出；国务院侨务办公室外派教师数量创历史新高，并召开了“全国第三次外派教师工作会议”，更加强调对海外本土师资人才的培养及本土师资队伍的建设；海外华文学校自身的对内、对外交流日趋活跃，华文教育的合作办学模式不断向更高、更深层次发展；游教活动与竞赛活动仍是当前华文教育活动的主要形式，而且在活动中日益重视进行汉语言文化的“全方位”体验，海外华文学校及华教组织自主开展的各类本土化竞赛活动也日益增多；华文师资培养形式多样、层次提升，短期培训日益专门化、远程化，许多海外华文学校开展了多种形式的自我师资岗前培训或岗中的教学研讨。

本年度的年鉴编写工作继续得到福建省侨务办公室文宣处的大力支持，他们提供了福建省2013年年度华文教育工作的详细信息，这是华文教育工作的宝贵资料，谨以附录形式安排在书中，并对福建省侨务办公室同人致以诚挚的谢意。

本年度年鉴关于台湾地区及海外不同国家和地区华文教育动态的信息收集还不全面，这需要在今后的信息采集方式、信息员队伍建设等方面不断加以完善，加强对台、港、澳地区华文教育工作信息的收集与编写。

感谢国务院侨务办公室及各级侨办领导的大力支持，感谢海外华文教育机构及国内各个华文教育基地院校的通力合作！欢迎各界人士、各位读者对年鉴的编纂提出宝贵意见，相信通过大家共同努力，我们一定能将《世界华文教育年鉴》打造成华文教育领域的重要品牌！

目录

Contents

第一部分

2013年世界华文教育发展综述

（一）2013 年华文教育政策综述

中国政府一直以来特别重视华文教育工作。2013 年中国政府关于华文教育的政策主要体现在过去已有政策的延续性上。主要包括：继续扩大外派华文教师规模，开展支教活动；更加强调对海外本土师资人才的培养及本土师资队伍的建设；新增国家级、省级及市级华文教育基地，不少省份出台了华文教育基地管理办法、外派教师管理办法等政策性文件。

2013 年国务院侨务办公室外派教师 800 余人，比 2011 年多一倍，比 2012 年多 100 余人，创历史最高水平。这些教师遍布世界 5 大洲 24 个国家近 300 所重点华校，虽然华文教师主要分布在华文教育规模较大的东南亚国家，但 2013 年派往欧美地区的华文教师数量明显增加。在质量上，国务院侨办坚持对外派教师进行严格的选拔和规范的行前培训，外派教师选拔工作主要委托各省市侨办和当地教育部门开展，而各地主要通过面试、笔试和课堂讲解等形式，对外派教师进行全面的培训和考核。针对目前海外华文教师短缺这一现状，国务院侨办提出“造血”与“输血”双管齐下计划，这一计划在海外取得较好反响。国务院侨办在菲律宾选派有教学和管理经验的教师作为督导教师，巡回了解各校的办学情况，并提出改进意见，对提高学校的办学水平起到了积极作用。同时，督导教师和其他外派教师利用业余时间来培训当地教师，这样由单一的授课转变为兼顾培训当地教师，实现了外派教师由“输血”向“造血”功能的转变。广东、云南、福建、浙江、北京、上海、山西、吉林等省级侨办积极开展外派教师工作，山东东营市、陕西西安市、浙江嘉兴市、浙江舟山市、广西贵港市、四川乐山市、河南平顶山市、福建南平市等多个市级侨办也积极开展外派教师工作，其中多数为第一次向海外华校派遣华文教师。

除了增加外派汉语教师及汉语国际教育志愿者，2013 年，政府更加强调对海外本土师资人才的培养及本土师资队伍的建设。2013 年 5 月 23 日，李克强总理在访问巴基斯坦时首次宣布，未来五年，中国将为巴基斯坦培训一千名汉语教师，并增设多家孔子学院①。国务院侨办在华侨大学华文学院、暨南大学华文学院设立的面向海外留学生的华文教育本科生奖学金指标，比 2012 年翻了一番，中国华文教育基金会设立的面向海外华文教师的华文教育硕士研究生奖学金指标也大大增加。以“走出去、请进来”等方式开展的海外华文教师培训工作，规模更大，层次更多，形式更灵活，涉及国家或地区的范围更广。

2013 年，新增了多家国家级、省级及市级华文教育基地，不少省份出台了华文教育基地管理办法、外派教师管理办法等政策性文件。这些文件的出台必然会使华文教育工作的开展更加持久化、规范化、制度化。

2013 年世界华文教育整体上呈现积极、蓬勃发展的趋势。一些国家的华文教育政策也有变化，其中既有积极的动向，也有消极的因素。

本年度华文教育发展进展最快、亮点最突出的当属欧洲地区。波兰热舒夫市市政府决定逐步增加开设汉语课的公立幼儿园数量，最迟于两年内在全市所有公立幼儿园普及汉语课。波兰的知名大学也看好中波教育合作的前景，纷纷开设中文本科教育。法国教育部 2013 年在本土 26 个教区全部开设了中文教学课程，同时新增添了 40 多个中小学中文教师的职位。英国首相卡梅伦表示，计划在 2016 年前将英国学校目前的中文助教人数翻番，并增加投资资助学校开展汉语普通话培训教育。英国政府也正式决定，自 2014 年 9 月起，全国 7 至 11 岁小学生必修一门外语课，汉语是可选科目之一，三年内要把英国学习汉语的人数增加一倍，达到 40 万人的规模。中国在塞尔维亚的投资已使越来越多的塞尔维亚学生对学习汉语感兴趣，为此塞尔维亚在 2013 年扩大中学开设汉语学习课程的试点规模，并和中国政府合作共同解决汉语课程开设费用及师资需求的问题。在荷兰，中文正式成为荷兰中学的外语选修课程。2013 年，匈牙利高中课堂也正式开设汉语课程，斯洛文尼亚在国内 12 所大中小学校、幼儿园开设商务汉语、通用汉语等多达 15 门的汉语课程。

美洲地区。美国继续力推“十万人留学中国”计划，为促进这一计划的实施，美国国务院还成立了非营利性的“十万强基金会”，募集捐款，支持一些经济状况较差的美国学生留学中国，中国政府也承诺给予 2 万名美国留学生奖学金。这些措施大大推动了“十万人留学中国”计划的实施，2013 年美国留学中国的人数达到 25312 人，加上 2010 年的 19668 人、2011 年的 23292 人、2012 年的 24583 人，预计 2014 年即可实现这

---

① 李克强：《让全天候友谊结出新硕果——在巴基斯坦参议院的演讲》，见中央政府门户网站：http://www.gov.cn/idhd/2013-05/24/content_2410141.htm。

一计划。美国俄克拉荷马州立大学将汉语升级成辅修课程，实现了汉语课程的"华丽转身"。南美的阿根廷里奥内格罗大学与该省教育厅一起，推动"跨文化"教室计划，对幼儿园和小学的中文老师进行培训，提升中文教学质量。

大洋洲地区。澳大利亚维州为了提高汉语课程对于非汉语背景学生的招生率，推出一项政策，即"在家说汉语的学生可能无法将汉语作为维州高考（VCE）的第二语言"，目的是减少在家说汉语的学生对非汉语背景的学生的竞争力，鼓励非汉语背景的学生积极学习中文，同时政府已经拨款1300万澳元资助1500名9年级的学生参加汉语"沉浸式教学项目"。新西兰总理也鼓励当地学生学中文，称华人是最好的师资。

非洲地区。埃塞俄比亚的著名学府亚的斯亚贝巴大学开设了首个汉语本科专业。

亚洲地区。吉尔吉斯斯坦南部中学将汉语取代英语列为必修课，许多学生已将学习汉语并能去中国留学深造作为个人的理想和奋斗目标。新加坡推出"看图说话"指导手册，帮助学生应对华文口试。韩国庆尚南道教育厅表示由于汉语作为第二外国语的需求不断增多，因此安排了比2012年更多的中国教师教授汉语。尼泊尔政府首席秘书鲍德尔也表示尼泊尔要加强汉语的普及，以吸引更多的中国游客，促进尼经济发展。泰国将推出中文工程，目标是在4年内让东盟10国6亿人中的1亿人会说中文。这一项目将首先在泰国实施，然后推广到东盟其他国家。

马来西亚在2013年年初提出的一系列华文教育发展计划也令人鼓舞。其中包括：1月份遴选951名教师受聘华小，缓解华小存在的师资短缺问题；允许关丹中华独中采取双轨办学模式，学生可以参加统考；继续实施一些制度化拨款及临时拨款（如"爱心计划"拨款、特别拨款等），支持各级华校发展；马来西亚政府为了更好地为华裔社区服务，向官员开放汉语教育；马来西亚教育部在《2013～2025年国家教育发展大蓝图》中首次明文承认华文独立中学在马来西亚教育领域的贡献。

但是马来西亚这些对华文教育有利的政策改变不了其打压华文教育发展的本质。其教育部于2013年9月11日正式发布实施的《2013～2025年国家教育发展大蓝图》使马来西亚的华文教育遭受严重的打击。从《2013～2025年国家教育发展大蓝图》来看，马来西亚自2013年至2025年，将分成三个阶段逐步推行单元主义教育政策。第一阶段（2013～2015年）：《2013～2025年国家教育发展大蓝图》规定所有幼儿园必须采用国家学前课程。这将会导致各源流幼儿园的教学媒介语被统一为国语（马来语），剥夺家长为子女自由选择就读何种源流幼儿园和小学的权益，使家长送孩子就读国小，缩小华小、淡小的学生来源，达到国小为所有家长的首选学校这一"最终目标"。教育部鼓励"政府资助学校"把学校的地位改为"政府学校"，并通过长期租赁或签订合约的方式，在不需要土地拥有者转换土地拥有权的情况下，使教育部拥有土地信托权。这是教育部蚕食和剥夺华小董事会主权，进一步控制董事会及校产管理权，逐步变质华小的手段。第二阶段（2016～2020年）：加强推广由教育部州级和县级“学生交融团结计划”委员会所规定的活动，但是却没有规定参加的学校可自由使用各自教学媒介语，这将进一步蚕食华小和淡小的办学本质与特征。第三阶段（2021～2025年）：《2013～2025年国家教育发展大蓝图》阐明，2021年至2025年实现国小和国中成为所有家长的首选学校，到时教育部将检讨“多源流学校的选择”和“国家教育体系结构”，以做出进一步的“改变”。这将剥夺或取消华小和淡小的法定地位，令华小和淡小被边缘化、弱化，并逐步变质及消亡，使家长失去送孩子接受母语教育或就读各源流学校的选择权利。《2013～2025年国家教育发展大蓝图》的本质是贯彻单元同化政策，实现单一源流学校这一最终目标，根本没有保障华小的母语教育本质与特征。同时，《2013～2025年国家教育发展大蓝图》规定各源流学校从四年级开始都要采用标准的马来西亚语课程，其后在听取各方意见后采取折中方案，将这些学校四至六年级国语（马来语）课程的时间由2012年定的270分钟降到240分钟。这一规定虽然是一年多来各方努力的成果，但是较之前的180分钟仍然会对马来西亚华文教育带来实质性伤害，国民型华小作为华文学校的性质将不复存在。

马来西亚教育部在2013年度华小华文组教育学士课程（PISMP）中增加了新的条件，要求报考者需具有马来西亚教育文凭“中国文学”及格资格。这项规定限制了绝大部分的报考者，对华小师资来源是一大打击。马来西亚教育部还把公开给马来西亚教育文凭（SPM）生和统考（UEC）生申请的教育学士课程（PISMP）华小华文组，合并成单一组别，而且只录取10人，这也导致华小师资规划面临不足的问题。

马来西亚政府教育预算连续3年增加，达历史最高水平，而且在所有领域预算中占比最高。虽然投入教育的整体资金数额增加，但是投入华文教育的资金数额却相对减少了一半。马来西亚政府将往年拨付华小的一亿令吉改为5000万令吉，国民型中学在2013年只获得3000万令吉，2014年将分文不给。在技职教育方面，也严重失衡，政府拨款超过5亿令吉，但是非本土学生却不能享有技职教育的权益。

印度尼西亚政府2013年7月15日推出了新的教育法规——《2013课程大纲》，这部法规对华文教育的影响尚待评估，但从法律条文来看，至少有以下几点值得注意。1.《2013课程大纲》的实施对象不仅涵盖国立学校，而且明确私立学校、回教讲习所也必须遵守，这实际上限定了私立学校自主设定课程体系的空间，华文学校基本上都属于私立学校，这些学校开设华文类课程的自由度必将深受影响。2.《2013课程大纲》大大增加了印尼文课程、宗教及品德课程、班查西拉及国民意识课程的教学时数，其中小学阶段印尼文课程和班查西拉及国民意识课程的教学时数都比以前增加了一倍之多，大大强化了印尼文化教育及民族思想意识教育。这项规定主观意图我们不能妄加评说，但客观上加强了民族主义思想的教育。3.《2013 课程大纲》取消了小学英文课程及地方方言课程，意味着华文课程也不能在学校教学时间内进行，这必将促使许多学校不得不采取相应的措施应对，要么取消华文课程，要么将华文课程安排在课外时间或改为选修课程，华文课程在各级学校的存在危机突现。4.《2013 课程大纲》增加了各个阶段的教学时数，实际上大大压缩了课外的时间，这对遍布印尼的大大小小的华文补习机构将产生不可估量的影响，因为学生和家长利用课外时间到相关补习机构补习华文的意愿就会大大降低。

另外，据印尼相关人士介绍，印尼政府对外来教师到印尼从事教育工作的条件也做出了更为严格的规定，要求要有两年以上的工作经验，年龄不低于 25 岁、不高于 55 岁等，这对应届毕业的汉语教师志愿者有直接的影响。

（二）2013 年华文教育工作会议综述

2013 年中国国内和国外规模较大的华文教育工作会议达 30 次，主要集中于外派教师工作和华文媒体工作两个方向。

外派教师工作是国侨办 2013 年华文教育工作的重点，这一年外派教师的数量达到了历史新高，在保证派往东南亚华文教师数量的同时，重点向欧美地区倾斜，呈现了一些新的趋势和特点。在这一形势下，国务院侨务办公室文化司在宁夏组织召开了全国第三次外派教师工作会议，全国各地侨办、华文教育基地院校、海外华校代表等参加了会议。会议集中研讨了华文教师外派工作的新思路和新举措，肯定了以往外派教师工作的成绩，并对外派教师的管理工作进行了系统的培训。此次会议产生了较大的社会影响，广东、浙江等地方侨办或华文教育基地院校也召开了自己的外派教师工作会议或座谈会，加强了对外派教师的业务培训，听取了外派教师的经验介绍和意见建议，推动了外派教师工作的开展。菲律宾华教中心还专门召开了本年度在菲工作的中国侨办外派教师总结大会，会议规模达 150 人，肯定成绩，表彰先进，查找问题，探讨发展对策，提出“输血”与“造血”并行发展的华文教育理念。

华文媒体一直是海外华文教育的主力军，是对学校教育的有效补充。华文媒体在传播中华文化，塑造中国良好国际形象，唱好中国好声音，团结华人社会，整合华侨华人资源等方面发挥了不可替代的作用。2013 年华文媒体工作会议频次高，规模大，层次高，范围广，成果丰。2013 年在海内外先后举办了荷兰华文媒体联谊会、“华创会”海外媒体论坛、全球华语广播网年会、第七届世界华文传媒论坛、海外华文媒体合作组织年会等多场大型专题会议，频次远远超过往年。第七届世界华文传媒论坛与会人数达600人，海外华文媒体合作组织年会与会总人数也近200人，其他会议参与媒体多数也有30家以上，可谓规模宏大。这些会要么是国务院侨办主办，要么是各类合作组织主办，会议的主题基本包括华文媒体如何为实现中华民族伟大复兴的中国梦贡献力量；如何建立合作体系，实现优势互补；如何团结华人力量，融入主流社会，建立国际话语权体系；如何助推中国走向世界，唱好中国好声音等，具有突出的现实意义。第七届世界华文媒体论坛、海外华文媒体合作组织年会还分别发表了《青岛宣言》和《北京宣言》，达成了重要共识，取得了重大成果。这些会议都有效团结了世界各类华文媒体力量，加强了华文媒体之间、华文媒体与国内媒体之间、媒体与中国政府之间的沟通与交流，明确了华文媒体在传播中华文化、助推中国梦实现等方面义不容辞的社会责任，鼓舞了华文媒体的热情。相信这些会议的作用会不断得到体现。

2013年华文教育工作会议相对2012年有所增加，除上述两个重点方向之外，其他方面的常规工作会议也不乏亮点，此不赘述。

国内的工作会议包括国侨办所属院校和华文教育基金会召开的工作座谈会。会议认真分析制约各单位发展的重点、难点问题，研究解决思路与举措。中国华文教育基金会举行“中国文化海外行”赴南非和新西兰教师座谈会，分析了华文教育开展的现状和形势，针对如何激发华裔学生学习中文的兴趣和在教学中融入中华文化提出建议。中国华文教育基金会举行第二届九次理事会，修订了《中国华文教育基金会章程》。浙江温州也召开了“寻根之旅”夏令营筹备工作会议。广东侨办召开座谈会，充分肯定外派华文教师工作并就存在的相关问题提出建议。“2013中国文化行·金帝云南营”座谈会在大理召开，会议就当地华校遇到的问题和华裔学生因家境贫困而求学艰难的问题提出解决办法，呼吁社会关注那些渴望学习和传承中华文化的莘莘学子。北京华文教育工作座谈会上，承办北京华文教育项目的各个学校分别介绍了各自的办学优势和特色，实施华文教育项目的经验和体会，以及与海外中文学校开展交流合作的意向和需求。在“中华文化大乐园”墨尔本营总结交流会上，各参团教师进一步总结教学经验，为今后更好地实施大乐园活动贡献力量。北京市侨办于2013年元旦前夕举办华文教育工作座谈会，就华教工作征求各学校意见。寻求合作创新的主要会议包括：全国政协港澳台侨委员会召开海外华教研讨会，专家热议华教创新思路，与会专家、学者和一线工作者就新形势下海外华文教育的价值内涵、工作现状、存在问题及未来发展的创新思路等展开座谈；第九次全国侨代会海外特邀嘉宾畅谈海外华文教育，从事海外华文教育和传媒工作的海外特邀嘉宾们纷纷表示，要发挥自身优势，尽力为两国之间的文化交流多做一些事情。

境外的华文教育工作会议也十分务实。中国驻曼彻斯特总领馆举行领区中文教育座谈会，介绍中文学校在搞好汉语教学、弘扬中华文化等方面的情况并建议领区孔院与中文学校进一步加强沟通，密切互动，资源共享，相互促进，共同提高。美国佐治亚州中文教师协会召开年度计划会议，回顾了过去一年中文教师协会的工作成果，并展望新一年的工作计划。菲律宾华教中心召开中国国侨办外派教师年终总结会，参会嘉宾讲述经历，畅谈体会，分享经验，提出建议，对各种拟定的议题进行有效深入的探讨。马来西亚举行“全国华教工作者座谈会”，会议达成多项共识，大部分共识集中于关丹中华中学办学模式与学校定位。中国驻汉堡总领馆举办2013年华文教育座谈会，畅谈对德国北部地区华文教育现状及发展的看法和建议。泰国资深华文教师在滇参加华文教育座谈会，介绍当地华文教育开展的情况，并就加强各学校的沟通提出建议。印度尼西亚汉语教学促进协会召开全国工作会议，为拟定实用、符合国策的汉语教学方案而努力。韩国首尔中国文化中心举办2014年工作吹风会，介绍了2014年度文化中心的工作计划和重点活动等。

（三）2013年世界华文教育交流与合作综述

华文教育是希望工程、留根工程，关系华人社会的可持续发展。加强华文教育界的交流与合作有利于提高海外华文学校的办学水平，改善师资结构，促进学生发展，这对推进世界华文教育的发展意义深远。

近年来，国内外华文教育界的交流与合作伴随着各华文教育组织机构间的人员往来、合作办学的增加而增加，并随着世界华文教育事业的发展而愈加紧密和热烈。对传承中华优秀文化的共识，成为国内外华文教育界交流与合作的基础和动力。

2013年在交流方面，参观、考察、视察、座谈、会见、调研、访问（走访）、看望、慰问等形式仍然是本年度各华文教育机构、组织之间交流的主要形式。通过这些交流形式，华文教育各组织机构之间、华文教育和非华文教育组织机构之间密切了彼此的联系，协调、理顺了各方面的关系，增进了社会各界对华文教育的了解、理解和支持，同时也进一步推动了海内外社会各界对华文教育的重视，扩大了华文教育的影响。在合作方面，协同创新、合作办学、项目合作、缔结姐妹学校等形式仍然是本年度各华文教育机构、组织之间合作的主要形式，这些合作形式有效地把社会各种力量整合在一起，共同推动了世界华文教育事业的发展。

总体来说，2013年世界华文教育的交流与合作呈现以下几个特点。

1. 国内的华教机构作用显著

中国政府一直高度重视海外华文教育事业的发展，国务院侨办作为国家侨务部门的最高机构，把华文教育视作“留根工程”，对海外华文教育和华文学校给予力所能及的支持。2013 年 7 月，国务院侨办主任裘援平先后走访了泰国北榄府公立培华学校、马来西亚华文独立中学坤成学校、柬埔寨潮州会馆公立端华学校，看望、慰问华校教师，考察、了解华校办学情况。国内的各级华文教育机构如中国海外交流协会、中国华文教育基金会、华侨大学、暨南大学、北京华文学院等，或主动访问海外华文学校，或接待来访的华文学校，或派遣志愿者教师，或邀请海外华校的教师、学生来中国访学，均积极主动地与海外华文学校加强交流与合作。如 2013 年 1 月，中国海外交流协会在广西南宁与泰国清莱市政府签署合作备忘录，双方将重点加强在中文教师培训、华裔青少年夏（冬）令营、华文教材编写等领域的合作力度，共同促进华文教育的发展。2013 年 4 月，中国海外交流协会访问菲律宾华教中心，双方就菲华学生厦门、泉州汉语进修团，中华文化大乐园，中国优秀才艺学生访问团，夏（冬）令营等活动进行了深入的交流和沟通。

2. 海外华校在交流中日趋活跃

加强交流与合作是各级华文学校提高办学水平和办学层次，增强竞争力，谋求自身发展的重要途径。由于一些历史、政治的原因，海外的很多华文学校发展还处于不成熟的阶段，在师资力量、教学资源、办学经费等方面存在一定的困难，因此加强国际交流与合作，特别是加强与中国国内的一些华文教育机构和组织间的交流与合作，学习和借鉴各华文教育组织和机构先进的华文教育理论和经验，同时在师资建设等方面寻求一定的帮助，这对海外华文学校克服目前的发展瓶颈，加快学校的发展大有裨益。如 2013 年 4 月缅甸华文教育代表团访问昆明华文学校，双方就培养留学生、华文教育等方面展开座谈。2013 年 5 月泰国民众学院公会主席陈汉展访问华侨大学华文学院，双方就合作办学、开展夏令营、短期培训及在泰北建立招生点等相关问题达成一致。

毫无疑问，这些交流与合作，有助于帮助海外华文学校借助中国国内各大院校在教学技术、培训、教育信息化和办学条件等方面的优势，帮助他们引进优质教育资源和先进教育观念、方法和评价体系。这些交流活动可以提高海外华文学校的办学水平和办学层次，增强学校的竞争力。

3. 姐妹学校交流有新发展

2012 年国内许多华文基地院校与海外华文学校签订了姐妹学校协议书，缔结校际交流关系。2013 年，除了陆续有一些新的华文教育基地院校与海外学校缔结姐妹学校外，一些原有的华文教育基地院校在 2012 年缔结姐妹协议的基础上进入实质性的交流阶段，如 2013 年 2 月 12 日至 22 日，乐清市华文教育基地——乐清中学 16 名优秀学生与2名教师到德国结好学校弗里德里希-艾伯特学校进行为期10天的交流活动。2013年10月24日，意大利佛罗伦萨保罗茨洛中等学校校长TESTI到温州市华文教育基地——瑞安市外国语学校，对友好姐妹学校进行交流访问。这些交流活动对国内的学生来说，可以帮助他们走出国门，去看看不同的世界，通过接触不同的文化，使他们能以更加开放的态度获取新的知识，亦能从不同的角度了解世界。当与不同国籍的学生分享经验时，他们对自身的文化也会有更深刻的认识。对海外华文学校的学生来说，这给了他们一次近距离接触、了解中国和中华文化的机会，增强了他们对祖籍国的感情，同时，各种精心安排的文化体验，中外学子结对子等活动，也使他们汉语水平的提升突飞猛进。总之，这些交流活动对学生们个人发展的意义是不言而喻的。

4. 合作办学产生新成效

海内外各级院校之间的交流与合作由来已久，近年来更呈现向更高、更深层次发展的趋势，其中合作办学是院校间国际合作的常见项目。2013年海内外各级院校之间的合作办学不断取得新的成效，如2013年3月21日，中国国立华侨大学、昆明华文学校、越南河内第二师范大学在云南签署三方合作办学协议，促进中越两国教育交流与合作，这应当说是华文教育工作在越南的一个突破。2013年9月温州大学先后与美国肯恩大学、墨西哥拉科鲁尼亚大学携手共建"中国语言文化中心"，这为两校在汉语教学、文化交流与汉学研究等方面的进一步合作提供了广阔前景。

海内外院校通过合作办学带来了教学观念的更新和办学视野的拓展，能有效利用国（境）内外优质教育资源提升各级学校的办学水平和学术竞争力，进而提升学校的国际化水平，这是培养具有社会竞争力乃至国际竞争力的华文教育人才的有效途径之一。

（四）2013年世界华文教育活动综述

华文教育的主要任务是对海外华人华侨及其子弟开展语言教育和文化教育。课堂之外的文化体验活动是华文教育的重要形式，对促进华文教育起着不可忽视的作用。2013年，以国务院侨办、中国海外交流协会、中国华文教育基金会为主体，以各级侨务部门、各华文基地、各华人社团为依托，以海外华裔青少年为主要对象，开展了丰富多彩的中华语言文化学习体验活动，成果突出。

1. 2013年华文教育活动开展情况

2013年华教活动主要有游教、竞赛、会演等几种类型，覆盖海外华裔青少年、华教人士两大主体，辐射至整个华人社会。

游教体验活动以夏（冬）令营的形式展开，“寻根”“体验中华文化”是活动的核心主题，海外华裔青少年在开展语言学习、语言实践的同时，也增进了自身对中国文化的了解与认同。通过寻根谒祖找寻宗族乃至民族之源，通过参观游览中国的历史名胜、现代新貌认识祖籍国的古往今来，通过教学活动学习源远流长的中华文化知识，通过动手实践活动加深对中华文化的认识。“中国寻根之旅”是国侨办倾力打造的品牌项目，其内涵已从探寻祖籍、宗源拓展至追求民族根源。2013 年，国侨办与地方侨务部门和华文教育基地院校合作举办 200 多期“中国寻根之旅”地方营和舞蹈、武术等特色专题营，参营人数 2 万余人。值得瞩目的是第 7 届“海外华裔及港澳台地区青少年‘中国寻根之旅’夏令营”的举办，来自世界 55 个国家和香港、澳门、台湾地区 4000 多名青少年欢聚北京，同抒中华情，畅谈中国梦。国务委员杨洁篪出席开营式并发表重要讲话。中国华文教育基金会主办或与地方侨务部门、爱心企业联合举办“中国文化行”系列活动。作为“华裔青少年中华文化传承工程”的重要组成部分，“中国文化行”足迹遍及福建、重庆、广西、江苏、宁夏等 10 余个省或直辖市，1000 多名华裔子弟从中受益。

为进一步丰富海外华裔青少年的文化体验活动，国侨办打造了“中华文化大赛”“世界华人少年作文比赛”“中文歌曲大赛”等主题多样、参与面广的活动品牌。2013 年，国侨办继续举办第二届“海外华裔青少年中华文化大赛”，吸引了 19 个国家 4 万余名华裔青少年参加；会同国家汉办等单位举办“第 14 届华人少年作文比赛”，共收到海内外来稿约 13 万件，其中有 26 个国家 140 所华校组织参赛；联合北京市政府等单位举办“‘水立方杯’海外华裔青少年中文歌曲大赛”，海外 18 个国家 23 个城市近千名华裔青少年参赛，23 家侨团承办比赛。

游教及竞赛以海外华裔青少年为主体，与之相比，会演的受众面更广，从华裔子弟扩展到了华人社会。2013 年，国侨办组派 11 个高水平“文化中国 · 四海同春”艺术团组分赴五大洲举办慰侨访演，历时 20 多天，遍访 33 个国家和地区 58 个城市，为 61.6 万海外观众奉献了 68 场演出，演出阵容创历年之最；组派“优秀才艺学生交流团”赴美洲、澳洲、东南亚等地的 5 个国家 10 座城市开展访演活动，受众达 1.5 万人。

此外，2013 年度面向华校校长、华校校董、华文教育杰出人士、优秀教师等海外华文教育界人士的“华夏行”活动，参与人数达 384 人，规模创历史之最。

2. 2013 年华文教育活动特点

（1）以游教活动与竞赛活动为主要形式

华教活动类型多样，以游教活动和竞赛活动为主要形式。

游教活动体现为各类夏（冬）令营。根据目标需求的不同，活动时间长短不一，但多数在7至15天的范围内。综观2013年的夏（冬）令营活动，内容涵盖知识教学、山水游览、才艺赏学、美食体验、风俗礼仪体验等多方面。知识教学内容包括汉语知识、汉字知识、诵读技能、语音和口语等，知识教学作为文化体验、实践的基础，主要在课堂上完成。山水游览是对各地具有中国文化特色的名胜古迹、山川河流的实地考察，近距离地感受各地风貌。才艺赏学是华教活动的重头戏，对华裔青少年有极大的吸引力。通过中国书画、武术、舞蹈、民乐、手工艺（陶艺、篆刻、脸谱描绘、剪纸、编织、面塑等）、舞狮、划龙舟、珠算、方言等中华才艺的展示、传授，让华裔青少年在了解相关文化知识的基础上动手体验，更能激发其了解中华文化的兴趣。美食体验通常是各主办单位安排的重要活动内容。从中国传统美食，到各地特色小吃，华裔青少年在品尝美味的同时，也尝试动手制作，达到对中华饮食文化的最直接体验。风俗礼仪体验活动包括中华礼仪课与中华风俗礼仪感受，其中以节日（如“端午”）风俗为主，有的主办单位设计了服饰（如“汉服”）风俗体验、宗教文化（如“朝圣妈祖”）体验等活动。此外，“华文电影欣赏”出现在个别营团活动中，电影也不失为传播中华文化的重要渠道。

在这有限的时间里，通过紧凑的组织安排，实现汉语言文化的“全方位”体验，是2013年也是以往华教活动的主要模式。一方面，“集中授课、实地参观、游教结合”，时间有限的活动，以参观游览活动为主；时间相对宽裕的活动，汉语教学、中华文化教学、名胜古迹游览“面面俱到”。这样的模式更注重活动者对中国、中国文化的感知，为其打开一个了解中国、中国文化的窗口。另一方面，依托不同地域的活动安排往往离不开当地的名胜古迹，福建的鼓浪屿、武夷山、土楼，山东的泰山、孔庙，湖南的岳麓书院、毛泽东故居，等等，都是华裔青少年常到之地。虽然各地举办的夏（冬）令营活动具有明显的地域特色，但普遍缺乏以活动对象为中心的针对性设计。

2013年的竞赛活动得到了广大海外华裔青少年的积极响应，规模大，参与人数多。与游教活动多样的内容相比，竞赛活动的主题集中，有以知识文化与中华才艺为主旨的“中华文化大赛”，有以“培养和提高少年儿童使用民族语言文字的能力”为目标的“世界华人少年作文比赛”，有以中文歌曲为媒吸引广大海外华裔青少年学习中文、促进中外交流合作的“中文歌曲大赛”，还有以抒写海外华裔青少年的“中国梦”为主题的“书画大赛”。这些赛事都不是第一次举办，在海外华人社会有良好的反响。竞赛不是目的，通过竞赛的形式，激发海外华裔青少年学习汉语、学习中华文化的热情，搭建海内外交流的平台才是其要旨。

（2）活动范围广，受众面大

在“请进来”与“走出去”双向交流模式的推动下，华教活动在境内外广泛举办，受众面大。一方面，邀请海外华裔青少年到中国大陆，让他们在真实的语言环境里学习汉语，在游历祖（籍）国的大好河山、感受悠久历史与灿烂文化时增进对祖（籍）国的了解与认同；另一方面，组派国内优秀教师赴海外举办中华文化夏（冬）令营，开设汉语知识、中华武术、民族音乐、民族舞蹈、中国书法、中国绘画、传统手工艺等课程，组派艺术团组赴海外交流、演出，给鲜有机会接触中国的孩子们了解中国以及中国文化的机会。

“中国寻根之旅、中国文化行、华文教育·华夏行”系列活动在中国境内举行，“中华文化大乐园”在境外举行，而“中华文化大赛、华人少年作文比赛、中文歌曲大赛”则由境内外共同举办。据统计，大陆地区有28个省、自治区、直辖市承办了相关活动，覆盖面近100%，其中尤以福建、山东、广东、广西等地的活动多且分布广。在境外，“中华文化大乐园”走进海外14个国家28个城市，新增了韩国、新西兰、斐济、西班牙、法国5个国家。同时，世界55个国家的华裔青少年参与“中国寻根之旅”活动，19个国家组织华裔青少年参加“第二届中华文化大赛”，26个国家的选手投身“第14届华人少年作文比赛”，18个国家23个城市的华裔青少年参加“中文歌曲大赛”，反映了海外华校、华裔青少年对华教活动的较高参与度。

（3）海外华校及华教组织自主竞赛活动蓬勃开展

中国国务院侨办、中国海外交流协会、中国华文教育基金会主导的华教活动旨在为更多的海外华裔青少年提供接触、了解中国及中华文化的机会。不可忽视的是，海外华校同样是开展华教活动的重要阵地，规模不大但丰富多彩的活动蓬勃开展，为各地华文教育工作助力良多。

海外华教活动以竞赛为主，华教组织、华校是活动的主要组织者。从竞赛内容来看，既有单项技能竞赛，也有综合技能竞赛。单项技能竞赛如意大利华校开展的说课比赛、教案大赛，菲律宾举办的多媒体课件及电子教案比赛，泰国、印尼、英国、美国、荷兰等地组织的朗诵比赛，美国华社独创的中文打字赛、识字赛，比利时、印尼开展的演讲比赛，印尼举办的唱歌、写作比赛以及英国、泰国、印尼组织的书法比赛。同时，在印尼、泰国、美国等地的华校，举办了不同内容的汉语技能大赛。美国的“学术赛”涉及演讲、书法、绘画、作文、拼音、翻译、朗读、打字等17个项目；泰国的“汉语比赛”通过演讲、才艺展示、回答评委提问等进行比拼，类似国侨办主办的“中华文化大赛”。

这些活动有的在一市范围内，有的遍及整个国家，有的甚至颇有“历史”、规模盛大。如英国中文教育促进会主办的第六届全英中文书法大赛，吸引了全英68所学校的840位选手参加，其中社区中文学校34所、英国主流学校34所，与2012年相比，无论是主流学校还是社区中文学校的参赛数目都翻了一番，可见其影响。再如美国库比蒂诺 Homestead 高中举行的打字比赛已是第四届，吸引了 100 多位学生参赛；印尼棉兰吧敢举办首届校际汉语技能大赛，10 所学校的 59 名学生参加了比赛。

（五）2013 年华文师资培养综述

1. 2013 年华文师资培养总体情况

2013 年，海外华文教师的培养工作继续稳步向前发展，且多有创新。

在学历教育方面，本科生和研究生层次的华文师资培养都取得了丰硕的成果。在本科生的师资培养方面，华侨大学、暨南大学等高校的华文教育专业继续为海外输送具有本科学历的优秀华文教师；同时，温州大学与泰国合作办学的 2010 级汉语言本科“3 +1”项目班也培养出了首届毕业生。本年度华文教育师资学历教育方面的显著发展还体现在针对海外华文教师的硕士研究生培养项目方面，如华侨大学和昆明华文学校合作，开设了面向越南、缅甸的“华语及华文教育”研究生班；河北师范大学与印度尼西亚基督教大学、民族智光基金会三方协作在印尼本土联合开办硕士、博士教育班等。

在非学历短期培训方面，主要有“走出去”和“请进来”两种模式，作为走出去的主要形式，“华文教育・名师巡讲团”仍然是本年度华文师资培训的主要形式之一；请进来的师资培训模式也依然承担了帮助海外华文教育提升华文师资整体水平的主要任务。本年度华文师资非学历短期培训的突出发展主要体现在两个方面。一是越来越多的单位开始尝试利用远程教育手段培训华文师资，有效解决了华文师资培训空间受限的问题，如上海市侨办和上海市远程教育集团合作，首次对加拿大蒙特利尔地区的华文教师举办新型远程视频培训；上海市侨办联合上海海外文化推广中心在澳大利亚新金山中文学校对墨尔本地区的华文师资进行培训。二是培训的专业化和针对性越来越强，如华中师范大学发挥院校学科优势，开展了对马来西亚独立中学的物理与地理老师的学科培训；各类针对性强的华文教材使用培训班、普通话正音班、中华才艺班、华校管理人员培训班等越来越成为短期培训的主要内容。

2. 2013 年华文师资培养的特点

2013 年，海外华文师资培养工作主要具有以下发展特点。

（1）学历型华文师资培养形式多样、层次提升

从参与人数与培养规模看，短期培训是当前华文师资培养的主要形式。但在此基础上，基于长远发展需要的学历型华文师资培养也日益受到重视，规模也越来越大，办学主体也越来越丰富，形式也越来越灵活。

在华文本科学历师资培养方面，本年度除了暨南大学华文学院和华侨大学华文学院的华文教育专业在继续为海外培养具有本科学历的华文师资外，立足于在海外办学、本土化培养师资人才的远程（函授）教育，其办学规模和办学地域也在不断扩大。目前，暨南大学在印尼、泰国、菲律宾，华侨大学在泰国和印尼，湖南师范大学在印尼，华中师范大学在马来西亚都办有函授学历班，大部分已有多年的办学历史，办学成果斐然。2013 年，在国侨办支持下，辽宁师范大学在加拿大办起了汉语言专业本科函授学历班，首次把华文教育的本科函授教学拓展到了北美地区。

同时，华文师资本科学历型人才的培养方式也日益创新。2013 年在温州大学以“3 +1”项目形式学习的2010 级汉语言本科泰国班的26 名留学生学成归国，这种国内院校和海外院校合作办学，以“3 +1”“2 +2”等形式培养华文师资的模式正越来越多地被更多的高校采纳，成为学历型华文师资培养的重要形式。

硕士研究生层面的华文师资培养在2013 年获得了较大发展。随着华文教育本科学历学生的增多、海外华文教育对高层次人才的需求加大，越来越多的华文师资具备了进一步提升学历的条件，在境外开设的各类硕士研究生班越来越受到欢迎。在原有教学点的基础上，本年度华侨大学“华语与华文教育”专业境外硕士研究生班在昆明开班，该班学员主要来自缅甸和越南，均为当地华校教师。2013 年9 月，由印度尼西亚基督教大学、民族智光基金会与河北师范大学3 个单位联合开办的本硕博士教育班也举行了首轮硕士班入学考试。

（2）短期培训的专业化、远程化日益受到重视

凭借组织易、时间短、见效快、针对性强、受益面广的特点，综合型短期培训长期以来一直是华文师资培养的主要形式，其在当前华文师资培训方面具有不可替代的重要作用。但随着华文教育整体形势的发展变化，华文师资短期培训的形式和内容也在不断调整和变化中。本年度华文师资短期培训的重要发展特点是专业化和个性化进一步加强，培训目标的靶向性日益加强。针对学员的普通话进行短期强化训练的普通话正音班、专项提升华文师资某一种华文教材教学能力的《中文》教材教法班、对海外华文学校校长专门进行管理水平培训的华文学校校长班、针对幼儿教师的教学能力进行特别培训的幼儿教师培训班等都深受欢迎，多个培训组织开设了以上类型的培训。而在金辉集团的支持下，由中国华文教育基金会主办的“2013 海外华文教师教学技能‘金辉’北京培训班”先后专项培训了来自泰国、菲律宾、蒙古的61 位华文教师的课堂教学技能。在“第二届马来西亚华文教师中华才艺培训班”上，来自马来西亚多地的华文教师在云南艺术学院、曲靖师范学院的3位优秀舞蹈教师的指导下，系统学习了维吾尔族舞蹈、傣族孔雀舞、彝族烟盒舞、汉族秧歌等中国民族民间舞蹈。马来西亚独立中学的68名生物、地理教师参加了由华中师范大学生命科学学院和城市与环境科学学院负责实施的为期2周的专业课程培训。

现代教育技术日新月异的发展，也深刻影响了当前的华文教育师资培养工作。华文教育师资培养也一直在努力尝试运用现代教育技术手段来克服自身存在的发展局限性，寻找有效的培训途径。上海市侨办与上海海外文化推广中心联合澳大利亚新金山中文学校，共同主办了针对墨尔本地区的230多位海外华文师资的远程培训，培训在上海和墨尔本两地同步举行。上海静安区教育学院教研员华芳老师为澳大利亚学员讲授了培训的第一课《汉字教学》，双方在课后还通过视频进行了远程的热烈互动与讨论。华东师范大学对外汉语教育学院刘弘博士通过网络视频为加拿大蒙特利尔地区多所中文学校的教师讲授了《备课与教案设计》课程。本年度中葡远程华文师资培训项目也圆满结束，葡萄牙里斯本中文学校、科英布拉中文学校、圣塔伦中文学校、南部中文学校和北部的维拉贡德中文学校5所中文学校的教师参加了由中国华文教育基金会主办、北京燕京文化专科学校和北京四中网校承办的远程华文师资培训项目，培训内容包括9堂中国文化课程、15堂课程示范与技巧。

（3）海外华校的自我师资培训发展空间广阔

随着华文教育的日益发展，海外华文教育的师资力量也日益壮大，部分华文学校或华文教育组织充分利用本单位或者本地区的华教师资力量，积极开展对本校或者本地区华文教师的培训工作。这类培训既易于开展，培训内容也往往更接近当地的华文教育实际状况，因而越来越成为海外华文师资培训的一个重要形式。如2013年2月，菲律宾晋江同乡总会和菲律宾华校联合会联合主办了第14次华语教学讲习班，为期5周，集中培训菲律宾华文教师的教学能力；2013年4月，美国麻州大学波士顿分校中国项目中心为中文教师举行了“适合语言课堂的传统中国艺术”研习班，该班首次开办中国艺术培训课，让中文教师掌握可用于课堂的艺术技能；2013年4月，英国中文教育促进会主办了为期2天的电脑与中文教育师资培训课程。2013年5月至6月，荷兰丹华学校认真组织对新教师的岗前培训，并制定了一系列的培训方案。学校首先组织了新教师学习，在学习中，校长专门为大家详细介绍了10多年来丹华教师为传承和推广中华语言文化做出的努力和取得的成绩，借此提高新教师对华文教育意义的认识；然后学校分别组织新教师学习新理念教学的内容和方法，观摩各班的《中华字经》《等级汉字》教学活动；学习国侨办《中文》教材的特点并观摩各年级教师的中文教学活动，特别是组织新教师学习多媒体教学的方法和丹华的教师多媒体教学的经验。这类培训对提升一线华文教师的教学水平大有裨益。2013 年 7 月，印度尼西亚著名的华文学校之一——八华学校举办了新任华文教师的岗前培训，29 名新教师接受了包括印度尼西亚语、中国与印尼文化交际、弟子规、简笔画、形象设计、发声练习、课堂技能训练等课程的严格训练。2013 年 8 月，美国加州尔湾举办了教师中华文化研习班，安排教师介绍并体验了中华文化，林宗庆介绍了太极拳，杨艺云及廖小英分别示范了琵琶及古筝演奏，林韶慧介绍并示范了中国书法。

由华侨华人社团或者华文学校在当地组织主办的华文师资培训，既能充分发挥社团或者华校的自身资源，就地取材发掘和培训导师，又能使培训方式和培训内容更接地气，符合当地教学的实际需要，还可以增进社团成员或所在地华文教师同行之间的了解与友谊，因而在未来具有广阔的发展空间。

（六）2013 年华文教育人才培养情况

目前国内尚无专门机构对华侨华人留学生与非华侨华人留学生做针对性统计。在此，根据《2013 来华留学生简明统计》（教育部国际合作与交流司内部资料）辑录的 2013 年来华留学生情况，我们着重关注与华文教育密切相关的专业，以期从中了解本年度华文教育人才培养情况。有鉴于此，下文表格中，与华文教育关系更为密切的专业，如汉语言、文学、中医、历史、哲学等列于前。

1. 2013 年来华留学生总体情况

在 2013 年的 356499 名来华留学生中，学历留学生 147890 名，占来华留学生总数的 41.5%；非学历留学生 208609 名，占来华留学生总数的 58.5%。

学历留学生中，专科生、本科生、研究生分别有 2004 名、105284 名、40602 名，分别占当年来华留学生总数的 0.6%、29.5%、11.4%。

非学历留学生中，普通进修生（含语言进修生）、高级进修生和短期留学生分别有 116314 名、2595 名、89700 名，分别占当年来华留学生总数的 32.6%、0.7%、25.2%（见表 1-1）。[①]

① 高级进修生指具有硕士及以上学位、就某一专题来华进修的留学生。普通进修生指具有大学二年级以上学习经历的来华留学生。语言进修生指以提高汉语言水平为目的的来华留学生。短期留学生指学习期限少于一个学期的来华留学生。

表 1－1　2013 年来华留学生类别

留学生类别	学历生			非学历生		
	专科生	本科生	研究生	普通进修生	高级进修生	短期留学生
数量	2004	105284	40602	116314	2595	89700
合计	147890			208609		
总计	356499					

接受来华留学生的 14 个专业（类）为：汉语言、西医、文学、经济、中医、管理、工科、法学、理科、艺术、历史、农科、哲学、教育。

2013 年，来华留学生达到或超过 5000 名的专业（类）有 10 个，它们依次为：汉语言、西医、工科、文学、管理、经济、中医、法学、教育、艺术（见表 1－2）。其中汉语言专业留学生（含学历生和非学历生）总数，占当年来华留学生总数的 49.5%。这个比例较 2012 年的 53.5% 有所下降。

表 1－2　2013 年来华留学生学习专业（类）分布

专业类别	合计	学历生	非学历生
汉语言	176447	20902	155545
文学	26654	12682	13972
中医	13804	9044	4760
教育	7267	2583	4684
艺术	5096	2692	2404
历史	1364	654	710
哲学	565	370	195
西医	34899	33244	1655
工科	27369	21432	5937
管理	26201	16123	10078
经济	23615	18691	4924
法学	8183	5859	2324
理科	3175	2419	756
农科	1860	1195	665
合计	356499	147890	208609

2. 2013 年来华留学学历生专业分布

2013 年本科留学生达到或超过 3000 名的专业（类）有 7 个，依次是：西医、汉语言、经济、工科、文学、管理、中医。这 7 个专业的来华本科生分别占来华本科生总数的29.0%、15.9%、13.8%、12.7%、8.6%、7.3%、7.0%（见表1-3）。

表1-3 2013年来华本科生学习专业（类）分布

专业类别	本科生	占本科生总数（%）
汉语言	16778	15.9
文学	9087	8.6
中医	7321	7.0
艺术	1807	1.7
教育	535	0.5
历史	177	0.2
哲学	43	0.0
西医	30553	29.0
经济	14511	13.8
工科	13376	12.7
管理	7709	7.3
法学	2643	2.5
理科	551	0.5
农科	193	0.2
合计	105284	100.0

2013年来华研究生达到或超过1000名的专业（类）有10个，它们依次是：管理、工科、经济、文学、法学、汉语言、西医、教育、理科、中医。这10个专业（类）的来华研究生占当年来华研究生总数的比重分别为：20.5%、19.4%、10.1%、8.6%、7.9%、6.9%、6.6%、4.9%、4.6%、4.2%（见表1-4）。

表1-4 2013年来华研究生学习专业（类）分布

专业类别	合计	硕士生	博士生	占研究生总数（%）
文学	3486	2547	939	8.6
汉语言	2792	2715	77	6.9
教育	1981	1604	377	4.9
中医	1698	1179	519	4.2
艺术	838	636	202	2.1
历史	476	241	235	1.2
哲学	327	165	162	0.8
管理	8308	7094	1214	20.5
工科	7877	5338	2539	19.4

续表

专业类别	合计	硕士生	博士生	占研究生总数（%）
经济	4103	3496	607	10.1
法学	3192	2479	713	7.9
西医	2674	2301	373	6.6
理科	1851	699	1152	4.6
农科	999	334	665	2.5
合计	40602	30828	9774	100.0

3. 2013 年非学历来华留学生专业分布

2013 年来华普通进修生达到或超过 1000 名的专业（类）有 5 个，依次是：汉语言、文学、管理、经济、工科。这 5 个专业（类）的人数占当年普通进修生总数的 97.5%，其中数量最多的专业（类）是汉语言，共 97542 名，占当年普通进修生总数的 83.9%（见表 1－5）。

表 1－5　2013 年普通进修生学习专业（类）分布

专业类别	普通进修生数量	占普通进修生总数（%）
汉语言	97542	83.9
文学	8493	7.3
艺术	719	0.6
中医	234	0.2
历史	103	0.1
哲学	81	0.1
教育	214	0.2
工科	1916	1.6
管理	3314	2.8
经济	2230	1.9
法学	822	0.7
西医	421	0.4
理科	204	0.2
农科	21	0.0
合计	116314	100.0

2013 年来华高级进修生达到或超过 80 名的专业（类）有 7 个，依次是：管理、工科、经济、法学、理科、汉语言、文学。这 7 个专业（类）的高级进修生占当年

高级进修生总数的88.0%（见表1-6）。

表1-6 2013年高级进修生学习专业（类）分布

专业类别	高级进修生	占高级进修生总数（%）
汉语言	132	5.1
文学	106	4.1
历史	69	2.7
教育	49	1.9
中医	28	1.1
哲学	19	0.7
管理	1041	40.1
工科	371	14.3
经济	336	12.9
法学	158	6.1
理科	139	5.4
西医	59	2.3
农科	38	1.5
合计	2595	100.0

2013年短期留学生达到或超过1000名的专业（类）有10个，依次是：汉语言、管理、文学、中医、教育、工科、经济、艺术、法学、西医，占当年短期留学生总数的比重分别为：64.5%、6.4%、6.0%、5.0%、4.9%、4.1%、2.6%、1.8%、1.5%、1.3%（见表1-7）。

表1-7 2013年短期留学生专业（类）分布

专业类别	短期留学生	占短期留学生总数（%）
汉语言	57871	64.5
文学	5373	6.0
中医	4498	5.0
教育	4421	4.9
艺术	1635	1.8
历史	538	0.6
哲学	95	0.1
管理	5723	6.4
工科	3650	4.1
经济	2358	2.6

续表

专业类别	短期留学生	占短期留学生总数（%）
法学	1344	1.5
西医	1175	1.3
农科	606	0.7
理科	413	0.5
合计	89700	100.0

第二部分

2013年世界华文教育大事记

1. 裘援平出任国务院侨务办公室主任并访问泰国、马来西亚、柬埔寨华文学校

2013 年 3 月 19 日，原中央外事办公室副主任裘援平接替当选全国政协副主席的李海峰，出任国务院侨务办公室主任、党组书记。

2013 年 7 月，新任中国国务院侨务办公室主任裘援平，先后走访了泰国、马来西亚、柬埔寨的华文学校。裘援平此行，体现了国务院侨办对海外华文教育的重视和关心。在访问中，裘援平主任强调了传播中华文化、开展华文教育的重要性，对为华文教育做出贡献的各界人士表示感谢，并表示将一如既往地支持华文教育。

7 月 2 日，裘援平主任在泰国华文民校协会主席梁冰、中国驻泰大使馆参赞兼总领事高振廷的陪同下，探访了泰国北榄府公立培华学校。裘援平主任指出，中国国务院侨办外派华文教师克服离开家乡、家人的孤独寂寞感，克服初来乍到时的语言障碍和生活习惯上的不同之后，很快地积极投入华文教育事业；他们是促进中泰友好的使者，是中国文化和语言的积极传播者。裘援平还勉励中国外派华文教师与当地教师加强沟通，与他们进行教学方面的切磋，留下一支走不了的队伍长期从事华文教育工作。随后，裘援平主任还欣赏了由学生带来的中泰舞蹈、讲故事、唱歌等精彩节目，参观了培华学校中文图书馆，并代表中国国务院侨办向培华学校捐赠 60 万泰铢。

7 月 3 日，裘援平主任抵达马来西亚首都吉隆坡，走访了拥有超过百年历史的华文独立中学——坤成学校。裘援平在与坤成学校校董及师生见面时说，中华民族曾经历尽沧桑，侨胞们曾因躲避战乱和贫困移居世界各个角落，但中华民族素有尊师重教的传统，无论他们走到哪里，都高度重视教育，哪里有海水，哪里就有华人，哪里有华人，哪里就有华校。裘援平还表示，现在全世界超过百年历史的华校屈指可数，但坤成中学已有 105 年的历史。百年来，坤成中学已成长为办学规模大、条件好、水平高的知名华校，而且为马来西亚的华社及马来西亚社会各界培养了大量的优质人才。

裘援平强调，无论对侨胞自身、对中国和马来西亚两国，还是对培养能够适应未来经济全球化条件下国际竞争所需的人才而言，都需要在努力学习马来西亚当地语言的同时，更加重视学习中文，加强华文教育，为同学们打开更加广阔的了解和认识世界的窗口。随后，裘援平主任代表中国海外交流协会向坤成中学捐赠了价值超过 4000 美元的各类图书，用以丰富该校的图书馆，推广阅读，传播新知。裘援平主任还代表中国海外交流协会向坤成学校董事长丹斯里拿督李深静、校长魏瑞玉等颁授了“华星书屋”牌匾。

7 月 7 日，裘援平主任抵达柬埔寨首都金边，走访了位于金边的全世界办学规模最大的华文学校——柬埔寨潮州会馆公立端华学校。在访问中，裘援平主任对柬埔寨侨界为当地华文教育所做努力深表赞赏。她说：“现在全世界已经有两万所华文学校，但在这两万所华文学校中柬埔寨端华学校是人数最多、规模最大的华文学校，你们应该以此为自豪。”裘援平指出，多年来，以杨启秋为代表的柬埔寨柬华理事总会及侨界热心人士，慷慨解囊伸出援手支持华文教育事业的发展和华文学校的建设，从事华文教育的工作者和教职员工无私奉献结下满园桃李，为柬埔寨社会培养了一代又一代有素质的人才。裘援平表示，目前，5000 万华侨华人遍布在海外 170 多个国家和地区，有阳光的地方就有华人，有华人的地方就有华文学校。在各国的华侨华人为了留住中华民族的根、中华传统文化的魂和对祖（籍）国的情，一代代侨胞艰苦奋斗，创办了形式不同的华文学校。中国国务院侨办多年来高度重视发展海外华文教育，把华文教育视作“留根工程”，通过编写中文教材、选派优秀教师、加强师资培训等形式，对海外华文教育和华文学校给予力所能及的支持，这种支持将随着中国经济实力的壮大而逐步地有所增加。随后，裘援平主任代表中国国务院侨办向瑞华学校赠送 80000 美元善款用于促进当地华文教育的发展。她特别指出，海外华文教育和华文学校的发展建设，要靠侨界自身的努力和侨校师生员工无私的奉献，同时也需要所在国政府给予更加开放和开明的政策支持。

2. 李克强总理参观泰国清迈崇华新生华立学校

2013 年 10 月 13 日，李克强总理到具有 110 多年历史的泰国清迈崇华新生华立学校参观访问。李克强总理抵达学校时，身着泰国传统服装的学生们夹道欢迎，并表演了精彩的节目，两名小学生为总理献上鲜花编织的手环。

在学校三年级教室，李克强总理愉快地和学生们交流，并给在场的每个孩子赠送了大熊猫玩具，鼓励他们努力学好中国文化，掌握更多本领。在学校高年级学生的班里，李克强总理与同学们谈到了梦想，同学们争相发言。李克强总理还和来自国内的汉语教学志愿者们交流，关切询问他们的生活、工作情况，他向大家表示敬意。

李克强总理还向学校赠送了中文书籍和学习用品。临别时，李克强总理与学校慈善基金会及校董代表、清迈侨领和汉语教师代表合影留念。他寄语学校师生：当好中泰交流的使者，让中泰友谊深深扎根两国民众心中。

3. 国务院侨办公布第三批海外“华文教育示范学校”名单

为了帮助海外华文学校改善办学条件，优化办学环境，提升办学水平，国务院侨办遴选出第三批华文教育示范学校，2013 年共有 88 所海外华文学校入选“华文教育示范学校”。

“华文教育示范学校（单位）”的评选活动已举办两次，此前共有 104 所华校入选。目前，通过在教材编写与提供、教师培训与培养以及华裔学生活动组织等方面加大支持力度，示范学校的办学水平明显提高，办学规模和办学影响明显扩大。同时，通过发挥示范学校的榜样作用，还带动了当地其他华校提高办学水平，进一步促进了所在国家和地区华文教育的发展，受到了海外华校和广大师生的广泛赞誉。

4. 杨洁篪接见 2013 年海外华裔及港澳台地区青少年“中国寻根之旅”夏令营

2013 年 8 月 3 日，由中国国务院侨办、中国海外交流协会共同主办的“2013 年海外华裔及港澳台地区青少年‘中国寻根之旅’夏令营”在北京人民大会堂开营。来自世界 55 个国家和中国港澳台地区的 4000 名青少年欢聚北京，开启寻根之旅。中国国务委员杨洁篪出席开营式并发表讲话，向“中国寻根之旅”夏令营营员代表颁授营旗。

杨洁篪在讲话中向海外华裔及港澳台地区青少年提出三点希望：希望青少年努力学习中国文化，做中国文化走向世界的推动者；希望青少年发挥桥梁作用，做中外文化交流的促进者；希望青少年树立远大理想，做民族复兴大业的建设者。

开营式由国务院侨办主任裘援平主持。她介绍说，为帮助海外华裔青少年感受祖（籍）国的发展，领略博大精深的中华文化，国务院侨办和中国海外交流协会与地方有关单位合作，挖掘特色文化资源，共同邀请海外华裔和港澳台地区青少年来中国大陆游览参观、学习交流、寻根问祖，通过多姿多彩的游教活动，使广大营员了解古老中国的悠久历史和灿烂文化，增强同为炎黄子孙的民族认同感和自豪感。迄今已有 15 万名海外华裔青少年参加寻根之旅活动。开营式结束后，营员们观赏了精彩的专场文艺演出。来自中国各地的数十位优秀青少年才艺学生在舞台上演出了魔术、歌曲、器乐、京剧、豫剧、杂技、川剧变脸等极富传统中国文化特色的节目。精彩的演出受到海外华裔青少年的欢迎，整场演出高潮迭起，掌声不断。

中国国务院侨办和中国海外交流协会每隔几年都会举办一次“中国寻根之旅”大型集结夏令营。自1999年起已成功举办了6次。此次夏令营为第7次，在为期5天的营期里，营员们参观故宫、颐和园、长城等历史文化名胜和鸟巢、水立方、国家大剧院等地标性建筑，并举行了简朴而热烈的中外青少年大联欢活动。北京集结活动结束之后，营员们分散到全国各地继续寻根之旅活动。

5. 华侨大学华文教育研究院“海外华文教育情况普查”项目正式启动

2013年，华侨大学华文教育研究院“海外华文教育情况普查”项目正式启动。该项目是由国务院侨办委托华侨大学华文教育研究院开展，涉及全球50多个国家。项目包括三个方面的内容：各个国家和地区华文学校情况、华文教育组织情况、华文教育政策。

为顺利完成该项任务，华侨大学华文教育研究院成立“海外华文教育情况普查及动态数据库建设”项目组，制定了调查实施方案，设计了海外华校、海外华文教育组织、海外华文教育政策调查问卷及相应的统计分析软件。截至2013年年底，在菲律宾、缅甸的调查已经基本完成，在美国、法国、英国、蒙古国等国开展的调查正在进行，在泰国、马来西亚、印尼、韩国、文莱、老挝的调查也已经展开，调查计划将在2016年完成。项目拟建成“海外华文学校信息库”“海外华文教育组织机构信息库”和“海外华文教育政策信息库”，并发布年度研究报告，包括“海外华校总体情况报告”“海外华校国别报告”等。

6. 贾益民主编的中国首部《世界华文教育年鉴》编撰完成

由著名华文教育学家，华侨大学校长、华侨大学华文教育研究院院长贾益民教授主持的《世界华文教育年鉴（2013）》一书编撰完成，计划于2014年由社会科学文献出版社出版发行。该书是中国华文教育领域的首部年鉴，也是华侨大学海外华文教育与中华文化传播协同创新中心所取得的阶段性成果，其出版发行对华文教育的政府决策、学术研究等都具有重要意义。

《世界华文教育年鉴（2013）》以权威性、学术性、真实性为编撰原则，记录和反映了2012年世界华文教育领域各方面的重要发展，其主要内容包括综述、大事记、华教资讯、五省工作、学术动态、论著选介、华教天地、重要文献等。

国务院侨务办公室副主任、中国海外交流协会副会长马儒沛为该书撰写了《做好华文教育基础工作，共创华文教育美好未来》的序言。马儒沛指出，编撰《世界华文教育年鉴》是一项收集和整理世界华文教育信息、考察和分析世界华文教育现状的基础性工程，将为世界各国华人社会开展华文教育工作提供参考，为世界华文教育研究提供资料性服务，为国家华文教育政策的制定提供决策信息，为世界华文教育发展的历史足迹留下记录。

7. “《华文教师证书》等级标准研制”项目通过验收

2013 年 12 月下旬，由暨南大学承接的“《华文教师证书》等级标准研制”项目经过为期两年半的努力，正式完成并顺利通过国务院侨办验收准予结项。该项目研发工作的完成，为《华文教师证书》的实施奠定了基础，对海外华文师资培养具有重要意义。

为了顺应海外华文教育师资专业化发展需要、提升海外华文教师综合素质和教学能力、规范海外华文教师培训工作，在前期预研基础上，国侨办于 2011 年 2 月正式设立“《华文教师证书》等级标准研制”项目，并委托暨南大学研制。暨南大学随即遴选了相关专业 15 位富有海外师资培养经验的教学、科研骨干组成课题组，投入项目研究工作。

在国侨办文化司和学校领导大力支持与关心下，课题组分工合作，经过为期两年半的努力，终于完成全部研制工作，项目研究成果包括：《〈华文教师证书〉实施方案》《〈华文教师证书〉考试样卷及答题卡》《〈华文教师证书〉考试试测报告》《〈华文教师证书〉考试调研报告》。其中，主体成果《〈华文教师证书〉实施方案》的内容共 5 项：《华文教师标准》《〈华文教师证书〉实施细则》《华文教师测评大纲》《〈华文教师证书〉考试方案》和《华文教师培训方案》。该方案经过三次专家审稿会论证，定稿会于 2013 年 4 月 19 日在广州召开。会上评审专家组对《〈华文教师证书〉实施方案》涉及的 5 大评估系统以及测试样卷进行了逐项审议，认为《〈华文教师证书〉实施方案》对证书的颁行从专业标准、测评体系、操作流程等方面进行了完整的设计，符合科学性、实用性、可操作性的要求；成果对华文师资培养具有理论和实际应用价值；对加强海外华文师资建设，推进海外华文教育的深入发展，具有重要的现实意义。专家组认为，方案研制已达到预期目标，一致同意通过鉴定，并可依照这一方案进行试点测评。《〈华文教师证书〉实施方案》定稿会后，课题组及时完成了对样卷的修订工作，并在各类华文教师培训班展开了多场试测及座谈调研，通过大量数据充分论证了样卷的效度、信度及反馈作用。

8. 2013 年“中华文化大乐园”走进海外 14 个国家

2013 年，国务院侨办在欧洲、美洲、大洋洲、东南亚等地区的 14 个国家 28 个城市举办“中华文化大乐园”夏令营活动，有 6000 多名海外华裔青少年在家门口参营学习中华文化。

据国务院侨办文化司介绍，“中华文化大乐园”是国务院侨办、中国海外交流协会继“中国寻根之旅”系列夏、冬令营活动之后，推出的又一项旨在增进海外华裔青少年了解中华文化的品牌活动。国务院侨办在2011年试点开展“中华文化大乐园”走出去办营，把中国文化精品课程送到了孩子们的家门口。2012年国务院侨办进一步调整办营方案，扩大办营规模，共组派274名教师分赴15个国家、31个城市办营。2013年，“中华文化大乐园”增加了韩国、新西兰、斐济、西班牙、法国5个国家。

“中华文化大乐园”以中华文化为主题，根据海外华裔青少年的特点和需要，采取组派国内优秀教师赴海外举办中华文化夏令营的形式，通过开设汉语知识、中华武术、民族音乐、民族舞蹈、中国书法、中国绘画、传统手工艺等课程，达到“五个一”的基本教学目标，即学会一首歌、一支舞、一套拳、一幅画、一件手工艺品。

“中华文化大乐园”夏令营活动自2011年推出以来，共有20多个国家的两万多人参营。

9. 曾圆香女士当选2013年度“中华之光——传播中华文化年度人物”

2013年12月20日，由文化部、国务院新闻办、国务院侨办、中国人民对外友好协会等单位共同主办的2013年度“中华之光——传播中华文化年度人物”颁奖典礼在北京隆重举行。文化部部长蔡武，中央社会主义学院党组书记、第一副院长叶小文，国务院侨办主任裘援平，中央电视台台长胡占凡，国务院新闻办副主任崔玉英等主办单位的领导出席了颁奖典礼，并为获得“传播中华文化年度人物”的10位个人和1个集体颁奖。在本届典礼上，缅甸东方语言与商业中心董事长曾圆香女士当选2013年度“中华之光——传播中华文化年度人物”，这是继泰国华文民校协会主席梁冰女士后又一华教人士获此殊荣。

曾圆香女士1948年出生于福建厦门，1岁时跟随父亲漂洋过海到达缅甸，开始了长达半个多世纪的异国生活。曾圆香女士长期投身于缅甸华文教育事业，即使在环境异常艰辛的情况下，依旧不离不弃，培育了一批又一批优秀人才。她旗下的东方语言与商业中心已成为缅南地区最具规模的华校之一，被中国海外交流协会选为仰光本土华文教师培训基地。为了加快缅南地区华文教育的复办，曾女士还高瞻远瞩地倡导成立了仰光汉语教师协会，并被推选为首届会长。仰光中文教师协会于2012年5月成立，已为缅南地区培训了数百名本土华文教师；东方语言与商业中心孔子课堂亦于2012年挂牌。在曾圆香女士的组织和领导下，缅甸的华文教育正呈现良好的发展态势。

曾女士一向对华文教育事业倾心奉献，虽然幼年时期家境贫寒，但是功成名就后时刻不忘回报社会，资助教育事业。截至2008年，她累计捐建学校38所。就在2008年，缅甸发生特大风灾，很多学校因风受损，她又捐建了25所中小学校。她的这一善举也受到了缅甸政府的高度赞扬和肯定，为促进缅甸教育事业和中缅两国人民的友谊做出了重要贡献。

“中华之光——传播中华文化年度人物”评选活动，是中央电视台继“感动中国”“年度经济人物”之后，重点推出的大型文化人物评选活动。“中华之光”由中央电视台与文化部、国务院新闻办公室、国务院侨务办公室、中国人民对外友好协会、孔子学院总部/国家汉办共同主办，CCTV－4承办，是目前中国国内最高规格的文化盛事之一，也是一场汇集了全球华人文化精英的文化盛典。“中华之光”奖项分为“传播中华文化年度人物”个人奖和集体奖，评选活动每年举办一次。

10. 第二届中华文化大赛总决赛在厦门举行

2013年12月26日，由国务院侨办主办、华侨大学承办的第二届海外华裔青少年中华文化大赛总决赛在厦门广电集团演播厅上演。在预选赛中综合排名前6名的意大利、马来西亚、蒙古、缅甸、菲律宾、巴西国家队的海外华裔青少年，展开了中华文化大比拼。演讲比赛、知识竞赛、才艺竞赛，三大竞赛环节充分展示了海外华裔青少年的学习成果和风采。经过激烈的比赛，优胜团队奖和个人奖项最终产生。缅甸队荣膺状元，巴西队、意大利队分获榜眼和探花，来自菲律宾的周盼音摘得了最佳口才奖，最佳博文奖、最佳才艺奖、最佳人气奖则分别由巴西队的刘雯婷、缅甸队的唐才吉、马来西亚的杨靖毅夺得。

国务院侨办副主任马儒沛莅临大赛现场并为状元缅甸队颁奖。国务院侨办文化司司长雷振刚、华侨大学校长贾益民、亚洲文化企业有限公司董事长杜志滨、香港华丰国货有限公司董事长邱建新也出席当晚的活动，并为获奖者颁奖。

华侨大学副校长张禹东，厦门大学南洋研究院院长、华侨大学讲座教授庄国土，厦门大学汉语国际推广南方基地副主任耿虎，华侨大学社会科学处处长杨楹、音乐舞蹈学院副院长马海生担任大赛评委。

“海外华裔青少年中华文化大赛”由国务院侨办2008年起在全世界范围内发起的“海外华裔青少年中华文化知识竞赛”更名而来，其前身是一项综合性竞赛活动，旨在提高海外华裔青少年学习汉语和中华文化的兴趣，增进其对祖（籍）国的了解和认识。为进一步提升活动效应，国务院侨办2012年对该项赛事进行全面升级，正式更名为“海外华裔青少年中华文化大赛”，每年举办一届，2013年是第二届。本届比赛共吸引14个国家的3万多名华裔青少年分别参加了欧洲、美洲、东南亚三大赛区的比赛。受国务院侨办委托，华侨大学主要负责历届“中华文化知识竞赛”（含两届“中华文化大赛”）活动的题库建设、竞赛命题、阅卷和技术评判，以及半（总）决赛方案设计、赛前辅导、赛事组织等工作。大赛分为海外预赛和国内决赛两个环节，海外预赛包括知识竞赛（笔试）、演讲比赛和中华才艺比赛3项。经过比拼，共有来自德国、意大利、新西兰、加拿大、西班牙、澳大利亚、巴西、蒙古、英国等14个国家近300名营员和领队参加了在厦门举办的“第二届海外华裔青少年中华文化大赛优胜者冬令营暨总决赛”活动。

第三部分

2013 年世界华文教育资讯

一　华教政策

1. 塞尔维亚将扩大塞中学汉语教学规模

2012 年开始在塞尔维亚中学试点的汉语学习课程在 2013 年将扩大。目前在 35 所中学中已有 2500 名学生在学习汉语，汉语课程的费用由塞尔维亚和中国分担。

2. 云南计划招募 140 名汉语教师赴泰从教

云南省教育厅 2013 年计划招募 140 名志愿者赴泰国从事汉语教学工作，以支持泰国汉语教育发展。

此次招募的赴泰汉语教师志愿者对象为汉语国际教育硕士专业学位在读研究生或本科以上应届毕业生。应聘者须掌握汉语、中华文化、当代中国国情和教学理论基本知识，具备较好的汉语教学实践能力、外语沟通能力和跨文化交际能力等。志愿者通过国家汉办组织的选拔考试后，进行为期两个月的培训，再外出从事 1 ~ 3 年的汉语教学工作。

近年来，云南依托地缘优势和东南亚国家语种人才资源优势，不断加强同泰国等东南亚国家间的教育合作交流，积极选派对外汉语教学人员，进行汉语教学、传播中国文化，并设立国家汉语国际推广师资培训基地，培训对外汉语教学人才。

3. 广东 2013 年外派华文教师全部为公派

2013 年广东省将不再往海外派出华文志愿者，全部改由公费选派华文教师到海外华校支教，其中，幼师需求占一半左右。

2013 年广东省侨办计划向泰国、菲律宾、印尼和马达加斯加派出超过 110 名华文教师。其中，九成教师将派往印尼，泰国和菲律宾则分别只有两个幼师名额。

支教老师除了要求政治素质过硬、组织纪律性强，具备较丰富的幼儿教育或中小学、大学中文教学经验，还要求具有较高的普通话水平：须具备普通话二级甲等以上水平。但对于熟悉中华文化、艺术类（舞蹈、民乐、历史、地理、武术等）教师，普通话水平可适当放宽至二级乙等。

4. 马来西亚教育部令各州审查华小教师资格

马来西亚教育部2013年1月24日发出指令，要求全国各州教育局审查华小受训准教师的学术资格，以确保所有在华小执教的教师都拥有华文资格。

除了高年级（即四、五、六年级）的马来文、英文教师外，所有在华小执教的教师，都必须具有马来西亚教育文凭华文科优等成绩。

5. 美国继续力推“十万人留学中国”计划

2009年11月，美国总统奥巴马在访华时宣布，未来4年要派10万美国人到中国学习，次年美国启动了“十万人留学中国”的计划。为促进这一计划的实施，美国务院成立了非营利性的“十万强基金会”，落户于美利坚大学国际关系学院，目标是在2010年至2014年间，向中国派送10万名来自不同家庭和社会背景的高中、大学以及研究生院的留学生。

基金会主席卡罗拉表示，基金会的主要日常工作就是在全国范围内发起宣传活动，鼓励更多美国人赴中国留学，同时寻找资金，为贫困社区的美国学生创造到中国留学的机会。她说，在美国“十万人留学中国”计划的推动下，近两年来，赴中国留学的美国学生迅速增多。据统计，美国赴华留学人数2010年为19668人，2011年为23292人，2012年为24583人，2013年上升至25312人。按照当前的增长速度，“十万人留学中国”的目标应该能够在2014年实现。

中国外交部前部长杨洁篪曾表示，国之交在于民相亲。美国前国务卿希拉里也指出，中美两国之间更为重要的是应该建立青年之间的沟通和对话。美国成立的“十万强基金会”正是美方力推“十万人留学中国”计划的重要举措。

6. 汉语进入英国教育部外语课程名单

英国政府2013年初已经正式决定，自2014年9月起，全国7至11岁小学生必修一门外语课。此次课程改革是英国政府力图将外语课纳入中小学教育、阻止教育质量下滑举措的延伸。英国教育部列出的外语课程名单，包括法语、西班牙语、德语、意大利语和汉语在内的5门现代外语以及拉丁语、古希腊语2门古典语言，共7门。

7. 美俄克拉荷马州立大学汉语课升级，选修课变辅修课

2013年，美国俄克拉荷马州立大学将汉语升级成辅修课程，实现了汉语课程的

"华丽转身"。尽管学校此前已经有初级汉语和中级汉语选修课程，但将其作为关乎学位的辅修课程，这还是第一次。在谈到汉语何时成为主修课时，俄克拉荷马州立大学外国语言顾问大卫·克劳福德说："汉语成为主修课程，可能还需要几年时间，我们需要看目前学生的报名和学习情况，谈其他都为时尚早。"

8. 韩国庆南 16 所中小学安排中国教师教授汉语

韩国庆尚南道教育厅表示，由于汉语被当作第二外国语的需求不断增加，因此安排中国教师的学校也需要相应增加，相比于 2012 年的 9 所，2013 年扩大到 16 所。庆尚南道教育厅选拔了 16 名中国教师，并于 2013 年 3 月 5 日将他们安排到庆南地区的 9 所小学和 7 所中学，作为教授汉语的辅助教师。中国教师将在学生放学后的补习班和初高中汉语课上辅助韩国教师授课或是独自教授汉语。

9. 马来西亚向官员开放汉语教育

为让马来西亚官员在马来语以外多掌握一种语言，马来西亚国民团结及融合局将获马来西亚汉文化中心及中国汉语口语水平测试考试委员会协助，为当地官员提供汉语教育。这项计划由中马两国的 5 个单位促成，包括国民团结及融合局、马来西亚国家翻译与书籍局、马来西亚汉文化中心以及中国汉语口语水平测试考试委员会等。

这项学习计划向马来西亚官员，尤其是母语非中文的官员开放，他们自愿参加。这项汉语学习计划共有 3 等 9 级，每一级共有 48 个小时的课程，预计将在 3 个月内完成，然后学员须参加汉语测试，一旦通过将获得证书。学员可逐级完成整个 3 等 9 级的汉语课程，有关课程符合国际标准。

10. 阿根廷推动跨文化教室计划

阿根廷里奥内格罗大学与该省教育厅一起，推动"跨文化"教室计划，对幼儿园和小学教师进行培训，内容是省内各民族和移民的文化和语言，其中也包括中文。

这一计划旨在改变目前学校现行的带有歧视的机制，维护人权，并推动教师将这一定位用于教学实践。

项目负责人帕特里夏博士介绍说，由于各学校教育环境不同，教师没有足够的资源来满足学校文化多样性的需求，因此，跨文化教室第一步会汇总各学校的资料，逐步推进这一项目。

目前，跨文化教室开设了语言学、人类学、历史学、教育学、人种学等课程，教师根据其教学需要进行选修，语言和文化类课程包括马普切、凯楚阿等该省少数民族语言，此外还教授中国和俄罗斯等国语言，以便教师能够协调与移民学生的关系，并因人施教。

11. 马来西亚华小维持原有马来语课程模式

马来西亚中华大会堂总会会长丹斯里方天兴表示，马来西亚华人公会总会长拿督斯里蔡细历、卫生部长拿督斯里廖中莱、教育副部长拿督魏家祥、教总主席王超群等，2013 年 3 月中旬与副首相丹斯里慕尤丁沟通交流，已确定取消在华小马来语课上采用国小模式教学。

副首相也听从华总建议，保留预备班制，让家长自由选择是否让孩子进入预备班。

12. 国家汉办继续扩大国际汉语教师志愿者规模

中国国家汉办志愿者中心项目官员在广西 2012 年赴泰国汉语教师志愿者回国座谈会上表示，2013 年国家汉办将继续扩大规模，拟派出汉语教师志愿者 5500 人。国家汉办组织的 2013 年汉语教师志愿者选拔工作已于 2013 年 1 月启动，通过选拔考试、综合能力培训和拓展训练等考核的志愿者，将于 5 月启程赴世界各地开始汉语执教之旅。

13. 马来西亚关丹独中采取双轨模式

马来西亚总理 2013 年 3 月在出席一场义演活动中向逾万名来宾表示，关丹中华中学采取双轨模式办学，该校学生同时报考统考和马来西亚教育文凭考试。这也就是说，该校学生既要通过以中文为教学媒介语的科目统考，也必须通过 SPM 统考。

这是一项达到双赢结果的决定，既表示该学校符合国家教育政策，同时也能满足华社需求。马来西亚总理纳吉还在会上宣布政府将另拨 300 万令吉作为关丹中华独中的建校基金。

14. 汉语课程走进匈牙利高中课堂

随着全球汉语热的持续升温，越来越多的匈牙利青少年对学习汉语产生了浓厚兴趣。2013 年 3 月 21 日，KCS（Körösi Csoma Sándor）双语职业高中举行汉语专业课开班发布会，标志着汉语课程正式走进匈牙利高中课堂。

KCS 双语职业高中是匈牙利第一所开设汉语课程的高中，此课程将于 2013 年 12 月开班。学校汉语课程将使用《匈牙利汉语课本》作为教材。

15. 埃塞俄比亚首个汉语本科专业正式开设

2013 年 3 月 18 日，埃塞俄比亚首个汉语本科专业在亚的斯亚贝巴大学正式开设，首批招收14名学生。中国驻埃塞俄比亚大使解晓岩和亚的斯亚贝巴大学校长阿德马苏主持开班仪式。

16. 斯洛文尼亚开设汉语课程多达15门

近年来，斯洛文尼亚汉语学习者热潮不断升温。斯洛文尼亚首都卢布尔雅那、第二大城市马里博尔等城市共计12所大中小学校（5所中学、6所小学、1所大学）及2所幼儿园，开设商务汉语与通用汉语等多达15门的汉语课程，汉语学习者人数持续上升，每年参加中国文化活动达4000多人次。

17. 波兰知名大学开设中文本科教育

位于波兰北部滨海省的著名高等学府格但斯克大学，看好中波合作前景，决定开展全日制中文本科教育，并从2013年开始招生。

全日制中文专业是格但斯克大学最高级别的教学方式，这与仅开设中文课程不同。学生们不仅要学习语言，还要学习有关中国的历史、文化以及社会发展的所有内容，是有关中国的全方位教育。该专业要求学生每个星期必须有20个小时的中文课。

格但斯克大学对于教学质量十分重视，他们将从中国邀请至少3名教师，另外还要配备波兰的中国问题专家给学生授课。

18. 吉尔吉斯斯坦南部中学将汉语列为必修课

吉尔吉斯斯坦南部贾拉拉巴德州奥斯曼诺夫中学2013年将汉语取代英语列为学生的必修课。奥斯曼诺夫中学历史悠久，吉尔吉斯斯坦多位政要和学者曾在这里学习。

近年来，汉语已成为吉尔吉斯斯坦最流行的外语。这一方面源于该国青年人对中国历史与现状的浓厚兴趣，另一方面则由于中国的快速发展为广大汉语人才提供了光明的就业前景。在此背景下，吉尔吉斯斯坦“汉语热”持续升温，汉语教学大发展正逢其时。凡有条件的院校都开始开设汉语课程，以满足学生学习汉语的需求。

19. 马来西亚雪兰莪州政府制度化拨款给各源流学校

马来西亚雪兰莪州政府为改变国人生活，落实高素质教育，将全力支持华文教育，制度化拨款给各源流学校。包括2013年拨款600万令吉给华小，拨款200万令吉给巴生市四间独中。

20. 泰国将推出中文工程让东盟10国中1亿人会说中文

泰国将推出“你好，我爱你”中文工程，目标是在4年内让东盟10国6亿人中的1亿人会说中文。这一项目将首先在泰国实施，然后推广至东盟其他国家。

泰国国会主席兼下议院议长颂萨说，如果在泰国乃至东盟10国大力推广中文教学，在4年时间内，可以达到让1亿人会说中文的目标，相当于每家每户都有一个人会说中文。而在这1亿人的影响和带动下，余下5亿人也至少会说两句中文——“你好”“我爱你”。颂萨表示，相信这一成果会对中国与泰国及其他东盟国家的经济合作带来极大的便利。

关于这一项目的具体实施，颂萨说将首先在中国厦门华侨大学进行试点。目前华侨大学每年招收100名泰国留学生，泰国方面希望可以将其推广到更多的中国高等院校，通过中泰合作共同促进中文在东盟国家的传播。

21. 李光耀双语基金资助两项活动

李光耀双语基金将资助首次在新加坡举行的第九届国际双语学研讨会和第四届亚洲儿童内容节。双语基金发文告说，资助这两项活动是为了提高家长、教育工作者和公众对双语教育的意识，让他们了解在家里、学校和社区培养孩子双语能力的重要性。

22. 国务院侨办2013年外派教师规模创新高

2013年国务院侨办拟派出汉语教师782人。外派教师遍布五大洲的近300所华校，主要集中在华校规模较大的东南亚国家，欧美地区的部分华校也向国务院侨办申请教师，教师派往的国家将有所增加。

国务院侨办坚持对外派教师进行严格的选拔和规范的行前培训，外派教师选拔工作主要委托各省市侨办和当地教育部门开展。各地主要通过面试、笔试和课堂讲解等形式，对外派教师进行全面考核。

23. 中国多个省或地市侨办自主选派华文教师赴海外任教

2013年，中国多个省份的侨办或地市侨办，自主选派华文教师前往海外从事1到3年的华文教育工作。

据不完全统计，山西省选派25名华文教师赴泰国、菲律宾任教；广西贵港市、山西西安市分别选派13名和5名华文教师赴外任教；浙江舟山、嘉兴，河南平顶山等地市侨办也首次选派教师赴海外担任华文教师。

24. 中国将为巴基斯坦培训千名汉语教师

2013年5月23日，李克强总理首次宣布，未来五年，中国将为巴基斯坦培训

1000名汉语教师。此外，中国还将在巴基斯坦增设多家孔子学院。

25. 巴基斯坦计划将汉语列为必修课

巴基斯坦巴信德省政府决定，从2013年起在全省所有学校和教育机构6年级以上课程中设立汉语必修课，以推广汉语教育。

上述决定是在信德省首席部长萨义德·卡伊姆·阿里（Syed Qaim Ali）主持的一次会议上做出的。参加会议的巴政府其他高级官员包括教育部高级部长皮尔·马扎－乌尔哈克（Pir Mazhar-ul-Haq）、巴总统府秘书长萨尔曼·法鲁基（Salman Farooqui）、教育部秘书萨迪克·麦蒙（Saddique Memon）等。

信德省政府将为学习汉语的学生提供海外奖学金等，以激励学生积极学习汉语。相关汉语课程设计和规定将由巴教育部门优先审定通过，并尽快公布。

26. 《温州市华文教育基地管理办法》在浙江省率先出台

温州市侨办、市教育局在浙江省率先于2013年5月联合出台《温州市华文教育基地管理办法》，标志着温州市华文教育基地管理工作步入规范化管理轨道。《管理办法》明确指出，华文教育基地是根据海外华文教育工作的目标和要求，充分发挥学科优势和地域文化特色，承担华文教育理论研究、华文教材研发、华文教师培训、华裔青少年夏（冬）令营等方面工作的机构。华文教育基地要充分认识华文教育对象的层次性，充分考虑华人社会情况的多样性，华文教育基地要发挥本地教育资源优势，针对不同特点，因地制宜，因材施教，通过多种途径和方式，尽可能地满足海外华侨华人及其子女对华文教育的不同需求，努力成为向海外传播中华民族语言文字和文化的摇篮。

《管理办法》明确了华文教育基地的基本任务、华文教育基地管理机构的职能、华文教育基地的建设与管理要求及华文教育基地的评估奖惩机制。同时，还对温州市华文教育基地的申报条件、命名程序、项目资金、项目管理等内容进行了全面规范。

27. 马来西亚教总与7华团达成共识，华小马来文课增至210分钟

据马来西亚《南洋商报》报道，马来西亚华校教师会总会（教总）与7个华团针对第二阶段华小标准课程纲要（KSSR）中马来文及英文授课时间达成4项初步共识，其中包括将马来文及英文授课时间各增加至210分钟，以便学生能够平衡学习。

马来西亚教总主席王超群出席了教总与校长职工会举办的历时3小时的“华小标准课程纲要”闭门汇报会，会后向记者发表谈话，指出汇报会是为了让各大华团了解，若教育部坚持将马来文授课时间增加至270分钟，就要利用民间力量反对。

28. 广西出台《外派华文教师管理办法》

为进一步加强海外华文教育工作，规范广西外派华文教师工作的管理，广西壮族自治区侨办和广西壮族自治区教育厅联合制定了《广西壮族自治区外派华文教师管理办法》。该《管理办法》于2013年7月1日起执行，将作为广西海外华文教育工作的新举措，助力海外华文教育事业这一海外华侨华人的“希望工程”，同时为广西外派华文教师的管理工作提供了制度保障。

该《管理办法》根据国家海外华文教育工作发展部署和国务院侨办《外派教师工作管理条例及工作流程》，结合广西海外华文教育工作实际制定。《管理办法》对外派华文教师的选派和管理、任教时间、基本条件、工作职责、在外纪律、待遇和有关费用、档案管理、表彰奖励等事项做了明确规定。

29. 马来西亚教育部在2013年度PISMP中增设新条件

马来西亚教育部在2013年华小华文组教育学士课程（PISMP）申报中，把马来西亚教育文凭（SPM）生和统考（UEC）生合并成单一组别，并增设了新的限制条件，要求报考者需具有马来西亚教育文凭“中国文学”的及格资格，这导致华文科首次没招满学员，只录取了13名新学员，比原定录取的40人少了27人。

马来西亚每年有约6万名学生报考马来西亚教育文凭的华文科，但只有约1000名学生报考中国文学，因此华小华文组教育学士课程需要中国文学及格这一新的限制条件，将限制绝大部分的报考者。这项条例如果严格实施的话，将会影响到华小华文组教育学士课程的申请人数，进而限制华小师资的来源。

30. 马来西亚副首相称不强制独中生报考教育文凭考试

据马来西亚《南洋商报》报道，马来西亚副首相兼教育部长丹斯里慕尤丁指出，教育部并不阻止任何学校学生报名参加马来西亚教育文凭（SPM）考试，也不建议强制独中生报考马来西亚教育文凭。

31. 浙江台州、宁波等地首批华文教育基地建立

浙江省台州市侨办、台州市教育局于2013年7月批准椒江区第五中学、温岭素质教育实践基地、玉环农业观光园、临海市国华珠算博物馆为台州市首批华文教育基地。2013年7月，浙江省宁波市侨办、宁波市教育局批准镇海中学、慈湖中学等两所学校为第一批“宁波市华文教育基地”。

32. 印度尼西亚国民教育部正式推行《2013 课程大纲》

2013 年 7 月 15 日，印尼国民教育部正式推行《2013 课程大纲》，取代《2006 课程大纲》。该课程大纲计划三年内在全国所有的国立学校、私立学校、回教讲习所全面落实。由于时间紧迫，教材编写、教师培训等工作难以满足要求，《2013 课程大纲》2013 年先在全印尼遴选的 6326 所小学和中学试行。

《2013 课程大纲》与《2006 课程大纲》相比，具体的变化为：（1）小学取消读写课，改为主题教学；（2）小学一至四年级取消自然课和社会课，内容合并到印尼文课；（3）小学取消英文课、地方方言课、电脑打字课，将印尼文课从每周 4 节增加至每周 7 节到 10 节；（4）将原有宗教课改为宗教及品德教育课，每周课时小学增加为 4 节（原宗教课为 2 节），中学为 3 节；（5）小学的班查西拉（pancasila，指印尼的国家意识形态，是印尼的立国五原则，即民族、民主、民权、人道和宗教）及国民意识教育课从每周 2 节增加为每周 4 节，中学增加为每周 3 节；（6）初中印尼文课程从每周 4 节增加为 6 节；（7）小学和初中精简课程门数，增加每周上课节数，两个阶段都取消了 5 门课程，小学每周上课时数增加 4 节，初中增加 6 节，高中每周上课时数增加到 46 至 48 节；（8）高中一年级开始选修英语外的其他外语，每周 2 节；（9）分科时间提前，《2006 课程大纲》规定高中二年级分科，现提前到高中一年级，学生可以从理科、社会科、语言文化科中任选一个方向学习；（10）取消小学国家统一考试。

该大纲对华文教育的影响表现为以下几点。（1）私立学校（华校基本上都是私立学校）被纳入大纲的实施范围，这些私立学校自主设置课程的空间被大大压缩。华文学校的课程设置必须首先满足《2013 课程大纲》的规定，在此基础上利用规定课时以外的时间设置一些华语课程，华语课程的上课时间必将大大降低，华校的特色弱化。（2）小学阶段所有学校都取消《2006 课程大纲》含有的英文课、地方方言课（华语应属于这类课程），大幅度增加印尼文课程的时间。这样，包括英文、华语在内的语言课程都不会出现在印尼的国立小学。（3）华语作为外语之一，高中一年级才可以选修，每周只有两节，这很难满足学习要求。

33. 法国 26 个教区全部开设中文课

据法国《世界报》报道，伴随着法国越来越多的人学习汉语，法国教育部 2013 年在本土 26 个教区全都开设了中文教学，这在法国教育史上还是首次。

为满足法国中小学生学习中文的愿望，2013 年法国教育部新增添 40 多个中小学中文教师职位，同 2012 年新增 15 个工作岗位相比实现飞跃。

法国教育部中文总监白乐桑先生说，中文最近几年来在中学生所学习的外语排名中，从原来的第9位上升至第5位，紧随英语、西班牙语、德语及意大利语之后，然而拥有职称的中文教师却只占中文教师总人数480名的1/3。

34. 马来西亚《2013~2025年教育发展大蓝图》正式推出

马来西亚于2013年9月11日正式推出《2013~2025年教育发展大蓝图》。根据《2013~2025年教育发展大蓝图》，马来西亚计划从2013年至2025年，分三个阶段逐步推行单元主义教育政策。

第一阶段（2013~2015年）

《2013~2025年教育发展大蓝图》规定所有幼儿园必须采用国家学前课程。这会导致各源流幼儿园的教学媒介语将被统一为国语（马来语），剥夺家长为子女自由选择就读何种源流幼儿园和小学的权益，致使家长送孩子就读国小，弱化华小、淡小的学生来源，使国小成为所有家长的首选学校，实现“最终目标”。

教育部鼓励“政府资助学校”把学校的地位改为“政府学校”，并通过长期租赁或签订合约方式，在不须土地拥有者转换土地拥有权的情况下，使教育部拥有土地信托权。这是教育部蚕食和剥夺华小董事会主权，进一步控制董事会及校产管理权，逐步变质华小的手段。

第二阶段（2016~2020年）

加强推广由教育部州级和县级“学生交融团结计划”委员会所规定的活动，但是却没有规定参加的学校可自由使用各自的教学媒介语，这将进一步改变华小和淡小的办学本质与特征。

第三阶段（2021~2025年）

《2013~2025年教育发展大蓝图》阐明，2021年至2025年使国小和国中成为所有家长的首选学校，到时教育部将检讨“多源流学校的选择”和“国家教育体系结构”，以做出进一步的“改变”。这将剥夺或取消华小和淡小的法定地位，令华小和淡小边缘化、弱化、逐步变质及消亡，使家长失去送孩子接受母语教育或就读各源流学校的选择权利。

《2013~2025年教育发展大蓝图》的本质是贯彻单元同化政策，实现单一源流学校这一最终目标，根本没有保障华小的母语教育本质与特征。

教育部在《2013~2025年教育发展大蓝图》中首次明文承认华文独立中学在马来西亚教育领域的贡献。

《2013~2025年教育发展大蓝图》决定将华小马来文课授课时间定为240分钟，比原有时间增加了60分钟，但相比《2013~2025年教育发展大蓝图》初稿的决定减少了30分钟。在母语教育方面，《2013～2025年教育发展大蓝图》表示，目前使用华文和淡米尔文作为授课媒介语的国民型小学，现状将保持不变，这些学校的地位和基本特征也将保留。

《2013～2025年教育发展大蓝图》还指出，华文独中已构成马来西亚私立学校最大的组成部分，60所独中所招收的学生总数占目前中学生总数的3%，已达到66700人。不过华文独中在《2013～2025年教育发展大蓝图》中仍被列在“其他教育选项”栏目，私人学校、国际学校及宗教学校则被列入“私立教育”栏目。

35. 波兰热舒夫市公立幼儿园将普及汉语课

波兰东南部城市热舒夫市从2013年10月份开始在公立幼儿园开设汉语课。目前全市共有14所幼儿园的46个班开设汉语课。汉语课教师是从中国直接聘请的有幼儿教学经验的汉语老师，费用方面全部由市政府财政承担。

该举措得到了家长和市民的充分认可，市政府已经决定，在新学期开学后，将再增加开设汉语课的公立幼儿园数量，最迟于两年内在全市所有公立幼儿园内普及汉语课。

36. 马来西亚华文小学所获政府拨款相比往年额度下降一半

马来西亚政府2014年将拨出546亿令吉来支持教育领域的发展，占总财政预算的21%，比2013年财政预算的387亿令吉增加了159亿令吉，这也是马来西亚政府连续第3年在教育领域拨出最多款项。

马来西亚首相纳吉宣布，政府在“学校建设和维修特别基金”下，将拨出1亿令吉用于支持国小，其他源流学校则各获得5000万令吉，其中包括华小、泰小、教会学校、全寄宿学校、政府资助宗教学校和人民宗教学校。

令人感到遗憾的是，虽然教育拨款的整体数额有所增加，但是华文教育领域的数额却相对减少了。政府将华小的1亿令吉拨款缩水至5000万令吉，而国民型中学2013年可获3000万令吉，但在2014年财政预算案中却分文未得。在技职教育方面也存在严重失衡的状况，政府拨款超过了5亿令吉，但非土著学生却不能享有技职教育的权益。

37. 澳大利亚维多利亚州拟禁止部分华裔学生将汉语作为第二语言

澳大利亚维州课程与评估局召集了多个工作组研究过去10年来存在的有关外语政策及工作的不足，计划推出一项规定——如果学生有以下3种情况：（1）曾在中国接受过一年的正规教育；（2）过去10年内在中国生活过3年；（3）在课堂外（包括但不限于在家里）经常使用汉语进行持续交流，那么汉语将无法作为他们的第二语言来学习。也就是说在家说汉语的学生可能无法将汉语作为维州高考（VCE）的第二语言，这是因为政府担心那些不具备汉语背景的学生难以与这类学生竞争。这些变革的目的在于提高汉语课程对于非汉语背景学生的招生率。

文件中的其他建议包括：创建一门“初级汉语”课程，提供相应的奖励；鼓励华裔学生入读更有难度的课程，提供一门专注于文化、社会和交际汉语的新课程。维州政府已经承诺拨款1300万澳元资助1500名9年级的学生参加汉语“沉浸式教学项目”。

38. 中文将正式成为荷兰中学选修课

荷兰教育国务秘书戴克尔表示，中文作为荷兰中学选修课程的试点项目已获得成功，中文即将正式成为荷兰中学的外语选修课程。

荷兰自2010年开始进行中文选修课试点，试点计划为期3年，共9所学校参与。项目重点在于考察中文在荷兰教学中的可行性，即中文作为一门语言课程在听、说、读、写等四种技巧方面的可测试性。截至2013年11月，已有40所荷兰中学有意将中文设为外语选修课。

39. 温州“助推海外华校发展”计划催生10个图书室

2012年温州市侨办实施了“助推海外华校发展”计划，倡议全市的中小学学生，为海外华裔儿童捐一本书，为全世界30多所海外温州人办的中文学校捐建“蒲公英”图书室，让更多海外的华裔子女能够在“蒲公英图书室”里共沐书香，汲取母语营养。

在各地侨办和华文教育基地学校的大力支持和发动下，共有12所学校参与了活动，近5000名学生纷纷将自己家中的藏书或购买的新书捐献了出来。截至2013年11月，已收到捐书8500多册。目前已在意大利、西班牙、荷兰、葡萄牙、法国5个国家10所温籍中文学校建成了10个“蒲公英图书室”。

40. 英国首相卡梅伦表示要加强汉语教学

英国首相卡梅伦在2013年12月份访华期间表示，英国的学校应该减少过多的法语和德语课程，并加强汉语普通话教学。他表示，计划在2016年前将英国学校目前的中文助教人数翻番，并增加投资，让学校提供普通话培训教育。英国现政府的目标是把英国学习汉语的人数翻一番，达到40万人。

卡梅伦说：“我希望英国能和世界上增长最快的一些经济体联系起来。这就需要我们的年轻人学习他们的语言，为未来的商业联系奠定基础。”他还强调：“当今天出生的孩子离开学校时，中国将成为世界上最大的经济体，所以现在应该拓展我们的传统思路，不要只注重法语和德语，应该让更多的孩子学习中文。”

二　华教机构变迁

1. 温州市三所华文教育基地学校入选首批特色品牌学校

2012 年年底，温州市教育局公布了温州市首批 6 所特色品牌学校名单，温州市实验中学、温州市实验小学、温州华侨中学 3 个华文教育基地榜上有名。

开展特色品牌学校创建活动是温州市建设教育强市的一项重要举措，旨在以特色品牌学校创建为载体，通过“建设特色项目—形成办学特色—成为特色品牌学校”的特色化办学之路，优化学校管理，丰富办学内涵，提升学校品位，形成特色立校、特色强校的学校发展态势，推进素质教育。

2. 比利时图尔奈市中文学校成立

2013 年 1 月 26 日，比利时历史名城图尔奈市首所中文学校正式成立，中国驻比利时大使廖力强、图尔奈市市长、比利时法语区首相代表及当地教育界代表到场祝贺并一同为学校开学剪彩。

图尔奈中文学校由比利时中华商会直接筹办。学校的成立不仅解决了当地华人子弟学中文难的问题，也为当地比利时人提供了一个了解中华文化的平台。中比两国政治、经贸关系发展良好，人文交流日益密切，中比两国人民加深对彼此文化的了解有助于推进双边关系。目前，已有近 40 名当地华侨华人的孩子在该校注册，学校专门聘请两名教师为他们授课。学校还准备招收一部分比利时非华裔学生。

3. 乌兹别克斯坦世界语言大学成立“汉语文化中心”

2013 年 1 月 31 日，“汉语文化中心”揭幕仪式在乌兹别克斯坦国立世界语言大学举行，该校校长伊斯玛伊洛夫和中国驻乌大使张霄为“汉语文化中心”成立剪彩，中国驻乌兹别克斯坦使馆部分外交官、中乌媒体记者、学校师生代表近百人出席了揭幕仪式。

伊斯玛伊洛夫校长认为，随着中乌关系的快速发展，两国在政治、经贸、人文等领域合作顺利，乌民众了解中国的愿望不断增强，乌青年学习汉语的热情持续提高；相信该校汉语文化中心的建立会推动越来越多的学生学习汉语，为中乌关系发展贡献自己的力量。张霄大使祝贺汉语文化中心正式成立，认为该中心的成立意义深远，并代表使馆赠送了电教设备。学生奥利佳代表学校师生感谢使馆对中心成立给予的关怀和支持，表示将加倍努力学习，毕业后投身中乌友好事业。

4. 何韵蝉联曼谷华教促进会新一届主席

泰国曼谷华教促进会第一届理事会于2013年2月13日在泰京东方文化书院二楼会议室召开全体理事学校大会。会议按照大会程序通过第一届理事会会务报告、第一届理事会财务报告，选举新一届常务理事学校，选出培英学校陈碧、公立侨英学校庄秀琴、培知公学宋冬平、普智学校林真、侨光学校袁玉仪、三育学校黄敏、中心公学黄文英、孔堤公学张丽贞、侨德公学林惠群、展华学校林瑞庄、时代中学何韵等为常务理事。3月18日，在时代中学召开的曼谷华教促进会第二届第一次常务理事会议上，何韵主席蝉联曼谷华教促进会第二届主席，林真、庄秀琴当选为副主席。

5. 福建省侨办为4所海外华文教育基地校挂牌

福建省侨办文宣处处长林建华一行，于2013年2月25~26日和3月7日分别在泉州和武夷山为惠安崇武中学、泉州南少林武术学校、福建电力职业技术学院、武夷学院举行了“福建省海外华文教育基地”挂牌仪式。

近年来，这4所学校积极开展海外华文教育工作，特别是热心承办海外华裔青少年夏（冬）令营活动，效果显著，成绩斐然。

6. 马来西亚汉语口语水平测试中心在吉隆坡成立

马来西亚第一家汉语口语水平测试中心于2013年3月2日在首都吉隆坡正式成立，2013年马来西亚第一期汉语口语师资培训班同时宣布开课。该中心由马来西亚汉文化中心、马来西亚国家翻译与书籍局及中国天津市教育委员会共建。

马来西亚国家汉语口语水平测试中心的成立，为更多非华裔人士提供学习汉语的机会，充分显示了马来西亚政府和社会对汉语学习的关注和认可。天津市教育委员会全力配合该中心的汉语推广和考核工作，包括捐赠20台汉语口语测试计算机设备以及提供3名全额奖学金给成绩优秀的考生。

7. 温州正式筹建温州华侨大学

2013年3月5日，温州市委、市府办正式发文，宣布筹建温州华侨大学。温州华侨大学创办的目的是：培养具有国际视野、经世致用的复合型和创新创业型人才，重点发展应用型特色本科专业，同时积极开展华文教育和中华传统文化教育。

在筹建阶段的温州华侨大学，以温州大学瓯江学院为办学基础，由瑞安市政府与温州大学合作举办，学校选址在瑞安丁山海上围垦区。2013 年年底前接受教育部的验收和评估，并争取于 2013 年秋季招收华侨学生。到 2014 年，全日制在校生达到 8000 人，并于 2015 年积极创造条件，升格为温州华侨大学。

8. 广西华侨学校成首批中等职业学校民族文化技能人才基地

广西华侨学校 2013 年 3 月 25 日被认定为广西首批中等职业学校民族文化技术技能人才培养培训基地。该基地项目由广西教育厅、民族事务委员会、文化厅共同认定，第一批共有 17 所学校获得该荣誉。今后，被认定的学校将在师资培养培训、业务指导等方面得到支持，使民族文化技艺传承与职业教育改革发展相对接。

广西华侨学校校长陈进超领奖后表示，广西华侨学校将以获得此荣誉为契机，大力发展与民族文化艺术相关的各类专业，培养更多的民族文化技术技能人才，为更好地传承民族文化做贡献。

9. 华侨大学与昆明华文学校合作开办华侨大学昆明教学部

2013 年 3 月 21 日上午，华侨大学与昆明华文学校签署协议，合作开办“华侨大学昆明教学部”。华侨大学校长贾益民、云南省侨办主任杨焱平、华侨大学副校长吴季怀、昆明华文学校校长张明军共同为“华侨大学昆明教学部”揭牌。云南省侨办党组书记盛云富、副主任袁光兴，华侨大学校长助理曾路及相关单位负责人出席揭牌仪式。

根据协议，华侨大学将与昆明华文学校进一步利用地域优势，重点面向泰国、越南、缅甸、老挝、柬埔寨等东南亚国家在联合开办海外学生大专班、本科班及设立昆明研究生教学点等方面开展深入合作，旨在进一步促进华侨大学在云南周边国家的学历生招生工作，培养华文教育师资，推动东南亚的华文教育健康发展。

10. 中国首个省级华侨公益基金会在福州揭牌成立

2013 年 3 月 27 日，中国第一个省级华侨公益基金会——福建省华侨公益基金会在福州揭牌成立。该基金会由福建省归国华侨联合会发起成立，面向福建侨界及国内外企业，接受海外侨胞自愿捐赠。

成立华侨公益基金会，就是要发扬侨胞热心公益事业的优良传统，支持华侨事业和侨界关心的经济、文化、科技、教育、卫生、福利等各项公益事业的发展，竭诚为社会服务，为海内外广大侨胞服务。

11. 云南在马来西亚设华文书局

2013 年 3 月 29 日，云南民营企业新知集团在马来西亚（吉隆坡）开设的华文书局正式开业。同时，新知集团还与马来西亚大学孔子学院达成了合作协议。。

新知马来西亚（吉隆坡）华文书局分为教育、外文、计算机、医药卫生、音像、少儿、科技、农业、建筑、经济、社科、文艺、古籍、法律、生活、艺术共 16 个图书分类店及文体用品店，约 80 个图书分类，两万多个图书品种，同时经营云南普洱茶等民族特色商品。

书局还将与当地文化教育部门和商务部门联合开展两国文化交流、出版推介、文化培训、国际留学旅游咨询等综合业务，以及推动优秀文化成果的翻译等，促进双方的文化交流。

新知集团是国内率先在海外建立华文书局的民营企业。从 2011 年 10 月新知首个海外书局在柬埔寨开业至今，该集团海外书局已达 3 家。截至 2012 年底，新知集团对外出口图书、文体用品销售总额超过 500 万元人民币。

12. 印尼三语学校协会正式揭牌

2013 年 3 月 16～17 日，印尼三语学校协会揭牌仪式及第一届第一次全体会议在马吉朗正式举行。前东爪哇华文教育统筹机构主席符福金先生出席会议并亲手揭开协会牌匾。36 所三语学校的 100 多位代表出席了揭牌仪式和全体会议。

在全体会议上，印尼三语学校协会主席陈友明总结了三语学校在印尼的发展情况，暨南大学宗世海教授做了题为《印尼三语国民学校质量控制的原则性建议》的报告。

首批正式加入印尼三语学校协会的华校共有 23 所。

印尼三语学校协会将进一步加强各三语学校间的联系与协作，推动三语学校在印尼的发展。

13. 温州大学在意大利中文学校设立首个海外招生点

2013 年 4 月 3 日，国侨办华文教育基地——温州大学正式授权意大利佛罗伦萨中文学校为“温州大学海外招生点”，聘请该校校长潘世立担任招生点负责人。海外招生点作为温州大学的招生机构，主要负责开展当地招生宣传工作，接受华裔学生攻读温州大学学士、硕士学位以及预科课程的报名申请。

这是温州大学首次在海外设立招生点，旨在加大华裔学生的招生力度，进一步加强与海外华文教育界的合作，同时推动温州华侨大学的筹建工作，进一步加强温州的高等教育多样化和国际化。

14. 温州在海外设立首批12个温州华侨大学工作站

温州市侨办2013年4月初确定了9个国家的7个温籍侨团、3所温籍华校、2家温籍华文媒体为首批温州华侨大学海外工作站。

首批12个温州华侨大学海外工作站分别设立在西班牙华侨华人协会、意大利普拉托华人华侨联谊会、意大利佛罗伦萨中文学校、意大利米兰温州华侨华人商会、荷兰乌特勒支中文学校、法国华侨华人会、法国南方华人总商会、希腊华侨华人总会、奥地利维也纳中文学校、加拿大温州同乡总会、南非《非洲时报》和斯洛伐克《斯中商报》。

温州华侨大学海外工作站成立后，将协助开展温州华侨大学筹建工作有关问题的调查，力求全面、真实了解海外温籍侨胞的需求和愿望；负责开展温州华侨大学在当地的招生宣传工作，为当地学生就读温州华侨大学牵线搭桥。

15. 国务院侨办中华才艺（音乐·舞蹈）培训基地成立

国务院侨办中华才艺（音乐·舞蹈）培训基地2013年5月9日在华侨大学厦门校区揭牌成立。这是继2010年国务院侨办、中国海外交流协会“中华才艺（龙舟）培训基地”在华侨大学揭牌成立之后，又一个为更好地实现华侨大学办学宗旨所提供的载体，“是为适应侨务工作发展新形势、新需求，凝聚海内外侨胞力量，共圆‘中国梦’的重要举措”。

国务院侨办副主任何亚非，国务院侨办宣传司司长郭锦玲，国务院侨办政法司副司长董传杰，国家一级导演、中央民族歌舞团副团长丁伟，华侨大学校长贾益民、党委书记李冀闽出席仪式并共同为机构成立揭牌。何亚非、贾益民先后在揭牌仪式上致辞。

16. 广西阳朔县高田民族中学成为桂林市华教基地

2013年5月10日，桂林市侨办在阳朔县高田镇民族中学举行“桂林市华文教育基地”挂牌仪式。桂林市侨办副主任余治水、高田民族中学校长覃卫忠等领导和高田民族中学师生共110人参加挂牌仪式。

高田民族中学是阳朔县唯一一所民族学校，全校壮族学生占67%。目前该校主要开办竹竿舞、滚铁圈、扁担舞等文体活动，开设刺绣、织壮锦、制绣球、国画、书法等课程，充分体现壮民族文化教育特色，是阳朔县乃至桂林市传承壮族文化、中华民族文化重要的人文基地。学校将借助华文教育基地平台，大力推进对外交流与合作，为中华传统优秀文化的推广和传播做出努力。

17. 台儿庄古城华教基地揭牌

2013 年 5 月 15 日，国务院侨办在台儿庄古城举行华文教育基地揭牌仪式。国侨办副主任马儒沛出席并讲话。山东省侨办主任刘方会，枣庄市委书记、市人大常委会主任陈伟分别致辞。国侨办文化司司长雷振刚，山东省侨办副主任孙西忠，枣庄市市委常委、秘书长孙欣亮出席，副市长张兵主持。马儒沛在讲话中说，台儿庄古城增设为华文教育基地，既为宣传“运河文化”“抗战文化”，增进海峡两岸共识搭建了平台，又对促进海外侨胞及其子女学习了解中国历史文化，凝聚海内外中华儿女的力量具有重要意义。

18. 温州批准瑞安市外国语学校为市级华文教育基地

2013 年 5 月 18 日，温州市侨办、市教育局联合发文，批准瑞安市外国语学校为温州市第四批温州市华文教育基地。自此，温州共拥有 18 个华文教育基地，其中 3 个国侨办华文教育基地，5 个省级华文教育基地，10 个市级华文教育基地。

近年来，瑞安市外国语学校积极响应国侨办、温州市侨办的号召，圆满地承办了 2012 年海外华裔青少年中国寻根之旅夏令营相约温州营瑞安分营，并继续承办 2013 年海外华裔青少年中国寻根之旅夏令营。

19. 华侨大学境外生文化教育实践基地落户德化国宝云龙谷

2013 年 6 月 1 日，“华侨大学境外生中华文化教育实践基地”揭牌仪式在福建省德化县国宝云龙谷举行。国侨办宣传司综合处处长胥全、德化县副县长陈祥端、华侨大学学生处副处长黄建烽以及“走基层·侨乡行”中央媒体团代表出席揭牌仪式，华侨大学近 40 名境外学生参加揭牌仪式。

此次基地的建立，为境外生提供了一个平台，让他们通过实践活动，增强对中国经济以及闽南文化的认识，也加深对祖籍国的了解。当日，华侨大学 40 名侨生参加了首次实践活动，参观了德化月记窑，并亲身体验了制作陶瓷的过程。

20. 湛江师范学院在泰国建海外教学实习基地

湛江师范学院首个海外教学实习基地在泰国 Watkaseamchittaram 正式挂牌成立。同时，该校还与泰国 Wattait、Wattaitarad、程逸女子中学 3 所学校签订了共建实习基地合作协议，共推汉语国际化教育。

早在2013年5月中旬，湛江师范学院已选送包括对外汉语、汉语言文学、广播电视新闻、英语教育、小学语文教育等专业的75名学生，分赴泰国北、中、东、南部的41所学校，进行为期4个多月的汉语教学实习。随着海外教育实习基地的建立，湛江师范学院赴泰实习人数逐年增多，选拔范围进一步扩大，在泰国实习的学校也由2012年的29所增加到2013年的41所。

21. 阿塞拜疆语言大学中国语言文化中心成立

2013年6月12日，阿塞拜疆语言大学隆重举行中国语言文化中心成立开幕式。中国驻阿塞拜疆大使宏九印、新阿党执行主席阿赫梅多夫、阿议会议员及驻阿外国使节等60多人出席开幕式。

阿塞拜疆语言大学校长、议会外事委员会主席谢伊多夫主持开幕式并致辞。阿塞拜疆语言大学中国语言文化中心不仅对本校师生开放，而且还将对社会公众开放。随着中阿两国关系的不断深入发展，该中心定将成为阿塞拜疆最大、最具权威性的中国语言文化中心、中阿人民友谊的桥梁。

22. 昆明新知集团在缅甸开设首家华文书局

2013年6月14日，新知缅甸（曼德勒）华文书局开业，这是新知集团继柬埔寨、老挝、马来西亚之后在东南亚国家开设的第4个华文书局。

新知缅甸（曼德勒）华文书局位于曼德勒市中心，经营教育、外文、计算机、医药卫生、音像、少儿、科技、农业、建筑、经济、社科、文艺、古籍、法律、生活、艺术共16类图书，8000多个图书品种，同时经营云南普洱茶等民族特色商品和文体用品。书局还将与当地文化教育部门和商务部门联合开展两国文化交流、出版推介、文化培训、国际留学旅游咨询等综合业务，以及推动优秀文化成果的翻译，促进双方的文化交流。

23. 南非闽侨文化中心成立

南非闽侨文化中心2013年6月30日举行揭牌仪式，宣告全球首个海外闽侨文化中心正式成立。中国驻南非大使馆、南非当地官员和华侨华人代表出席了揭牌仪式。

通过“闽侨文化中心”，福建省文化厅将面向南非华侨华人免费提供中文图书和音像资料借阅服务，不定期在“中心”举办福建非物质文化遗产展示、美术展览、文艺演出、艺术培训、讲座、民间器乐教学等活动。

成立“闽侨文化中心”的目的就是要满足广大华侨华人了解和学习祖（籍）国文化的需求，建立中国和南非文化交流的桥梁，借此向南非社会介绍中国文化精品。

24. 中华才艺（武术·龙狮）培训基地落户暨南大学

2013年7月2日，由中国国务院侨办主办的中华才艺（武术·龙狮）培训基地正式落户暨南大学。国务院侨办副主任何亚非、暨南大学校长胡军共同为培训基地武术训练馆和龙狮训练馆的落成揭牌。

何亚非指出，中华武术和龙狮文化是中华优秀传统文化的代表，在丰富海外侨胞文化生活，增进侨胞与祖（籍）国的感情，促进中外文化交流等方面发挥了重要作用。在暨南大学设立中华才艺培训基地，可充分发挥百年侨校深厚的文化底蕴，借助学校丰富的武术和龙狮教学资源，更好地在海外传播和弘扬武术和龙狮文化，丰富广大华侨华人的文化生活，扩大中华文化在海外的影响力。

暨南大学将通过中华才艺培训基地组织武术和龙狮才艺培训、比赛，开展教材建设、学术研究、文化交流等活动，促进武术、龙狮这一“中华根祖文化”在全球范围内的传播。

25. 广东禅武中心成为国侨办中华才艺培训基地

中国国务院侨办“文化中国·中华才艺（功夫龙狮）培训基地”揭牌仪式2013年7月3日在广东禅武中心隆重举行。国务院侨办副主任何亚非，国务院侨办宣传司副司长李民，广东省侨办主任吴锐成、副主任郑建民等出席了当天的揭牌仪式。此外，来自新西兰、澳大利亚、匈牙利等国家的社团侨领嘉宾和正在禅武中心学习的海外16个国家和地区的学员、教练等近百人参加了仪式。

何亚非指出，龙狮文化是中华优秀传统文化，深受海外侨胞喜爱，以中华传统功夫和龙狮文化为载体的禅武精神体现了和谐奋进、和平向上的中华民族精神，对构建和谐侨社，促进世界和谐有着积极而重要的意义。将广东禅武中心设为“文化中国·中华才艺（功夫龙狮）培训基地”，能够更好地弘扬中华传统文化，拓展中华才艺培训内容，帮助海外侨社培养功夫和龙狮人才。

26. 云南开放大学与孟加拉国南北大学汉语学习中心挂牌

2013年7月，中国云南开放大学、孟加拉国南北大学共同开办的汉语学习中心在孟加拉国南北大学正式揭牌。南北大学校长Sarkar博士和云南开放大学校副校长辉国政分别致辞并为中心揭牌。中国驻孟加拉国大使馆文化参赞梁彬先生和史未女士、南北大学前任校长Sattar博士等出席仪式。

学习中心以云南开放大学相关专业为支撑，实行学历与非学历教育并举，既有汉语短期培训的非学历教育，也有可取得汉语国际教育本科专业学位的学历教育，多方位满足汉语学习者的需求。该中心针对当地不同的汉语学习者，专门开设了初级汉语、中高级汉语、商务汉语、HSK 辅导、本土汉语教师培训等多种课程，采用线上和线下相结合的方式进行汉语教学，力求最大限度地为汉语学习者服务，力争搭建教育交流合作新平台。

汉语学习中心以首都达卡为中心辐射孟加拉国各地，远程招收对汉语学习有兴趣的学习者及想提高汉语教学水平的本土汉语教师，运用现代信息技术手段，利用文字教材、音像教材、计算机课件等多种媒体开展现代远程开放教育，构建了求学者不受时空限制、个性化、自主化的教学模式。

27. 浙江宁波首批华文教育基地建立

结合侨务工作实际和教育资源优势，浙江省宁波市侨办、宁波市教育局批准镇海中学、慈湖中学等两所学校为第一批“宁波市华文教育基地”。

2013 年 7 月 24 日，在 2013 年海外华裔青少年“中国寻根之旅”夏令营浙江营宁波分营开营仪式上，宁波市侨办主任陈瑜、市教育局纪工委书记孙剑鸣向慈湖中学颁授“宁波市华文教育基地”牌匾。

28. 浙江省台州市首批华文教育基地举行授牌仪式

2013 年 7 月 25 日上午，浙江省台州市举办首批华文教育基地授牌仪式，副市长赵跃进、各华文教育基地负责人等出席仪式。椒江区第五中学、温岭素质教育实践基地、玉环农业观光园、临海市国华珠算博物馆成为台州市首批华文教育基地。

各华文基地在台州市侨办、市教育局的指导下，认真履行华文教育基地承担的任务，努力开展特色活动，积极向海外华裔青少年传播中华文化，共同推动台州市海外华文教育事业的发展。

29. 仰光汉语教师协会与昆明华文学校共建华文书苑

2013 年 7 月 25 日，缅甸仰光汉语教师协会与中国云南昆明华文学校共同成立华文书苑的签约授牌仪式在东方语言与商业中心会议室举行。仰光汉语教师协会主席曾圆香、中国云南昆明华文学校张明军校长参加了授牌仪式。

昆明华文学校与仰光教师协会、东方语言与商业中心合作已有很长时间，此次授牌乃是前缘的继续。双方希望通过合作，实现共赢，共谋发展。

30. 厦门大学成立新侨研究院并启动国侨办华文远程教育项目

2013 年 8 月 8 日上午，厦门大学新侨研究院成立暨国侨办与厦门大学共建华文网络远程学历教育项目启动仪式在厦门大学嘉庚主楼举行。全国政协港澳台侨委员会副主任赵阳，国侨办文化司雷振刚司长、王梦黎处长，福建省侨办主任杨辉，厦门市侨办主任黄娇灵，福建省新侨专业人士联谊会副理事长张晓东，福建省青年企业家商会常务理事俞培众等领导和嘉宾应邀出席揭牌仪式。全国政协港澳台侨委员会副主任赵阳、福建省侨办主任杨辉、厦门大学副校长邬大光在揭牌仪式上先后发言。

新侨研究院整合全球新侨研究力量，开展针对新华侨华人群体的构成特点、分布状况、发展趋势、具体案例等的调查研究与理论探索。新侨研究院已组建一个由该校20余名专家学者及技术人员组成的新侨侨情信息资源数据库平台系统建设的研究团队，按世界五大洲和不同区域国家新华侨华人群体的特征、构成与分布现状分组展开工作。

新侨研究院的首个教育项目——国侨办与厦门大学共建华文网络远程学历教育项目，旨在服务海外华侨华人及华裔新生代的华文教育，搭建包括新侨在内广大华侨华人与两岸同胞在华文教育与中华文化传播领域的合作交流平台。首批招收200名学员，网络远程学历教育开设的专业不限于华文，还包括商贸、金融、管理、国际商务、酒店/旅游管理等专业。

31. 温州市侨爱分会捐资120万兴建温州侨商学校落成

由温州市慈善总会侨爱分会捐资120万元兴建的温州侨商学校正式落成。2013年8月15日，温州侨商学校落成典礼在泰顺罗阳镇仙稔中心小学举行，泰顺县委副书记、县长董旭斌和温州市侨爱分会会长、侨商协会会长翁银巧共同为该校落成揭牌。

32. 吕宋华文教育协会选举产生新一届工作委员会

2013年8月15日，吕宋华文教育协会2013～2014年度年会在菲律宾那牙市举办，同时召开了会员学校代表大会，通过民主选举，产生了第六届工作委员会职员。红奚礼示市立人中学校长苏志能荣膺新一届会长。副会长由仙朝峨中华学校的吴海棉、拉牛坂德兰学校的吴宏伟、淡描戈培青学校的杜美华担任。菲律宾华教中心主席颜长城先生参加吕宋华文教育协会新老会长移交协会印信的仪式，并担任监誓。

33. 贾益民校长受聘国侨办专家咨询委员会委员，裘援平主任颁发聘书

2013年8月20日上午，在第三届“中国侨务论坛”开幕式上，包括华侨大学贾益民教授，厦门大学李明欢教授、庄国土教授，暨南大学陈奕平教授、钱江特聘教授在内的20位专家学者受聘为国务院侨办第四届专家咨询委员会委员。国侨办裘援平

主任为与会的咨询委员颁发聘书并合影留念。国务院侨办政策法规司副司长董传杰宣读了相关聘任文件。

国务院侨办专家咨询委员会是提升政府侨务部门决策水平的重要渠道。自2004年以来，国侨办通过此平台，逐步组建、发展了一支推动侨务事业发展的专家队伍，活跃了侨务理论研究氛围，拓展和提升了侨务理论研究的领域和层次。历届专家咨询委员也发挥自身专长，对侨务工作发展起到重要咨询参谋作用。

为更好地发挥专家学者的咨询作用，国务院侨办决定继续聘任第四届专家咨询委员，聘期自2013年2月至2015年2月。

34. 棉兰老华文教育协会新一届工作委员会产生

2013年8月30日，棉兰老华文教育协会2013～2014年度年会在三宝颜中华中学会议厅举行，会间召开了会员学校代表大会，通过民主选举，产生了第六届工作委员会职员。树里爻孙逸仙小学校长王建生荣膺新一届会长。副会长由鄢市恩惠学校的徐奋忠、利保洛菲华学校的陈胜利、亚虞山培青学校的尤建财担任。在菲律宾华教中心主席颜长城监督下，第六届工作委员会委员集体宣誓就职，随后进行新旧会长移交协会印信仪式。

35. 温州大学与美国肯恩大学携手成立“中国语言文化中心”

2013年9月3日，中国国务院侨办华文教育基地温州大学与美国肯恩大学携手在肯恩大学成立“中国语言文化中心”，这为两校在汉语教学、文化交流与汉学研究等方面的进一步合作提供了广阔前景。

到访美国肯恩大学的温州大学副校长薛伟出席肯恩大学“中国语言文化中心”揭牌仪式，并就学生项目和教师培训、温州大学引进的肯恩大学商务和教育特色专业课程等，与肯恩大学相关负责人进行深入洽谈。双方还就2014年暑期温州大学教师教育学院学生海外实践项目和教师交流项目达成共识。

36. “瑞典华人总会”揭幕仪式在斯德哥尔摩举行

2013年9月15日，由中国国务院侨办授予的“瑞典华人总会”会匾揭幕仪式及总会年会在斯德哥尔摩市举行。中国驻瑞典大使兰立俊为华人总会会匾揭幕并发表讲话。这是国务院侨办和中国使馆第一次向瑞典华人华侨社团赠匾。

瑞典华人总会副主席叶沛群就华人总会在过去一年中的工作做了汇报。中国驻瑞典大使兰立俊肯定了华总为瑞典华社的团结以及在促进中瑞双边关系的发展和经贸合作、向瑞典人民介绍中国等方面所做的大量工作。会议还增选王钰清和赵丽杰两位女士为常务理事。

37. 温州大学共建“中国语言文化中心”在墨西哥揭牌

中国国务院侨办华文教育基地温州大学与墨西哥拉科鲁尼亚大学共建的“中国语言文化中心”2013 年 9 月在拉科鲁尼亚大学揭牌，这是温州大学继 2013 年在美国肯恩大学建立“中国语言文化中心”后，在海外高校建立的第 2 个“中国语言文化中心”。温州大学副校长薛伟出席拉科鲁尼亚大学“中国语言文化中心”揭牌仪式，并为该中心揭牌。

拉科鲁尼亚大学“中国语言文化中心”主要开展汉语教学和培训，共同实施两校语言与文化研究项目，推动两国文化交流。该中心成为墨西哥人民学习和了解中国语言和文化的基地，成为温州与墨西哥在文化、教育等领域开展全方位合作交流的平台，成为增进中墨两国人民友谊的桥梁。

38. 浙江文成县玉壶华侨子女学校举行开班暨授牌仪式

2013 年 9 月 25 日，浙江省文成县玉壶华侨子女学校开班暨授牌仪式在文成县玉壶镇小会议室隆重举行。温州市侨办副主任许捷、文成县副县长闵建平等参加仪式并讲话，许捷副主任为学校授牌并赠送华文教材 3000 多册。

“文成玉壶华侨子女学校”由玉壶镇侨务工作站与玉壶镇中心小学联合开办。该班采取有特色的教学方式，设置不同于全日制教育的课程，有针对性地开展特色化中文辅导教育，着力于全面提高华侨子弟的中文水平，传播中华文化，真正为海外侨胞解决实际困难做实事，为服务侨乡建设做贡献。

39. 马来西亚陈嘉庚纪念馆在吉隆坡成立

2013 年 10 月 6 日上午，由马来西亚多个华社合力筹建的“马来西亚陈嘉庚纪念馆”开馆仪式在吉隆坡中华大会堂隆重举行，以纪念东南亚著名爱国华侨陈嘉庚的丰功伟绩。

马来西亚总理中国事务特使黄家定、中国驻马来西亚大使柴玺先后在开幕式上发言。马来西亚陈嘉庚纪念馆的成立，为当地华人提供了一个吸取先贤精神养分的场所。开幕式上，马来西亚陈嘉庚纪念馆还与中国厦门华侨博物院、厦门陈嘉庚纪念馆签订了合作备忘录，共同研究和弘扬嘉庚精神。

40. 荷兰鹿特丹两所华文学校合并

2013 年 10 月 5 日，荷兰鹿特丹粤语中文学校与中华文化学校举行合并仪式，中国驻荷兰大使馆领事部主任黄瑛、荷兰当地城市院校领导及来自全荷各界的侨社、媒体代表等150多人共同出席了新学校“鹿特丹中文学校”开学典礼。

两校的合并，大大缓解财政资金严重不足的问题，将双方的优秀教师人才队伍集中培养，共享人才、资金、资源优势。合并后的鹿特丹中文学校，开设普通话、广东话和成人教学部，该校现有23个教学班级，学生将近400名，教师队伍近40名。

41. 曼德勒云华师范学院举行揭牌仪式暨开学典礼

2013年10月16日上午，缅甸曼德勒云华师范学院揭牌仪式暨开学典礼在曼德勒云华师范学院隆重举行。

出席此次活动的嘉宾有云南省侨办杨焱平主任，中国驻曼德勒总领事馆郁伯仁总领事，曼德勒云南同乡会各位理事、监事，曼德勒各侨团侨领、社会贤达、各华校代表。云华师范学院全体师生共300余人参加。杨焱平主任和郁伯仁总领事分别讲话，并共同为“云华师范学院”揭牌。

曼德勒云华师范学院是一所面向全缅华人华侨招生、培养华校语文和数学教师的公益性学校，现有在校学生200余人。

42. 葡萄牙南部中文学校成立

2013年10月26日下午，葡萄牙南部侨胞翘首企盼多年的中文学校，在葡萄牙南部拉戈阿地区阿尔加夫国际学校图书馆举行了成立暨开学典礼。

南部中文学校是由葡萄牙华人华侨联合会发起，里斯本中文学校负责教务管理，阿尔加夫国际学校无偿提供场地，三方携手合作创办，填补了葡萄牙南部地区数千华侨华人子女没有中文学校的空白。

葡萄牙华人华侨联合会秘书长林精耀主持开学典礼，校董事会代表林家骏会长致辞。南部中文学校开学典礼后，现场招收了35名学生，该批学生按照中文程度及年龄分入3个班级。

43. 浙江温州市侨办向西班牙华校捐建图书室

2013年10月15日下午，温州市侨办举行海外温籍华校蒲公英图书室授牌仪式。仪式上，温州市侨办为西班牙巴塞罗那中西友好学校颁发了“海外华校蒲公英图书室”牌匾，洞头县侨办向该校赠送了400余册课外读物。

为帮助海外温籍华校解决中文课外读物缺乏的问题，推动海外华文教育的发展，2012年以来，温州市侨办已为海外温籍华校捐建蒲公英图书室8所，共捐赠图书7000余册。

44. 温州洞头第二幼儿园为葡萄牙华校捐建蒲公英图书室

2013 年 10 月 30 日，温州市洞头县第二幼儿园向葡萄牙喜洋洋幼儿园捐赠 400 余册幼儿园适龄儿童读本。活动同时促成两校结对。温州市侨办副主任许捷为喜洋洋幼儿园颁发了“海外华校蒲公英图书室”牌匾。

喜洋洋幼儿园位于葡萄牙里斯本中心，学生均为华裔。

45. 香港名医庄善春捐资 120 万修建华侨大学报告厅

由著名医生、华侨大学董事庄善春先生捐资 120 万元人民币修建的华侨大学庄为烜报告厅，2013 年 11 月 1 日在华侨大学泉州校区举行落成典礼。

捐资人庄善春先生及其夫人郑启銮，庄善春先生的弟弟、华侨大学老校长庄善裕及其夫人刘宝臣，福建省侨办副主任闵蕙君，福建省侨办文宣处副处长齐志，泉州市外事侨务办公室副主任温锦辉，华侨大学校长贾益民、党委书记关一凡、副校长吴季怀等出席了当天的落成典礼。

贾益民校长、庄善春先生在典礼上发言。贾益民校长在致辞中说，庄为烜报告厅不仅是一座华美的建筑，更是一种高尚精神的象征，它凝结着庄善春先生父亲的慷慨大义，记载着庄氏家族及其亲友对华侨大学的不朽贡献，是华侨大学不可多得的精神财富。

46. “广西海外华文教育基地”挂牌仪式在桂林举行

2013 年 11 月 15 日上午，桂林市少年宫举行“广西海外华文教育基地”挂牌仪式。广西壮族自治区侨办副主任陈宁、文宣处处长董洪亚，桂林市少年宫丁小琦等领导出席挂牌仪式。桂林市侨办主任余治水主持了仪式。早在 2013 年 5 月 9 日，广西桂林市少年宫已经作为桂林首家市级华文教育基地挂牌成立。

桂林市少年宫在广西侨办、桂林市侨办的支持下，利用桂林国际风景游览城市和历史文化名城优势和少年宫良好的基础设施和充足的师资条件，创造性开展海外华裔青少年夏（冬）令营、海外华文教师培训、华文教师选派等工作，为促进海外华文教育发展，弘扬中华优秀文化做出了新贡献。

47. 暨南大学成立新一届董事会

2013 年 11 月 15 日，暨南大学召开第七届董事会第一次会议。原国务委员、中央外事工作领导小组办公室主任戴秉国，国务院侨务办公室主任裘援平，广东省省长朱小丹，国务院侨务办公室副主任马儒沛，国家卫生和计划生育委员会副主任刘谦，广东省副省长陈云贤，中央人民政府驻香港特别行政区联络办公室副主任王志民，全国政协常委余国春，全国人大代表霍震寰，全国人大常委、澳门立法会主席贺一诚，国务院侨办文化司司长雷振刚、文化司副巡视员梁智卫，暨南大学校长胡军等出席会议。会议由暨南大学董事会副秘书长马有恒主持。

会上，马儒沛副主任宣读了《关于同意暨南大学第七届董事会董事人员组成的批复》，聘请原国务委员、中央外事工作领导小组办公室主任戴秉国担任学校董事长。随后，裘援平和朱小丹为暨南大学第七届董事会董事颁发聘书。

暨南大学是中国最早设立校董会的学校之一。国立暨南学校校董会经当时的政府批准于1922年3月成立，敦聘教育界、侨务界、实业界的著名人士担任校董。1978年，暨南大学在广州复办，同年恢复董事会，并召开复办后第一届董事会第一次会议。廖承志、荣毅仁、钱伟长先后担任学校董事长。

48. 上海成立华文远程教育中心

2013年11月22日，上海市侨办与上海远程教育集团合作成立“上海华文远程教育中心”，海外华文教育有了崭新的渠道。

新成立的“上海华文远程教育中心”作为上海市对外汉语教育专家与海外华文学校进行交流的平台，以网络信息技术为基础，将上海现有的对外汉语教育资源与海外华文学校共享，解决海外华文学校相关教学困难，提升教学水平。

49. 国侨办公布第三批海外“华文教育示范学校”名单

为了帮助海外华文学校改善办学条件，优化办学环境，提升办学水平，国务院侨办遴选出第三批华文教育示范学校，2013年共有88所海外华文学校入选“华文教育示范学校”。

通过在教材编写与提供、教师培训与培养以及华裔学生活动组织等方面加大支持力度，示范学校的办学水平明显提高、办学规模和办学影响明显扩大。同时，通过发挥示范学校的榜样作用，还带动了当地其他华校提高办学水平，进一步促进了所在国家和地区华文教育的发展，受到了海外华校和广大师生的广泛赞誉。

50. “美国闽侨文化中心”揭牌

2013年11月25日，福建省文化厅创办的“美国（纽约）闽侨文化中心”举行揭牌仪式。中心为纽约华人华侨及热爱中华文化的美国民众免费提供上千种中文图书、期刊、音像资料，以及中文数字信息资源，中心还将不定期举办艺术展览、文艺演出、艺术培训、文化讲座、民间器乐教学等活动。

中心的中文图书、数字文化信息资源、文化艺术资源、中文音像歌曲、电脑、卡拉 OK 机、投影设备均由福建省文化厅提供，福建省图书馆电子信息系统也落户该中心。

当天，位于中心的东南网数字媒体体验馆同时揭牌，东南网数字媒体体验馆是福建日报报业集团走出福建、服务旅美乡亲的具体举措。

“闽侨文化中心”是福建省文化厅精心打造的全国首创的对外文化交流工程。中心设立的目的是满足广大海外华人华侨对中华文化的需求，搭起海外华人华侨与家乡联系的桥梁，凝聚侨心，发挥侨力，并为中国文化走向世界搭建平台。负责中心事务的美国福建同乡会主席郑棋表示，闽侨文化中心的建立让闽籍侨胞有了自己的文化艺术组织，丰富了侨胞的文化生活，解了侨胞乡愁，它不但会成为侨胞的“精神家园”，更会成为侨胞们贴心的“华侨之家”。

51. 英国首座中英双语小学落户伦敦

由英国华人创办的“马可波罗学校”获英国教育部批准在伦敦正式成立，这是英国第一所中英双语小学，首批 52 名儿童将于 2014 年 9 月入学。

该校是一所使用中英文双语教学的全日制常规小学，办学经费由英国教育部全额提供，校名意在培养学生融中西文化于一体。

“敦品励学”是学校的格言。学校每年招收两个班 52 名新生，直到招满全部六个年级。中文教师的招聘，现阶段与伦敦的孔子学院合作，长远而言则希望能从中国引进，以逐渐形成并保持较高的中文教学能力。

52. 厦门大学成功签订中国第一所海外分校建设协议

国家开发银行全面支持厦门大学马来西亚分校建设的协议于 2013 年 10 月 4 日在吉隆坡签订，这是中国第一个在海外建设的独立的大学分校。

厦门大学马来西亚分校在校生总规模为 1 万人，包括学士、硕士、博士 3 个教育层次，生源以马来西亚和东南亚国家为主，教师则采用全球招聘的方式，生师比保持在 15 : 1，实行全面学分制，将于 2015 年首次招生。厦门大学马来西亚分校将严格遵守马来西亚的法律法规，管理模式将实行董事会领导下的校长负责制。

著名企业家和慈善家、马来西亚首富郭鹤年先生率先捐赠 2 亿元人民币用于学校主楼即图书馆大楼建设。

53. 南亚地区首个华文书店在斯里兰卡开业

2013 年 11 月 23 日斯里兰卡当地时间上午 10：30，首个华文书店——新知图书科伦坡华文书局开业。这是新知集团首次在南亚国家开设华文书局。

新知图书科伦坡华文书局经营教育、外文、计算机、医药、保健、音像、少儿、科技、农业、建筑、经济、社科、文艺、古籍、生活、艺术共16类图书和文体用品。

书局在经营图书、文化用品的同时，还将与当地文化教育部门和商务部门联合开展两国文化交流、出版推介、文化培训、国际留学旅游咨询等综合业务，并推动优秀文化成果的翻译，促进双方的文化交流。

54. 印尼西加培德学校举行落成仪式

由印尼黄氏江夏世家基金会援建的“培德学校”2013年12月上旬在印尼西加省坤甸市古务拉雅县举行了落成仪式。世界黄氏宗亲总会代表，世界施利卡总会代表，印尼黄氏宗亲总会领导层、坤甸黄氏基金会领导及西加省和古务拉雅县的部分政府官员出席了开幕典礼。

“培德学校”于2010年8月初开始兴建，由坤甸黄氏江夏世家基金会兴办，得到多位国内外宗亲、热心人士的捐助。目前已有两个幼儿园班开课，学生50多名。

55. 广东省中山市华侨中学获批国务院侨办“华文教育基地”

2013年12月7日下午，广东省中山市华侨中学建校59周年庆典暨国务院侨办“华文教育基地”授牌仪式在中山市华侨中学大礼堂举行。国务院侨办文化司司长雷振刚、华文教育发展中心副主任邱立国、广东省侨办副主任郑建民、中山市副市长冯煜荣等领导和嘉宾出席授牌仪式。

国务院侨办文化司雷振刚司长致辞，对中山市华侨中学成为国务院侨办“华文教育基地”单位表示祝贺，并对该校在对外友好合作交流及传播中华文化方面的成效给予肯定。中山市华侨中学是广东省首批一级学校，首批国家级示范性普通高中，广东省“中华文化传承基地”。

56. 集美侨校香港校友会第五届理事会就职典礼在香港举办

2013年12月15日，集美侨校香港校友会第五届理事会就职典礼在香港九龙湾百乐门国际宴会厅隆重举行。700多名嘉宾、侨领和历届集美侨校校友欢聚一堂，共贺集美侨校香港校友会新一届理事会成功就职。

香港侨界社团联会会长余国春、香港侨界社团联会常务副会长陈金烈、香港集美校友会会长王钦贤、华侨大学副董事长李碧葱、集美校友总会理事长任镜波、集美区侨联主席陈友谊等莅临典礼。

57. 广州侨乡花都3所小学获授“华文教育示范基地”

广州重点侨乡花都区3所小学获授“华文教育示范基地”牌匾。2013年12月20日，由广州市侨办主办的“广州市侨办华文教育基地授牌仪式”在花都区花山镇儒林小学举行。

当日，广州市侨办授予花都区儒林小学、花城小学以及新庄小学“华文教育示范基地”的牌匾，市侨办、区侨办还向3所小学捐赠了少儿书籍、乒乓球等文体用品，希望这些学校能够更好地传播中国传统文化、弘扬中华精神文明，让在校的华侨子女能够更为深刻地了解中国国情、明白自己的根之所在。

58. 马来西亚兴建8所华文小学

根据马华党务报告，目前马来西亚一共有8所华小正在兴建，全新的学校共有3所，另外5所则是搬迁学校。

马华总秘书江作汉在2013年12月21日举行的第60届马华中央代表大会上提呈总秘书报告。报告指出，已完成的全新学校有12所，已完成搬迁的有63所，合计75所；新校址已批准但未动工的新学校有2所，未搬迁的则有10所，合计12所。另外，董事部已初步确定建设用地的搬迁学校有1所。

据统计，自1999年至2013年8月，马华争取全新的华小建校共有17所，搬迁学校共有79所，合计96所。报告指出，教育局过去一年积极推动各项教育计划，致力提升及加强教育发展。此外，由魏家祥博士领导的“华小建校技术小组”一直在为华小的搬迁和建设提供专业的咨询服务，全程监督各项工程的实施。

59. 昆明华文学校海外“华文书苑”落地越南河内

2013年12月10日，昆明华文学校海外“华文书苑”挂牌仪式在越南河内第二师范大学举行。昆明华文学校张明军校长、越南河内第二师范大学阮文线校长及两校相关人员等30人参加了挂牌仪式。

越南河内第二师范大学“华文书苑”挂牌后，外派教师将担任书苑的主任，帮助河内第二师范大学与国内相关机构开展丰富多彩的文化交流活动；开展中文教育教研、调研活动；开展招生宣传工作，组织海外学校教师、学生到中国学习，参加夏（冬）令营、教师培训等工作。

书苑的建立，将进一步扩大两校间的校际合作，使两校的合作稳定开展，将进一步提升河内第二师范大学的中文办学水平，同时促进两国文化友好交流。

三　华教工作会议

1. 中国驻曼彻斯特总领馆举行领区中文教育座谈会

2013 年 1 月上旬，中国驻英国曼彻斯特总领馆在总领事官邸举行领区中文教育座谈会，中国驻曼彻斯特总领事潘云东出席并讲话。曼彻斯特大学、利物浦大学、谢菲尔德大学、中央兰开夏大学孔子学院中方院长和曼城地区的华夏中文学校、侨联社华人子弟学校、文化中心中文学校校长等出席座谈会，总领事夫人朱宇领事、教育组组长付恒升领事、吴晓敏领事、吴招胜领事等总领馆官员参加。

潘云东表示，近年来，领区孔院和中文学校发展迅速，孔院已增至 8 所，中文学校更是数量众多，大家齐心协力，为推广中文教育、传播中华文化付出了辛勤努力；他向大家表示崇高的敬意。他认为孔院和中文学校虽然受众不同，但殊途同归，都在从事汉语教学和中华文化推广工作，都有益于增进中英两国人民的了解和友谊，因此他建议领区孔院与中文学校进一步加强沟通，密切互动，资源共享，相互促进，共同提高，使领区中文教育迈上新的台阶，培养更多了解中国的新生力量，为中英关系的发展做出贡献。与会院长和校长们畅所欲言，分别介绍了所在孔院和中文学校在搞好汉语教学、弘扬中华文化等方面的情况，感谢总领馆长期以来对领区大学孔院和中文学校的关心与支持。

2. 国侨办所属院校和中国华文教育基金会工作座谈会召开

2013 年 1 月 28 日至 29 日，国务院侨办在北京召开了所属院校和中国华文教育基金会工作座谈会。国侨办马儒沛副主任出席会议并发表了重要讲话，中国华文教育基金会左志强秘书长，李献国、卢海斌副秘书长以及国侨办文化司、所属院校相关负责同志出席会议，国侨办文化司司长雷振刚主持会议。

此次会议的主要议题是：认真分析制约各单位发展的重点、难点问题，研究解决思路与举措；深入研究如何进一步加强各单位间的协调配合，形成工作合力；深入探讨如何进一步加强国侨办所属院校的管理与服务，健全科学高效的工作机制和管理机制等。会上，国侨办文化司司长雷振刚、暨南大学党委书记蒋述卓、华侨大学校长贾益民、北京华文学院院长周峰、中国华文教育基金会秘书长左志强等5位同志围绕会议主题，结合本单位、本部门的实际情况，做了重点发言。其他与会同志也进行了交流发言。

马儒沛副主任发表了重要讲话。他首先充分肯定了近年来与会单位华文教育工作和国侨办所属院校发展建设取得的成绩。然后指出当前各种形式的变化导致的许多困难、问题和挑战。对此，他指出既要有高度的责任感、使命感，又要有危机感、紧迫感。要在国侨办党组的坚强领导下，以科学发展观为指导，汇聚力量，整合资源，协同配合，奋力推进。马儒沛副主任强调，要做好这一工作，首先国侨办系统内部的相关单位必须加强协调合作，厘清职责，各司其职，突出特色和重点；其次要清晰思路，敢于打破习惯性思维，运用高超的政治智慧和独特的思维能力，为华文教育大发展赢得空间；三是建立各单位之间常态的调研、协调机制，形成合力，协同发展。

3. 美佐治亚州中文教师协会召开年度计划会议

2013年2月22日，美国佐治亚州中文教师协会举办了佐治亚州中文教师年会，40多位各个层次的中文教师参加。协会会长赵芳霞博士回顾了过去一年中文教师协会的工作成果，并展望新一年的工作计划。财务理事张颖丽老师则报告各项财务支出情况。

会上表扬了有杰出贡献的中文教师和全力支持并推广中文教学、中国文化的有功人士；介绍了该协会新一年的活动内容，包括定期举办教师培训讲座、和爱默蕾大学孔子学院联合举办全州非华裔高中学生中国文化知识竞赛等。协会还计划在未来举办更多的学生活动，为学习中文的学生提供体会中国文化、使用汉语交际的园地，并为学生们提供互相学习、互相交流的机会。最后会议选出两位新的理事。

4. 菲华教中心召开中国国侨办外派教师年终总结会

由菲律宾华教中心主持的“2012～2013年度中国国务院侨务办公室外派教师年终总结会”举行。菲律宾华教中心主席颜长城、副主席黄端铭等各部负责人以及中国国侨办外派教师近150人与会。

颜长城主席感谢2013年度100多位国侨办外派教师在支教的10个月中坚守工作岗位，任劳任怨，比较出色地完成了支教工作。他认为，华文教育质量的高低关键在于教师，只有“输血计划”（聘请中国国侨办外派教师）和“造血计划”（培养本土华语教师）双管齐下，才能彻底解决菲律宾华语教学师资队伍短缺问题。此次总结会就是一场检测国侨办外派教师的教学成果、体现教学水平的会议。

外派教师们按幼儿园组、小学组、中学组、管理人员组及实验班教学组分别发言，讲述经历，畅谈体会，分享经验，提出建议。会议还组织外派教师按设定的议题，进行了深入有效的探讨。

5. 中国华文教育基金会举办“中国文化海外行”赴南非和新西兰教师座谈会

2013 年 4 月 17 日上午，中国华文教育基金会“2013 年中国文化海外行”赴南非和新西兰教师座谈会在福建省福州市召开。中国华文教育基金会副秘书长李献国、项目一部主任李强、福建省海外交流协会副会长闵蕙君以及文教部副部长魏江平、罗威出席了座谈会。参加座谈会的还有来自福建省海外华文教育基地院校的 10 位教师。

与会教师围绕“寓教于乐”这一主题，结合自身的教学岗位与特长，针对如何激发华裔学生学习中文的兴趣和在教学中融入中华文化等各抒己见。

6. 全国第三次外派教师工作会在宁夏银川召开

2013 年 4 月 23 日上午，第三次外派教师工作会议暨外派教师海外聘方学校校长培训班在宁夏银川开幕。国侨办文化司副司长汤翠英，全国 30 个省市侨办、6 个省市教育厅、4 所基地院校的代表，以及来自印尼、意大利、泰国、菲律宾、老挝、柬埔寨、文莱 7 个国家的 40 多所华校及华教机构嘉宾参加了会议。

会上，广西、山西、辽宁、山东、广东 5 省侨办及吉林省教育厅就“外派教师工作经验交流”和“海外华校对外派教师的需求以及我外派模式探讨”等议题进行了主题发言；宁夏两位外派教师代表，泰国、意大利、菲律宾、印尼等国华校负责人做了主题演讲；湖南师范大学国际汉语文化学院杨玲院长就《外派教师实用读本》进行讲解。

3 天的会议中各省市侨务、教育部门和海外华校负责人进行了充分的交流，达到了会议“分享经验、解决问题、提高实效、增强联谊”的目的。4 月 26 日至 30 日，海外聘方学校负责人参加了国侨办文化司举办和宁夏回族自治区侨办承办的系统培训，在海外师资培训学校管理者的角色定位、中国文化与跨文化交际、教学管理理念与体系和师资培养与团队建设等方面进行学习和探讨。

7. 中国华文教育基金会举行第二届理事会第九次会议

2013 年 5 月上旬，中国华文教育基金会以通讯方式举行了第二届理事会第九次会议。会议的议题为修订《中国华文教育基金会章程》。

自2004年9月成立以来，国内外形势和海外华文教育的状况都发生很大变化，基金会成立之初经理事会通过的《中国华文教育基金会章程》的部分内容已不适应客观形势发展的需要，依据《基金会管理条例》有关修改章程的规定，经秘书处提议召开了这次理事会。该会25名理事及1名监事均表示赞同修改本会章程的部分内容，一致通过了关于修订本会章程的决议。

8. 马来西亚举行“全国华教工作者座谈会”

2013年5月25日，马来西亚董教总教育中心举行了“全国华教工作者座谈会”，60多名全国华教工作者出席座谈会。会议达成多项共识，大部分共识是与关丹中华中学有关的。

与会的华教工作者都认为，关丹中华中学是一所“私立国民中学”，与吉隆坡中华独中没有任何组织上和办学上的关联。“因此为了避免华文独中的名义被别有居心者利用，以致引起社会人士有所误解，有关方面应该厘清关系。”

另外，在座谈会上，柔佛州华教工作者代表许炳正提出动议，依据2012年5月20日关丹申办华文独中和平请愿大集会的“5·20决议”，重新启动在彭亨州争取设立一所华文独中的要求，这一动议也得到了与会者的赞同。

座谈会与会者也赞同出版《关丹中华中学批文争议专辑》，简明扼要地说明关丹中华中学的来龙去脉，并附上教育部批文及相关文件，让国民更容易理解引起争议的关键所在。

会上还决定马来西亚董教总近期内将在关丹举办一场大型汇报会，向国民尤其是热心华教的人士讲解及厘清关丹中华中学的争议。

9. 荷兰国际广播电台成功举办2013荷兰华文媒体联谊会

2013年5月31日，一年一度的荷兰华文媒体联谊会在荷兰国际广播电台举办。中国驻荷兰大使馆参赞苟海波先生应邀出席。新华社海牙分社、《华侨新天地》、《中荷商报》、《联合时报》、荷兰城市之声CRTV、荷乐网、荷兰中文网等荷兰本地中文媒体的代表，以及《人民日报》《解放日报》驻欧洲通讯员也受邀参加了此次盛会。

荷兰国际广播电台总编辑威廉·法尔肯堡指出，短波时代已成为历史，在移动互联网的迅猛发展下，新的传播渠道和传播方式不断涌现。荷兰国际广播电台希望通过不断加强改革和创新，触及乃至影响世界各地的年轻人，力促媒体采编与年轻群体的双向沟通和交流。运行五年的荷兰在线近日已完成改版上线，秉持“每一个声音都很重要”的网站价值理念，努力为读者带来更优质的独家深度信息资讯服务。

与会人士感谢荷兰国际广播电台为各媒体搭建相互认识、密切联谊的交流平台，并就如何深化合作，共迎挑战，更好地宣传荷兰、中国等内容展开了热烈讨论。

10. 浙江温州召开“寻根之旅”夏令营筹备工作会议

2013年6月5日上午，温州市侨办召开2013年海外华裔青少年“中国寻根之旅”夏令营“相约温州营”筹备工作会议。温州市侨办主任鲍卫翔、副主任许捷以及承担2013年“夏令营”工作任务的县（市、区）侨办主任、华文教育基地负责人近30人参加了会议。会议传达了国侨办文化司有关文件精神并就做好2013年“相约温州营”工作进行了具体部署。各县（市、区）侨办主任、华文教育基地负责人分别汇报了各自“夏令营”筹备工作。许捷对2013年“夏令营”下一步工作提出要求。

11. 中国驻汉堡总领馆举办2013年华文教育座谈会

2013年6月10日，中国驻汉堡总领事杨惠群在总领馆召开华文教育座谈会。领区内10所华文学校的校长、教师代表及华侨华人代表共18人应邀出席，畅谈对北德地区华文教育现状及发展的看法和建议。

杨惠群表示，近年来中德两国政治、经济、文化等各领域交往深入发展。两国总理在会见会谈中一再指出并强调“中德语言年”活动对两国未来交往的重要性，凸显了语言文化传播的重要地位，也为华文教育的进一步发展拓宽了空间。当前，华文学校宜把握机遇，在“中德语言年”框架下更加有所作为，把在德华文教育办得越来越好。

华文学校的代表就北德地区华文教育的发展情况和遇到的问题进行了深入交流，话题涉及师德师资、教材本土化、因材施教、师资培训、多媒体教学、跨文化教学、校际横向交流、资源共享等方面。汉堡华侨华人联合会会长李福全和《欧洲新报》主编范轩也分别就华文学校的长远发展和“中德语言年”框架下的具体活动提出了建议。

12. 2013华侨华人创业发展洽谈会举行海外华文媒体论坛

2013年6月21日，第13届华侨华人创业发展洽谈会海外华文媒体论坛在湖北武汉举办，30多家海外华文媒体参会。

论坛上，日本中日新报社社长刘成、美国美中信使报社社长金鸣峰、澳大利亚华夏传媒集团董事长项翔、意大利欧洲华人报社社长兼总编辑蒋明等海外华文媒体高层人士，就如何进一步推动湖北省借助海外华文媒体走向世界提出具体意见和建议。

这是“华创会”首次举办华文媒体论坛。论坛的主题是“华文媒体推动湖北走向世界”，旨在通过举办此类活动，推动华文媒体之间、华文媒体与国内媒体之间的交流与合作，实现优势互补、互惠互利、共同发展。

参加此次论坛的还有中央及香港驻鄂媒体负责人、湖北省属媒体负责人、武汉大学新闻与传播学院的专家学者和学生代表等。

13. 全国政协港澳台侨委员会召开海外华教研讨会

2013 年 7 月 4 日，全国政协港澳台侨委员会在北京召开海外华文教育研讨会，与从事华教工作的专家、学者和一线工作者就新形势下海外华文教育的价值内涵、工作现状、存在问题及未来发展的创新思路等展开座谈。全国政协常委、政协港澳台侨委员会副主任喻林祥，全国政协常委、政协港澳台侨委员会委员李葳出席研讨会。会议由全国政协委员、政协港澳台侨委员会副主任、国务院侨办原副主任赵阳主持召开。

与会者针对成立华文教育专家委员会、建立华文教学标准体系、培养华文教师、教材本土化建设、实现海内外院校更好对接等问题交换了意见和建议。

14. 温州大学举办 2013 年“华文教育 · 教师研习”欧美班座谈会

2013 年 7 月 22 日，为了解当前海外华文教育形势，推动海外华文教育教师专业化发展，倾听海外华文教师心声，温州大学举行了 2013 年“华文教育 · 教师研习”欧美班座谈会。来自加拿大、意大利、巴西、美国等 11 个国家的海外华文教师们纷纷敞开心扉，畅所欲言，讲述了自己在温州培训期间的感受。

15. 九江学院举办 2013“华文教育 · 教师研习”英国班座谈会

2013 年 7 月 30 日，国侨办“华文教育 · 教师研习”英国班学习座谈会在江西九江学院举行。英国中文教育促进会会长伍善雄及全体 30 名学员参加了学习座谈会。伍善雄讲述了海外华文教师在华文教育的路途中做出的贡献与肩负的使命，鼓励英国班的老师们珍惜此次学习的机会。

16. 广东省侨办召开外派教师座谈会

2013 年 8 月 5 日上午，广东省侨办组织召开印尼棉兰亚洲国际友好学院外派教师座谈会。刚刚圆满完成 2012 ~ 2013 年度支教任务的教师和下个月即将赴任的教师代表共 23 人参加。广东省侨办副主任郑建民在会上充分肯定了外派华文教师为海外华文教育所做的贡献。

郑建民代表广东省侨办感谢已归国的教师们过去一年为国侨办、广东省侨办外派教师工作所做的努力，并对即将赴任的教师们提出了殷切期望。在座谈中教师们汇报了支教期间的情况、取得的成果并反映了所遇到的一些问题，对亚洲国际友好学院在教学管理、毕业论文指导及学生活动方面提出了建议。

17. 2013全球华语广播网年度会议在乌鲁木齐市举行

2013年8月5日上午，由中央人民广播电台主办的2013全球华语广播网年度会议暨第三届全球华语广播奖颁奖盛典在新疆乌鲁木齐市举行。来自海内外近30家华语广播机构及亚洲广播联盟、欧洲广播联盟等国际组织的代表汇聚天山脚下，共话华语广播的发展和未来。

此次会议围绕“交流、合作、创新、发展”的主题，结合近年来广播发展的新机遇、新形势举行主题演讲和座谈。来自中央人民广播电台、联合国中文广播、美国及中国香港等地华语传媒机构的代表，围绕全球化时代华语广播媒体的合作与发展、广播面临的挑战与机遇、新媒体与传统媒体的嫁接融合等问题进行深入剖析。

18. 泰国资深华文教师在滇参加华文教育座谈会

2013年8月下旬，“2013海外红烛故乡行”活动在云南腾冲举行华文教育座谈会。来自泰国北部3所华文学校的20位校董、校长和资深华文教师参加了此次座谈会。

中国华文教育基金会副秘书长卢海斌介绍了基金会成立的宗旨。他表示，希望通过故乡行活动使大家了解祖籍国的变化与发展，提高教师们在海外做好华文教育工作的信心；并希望大家用心品味活动，把所见所闻带回去，告诉自己的亲朋好友，与海外侨胞分享自己的喜悦和收获，增强彼此的来往。座谈会上，来自泰国的代表介绍了当地的华文教育开展情况，对祖籍国长期的关心支持表示感谢，并提出希望基金会能够支持华校举办中国文化节，加强信息的沟通和学校之间的互动等建议。

19. 第七届世界华文传媒论坛在山东青岛举行

2013年9月7日，由中国国务院侨务办公室、山东省人民政府、青岛市人民政府和中国新闻社主办的第七届世界华文传媒论坛在山东青岛举行开幕式。来自58个国家和地区的约450名海外华文媒体代表以及中国内地媒体负责人、传媒专家等600多位嘉宾与会。

中国全国人大常委会副委员长陈竺出席开幕式并讲话，国务委员杨洁篪向论坛发来贺信。国务院侨办主任裘援平、国务院新闻办副主任崔玉英、青岛市委书记李群、山东省副省长邓向阳等在开幕式上致辞。国务院侨办副主任何亚非主持开幕式。

陈竺期待海内外华文媒体助力同圆共享“中国梦”，并对华文媒体未来的发展提出三点期待：一是助力同圆共享“中国梦”；二是充当好沟通中国和海外华侨华人的重要桥梁和纽带；三是积极创立自己的话语体系。

杨洁篪在贺信中代表国务院向论坛的召开表示热烈祝贺，并向出席此次盛会的海内外朋友致以亲切的问候。他希望通过本届论坛，海内外华文媒体进一步团结起来，协力同心，客观报道中国，真实讲述“中国故事”，积极传递正能量，成为沟通中外的桥梁，与全球华人同圆共享“中国梦”，造福世界各国人民。

国务院侨办主任裘援平在开幕式上致辞，希望海外华文媒体成为让全球华人华侨同圆共享中国梦的促进者。裘援平表示，习近平总书记提出要实现中华民族伟大复兴的中国梦在海内外引起广泛关注。她说，中国梦是国家和民族的梦，也是包括海外侨胞在内的海内外中华儿女的百年梦想，中国梦不仅为每个中国人提供了实现梦想的机会，也为广大海外侨胞事业的发展提供了难得的圆梦机遇。

裘援平强调，中国人民素来爱好和平，中国始终高举和平、发展、合作的旗帜，始终坚持互利共赢的开放战略，始终怀有与世界各国共同发展的美好愿望。“中国梦”当中既包含着要实现国家富强、民族振兴、人民幸福，也包含着睦邻友好、合作共赢的愿望，还包含着持久和平、共同繁荣的和谐世界梦。实现“中国梦”不仅造福中国人民，也将造福世界各国人民。衷心希望海外侨胞携起手来，戮力同心，成为推动中外友好、促进中华民族伟大复兴的践行者。

裘援平希望海外华文媒体客观报道中国，积极传递中国好声音，成为中国真实故事的讲述者，成为中华文化和民族精神的传扬者，成为沟通中外、开展公共外交的桥梁和先行者，成为让全球华人同圆共享中国梦的促进者。

她指出，当前正处于国际传播格局和国际话语体系发生重大变革的年代，国际金融危机历时多年，到现在还没有结束，海外华文媒体不同程度地受到冲击和影响。但是，随着中国经济的稳健增长，国际地位和影响显著提升，海外华文媒体有机会分享新的、难得的中国机遇。全球华文媒体共同拥有的民族情感和文化血脉是华文媒体增强凝聚力、提升影响力、赢得公信力、获得话语权的坚实基础。

此次论坛围绕“中国梦——世界变局与华文媒体的新使命”的主题，交流、探讨海外华文媒体如何与中国同圆共享“中国梦”，如何促进多元文化与家国情怀融会互通，以及全媒体态势下如何创新、转型等话题。

20. 海外华媒组织年会暨华媒助推北京走向世界座谈会在北京举行

2013 年 9 月 25 日至 30 日，由海外华文传媒合作组织、香港《文汇报》和北京市政府新闻办公室主办，北京市昌平区政府联合主办，香港《文汇报》北京分社承办的“海外华文传媒合作组织2013年年会暨华媒助推北京走向世界座谈会”在北京召开。

座谈会以把握发展机遇、共建合作体系为主题，海外华文传媒就当前的机遇和挑战、责任和使命、合作与共赢等达成多项重要共识。与会者一直期待海外华文传媒继续加强合作，齐心协力，发挥传媒正能量，传递中国好声音，为实现中华民族伟大复兴的中国梦，推动实现持久和平、共同繁荣的世界梦贡献力量。国务院新闻办公室秘书长才华、中华全国新闻工作者协会书记处书记王冬梅、中共北京市委副秘书长傅华及多家媒体负责人出席座谈会。

海外华文传媒合作组织邀请北京市新闻办主任王惠宣读了2013年《北京宣言》。在这份宣言中，与会的海外华文传媒达成了六项共识：面向全球华人，弘扬中华文化；维护海外侨胞合法权益，提升华侨华人社会地位；挖掘合作潜力，拓展合作共赢；推动战略转型，引领传媒创新；回归传媒核心价值，增强传播公信力；感受古都崭新魅力，助推北京走向世界。

21. 中国华文教育基金会国庆64周年座谈会在京举行

2013年9月29日，中国华文教育基金会国庆64周年座谈会在北京举行。出席座谈会的有海内外嘉宾近30人，他（她）们均为热心公益事业并多年倾力支持华文教育和基金会发展的侨领、商界人士，以及基金会项目合作单位和海外受益华校的代表。基金会林文肯理事长、卢海斌副秘书长以及有关工作人员出席座谈会。李献国副秘书长主持座谈会。

出席会议的嘉宾踊跃发言，畅谈发展华文教育的重大意义和体会，表达大力支持华文教育的心声。中澳企业家联合会会长王雷蒙先生表示，今后将继续为华文教育贡献力量。完美（中国）有限公司的代表董兵先生表示，完美（中国）有限公司一直强调一个理念：只有一个国家的力量强大了，它的人民才能强大。发展华文教育，就是在加强中国的软实力，就是在发展中国的精神力量。这正是公司总裁古润金先生事业有成而不忘回馈社会、倾情支持华文教育发展的强大动力。

黄奕聪慈善基金会秘书长苏蕾华女士，香港联合国际集团董事长、大龙华同乡会会长谢国辉先生等多家社团、企业的代表也表达了自己结缘华文教育的感受，并对基金会的工作及未来发展提出了许多宝贵的意见和建议。

22. 北京华文教育工作座谈会在京举行

2013年9月30日，由北京市教委和市侨办联合举办的北京华文教育工作座谈会在北京举行。到京参加国庆64周年活动的海外华文学校和华文教育机构代表、北京市华文教育定点学校和项目合作校，以及北京各区县教委和区县侨办领导等50多人参加座谈会。北京市侨办副主任高云超、北京市教委港澳台侨办公室主任邱小平、印度尼西亚知名人士和慈善家白嘉莉出席了座谈会。

座谈会上，承办北京华文教育项目的各个学校分别介绍了各自的办学优势和特色、承担北京市华文教育工作项目的经验和体会以及与海外中文学校开展交流合作的意向和需求。

马来西亚华校董事联合会主席叶新田、印度尼西亚雅加达华文教育协调机构执行主席蔡昌杰等海外华文教育机构和华文学校代表也纷纷发言。与会代表表示，北京教育资源丰富，文化底蕴深厚，是海外侨胞送后代到中国参加学历教育、短期汉语培训、夏（冬）令营的首选城市，希望与北京市大中小学开展多方面的合作与交流，共同促进华文教育工作的进一步发展。

高云超在讲话中表示，海外华文教育是国家的一项长期的、具有战略意义的重要工作，也是切实服务广大海外侨胞的一项具体工作，需要各方面的共同努力。海外华文教育工作需要爱心、奉献、责任心，海外中文学校和北京各项目承办校密切配合，做了许多工作，共同推动了北京华文教育的深入开展。他希望海内外学校加强联系，资源共享，进行更多的合作与交流。

23. 上海侨办举办“中华文化大乐园”墨尔本营总结交流会

2013年11月下旬，“中华文化大乐园”墨尔本营总结交流会在上海召开。交流会上，上海市侨办主任徐力表示，此次“中华文化大乐园”活动取得了很好的成效，促进了中华文化在墨尔本的传承和交流，授课教师不辞辛劳，兢兢业业，树立了中国和上海的良好形象。上海市政府侨办副主任蔡建国希望各派出单位进一步在华文教育工作中发挥作用，各参团教师进一步总结教学经验，为今后更好地实施大乐园活动贡献力量。此外，“中华文化大乐园”墨尔本营代表团汇报了此次大乐园的基本情况，外派教师交流了参加“中华文化大乐园”活动的感想和体会。

24. 印度尼西亚汉语教学促进协会召开全国工作会议

2014年12月14日至15日，印度尼西亚汉语教学促进协会第二届全国工作会议在雅加达东区举行，来自雅京、苏加巫眉、南苏、中爪哇、东爪哇等地区的近30名代表参加了会议。

印度尼西亚文化教育部非正规教学总司课程培训辅导局长 Yusuf Muhyiddin 到会致辞。他表示，汉语已经成为国际主要语言，也是印尼人优先掌握的技术媒介，故有必要拟定准则并对其做出规范。汉语教学促进协会总主席 Inny C. Haryono 重申了教学促进协会的任务、宗旨和使命，并指出作为文化教育部非正规教学总司的合作单位，教学促进协会应当尽快拟定实用、符合国策的汉语教学方案。

25. 韩国首尔中国文化中心举办 2014 年工作吹风会

2013 年 12 月 24 日，韩国首尔中国文化中心举办了 2014 年度工作吹风会暨新闻媒体人士联谊会，来自韩中各大媒体的 20 余名记者应邀出席，中国驻韩国大使馆文化参赞兼首尔中国文化中心主任史瑞琳介绍了 2014 年度文化中心的工作计划和重点活动等。在文化活动方面，文化中心 2014 年将同甘肃省合作，举办与丝绸之路和甘肃少数民族相关的演出及展览；还将邀请韩中民众共同参加春节、中秋节、端午节等传统佳节活动；组织韩国艺术家去中国采风，然后以书画等形式展现“韩国人眼中的中国印象”。在教学培训方面，2014 年将定期开设太极拳、二胡等课程，并且恢复书法课程，第一批书法学员已经招满。文化中心在宣传中国传统文化的同时，也在尝试介绍中国现当代的艺术作品，比如举办青年画家作品展、把中国现当代文学作品译成韩文并推广等，以帮助韩国人更好地了解中国的现代生活。

26. 北京市侨办举办华教座谈会

北京市侨办于 2013 年年末举办华文教育工作座谈会，就华教工作征求各学校意见。首都师范大学、北京语言大学、华北电力大学、首都体育学院、汇文中学、海淀实验中学、十一学校、三十九中等学校主管华教工作的负责人与会。座谈会上，各位代表就学历教育、远程教学、课题研究、教材编写等提出意见建议，并希望能承接更多华教活动，对华教的规律特性开展研究。这次座谈会是北京市侨办就华文教育工作开展的系列调研的一部分，目的是为出台“北京市华文教育工作意见”做准备。

四　华教交流与合作

（一）国内交流与合作

1. 广东省侨办主任吴锐成赴广东省华侨中专考察

2013 年 1 月 21 日，广东省侨办主任吴锐成前往广东省华侨中等专业学校考察，了解该校 2012 年工作情况，共商学校今后发展大计。

广东省华侨中专校长张侃向吴锐成主任汇报了近年来学校适应形势发展取得的成绩，以及办学存在的困难。吴主任对华侨中专办学提出了三点希望：一是主业更强、特色更优、品牌更精；二是既要发挥优势，又要看到弱点，做到学校虽小优势大，课堂虽小培养人才大；三是要进一步密切与广东省教育厅的关系，争取省教育厅更大的支持，同时加强与广东省侨办的合作，努力把学校做精做强。

2. 上海市委统战部部长前往在沪华教基地调研

2013 年 2 月下旬，中共上海市委常委、市委统战部部长沙海林等一行前往上海闵行区华文教育基地——莘格中学进行调研。沙海林一行还参观了莘格中学 DIY 学园，高度评价莘格师生的创新意识和实践能力。

3. 中国华文教育基金会赴江苏考察天华艺校

2013 年 3 月 3 日，中国华文教育基金会左志强副理事长到江苏省江阴市考察天华艺校。

通过座谈和实地考察，左志强副理事长认为天华艺校这几年来在促进海外文化交流上贡献很大，且很有特色，已具备了“华文教育基地”的各方面条件，中国华文教育基金会有意与天华艺校加强合作，安排一些海外文化交流活动来校，共同推动海外文化交流。

4. 浙江省侨办副主任赴平湖考察外派华文教师情况

2013 年 3 月 12 日，浙江省侨办副主任陈安赴平湖考察华文教育外派教师情况。

陈安专程到平湖长虹国学幼儿园对该市推荐外派教师的思想、工作、家庭及所在幼儿园等各项情况进行实地考察，并嘱咐外派教师要不负重托、完成使命。

5. 浙江省慈溪市侨办与慈溪中学建立资源合作共享机制

2013 年 3 月 18 日，浙江省慈溪市侨办与慈溪中学进行了工作对接交流。慈溪市侨办和慈溪中学部分人员参加了座谈。双方就如何把慈溪中学的优质信息和人才资源与侨务工作紧密结合起来，发挥人才优势，为慈溪经济建设服务等问题进行了座谈商讨。双方决定建立资源合作共享机制，在组织机制、信息机制和工作机制上达成合作共享。

6. 国务院侨办主任李海峰赴北京华文学院新校区视察

2013 年 3 月 18 日，全国政协副主席、国务院侨办主任李海峰，在国侨办副主任马儒沛和国侨办党组成员、秘行司司长熊昌良的陪同下，到北京华文学院新校区视察。

视察中，李海峰详细了解了新校区使用后的各种情况，仔细询问师生对新校区的看法和要求，听取师生的建议。视察结束后，李海峰嘱咐北京华文学院领导和全体师生，北京华文学院作为从事海外华文教育的专业院校，任重道远，学院各级领导要以华裔学生的实际需求为目标，进一步改善他们的学习、生活环境，不断践行“三个中心”的办校目标，力争在华文教育事业上发挥更大作用。

7. 广西华侨学校组团赴广西民族大学国际教育学院交流

2013 年 3 月 20 日，广西华侨学校书记李毓源、校长陈进超和副校长雷丽芳带领该校国际交流中心的领导及骨干教师到广西民族大学国际教育学院交流学习。

广西民族大学国际教育学院与广西华侨学校的领导、老师分别就招生、留学生管理、教学技巧等方面展开了座谈和交流。

8. 上海市长宁区侨办主任走访虹桥国际学校

2013 年 3 月 21 日，上海市长宁区侨办主任张国蕊专程走访了虹桥国际学校。张国蕊拜访了虹桥国际学校执行董事陈志诚先生，参观了学校环境，并详细了解了学校教学情况。

9. 浙江温州侨办调研组赴瑞安市调研华文教育工作

2013 年 4 月上旬，温州市侨办副主任许捷、文宣处处长叶斌斌等一行 3 人到温州瑞安调研华文教育工作。

调研组首先到瑞安市外国语学校并召开座谈会，认真听取了相关负责人关于开展华文教育工作的情况汇报，并就如何做好华文教育工作进行深入的探讨。许捷强调，一要集中精力，尽快完成夏令营招生工作；二要精心谋划，保护好、利用好、发展好华侨资源；三要创新思路，拓宽华校发展空间。会后许捷一行还实地考察了瑞安外国语学校的教学设施、活动场所、学生宿舍等。

10. 中国华文教育基金会赴云南考察华教工作

2013 年 4 月 14 日，中国华文教育基金会副秘书长卢海斌、项目二部副主任黄毅一行前往昆明华文学校边境先修教学点——云南省德宏州边境一线学校，就华文教育工作及受助学生情况进行调研。

卢海斌一行 4 人先后到昆明华文学校边境先修教学点畹町中学、瑞丽市第三民族中学、瑞丽市职业中学进行调研，并与 3 所学校 100 多名华裔学生就昆明华文学校承办的“中国华文教育基金会华裔学生初高中学历奖助学金”发放评定等工作进行了座谈。卢海斌还就中国华文教育基金会的宗旨、开展项目情况、资助对象、资助规模等对师生进行了介绍，并对受助学生提出了殷切希望。在云南德宏州瑞丽调研期间，卢海斌一行深入边境一线了解当地学校华裔学生情况以及学校开展华文教育工作的现状。

调研期间，昆明华文学校校长张明军向卢海斌汇报了昆明华文学校近年来的工作开展情况，指出昆明华文学校一直坚持“为侨服务，传播中华文化”的宗旨，希望通过“中国华文教育基金会华裔学生初高中学历奖助学金”等项目的合作，与基金会建立起更加紧密的联系，积极拓展云南华文教育新项目。

11. 海南省人大华教调研组开展华文教育情况调研

2013 年 4 月 23 日至 24 日，海南省人大常委会华侨外事工委华文教育调研组对全省华文教育情况开展专题调研。其间，调研组分别到海南省外侨办、海南大学、海南师范大学、海南华侨中学等地进行调研。调研活动通过听取情况介绍、召开座谈会和实地察看等方式进行。

此次调研旨在摸清海南省华文教育现状和发展趋势，进一步提升省内和海外华文教育工作的针对性和有效性。调研组由海南省人大常委会华侨外事工委主任王绥雄任组长，以省人大常委会华侨外事工委组成人员为主，邀请海南省外事侨务办公室、致公党海南省委员会、海南省归国华侨联合会和省教育厅有关职能部门负责人员参加。

12. 12所高校马来西亚侨生代表团在京座谈

2013年5月4日，马来西亚侨生座谈会在北京市政府侨办会议室举行。来自北京、福建、广东等地12所高校的21名马来西亚侨生代表齐聚北京，畅谈在中国不同城市学习的感受和体会，针对实习、就业等工作和生活中遇到的问题相互交流。北京市侨办副主任高云超出席了座谈会。

13. 国务院侨办主任裘援平赴北京华文学院视察

2013年5月8日，国务院侨办主任裘援平莅临北京华文学院回龙观新校区，与在校师生亲切交流。

裘援平在听取北京华文学院周锋院长的工作汇报后指出，北京华文学院作为新中国第一所、目前全国唯一一所华文教育专业院校，在侨务工作领域做出了杰出的历史贡献，在推动中外友好交流、传播中华优秀文化、促进民族文化传承方面功不可没。裘援平还向北京华文学院提出两点要求：一是从世界范围着眼，探求华文教育与华人华侨所在国主流教育的关系与对接途径，深入了解和分析他们真正的需求和困惑，从而找到有针对性的解决方法；二是从侨办系统内着眼，探求系统内几所院校之间的联动机制，从不同层面发挥每所院校的功能作用，整合资源，形成覆盖所有教育层次的、连贯的华文教育体系，使华文教育成为国民教育中独特的环节和有益的补充。

14. 国务院侨办副主任马儒沛赴中山侨资企业考察

2013年5月9日，国务院侨办副主任马儒沛、中国华文教育基金会秘书长左志强等到广东省中山市考察侨资企业，并与完美（中国）有限公司董事长古润金举行座谈交流，指导开展海外华文教育工作。

马儒沛对中山市开展侨务工作特别是助推侨资企业发展的做法给予了高度评价。他指出，华侨华人是促进经济社会发展的重要资源，古润金先生在引领完美公司不断发展的同时，秉承“取之社会，用之社会”的经营理念，热心慈善事业，积极参加各种公益事业活动，其善行义举为企业树立了良好的形象，赢得了社会各界的广泛赞誉。完美公司大力支持发展海外华文教育事业的善举，再次彰显了完美公司热心公益事业、努力回报社会的高尚情操。

座谈会上，马儒沛向古润金董事长颁发了中国华文教育基金会名誉理事长证书。

古润金当即表示，2013 年将继续向中国华文教育基金会捐赠 1000 万元，用于开展海外华文教育工作和扶持中山华校的建设。完美公司至今已连续三年向中国华文教育基金会捐赠善款共计 4000 万元。

15. 国务院侨办主任裘援平赴四川绵竹侨爱道行中学考察

2013 年 5 月 14 日，国务院侨办主任裘援平考察四川绵竹侨爱道行中学。看到校园里无处不在的“侨”元素，裘援平很是赞赏。裘援平说，经常与海外华裔少年交流能够帮助灾区的学生“知天下事”，形成国际视野，对他们的成长很有益处。裘援平嘱托随行的四川省侨办主任周敏谦，要大力支持侨爱道行中学以特色理念办学。

侨爱道行中学是海外华人华侨积极参与汶川地震灾后重建而捐资兴建的一所学校。

16. 台湾玄奘大学曾光荣副校长访问暨南大学

2013 年 5 月 24 日，台湾玄奘大学曾光荣副校长、传播学院陈伟及终身教育处推广教育中心萧亦成主任访问暨南大学。双方就两校的办学、人才培养，特别是东南亚研究以及华侨华人研究等议题进行了交流，并就今后的交流及合作的可能性进行了探讨。

17. 全国政协港澳台侨务委员会副主任赵阳浙江调研华教

2013 年 5 月 27 日，全国政协委员、政协港澳台侨委员会副主任赵阳赴浙江调研海外华文教育模式。浙江是全国重点侨乡之一，浙江籍的海外侨胞和港澳同胞共有 150 多万，分布在全世界 170 多个国家和地区。浙江省有近 150 万的归侨侨眷。其海外华文教育工作在全国也名列前茅。此次全国政协委员赵阳一行通过对浙江杭州、温州、青田等地一周的实地调研，走访重点地区的学校和有关部门，实地了解当地华文教育的模式和做法，以探索华文教育的创新之路。

18. 天津市侨联与天津市国际文化进修学院共商华教合作

2013 年 5 月 28 日，天津国际文化交流研究会秘书长、天津国际文化进修学院院长周毓伟到访天津市侨联，商讨加强合作开展海外华文教育事宜。

周毓伟院长介绍了学院办学特色、师资力量，近几年在开展对外汉语教学、传播中国传统文化方面取得的成绩，希望借助天津市侨联这个平台，使优秀中华文化更好地传播到海外，为华文教育发展多做贡献。天津市侨联常务副主席陈钟林介绍了侨联的基本情况，并希望今后双方增进了解，发挥各自优势，相互借力、共同发展。

19. “走基层·侨乡行”媒体团走进华侨大学和暨南大学

2013 年 5 月 29 日，国务院侨办“走基层·侨乡行”媒体团，走进华侨大学华文学院，采访华文学院华文教育、对外汉语教学开展情况、课堂教学情况，并与外国政府官员中文学习班学员座谈。

6 月 4 日，国务院侨办“走基层·侨乡行”媒体团走进暨南大学国际关系学院/华侨华人研究院，了解其科研的基本情况。

20. “文化中国——海外华文媒体广西行”采访团走进广西华侨学校

2013 年 6 月 4 日，“文化中国——海外华文媒体广西行”采访团参观访问了广西华侨学校。

在广西华侨学校，来自海外各华文媒体的嘉宾们观看了关于学校情况介绍的视频和中外学生的才艺表演，参观了凸显学校东盟特色的东盟商贸实训基地和东盟文化长廊，并与正在实训的同学进行了交谈，嘉宾们对这种即学即用、灵活有效的教学方式给予了充分肯定。

21. 国务院侨办副主任何亚非视察广西华侨学校

2013 年 6 月 24 日，国务院侨办副主任何亚非前往广西华侨学校考察调研。广西华校校长陈进超汇报了学校的教学现状和发展规划，来自东盟国家的部分留学生表演了中文朗诵、中文歌曲、藏族舞蹈等节目。

何亚非勉励广西华侨学校充分利用地缘和人缘优势，突出办学特色，着力为侨服务，为海外侨社传承中华文化、共圆中华民族振兴梦想做出新的贡献。

22. 中国华文教育基金会考察四川乐山师范学院涉侨工作

2013 年 7 月，在四川省侨办副主任薛斌的陪同下，中国华文教育基金会副秘书长李献国、基金会项目一部副主任熊志远一行到四川乐山师范学院考察调研。乐山师范学院党委书记、校长罗大玉会见了李献国副秘书长一行。

李献国简要介绍了中国华文教育基金会作为国务院侨办的直属单位，在发展华文教育事业、促进中外文化交流等方面所开展的一系列工作情况。他表示，乐山师范学院作为师范高等院校，有自己的办学特色和优势，希望乐山师范学院今后有机会参与国家的华文教育事业。罗大玉书记就乐山师范学院对外合作与交流及国际汉语推广情况向李献国副秘书长一行做了简要的介绍，并希望加强与国务院侨办、四川省侨办及乐山地方侨务部门的合作，获得中国华文教育基金会的支持，通过申请承办国家华文教育项目，以提升学校人才培养质量、扩大学校对外影响，为国家华文教育工作做出贡献。

23. 中国华文教育基金会赴暨南大学华文学院调研华教项目

2013 年 7 月，中国华文教育基金会副秘书长卢海斌、项目二部主任李晓梅赴暨南大学华文学院调研 2011～2012 学年印尼函授华文教育本科“雅居乐”助学金的发放和管理情况。华文学院常务副院长邵宜、副院长曾毅平、各系部领导参加了会议。院长助理张礼副教授就暨南大学华文学院“雅居乐”助学金项目从资金使用情况、办学情况、取得的成果等主要方面做了详细汇报，并得到了基金会的肯定和支持。

暨南大学华文学院华文教育函授本科项目自 2008 年获得中国华文教育基金会“雅居乐”助学金的资助以来，已有 1000 多名印尼华文教师直接受益，其中 600 多位顺利拿到本科学位。

24. 云南省委督导组莅临昆明华文学校开展随机调研

2013 年 8 月 19 日，云南省委第 14 督导组组长和润培、副组长杨云昆在云南省侨办党组书记盛云富、副主任袁光兴的陪同下到昆明华文学校对教育实践活动开展情况进行了检查、指导。

督导组听取了昆明华文学校校长关于教育实践活动开展情况的汇报，并给予充分肯定。盛云富强调，昆明华文学校在省侨办党组的领导和督导组的有力指导下，结合实际，深入开展学习教育，积极组织活动，特点、亮点突出。在下一阶段的教育实践活动中，要切实加强对杨善洲精神的系统学习，对照先进、查找问题，把教育实践活动与“四群”教育相结合，深入开展对口帮扶工作，确保省侨办系统教育实践活动见到成效。

25. 福建省侨办官员赴宁德调研海外华文教育基地

2013 年 10 月上旬，福建省侨办纪检组长闵蕙君带领文宣处的同志前往宁德市屏南县华侨中学、古田县玉田中学调研“省海外华文教育基地”。

闵蕙君在调研中认真听取了两所基地校开展海外华文教育工作汇报和相关工作意见和建议，充分肯定了两所基地学校所取得的成绩。

26. 国务院侨办副主任马儒沛到华侨大学华文学院视察

2013 年 10 月 17 日，国务院侨办副主任马儒沛、文化司司长雷振刚、文化司院校处处长梁智卫，华侨大学校长贾益民到华侨大学华文学院视察指导工作。此次视察主要为了解华文学院建院60周年系列庆典活动筹备情况，学院全体院领导、院办负责人出席座谈会。

马儒沛副主任向学院负责人了解了学院专业设置、生源质量以及毕业生就业等情况，着重关注外国政府官员中文学习班开展情况及学员在校学习生活情况，并观看了即将举办的华文学院60周年老照片展，参观华文学院校史馆、诗琳通图书馆、食堂以及学生宿舍。

27. 福建省侨办领导漳州调研华文教育

2013年10月31日至11月1日，福建省侨办纪检组长闵蕙君一行赴漳州闽南师范大学和漳州市第二中学调研华文教育工作进展情况。在座谈会上，围绕华文教育工作的现状、经费、品牌建设等主题，与会人员展开热烈的交流与讨论。

28. 国侨办文化司官员赴广西华侨学校调研华文教育

2013年11月初，国务院侨办文化司副司长周虹一行赴广西华侨学校进行考察调研。广西区侨办副主任陈宁、广西华侨学校校长陈进超，自治区侨办及广西华侨学校相关负责人和正在广西华侨学校参加“清莱市华裔青少年秋令营”活动的领队老师和学生代表参加了座谈。

29. 温州市政协专题调研组开展海外华文教育工作调研

2013年11月13日，由在温部分市政协港澳海外委员、特邀委员和相关涉侨部门、部分华文教育基地、海外温籍华校负责人组成的调研组一行40多人，在温州市政协副主席徐育斐率领下，就温州市海外华文教育工作开展专题调研。

30. 浙江省侨办副主任赴温州调研华文教育工作

2013年11月20日，浙江省侨办副主任徐高春、文宣处处长王云奇一行到温州调研华文教育工作，并召开座谈会。温州市侨办主任鲍卫翔、副主任许捷参加座谈会。

徐高春一行就华文教育工作在温州进行了实地考察和专题调研，观看了《温州华文教育纪实片》，听取了市侨办侨务工作特别是华文教育工作的汇报。

31. 云南侨办主任一行到耿马民族中学调研华教工作

2013年11月下旬，云南省侨办主任杨焱平一行在临沧市人民政府侨办主任路治华陪同下，到耿马县民族中学就华文教育工作情况进行调研。

耿马县民族中学校长孙正朝向杨主任详细介绍了该校的教育、教学情况。杨焱平主任在听取孙校长的工作汇报的同时，对学校的学生食堂、宿舍等基础设施进行了查看和了解。

32. 浙江师范大学国际文化与教育学院领导访问华侨大学华文学院

2013 年 11 月 29 日，浙江师范大学国际文化与教育学院马洪海副院长率团到华侨大学华文学院交流访问，华文学院李晓洁副院长接待了访问团，随后双方举行了座谈会。座谈中，马洪海副院长介绍了浙江师范大学国际文化与教育学院办学情况，希望双方加强交流与合作，双方还就汉语国际教育、汉语言专业建设、留学生教学管理及学科建设等方面进行深入交流探讨。

33. 暨南大学华文学院师生赴台湾世界华语文教育学会交流

2013 年 12 月 18 日，应世界华语文教育学会秘书长董鹏程的邀请，暨南大学华文学院师生赴台湾世界华语文教育学会中心访学交流并举行座谈。

座谈会上，董鹏程秘书长向暨南大学师生介绍了世界华语文教育学会的历史、发展、传承与展望，分享了自己从事华文研究事业的心得与体会。座谈会之后，董鹏程秘书长热情地邀请暨南大学师生参观了世界华语文教育学会的图书收藏室。他表示，在华文教育研究与中华文化传播的道路上，对外汉语教师作为交流的窗口，承担着传承与创新中华文化的历史使命，要在多元文化融合与交汇的背景下致力于中华文化的继承与发扬。

（二）国际互访与交流

1. 澳大利亚悉尼丰华学校校长访问上海市侨办

2013 年 1 月 4 日，澳大利亚悉尼丰华学校校长许易拜访上海市政府侨办，上海市政府侨办主任徐力在贵宾室会见了客人。

徐力表示，随着中国海外移民的逐步增多，第二、第三代华裔青少年对中国和中华文化的了解越来越少，侨务工作的对象有可能出现断层。华文教育是维系海外华侨华人与祖（籍）国联系，满足华侨华人了解中华文化需求的重要渠道，对于侨务工作的可持续发展具有重要意义。今后，上海市政府侨办将一如既往地做好华文教育工作，加大对海外华文学校的支持力度。

2. 泰国清迈华文教师联谊会看望华校师生

2013 年 1 月 7 日至 10 日，泰国清迈地区华人村华文教师联谊会顾问杨明兴、廖国安，会长王相贤、总干事杨兴龙等，前往猛纳暹华小学、昌良育英中学、万养忠贞中学、新村一新中学、黄果园群英中学、马康山立德中学、王孔小学、马房振华小学、盘龙中华中学、龙传云兴小学、昌龙华生小学看望广大师生。

在如何解决各校学生的升学问题的讨论中，王相贤表示联谊会积极和国内相关院校联系，为华人村学生在回国升学上提供奖助学金，并为没有身份的学生协助办理中国海外护照，以帮助孩子们顺利完成大学教育。

3. 澳大利亚新南威尔士州访华团访问华侨大学华文学院

2013 年 1 月 8 日，澳大利亚新南威尔士州教育官员及校长访华团到华侨大学华文学院参观访问。华文学院院长陈旋波、党委书记纪秀生热情接待了到访客人，并带领访华团参观了华文学院校园和校史馆。

4. 泰国北部四校校长和教师访问北京华文学院

2013 年 1 月 9 日，来自泰国北部的迈唐小学、邦三孔小学、清莱安邦小学、吴台塔尼安邦小学 4 所学校的校长和教师 18 人到北京华文学院访问。

北京华文学院举行了欢迎仪式，对泰国北部 4 所学校嘉宾的到来表示热烈欢迎，并分别与 4 所学校的代表互赠礼物。欢迎式后，北京华文学院培训部项目负责人王庆芳副教授向泰国校长和老师们详细介绍了北京华文学院的办学特色及短期培训情况，并就大家关心的问题进行了解答。

泰北 4 校嘉宾此次访问旨在加强与北京华文学院在华文教育领域的交流与合作，期待选派泰国中小学生到北京华文学院学习，并在此基础上签署双方合作协议。

5. 中国驻比利时大使走访中文学校

2013 年 1 月 16 日至 2 月 2 日，中国驻比利时大使廖力强分别走访了比利时蒙斯中文学校、哥特莱特中文学校和根特华协中文学校，并出席了新成立的图尔奈中文学校开学典礼和欧华中文学校庆春节“中国日”活动。

廖力强大使对中比各界长期以来大力支持海外华文教育表示了衷心感谢。他表示，使馆将会继续着力推动华文教育发展，为汉语教学与推广、为中国文化传承服务。上述 4 所中文学校领导和老师表示，感谢中国国务院侨办、教育部和中国驻比使馆对海外华文教育的长期关心与支持，他们有信心克服在海外办中文教育的各种困难，坚持把这项伟大的事业办得越来越好。

6. 泰国海南会馆理事长访问海南大学

2013 年 1 月 26 日，泰国海南会馆邢诒喜理事长到海南大学参观访问并举行座谈。

座谈会上，双方就选派泰国华侨子女到海南大学学习中文、海南大学学生赴泰国实习等内容进行了深入的交流，初步达成了合作意向。座谈会后，泰国海南会馆访问团参观了海南大学校园、留学生楼、图书馆。邢诒喜表示，此行的目的在于希望选派泰国华侨子女到海南大学学习中文，同时加强泰国海南会馆与海南大学在教育方面的合作，今后，将吸引更多的泰国各族会馆到海南大学学习交流，共同推进双方的交流合作。

7. 国侨办主任李海峰接待菲律宾访华团

2013 年 1 月 29 日，国务院侨办主任李海峰在北京钓鱼台国宾馆会见了以永远名誉理事长陈永栽为总领队、理事长庄前进为团长的菲律宾菲华商联总会访华团。

李海峰说，菲华商联总会支持配合菲律宾政府发展经济，热心社会福祉和华文教育事业，贡献良多。她希望该会继续发挥与菲律宾官方关系密切的优势，积极开展中菲多领域交流合作，促进民间友好往来，客观介绍中国发展的现状，为两国增信释疑发挥积极作用。

8. 巴拿马华裔青年中国文化观摩团访问南京

2013 年 1 月 29 日至 31 日，巴拿马华裔青年中国文化观摩团到南京参观访问。

江苏省侨办季俊秋副主任亲切会见了观摩团，并从历史、人文和经济等方面向大家介绍了江苏的基本情况，鼓励巴拿马华裔青年有机会一定多到江苏参观访问，更深入地了解中华文化和中国的发展。

9. 中国驻印尼大使馆官员访问雅加达华教协调机构

2013 年 1 月下旬，中国驻印度尼西亚大使馆刘玉飞参赞兼总领事专程莅临雅加达华文教育协调机构参观访问。

雅加达华文教育协调机构领导杨健强、颜培椿、蔡昌杰、颜国民等热情接待了刘玉飞一行。刘参赞一行参观了协调机构办公室、志愿者之家阅览室、书库和会议厅。

参观结束后，宾主进行了交流座谈。交流会上，执行主席蔡昌杰简要介绍了雅加达华文教育协调机构的基本情况，特别介绍了机构的性质和工作方向。刘玉飞参赞兼总领事对印度尼西亚华文教育事业的发展以及这几年不断增加的各种教学活动给予了充分肯定。他还鼓励雅加达华文教育协调机构，继续在现有的教学大环境下加强中印两国政府以及民间的教学交流合作。

10. “迎新春”泰国南部华文教育交流展在合艾市举行

2013 年 2 月 8 日至 10 日，“迎新春”首届泰国南部华文教育交流展在合艾市国光中学孔子课堂新址隆重举行。

此次交流展分为 3 个部分，一为文艺节目会演，二为学校华文教育成果展示，三为教育交流座谈会。此次交流展由国光中学孔子课堂和泰南华文民校联谊会联合主办，共有来自宋卡、合艾、沙墩等市的 12 所学校参加，各个学校的校董、校长、中文教师及学生代表 1000 余人出席。

11. 乐清市华文教育基地师生赴姐妹学校交流访问

2013 年 2 月 12 日至 22 日，乐清市华文教育基地——乐清中学 16 名优秀学生与两名教师到德国结好学校弗里德里希 - 艾伯特学校进行为期 10 天的交流活动。

在德国期间，乐清中学师生寄住在当地教师和学生家中，共同参与课堂观摩学习，参加该校对社会的“公开日”活动，演唱中德双方歌曲，参观当地历史文化古迹，领略异域文化。当地市长在市政厅设宴接待乐清中学师生。

12. 国务院侨办官员走访韩国侨社与华校

2013 年 2 月 15 日，“文化中国・四海同春”亚洲艺术团团长、中国国务院侨办国外司司长王晓萍走访汉城华侨协会，参观汉城华侨小学，并与中国在韩侨民协会总会座谈，近距离听侨声、问侨情。

座谈中，王晓萍听取了汉城华侨协会会长李忠宪的介绍，对协会在维护侨胞权益、丰富侨界生活、传承中华文化等方面所做的贡献表示赞赏和敬意，并就侨领关心的问题作了回答。王晓萍还与韩国华侨中国和平统一促进联合总会韩晟昊会长交流了目前韩国华侨华人社会的构成情况。她指出，韩国华侨华人社会的民族构成越来越丰富，年轻化趋势愈加明显，同时从事各行各业的人士越来越多，侨社的发展处于良好的势头。

13. 云南师范大学代表团赴泰国访问

2013 年 2 月 18 日至 23 日，云南师范大学校长杨林率团赴泰国访问。其间，代表团拜访了中国驻泰国大使馆教育组、中国国家汉办泰国代表处、中国驻清迈总领事馆，就云南与泰国的教育文化交流展开探讨。

到访当天，代表团拜访了中国驻泰国大使馆教育组一等秘书邱宁及国家汉办泰国代表处主任陈永山。杨林向邱宁和陈永山介绍了云南师范大学的对外合作交流特别是对泰国的合作交流情况。代表团还拜会了中国驻清迈总领事馆总领事张伟才，并向张伟才介绍了云南师范大学的历史沿革和发展现状，学校与泰国教育文化的交流合作情况。杨林表示，此次来访泰国将考虑在泰国开设云南师范大学海外分校，为今后中泰的教育文化交流进一步做出努力。

14. 意大利地方政要访问当地华文学校

2013 年 2 月 19 日，意大利托斯卡纳大区副主席斯黛拉·塔勒杰迪在中国驻佛罗伦萨总领馆王新霞总领事和普拉托华人华侨联谊会会长郑贤杰的陪同下，参观了普拉托华侨华人联谊会中文学校。

普拉托华人华侨联谊会中文学校副校长吴静云老师向斯黛拉·塔勒杰迪副主席介绍了普拉托中文学校的师资、教材等有关情况。斯黛拉·塔勒杰迪对普拉托中文学校的教学模式给予赞赏，对华人华侨子弟积极学习祖籍国语言表示肯定，并向华人华侨、中文学校师生祝贺新春。斯黛拉·塔勒杰迪表示，中国是目前世界上最具有发展潜力的国家，华侨华人子弟在掌握好意大利文的基础上，学好中文有利于促进意中两国的友好交流与合作。希望小朋友们好好学习、立志成才，为将来服务社会努力学好文化知识，争取为社会发展和繁荣两地经济做出更大贡献。

15. 国务院侨办秘行司司长熊昌良访问中国驻卢森堡使馆

2013 年 2 月 19 日，国务院侨办党组成员、秘行司司长熊昌良率“文化中国·四海同春”艺术团抵达卢森堡，拜会了中国驻卢使馆，并与旅卢青田同乡会等侨团举行了座谈。

座谈会上，熊昌良代表中国国务院侨办和李海峰主任向大家拜年，介绍了国侨办通过“四海同春”等侨务活动加强与各国侨胞联系的情况。曾宪柒大使向熊昌良司长介绍了卢森堡基本侨情和使馆开展侨务工作的基本情况。他表示，使馆将在推动侨社开展华文教育、弘扬中华文化、树立良好形象以及在加强对台胞工作，夯实民意基础，扩大爱国友好力量等方面进一步做好工作。旅卢青田同乡会、和统会会长王虎，卢中经济文化交流协会、卢森堡中国文化中心校长张意，中卢友好协会会长姚萍兰，中欧文化交流协会会长车丽杰等在座谈会上纷纷发言，介绍了本会的发展情况，与国侨办侨务小组探讨了加强交流合作的意见和建议。

2月20日，熊昌良在驻卢森堡使馆为“文化中国·四海同春”赴欧洲艺术团举行的晚宴上与卢森堡国民议会议长莫萨会晤，对他“友华、友侨”表示赞赏和感谢。莫萨表示，中卢关系友好，交往频繁，在卢华侨华人是卢森堡重要群体之一。他也高度赞赏华侨华人对卢森堡的贡献。

16. 北京华文学院访欧考察团赴欧洲交流

2013年2月19日，北京华文学院副院长郭熙率领的访欧考察团赴欧洲交流，并在伦敦华埠新世界酒楼举行新闻发布交流会。会议由英国中文教育促进会会长伍善雄主持，华社侨领、英国多位中文学校校长、华文教师代表等出席了活动，并和北京华文学院代表进行了热烈深入的交流。

2月24日考察团到访法国潮州会馆，听取侨胞对北京华文学院教育教学的意见及专业设置的建议。法国潮州会馆会长吴武华代表该会馆及所属中文学校对代表团的来访表示欢迎。郭熙一行在吴武华等的陪同下参观了正在装修的潮州会馆礼堂和中文学校。

考察团还参观访问了法国华侨华人会中文学校、法国华裔互助会中文班、中华会馆中文学校、欧洲时报中文学校等学校。

17. 国侨办国外司司长王晓萍访问泰国、菲律宾

2013年2月21日，“文化中国·四海同春”艺术团团长、中国国务院侨办国外司司长王晓萍出访泰国孔敬市，并与中国驻孔敬总领事馆谢福根总领事一行走访了孔敬公立华侨学校。王晓萍在听取了学校的情况介绍后，对孔敬的华侨华人倾注心血发展华文教育表达了敬意。她高度评价发展华文教育在为华侨华人社会可持续发展及推动中泰友好交流方面所发挥的巨大作用，并寄望孔敬公立华侨学校能带动泰国东北部的华文教育事业发展。王晓萍同时肯定孔敬华侨华人社团的团结，对21个侨团联合起来成立联谊会的做法大加赞赏，希望华侨华人社团将和谐、团结、友爱的局面保持好、发展好。

2013年2月23日至24日，王晓萍司长出访菲律宾，拜访了菲律宾多个华侨华人社团。王晓萍对菲律宾华侨华人热心回馈当地社会、努力争取侨胞权益、关心发展华文教育的做法表示了肯定和赞赏。王晓萍强调，在菲律宾的华侨华人一定要维护好自身的良好形象，创造团结、和谐、友爱的华侨华人社会。她表示，菲律宾侨社之间关系紧密，新老华侨华人共存发展，形成了大团结、大联合的良好局面，希望华侨华人社会能够把这种态势维持得更好、发展得更好，共同为华侨华人在菲律宾的长期生存发展谋福祉，为中菲两国的友好关系做贡献。

18. 中国驻宋卡总领事出席华侨公学中文活动展

2013 年 2 月 22 日，中国驻宋卡总领事许明亮应邀出席宋卡华侨公学中文活动展，与宋卡侨联会主席萧志鸿、宋卡王子大学孔子学院马峙院长、宋卡华侨公学校董会主席黄锦荣及该校校董、教师、学生、学生家长等共同观看了中文部学生表演的节目。

19. 国侨办副主任谭天星看望夏威夷侨胞并参观当地中文学校

2013 年 2 月 25 日，正在夏威夷访问的中国国务院侨务办公室副主任谭天星看望了著名侨领陈志昆的夫人、97 岁的陈黄寿珍女士等当地侨胞，并参观孙中山先生曾就读的普纳荷学校与当地著名中文学校——明伦学校。在明伦学校，谭天星听取了学校教师和负责人的介绍，并观看了学生们的课堂学习情况。

20. 中国驻清迈总领事访问美素智民学校

2013 年 2 月 25 日，中国驻清迈总领事张伟才、经济商务领事王敏、侨务领事黄伟伟一行到美素智民学校参观访问并举行座谈。

座谈会上，张伟才强调，华文教育是中华民族的共同事业，华文教育不仅促进了中华文化向全世界的传播，更加强和促进了华侨华人社会的团结与进步，进而促进了世界的和平繁荣与进步。智民学校中文部校长杨义南向总领事介绍了智民学校中文部的办学现状。

21. 广西来宾市外侨办教育界代表团访问柬埔寨端华学校

2013 年 2 月下旬，广西来宾市外事侨务办公室组织当地教育界代表团访问柬埔寨端华学校，展开“暖心工程”访问活动，捐赠 5000 元人民币支持端华学校发展华文教育事业。在座谈会上，代表团的校长们介绍了各自学校的办学规模、办学模式和管理经验，双方就两地教育的发展进行了亲切的交流。会后，代表团还探望了在端华学校援教的来宾市外派教师。

22. 中国驻宋卡总领事莅洛坤府学校看望中国教师

2013 年 2 月 28 日，中国驻宋卡总领事许明亮前往洛坤府，在当地华人社团有关负责人的陪同下，参观洛坤府 Srithammarat Suksa 学校并看望在该校任教的中国教师。许总领事详细询问了学校特别是中文教学的情况。许总领事表示，总领馆将加强同该校的联系，同时支持学校与中国有关学校的交流与合作。

23. 云南省副省长刘慧晏率代表团访问老挝寮都公学

2013 年 3 月 7 日至 9 日，应老挝工贸部部长南·维亚吉的邀请，云南省政府副省长刘慧晏一行访问老挝，参观了老挝万象寮都公学并举行了座谈。

座谈会上，老挝寮都公学学校董事长林俊雄介绍了老挝寮都公学建校、学校管理和教育教学改革等方面的基本情况。访问团向老挝万象寮都公学赠送了两台 DVD、13 套中文学习光盘、48 个电脑 U 盘等教学办公用具。

24. 泰国国防部御卫厅瓦披龙上将访问华侨大学

2013 年 3 月 11 日，泰国国防部御卫厅瓦披龙上将率代表团访问华侨大学。华侨大学贾益民校长在华侨大学厦门校区会见了泰国客人。

贾益民校长代表学校热情欢迎瓦披龙上将一行，并通过瓦披龙上将转达了对泰国诗琳通公主殿下的问候。贾益民重点向代表团介绍了华侨大学泰国政府官员中文学习班、普吉泰华国际学校、泰国曼谷吞武里大学中文电视台等华文教育项目的开展情况，表示今后华侨大学仍将致力于中泰友好关系的发展，促进华侨大学与泰国社会各界、教育各界以及政府部门的友好合作。

瓦披龙上将代表诗琳通公主感谢华侨大学为泰国培养了一批批优秀的学生，感谢华侨大学为增进中泰友谊所做的贡献，并表示今后将尽最大努力一如既往地支持华侨大学在泰国的华文教育事业的发展。

25. 山东省侨办主任会见澳大利亚访华团

2013 年 3 月 13 日，山东省侨办主任刘方会、副主任孙西忠会见了澳大利亚标准中文学校校长、首都地区中文教师协会主席、森隆集团董事长李复新。双方就山东省侨办 2013 年赴澳大利亚堪培拉举办“中华文化大乐园”的筹备事宜交换了意见。

刘方会指出，“中华文化大乐园”是华文教育的新品牌，也是齐鲁文化走出去的重要形式。李复新感谢山东省侨办的信任和支持，希望“中华文化大乐园”活动在各方的共同努力下取得圆满成功。双方就“中华文化大乐园”、第七届“华商企业科技创新合作交流会”以及赴澳洲引进海外人才等专项活动进行了商谈对接。

26. 日本“五星奖”游学团赴北京华文学院参观学习

2013 年 3 月 15 日至 21 日，由 23 名日本北九州市立大学大一、大二学生组成的“五星奖”游学团到在北京进行为期 7 天的参观学习。

组织方北京华文学院为游学团安排了丰富的游学日程，包括游览天安门、故宫、天坛等名胜古迹，参观卢沟桥、抗日战争纪念馆，走访北京市西城区残联，欣赏京剧表演，品尝北京烤鸭，学习汉语口语、作文等语言课程，体验中国武术等。

学员们表示，这次到北京游学，既了解了中国的历史与文化，提高了汉语水平，也跟中国人建立了友谊。回国后会更努力地学好汉语，为日中两国的发展做贡献。

27. 缅北贵概侨校校长、校董访问云南保山学院

2013年3月中旬，缅北贵概侨校校长、校董16人到云南保山学院参观、考察，进行教学交流。

缅北贵概侨校校长、校董参观了保山学院的教学区、生活区。保山学院院长助理赵剑华就学院的校园总体规划布局、学院历史、基本建设、华文教育工作等情况做了介绍，并表示在今后的工作中将寻求更多的合作，在招收留学生来华留学、争取开办孔子学堂等方面希望有更大进展。随后，缅方民族文化总会主席王国达、贵概地区华文教育总负责人李清茂等就华文学校办学、发展构想等问题进行了深入探讨。

28. 国务院侨办副主任谭天星会见哈佛大学“中国之旅”学生代表团

2013年3月21日，中国国务院侨办副主任谭天星在北京会见由25名哈佛大学肯尼迪政府学院研究学者和学生组成的“中国之旅”精英学生代表团。

谭天星表示，在美国的华裔青年和华侨华人是中美之间交流一个非常独特的桥梁。他向团员们介绍了近期中国“两会”召开的情况，希望团员们通过此次访问，进一步了解中国政治、经济、文化、社会等，进而为促进中美之间友好关系的发展做出独特贡献。

29. 泰国东亚大学校长访问昆明华文学校

2013年3月下旬，泰国东亚大学校长Chotiras Chavanich博士一行2人到云南省昆明华文学校参观考察，双方在学生交流、学术交流等方面进行了商谈。

座谈会上，昆明华文学校校长张明军、副校长金海及相关部门的工作人员与来宾就教师培训、夏令营等合作项目进行了座谈并达成了意向性的合作协议。Chotiras Chavanich校长一行还参观了昆明华文学校的学生公寓、餐厅、活动室等场所，并与在校泰国学生进行了交流。

30. 泰国教育考察团到海南中学交流访问

2013年3月23日，以龙财基金会主席赵昆通猜大师为团长的泰国教育考察团到海南中学参观访问，旨在加强海南、泰国两地的教育交流，推进泰国的汉语教学

工作。

海南中学马向阳校长等相关负责人和考察团一行举行了会谈。马向阳校长介绍了该校的办学历史和现状，希望赵昆通猜大师和考察团的此次到访能增进中泰两国的友谊，促进该校与泰国同行之间的交流。赵昆通猜大师表示，此次率领由大中小学校长和教师组成的教育代表团到海南考察，其重要目的就是加强海南、泰国两地的教育交流，推进泰国的汉语教学工作。

会后，考察团一行参观了海南中学国粹馆和书画展馆，并与学生进行了亲切交流。

31. 美国旧金山市尤方玉屏学校师生访问团访问中山市

2013年3月25日至27日，美国旧金山市尤方玉屏学校师生访问团在校长司徒林志仪的带领下到中山市开展为期3天的交流活动。祖籍在中山开发区的司徒林志仪校长表示，3天交流时间虽然短，但收获大，不仅了解了中山传统的特色文化，还增进了两地学子的交流和友谊，期待下一次能再组织旧金山市学子到中山开展更深入的学习交流活动。

32. 中国驻巴塞罗那总领事会见领区华文教育界代表

2013年3月26日，新任驻巴塞罗那总领事屈生武在总领馆举行与加泰罗尼亚自治区华文教育界代表的见面会，加区4所著名中文学校负责人、巴塞罗那孔子学院中方校长及巴塞罗那学生联谊会代表等9人出席。

屈生武总领事高度评价加区华文教育工作者为传播中华文化、教授汉语及增进中西文化交流融合所做出的积极努力和贡献。与会代表对屈总领事履新表示热烈欢迎，并各自介绍其办学情况及所遇到的困难。他们衷心感谢总领馆对其办学所给予的宝贵支持与大力协助，表示愿与总领馆进一步密切联系，继续支持并配合总领馆在促进中西两国文教交流合作、推动中西文化互通互融等方面做出应有的贡献。

33. 加拿大多伦多叶氏中文学校校董拜访广东省侨办

2013年3月26日，加拿大多伦多叶氏中文学校郭思姿校董拜访广东省侨办。广东省侨办副主任郑建民亲切会见了郭思姿校董一行。双方就合作推动海外中华文化传承和教育国际化进行了探讨交流，并就到广东开展夏令营活动、合作举办“中华文化大乐园”进行了商谈。

34. 缅甸推动华文教育代表团走进缅地方城市调研华教

2013年3月下旬，中国驻缅甸大使馆领事部张鹏秘书、缅甸仰光汉语教师协会曾园香会长、缅甸福星孔子课堂郑芾夫院长等人组成的“推动华文教育”代表团到缅甸南部竖榜地区推广华文教育，积极探索推动华文教育的新模式，因地制宜地开展缅甸南部地区的华文教育。

这是代表团第二次采用“走出去”的方式，举行“推动华文教育”活动。通过与竖榜地区侨领的交谈，代表团了解到竖榜地区的华文教育由于历史和地域的原因，长期处于停滞状态，和仰光地区相比，处于复办的起步阶段，设施也相对落后。代表团一行和当地各社团领导和成员，就如何开展华文教育进行了深入的交流与探讨。中国驻缅甸大使馆、仰光汉语教师协会、福星孔子课堂表示，将在教师和教材方面给予全面支持。

35. 江苏省侨办副主任徐开信会见菲律宾华教访问团

2013 年 4 月 1 日，江苏省侨办副主任徐开信在省侨办会见了菲律宾“感恩之旅——江苏行”华教友好访问团，并就江苏省外派教师工作进行了座谈。

座谈会上，访问团成员介绍了菲律宾华文教育工作状况，表扬了江苏外派菲律宾特别是外派鄢市的教师的工作表现，希望省侨办能够再派优秀教师赴当地支教。徐开信副主任表示，江苏是教育大省，为海外华文教育事业多做贡献是应该的，大家可以进一步探讨如何更好地利用教育资源，更大程度地发挥外派教师的作用。

36. 海南文昌籍侨胞参观文昌中学和文昌华侨中学

2013 年 4 月 2 日，来自新加坡、马来西亚、泰国、美国、加拿大、英国、澳大利亚、新西兰、苏里南、巴拿马、中国香港等 17 个国家和地区的文昌籍侨胞，参观了海南文昌中学和文昌华侨中学。海南文昌中学和文昌华侨中学是不少文昌籍侨胞的母校。华侨们参观了学校的校史馆及华侨捐赠的教学楼。

37. 意大利中文学校校长访问温州市华文教育基地

2013 年 4 月 3 日，意大利佛罗伦萨中文学校校长潘世立在温州市侨办副主任许捷、市侨办文教宣传处处长叶斌斌的陪同下，访问了华文教育基地——温州市实验中学。

潘世立介绍了意大利佛罗伦萨中文学校的办学情况，并对实验中学在外派教师等方面给予的帮助表示感谢。双方还就 2013 年度外派教师事宜进行了磋商。

38. 菲律宾宿务亚典耀圣心学校华文教育考察团访问华侨大学

2013 年 4 月 4 日至 9 日，菲律宾宿务亚典耀圣心学校华文教育考察团到华侨大学访问。考察团先后前往华侨大学厦门校区、华文学院，详细了解华侨大学的办学历史、办学情况以及面向海外的招生与培训情况，并就双方合作开展夏令营等项目同华文教育处、华文学院领导进行了深入交流。

39. 印尼梭罗“3·11”大学访问印尼玛中大学

2013年4月5日，印尼梭罗“3·11”大学领导与中文系学生赴印尼玛中大学应用汉语系参观交流学习。

梭罗“3·11”大学此次访问玛中大学，旨在更加全面地了解玛中大学应用汉语系，让学生体验玛中大学应用汉语系学生的学习环境。玛中大学应用汉语系主任张训涛对该校中文教学的情况做了介绍。学生之间进行汉语学习心得交流，并直接体验玛中大学应用汉语系精读课课堂与快乐汉语课堂（中国结、剪纸）。

40. 泰国海南文化教育基金会理事长访问海南师范大学和海南大学

2013年4月7日，泰国海南文化教育基金会理事长王琼南先生访问海南师范大学，并与海南籍泰国留学生座谈。海南师范大学林北平书记、杜明娥副校长会见王琼南先生一行。杜明娥副校长介绍了该校中国政府来华留学生奖学金情况，还鼓励海南籍留学生学好中文，积极申请奖学金。王琼南先生对海南师范大学多年来克服困难、千方百计为海南籍华人提供学习汉语及了解海南文化的平台表示感谢。

2013年4月8日，王琼南一行访问海南大学。海南大学何忠平副校长表示，海南大学将利用中国政府奖学金和海南省政府奖学金招收更多泰国海南乡亲子弟来校学习，也将根据泰国海南会馆的需求，开设面向海外海南乡亲子弟的寒（暑）假汉语短期班，教授中文和中国传统文化，进一步加深泰国海南乡亲子弟对祖居地和中华传统文化的了解。王琼南表示，现在泰国海南乡亲子弟对祖居地和华文了解甚少，他希望通过自己和泰国海南会馆的努力，选派更多的海南乡亲子弟到海南大学学习汉语，让他们更好地了解中国的文化与历史，加深他们的乡根情怀。

41. 泰国国光中学教师代表团访问华侨大学华文学院

2013年4月9日，泰国泰南华文民校联谊会副主席、合艾国光学校教育慈善会副董事长谢海秋，合艾国光中学副校长 Kanlaya Puthiruksa Wong 女士率该校教师代表团一行31人赴华侨大学华文学院参观考察。华侨大学华文学院院长陈旋波、副院长李晓洁及招生办、培训部等相关部门负责人在一号楼会议室接待了到访客人。

陈旋波院长介绍了华文学院办学历史、教学设置及华文教育相关项目，希望以此次考察为契机，加强双方在华文教育领域的合作交流。谢海秋副主席介绍了泰国合艾国光学校的情况，并说此行旨在考察了解华侨大学华文学院教学环境，为2014年合艾国光中学高三毕业生来华留学提供便利。双方还就教师培训、学生夏令营及留学体验营等项目的开展进行了讨论交流。

42. 美旧金山教育局长访问旧金山中文沉浸学校

2013年4月9日，美国旧金山教育局长卡然萨到旧金山中文沉浸学校跟三年级学生畅谈他最近访问中国的心得。

卡然萨讲了他到中国的所见所感，并将中国的教育现状与美国的教育现状进行对比。旧金山若干教师与学校行政主管都会说中文，卡然萨特别要求安排旧金山的“教师与行政主管”交换计划，让他们到中国服务一年，吸收中国的教学经验。

43. 英国牛津中学高中部教师访问北京华文学院

2013年4月上旬，英国牛津中学高中部主任Rechael Pallas-Brown女士以及中文教师刘彦女士应邀到北京华文学院访问，实地考察北京华文学院新校区的软硬件设施。

两位嘉宾参观了新校区的学生宿舍、教学楼、体育馆、食堂等教学及生活设施，并在学生食堂与短期团队的学生共进午餐。就餐期间，北京华文学院培训部李雪静主任就短期团队项目、学生管理以及教师的配备做了详细的介绍。双方就牛津中学学生来华事宜进行了探讨，并就下一步合作进行磋商。

44. 缅甸密支那华校代表团访问云南保山学院

2013年4月10日，缅甸密支那华校校长、校董代表团到云南省保山学院参观访问，并举行座谈。座谈会上，来访校长和校董们就缅北华侨学校发展现状、教育管理模式、教学情况、存在的困难、双方的合作情况及发展空间等方面情况做了介绍，期望加强双方合作关系，更好地做好华文教育工作。保山学院院长助理赵剑华表示希望双方以此为契机，进一步加强交流与合作。

45. 缅甸华文教育团访问昆明学院

2013年4月11日，缅甸华文教育代表团一行20人访问昆明学院，双方就培养留学生、华文教育等方面展开座谈。

昆明学院李翔副校长与普洱德福经贸有限公司高飞董事长等热情接待了华文教育代表团。李翔副校长向缅甸华文教育代表团介绍了昆明学院的发展概况和开展国际交流合作项目的概况，并表达了在这些合作领域希望继续得到高飞董事长和华文教育界支持的愿望。高飞董事长表示，昆明学院和缅甸开展华文教育的人士一样，对缅甸华侨都有深厚的感情，希望大家群策群力，联合更多的华文组织和华文学校与昆明学院开展更多的交流合作。

46. 意大利佛罗伦萨中文学校与圣多尼诺学校交流合作

2013年4月中旬，意大利佛罗伦萨中文学校校长潘世立带领全体教师到访佛罗伦萨圣多尼诺学校，探讨交流在两校就读的华裔学生的学习与成长问题。两校就共建华裔学生档案、每周布置共同作业、形成长效交流机制等达成协议。这是佛罗伦萨中文学校拓展海外华文教育模式的又一新举措。

交流过程中，双方教师提出了许多解决措施和方法，希望在学生家长会上，与家长共同探讨孩子的学习成长问题。双方教师表示，两校的交流活动很有必要，这既能了解学生各个方面的情况，也能看到不足并采取措施，使学生更好地学习和成长。

47. 泰国中文教师参观考察海南华侨中学

2013年4月17日，40余名泰国中文教师参观考察海南华侨中学，并与该校校长及师生展开座谈。考察期间，泰国华文教师们参观了海南华侨中学校史馆，观看该校学生表演的竹竿舞，并听取关于海南华侨中学及该校国际部的情况介绍。

48. 中国海外交流协会文教司副司长周虹访问菲律宾华教中心

2013年4月28日，中国海外交流协会文教司副司长周虹一行访问菲律宾华教中心，并与中心领导亲切座谈。华侨大学副董事长陈永栽，华侨大学董事陈本显、蔡聪妙分别设宴款待了周虹副司长一行。

菲律宾华教中心主席颜长城对周虹副司长的来访表示热烈欢迎，表示双方已是认识多年的好友。周虹非常赞赏华教中心在华文教育方面所做的努力。他说，菲华社会很多贤达为了菲律宾的华文教育，克服了重重困难，做出了诸多贡献，这是非常不容易的。双方就菲华学生厦门、泉州汉语进修团，中华文化大乐园，中国优秀才艺学生访问团，夏（冬）令营等活动的开展进行了深入的交流和沟通，并交换了意见。

49. 孙中山先生孙媳林伦可女士访问上海市侨办

2013年5月2日，上海市政府侨办副主任蔡建国在贵宾室会见了孙中山先生的孙媳林伦可女士。此次是林女士第三次拜访上海市政府侨办。她向蔡建国副主任表达了进一步推动两岸青年学生交流的愿望和设想。蔡建国副主任感谢林伦可女士在促进两岸交流等方面做出的积极贡献，向她介绍了上海市侨办推动两岸青年学生交流所开展的相关活动，并欢迎林女士多到上海考察拜访。

50. 中英国际交流总会负责人到北京华文学院考察交流

2013年5月7日，中英国际交流总会英国会长吴国强先生、中国会长赵树辉博士、荣誉会长赵泰来先生一行，到北京华文学院新校区参观考察，并与北京华文学院座谈合作交流事宜。北京华文学院院长周锋、副院长郭熙及相关处室负责人参加了座谈。

在座谈会上，双方表示可以充分利用各自的资源优势，在文化游学互动、师资交流以及语言培训、测试等领域开展合作，尤其在文化教学与交流上将有进一步合作计划，联合发展、积极交流、共同进步。

51. 泰国夜丰颂府政府访问团访问广西华侨学校

2013年5月9日，在泰国夜丰颂府府尹Narumol Para Vat女士的带领下，泰国夜丰颂府政府访问团到广西华侨学校进行友好交流。广西华侨学校校长陈进超、副校长雷丽芳及在校的泰国留学生热情地接待了来访的客人。

夜丰颂府府尹一行参观了广西华侨学校的校园环境，还特地到留学生的教室和宿舍，亲切看望在校学习的泰国留学生，并鼓励他们好好学习汉语和中国文化，以后为两国的友好交流做出贡献。

52. “泰国北部资深华文教师神州行”考察团访问北京华文学院

2013年5月9日，由泰国华校校长及教师组成的“泰国北部资深华文教师神州行”考察团到北京华文学院新校区参观访问。北京华文学院郭熙副院长、培训部李雪静主任及相关教师出席了在主楼会议室举行的欢迎座谈会，接待到访的泰国考察团。

郭熙副院长介绍了学院新校区建设发展及目前学院长短期班汉语教学、出国培训、教材编写等方面所取得的成绩。李雪静主任介绍了学院2013年丰富多样的夏令营活动及项目申请流程。双方还就奖学金、外派师资等事宜交换了意见。

53. 泰国海南籍侨领邢诒喜访问海南大学

2013年5月14日，泰国海南会馆原理事长、海南大学三届理事会常务理事邢诒喜先生参观访问海南大学。

访问期间，海南大学何忠平副校长与邢诒喜先生一行进行座谈。双方就选派泰国九族华人会馆青年到海南大学学习中文进行了深入的交流和协商，达成合作意向并形成初步方案。邢诒喜先生表示，此行目的在于希望选派泰国九族华人会馆青年到海南大学学习中文，同时加强泰国九族华人会馆与海南大学更多方面的教育合作。今后，将推动泰国各族会馆与海南大学开展交流与合作。

54. 新加坡南洋理工学院组团访问广西华侨学校

2013 年 5 月中旬，新加坡南洋理工学院继续教育学院高级主任何惠明、信息科技系经理蔡友德、工程系经理蓝荣德莅临广西华侨学校访问考察。

接待会上，广西华侨学校领导向考察团介绍了学校的办学情况，与考察团就人才培养、师资建设和院校合作等方面的工作进行深入交流并达成初步合作意向。考察团对广西华侨学校“以侨搭桥，为侨服务”的办学思想大为赞许。考察团还参观了广西华侨学校的校园以及计算机动漫实训基地，考察了东盟文化长廊的建设，对该校借鉴新加坡“教学工厂”的理念开展校企合作的成效表示认可。

55. 侨友网·香港集美中学校友会参观访问北京华文学院

2013 年 5 月 20 日，侨友网·香港集美中学校友会 50 多名侨友到北京华文学院新校区参观访问。北京华文学院院长周锋、培训部主任李雪静热情接待了校友会的全体成员。

周锋院长向侨友们介绍了学院基本概况和办学特色，着重介绍了北京华文学院新校区的建设历程。侨友们参观了北京华文学院体育馆、游泳馆、食堂等教学、生活设施，并与北京华文学院学生进行了交流。

56. 泰国民众学院公会主席陈汉展到访华侨大学华文学院

2013 年 5 月 22 日，泰国民众学院公会主席、泰北华校联谊会主席、智民学校董事会主席陈汉展，民众学院主席 Krissanapong Kirtikara 博士，民众学院高级顾问 Chavanee Tongroach 博士，清迈崇华新生学校总经理谢秉德一行 4 人到华侨大学华文学院参观访问。华文学院领导陈旋波、李晓洁、李善邦及学院教学办、招生办、培训部等相关部门负责人热情接待了到访客人。

陈旋波院长代表学院对到访客人表示欢迎，并向客人介绍了华文学院办学情况。陈院长着重介绍了“2 + 2 合作办学”、短期培训、夏令营及在泰北建立招生点等项目。陈汉展主席介绍了泰国民众学院情况。双方就合作办学、开展夏令营、短期培训及在泰北建立招生点等相关问题进行座谈讨论。

57. 新西兰侨领访问福建宁德探讨交流合作

2013 年 5 月下旬，新西兰基础商学院董事长、新西兰宁德商会会长王旭到访福建省宁德市，就中外合作办学、海外侨社建设、教育交流等事项进行探讨。

在宁德期间，王旭在宁德市外侨办副主任缪明华的陪同下，参观考察了柘荣县第一中学，与该校领导就合作办学、教育交流等事项进行了深入探讨，达成多个合作意向。此外，王旭还走访宁德市外侨办，并就中外合作办学、海外侨社建设、资助贫困学生等事项与宁德市外侨办主任陆石善深入交换了意见，形成共识。

58. 美国芝加哥瑞华中文学校代表团访问暨南大学华文学院

2013 年 5 月 24 日，美国芝加哥瑞华中文学校副校长汤学青女士莅临暨南大学华文学院，就美国的海外华文教育现状与《中文》教材在该校的使用情况与华文学院进行了交流。

会上，汤学青校长高度评价了暨南大学华文学院主编的《中文》教材，同时也提出了《中文》教材的修改建议。汤校长表示，希望能与暨南大学华文学院开展合作，共同开发适合在美国使用的本土教材，并提出了与学院合作培训华文教师的良好愿望。暨南大学华文学院曾毅平副院长就合作事宜与汤校长交换了意见，双方初步达成合作意向。与会教师也畅所欲言，与汤校长就《中文》教材以及师资培训等内容进行了深入的交流。

59. 中国驻葡萄牙大使看望里斯本中文学校师生

2013 年 5 月 25 日，中国驻葡萄牙大使黄松甫及夫人走访里斯本中文学校，出席中文教材赠书仪式，并在陈晓红校长的陪同下参观教学场所，与师生们亲切座谈。

黄松甫大使鼓励里斯本中文学校再接再厉，进一步提高教学水平，更好地发挥华文示范学校的作用。黄大使还表示，驻葡使馆将一如既往地向中文学校提供力所能及的协助，并希望广大旅葡侨胞继续对华文教育予以关注和支持。陈晓红校长表示里斯本中文学校将继续努力提高教学质量，改进教学方式，不辜负使馆和广大旅葡侨胞的期望，把学校办得越来越好。

60. 马来西亚下霹雳区华校校长、校董访华团访问内蒙古、宁夏、山西三省区

2013 年 5 月 27 日，马来西亚下霹雳区华校校长、校董访华团应北京华文学院邀请，抵达北京，进行了为期 11 天的访华之旅。北京华文学院为此次访华团安排了内蒙古、宁夏、山西 3 个省区的考察。

61. 印尼邦加勿里洞省东勿里洞县政府代表团访问厦门大学

2013 年 5 月 27 日，印尼邦加勿里洞省东勿里洞县政府代表团访问厦门大学海外

教育学院。该院吕子玄副院长接待了来访的钟万有县长及其他客人。双方就学生派遣和培养进行了深入的沟通和协商，并达成初步合作意向。吕子玄副院长还带领客人参观了厦门大学翔安校区。

62. 新加坡华侨中学师生团访问海南华侨中学

2013年5月下旬，新加坡华侨中学师生团一行23人到海南华侨中学开展交流活动。海南华侨中学王继源校长会见了新加坡华侨中学师生团。

新加坡华侨中学师生团访问海南期间参观了五公祠，并在海南华侨中学国际部中英班学生的陪同下，深入海口市区了解海口的风土人情。此间，带队访问的新加坡海南商会副会长、海南籍华人陈学汉还带来了新加坡华侨中学的邀请函，邀请海南华侨中学师生7月和9月前往新加坡进行交流，并参加“2013年亚洲青年华语论坛”。

63. 加拿大华文教师访问上海华文教育基地南西幼儿园

2013年5月下旬，在上海参加加拿大华文教师培训班的学员们访问了上海华文教育基地——南西幼儿园。

学员们观摩了两堂精彩的幼儿游戏教学课程，并聆听了由洪晓琴园长所做的《幼儿语言学习和游戏教学》专题讲座。学员们认真听取了游戏教学的设计理念和教学实例，就许多在幼儿华文教学中遇到的实际问题与洪晓琴园长展开了深入交流。

64. 全美中文学校协会会长访问上海市侨办

2013年5月28日，上海市侨办副主任蔡建国会见了全美中文学校协会会长帅致若。蔡建国对全美中文学校协会为推动华文教育所做的贡献给予了肯定。他表示，双方在今后的工作中可以进一步加强合作，在师资培训、华文教学方式等方面不断创新，帮助海外华裔青少年更好地学好中华文化。

65. 缅甸中小学校长代表团访问中山大学

2013年5月30日，仰光东方语言与商业中心董事长曾圆香率缅甸中小学校长代表团访问了广州中山大学。代表团成员多为华语机构负责人和国际汉语教师，其中绝大多数均为缅甸当地人。

访问期间，团员们旁听了中山大学国际汉语学院外籍留学生的汉语课程，与学院的对外汉语教师进行交流互动，并了解了不同版本的对外汉语特色教材的教学方法。仰光东方语言与商业中心董事长曾圆香认为，缺乏优秀汉语教材和高素质汉语教师一直是困扰缅甸汉语教学的难点，并称其最大心愿就是开办全日制的公办华文学校。

66. 芬兰华人同盟会杨景辉主席考察福建省邵武市七中

2013 年 5 月 31 日，芬兰华人同盟会杨景辉主席在福建省侨办人事处处长陈传应的陪同下，考察了邵武市七中。

杨景辉主席一行对七中的教学情况、教学设施进行了考察。他表示，会将邵武市基本资料和七中相关材料带回芬兰，并与同盟会其他成员沟通，争取尽同盟会绵力助力邵武市教育事业发展。

67. 韩国全南技术科学高等学校师生访问温州华侨中学

2013 年 6 月 4 日，韩国全南技术科学高等学校校长曹义植率该校师生代表 19 人到浙江省华文教育基地——温州华侨中学，体验中国式学习生活，交流彼此的教育教学理念。

欢迎仪式上，温州华侨中学校长邱永飞和韩国全南技术科学高等学校校长曹义植相互介绍了各自学校的概况及办学特色，双方学生进行了友好结对。曹义植希望通过两校的交流合作，培养出更多的国际化人才，同时希望交流合作延续下去，成为两校的传统。

68. 中国驻曼彻斯特总领事访问中华文化公益教育学校

2013 年 6 月 9 日，中国驻曼彻斯特总领事潘云东和夫人朱宇领事应邀访问英国曼城中华文化公益教育学校，并接受该校师生为四川芦山地震募集的捐款。

潘云东在该校负责人陈虹的陪同下察看学校的教学设施，详细了解办学情况。他表示，总领馆将尽力为学校提供各种协助。他还勉励学生们努力学好中文，积极传承和弘扬中华文化，为增进中英两国人民的友谊、促进中英关系发展做出贡献。

69. 美国里奇兰中心市代表团访问乐清国际外国语学校

2013 年 6 月 14 日，美国里奇兰中心市荣誉市长雷默德·弗兰西斯·斯库密兹带领该市代表团到乐清国际外国语学校考察访问，交流彼此的教育理念。

代表团一行参观了学校的课外活动展览廊、学生宿舍，并听取了乐清国际外国语学校校长朱广安关于学校的基本情况、教育特色和国际化办学成果的介绍。朱广安希望与威斯康星大学里奇兰中心分校在师生互访、教师培训等方面加强合作。威斯康星大学里奇兰中心分校校长哈根先生对两校合作表示全力支持，并介绍了里奇兰中心分校的基本情况。双方就学校办学理念、办学特色等内容展开了愉快的交流。

70. 马来西亚华校董事联合会总会主席叶新田访问暨南大学

2013 年 6 月 19 日，马来西亚华校董事联合会总会主席叶新田先生访问暨南大学华侨华人研究院。

暨南大学华侨华人研究院曹云华院长会见了叶主席，宾主进行了亲切友好的会谈。叶新田主席详细介绍了近期马来西亚大选的基本情况。他认为，大选之后，华社的各种力量正在重新整合，华文教育面临新形势和新挑战，作为马来西亚华文教育主要力量之一的马来西亚华校董事联合会总会有信心、有决心，努力推动马来西亚华文教育迈上新的台阶，为全球海外华文教育树立一个标杆。

71. 美国怀俄明大学中文部主任张燕访问华侨大学华文学院

2013 年 6 月 26 日，美国怀俄明大学中文部主任张燕率团到华侨大学华文学院访问座谈，华侨大学华文学院领导陈旋波、纪秀生、李晓洁，华侨大学美国中文学院院长赵新城等参加了座谈。

座谈会上，陈旋波院长代表华侨大学华文学院致欢迎词，并希望两校能多方面开展交流与合作；纪秀生书记介绍了华侨大学华文学院海外研究生办学情况；李晓洁副院长介绍了学院办学历史、办学层次、课程设置及招生等情况，特别介绍了学院灵活的教学模式及一元主导、多元交融的校园文化。张燕主任介绍了美国怀俄明大学的办学特色，双方就合作办学、教师互派、学生学分互认、开展夏令营等项目进行了深入探讨。

72. 泰国华侨华人语言文化协会访华团来北京参观考察

2013 年 7 月 1 日，在泰国华侨华人语言文化协会的组织下，由泰国国会及泰国华侨华人语言文化协会 31 名政府官员组成的访华团抵达北京进行参观考察。

考察期间，访华团走访了北京华文学院、北京师范大学汉语文化学院，参观了国家汉办中国文化体验馆，并在北京华文学院回龙观校区长期班课堂聆听汉语课程，在课后与学生互动，了解学生的学习情况。

73. 美国《侨报》小记者团拜访中国外交部

2013 年 7 月 2 日，16 位来自纽约、新泽西、华盛顿、波士顿等地的美国《侨报》小记者组成的小记者团拜访了中国外交部。外交部领事司参赞亓玫、外交部发言人华春莹、北京市政府侨办副主任高云超会见了小记者团并进行了交流。

拜访期间，美国《侨报》小记者们旁听了中国外交部例行记者会，并与外交部发言人华春莹进行了交流。在座谈会上，华春莹对小记者们提出的问题一一进行了解答。小记者团还走访了美国驻中国大使馆、中国国务院侨务办公室、北京日报社，并与北京中学生通讯社的同学们进行了交流。

74. 美五大湖国际集团总裁郭志新访问华侨大学并达成合作办学意向

2013 年 7 月 8 日，美国五大湖国际集团总裁郭志新一行访问华侨大学。宾主双方就在北美合作建立华侨大学办学基地一事进行磋商，最终达成华侨大学与美国五大湖国际集团、托莱多大学三方合作办学的初步意向。

郭志新首先介绍美国托莱多市地理位置、科技与经济发展现状，以及北美著名高校——托莱多大学的办学情况，多方说明适宜在该市依托托莱多大学合作建立华侨大学办学基地的理由，充分表达三方携手在北美地区共建华侨大学办学基地的美好设想和愿景。

华侨大学贾益民校长为三方能在北美合作建立华侨大学办学基地的设想和愿景“感到高兴和鼓舞”。他表示，中国的大学发展正日益朝着国际化方向迈进，希望双方在达成共识的前提下，努力合作，尽快推进和落实在北美建立华侨大学办学基地的设想，为中国高校“走出去办学”探索出一条路子。

75. 美国德保罗大学中国事务负责人访问华侨大学华文学院

2013 年 7 月 9 日，美国德保罗大学中国事务负责人 Patrick J. Murphy 博士、现代语言学系金丽博士到访华侨大学华文学院。华侨大学华文学院陈旋波院长、李善邦副院长等相关部门负责人与到访客人进行了座谈，商谈合作办学项目。

陈旋波院长介绍了华侨大学华文学院办学历史、专业设置以及与海外华教机构合作办学的情况。李善邦副院长从第二语言习得的角度，向到访客人介绍了教授欧美留学生与其他国家不同的教学手段和方法。Patrick J. Murphy 博士介绍了美国德保罗大学的办学情况，双方就学生假期短期培训、教师互访等进行了深入沟通和交流。Patrick J. Murphy 博士一行还与华侨大学华文学院美国留学生进行了座谈，了解学生在校学习、生活情况，并在座谈结束后实地参观了校史馆、诗琳通图书馆、教室、学生宿舍等。

76. 中国驻多伦多总领事馆官员接见“中华文化大乐园”河南教师团

2013 年 7 月 9 日，“中华文化大乐园”河南教师团前往中国驻多伦多总领事官邸，房利总领事、吴冬梅副总领事接见了教师团一行，多伦多教育局教育委员会主席克立思·鲍顿先生和教育局总学监凯伦·弗克娜女士一同出席。

房利总领事对河南省外侨办组织河南教师团到多伦多举办“中华文化大乐园”活动表示欢迎与感谢，并介绍了多伦多的侨情、华文教育的发展状况、与国内文化交流活动的开展情况，还针对此次教师团开展的“中华文化大乐园”活动给予了指导和建议。多伦多教育局教育委员会主席克立思·鲍顿先生表示希望通过这次大乐园活动，与河南省建立更密切的联系，并祝愿“2013 中华文化大乐园——加拿大多伦多营”取得圆满成功。河南省外侨办副处长王继向房利总领事汇报了此次开展大乐园活动的基本情况，对总领事馆给予“中华文化大乐园”活动的大力支持表示衷心的感谢。

77. 意大利协助发展中国家协会主席访问温州市侨办

2013 年 8 月 8 日，意大利协助发展中国家协会主席玛利亚女士和意大利佛罗伦萨中文学校校长潘世立夫妇等到温州市侨办就中意文化交流进行深入座谈。

玛利亚女士此次访问中国主要商谈三大项目：一是组织 11 位来自 9 所意大利学校的学生赴华文教育基地——文澜中学参加“中国寻根之旅”夏令营活动；二是推动意大利佛罗伦萨大学与瑞安外国语学校和温州大学实现每年互派 4～5 批教师进行交流任教；三是与温州市侨办探讨如何推动意大利政府教育部门与中国建立华文教育合作协议。温州市侨办副主任许捷就进一步推动中意文化交流提出了几点希望：一是深化、推动当地教育部门重视华文教育，促进当地政府与中国建立长效友好机制，为华文教育发展创造良好环境；二是总结提炼友好学校交流活动上的成功经验供其他中文学校学习和借鉴；三是深化交流的范围和内容，促进温州市侨办将华文教育工作做得更好。会议围绕海外华文教育怎样融入意大利当地主流教育体系，进一步推动中意文化交流在形式、内容方面形成立体型、多层次、多领域化进行了深入探讨。

78. 马来西亚华文督学访问团访问北京华文学院和青岛大学

2013 年 8 月 8 日，马来西亚华文督学访问团抵达北京华文学院开展交流访问活动，北京华文学院副院长郭熙教授接待了马来西亚华文督学访问团。访问团团长刘荣禧先生介绍了马来西亚中小学的华文教育情况，指出当前马来西亚国内华文教学的重点和难点，盼望与北京华文学院展开更深入的合作，让更多华文教师到北京访问学习，并邀请北京华文学院优秀教师赴马来西亚传授教学经验。马来西亚华文督学们除了在北京华文学院进行对外汉语教学的交流考察外，还访问了北京师范大学，听取《教育学研究》《中国史概论》和《中医针灸推拿》等主题讲座。

2013 年 8 月 16 日，马来西亚华文督学访问团一行抵达青岛，在青岛大学华文学院开展交流访问活动，在了解青岛大学国际交流合作情况基础上，寻求深入合作的机会。

79. 马来西亚精英大学副总裁访问广西民族大学

2013 年 8 月 8 日，马来西亚精英大学副总裁伍子建访问广西民族大学，就继续开展教学合作相关事宜进行探讨。

广西民族大学副校长贺争平对伍子建的到来表示欢迎，并希望双方领导和各职能部门联系往来，分享教学科研成果，拓展双方的办学合作渠道。贺争平副校长说，双方在符合办学条件的前提下，可以尝试建立 2 +2 模式，提高两校的办学水平。伍子建表示很期待与广西民族大学的继续合作。

80. 华侨大学贾益民校长获吞武里大学荣誉博士学位并做主题演讲

2013 年 8 月 14 日，在泰国吞武里大学访问的华侨大学校长贾益民教授被授予吞武里大学“荣誉博士”学位，并做了题为“现代大学的使命”的演讲。

贾益民教授是海内外著名的华文教育学家，长期从事华文教育研究，在华文教育理论、教材编写、学科建设等方面取得了不凡成就。他在学界最为系统、科学地提出要将华文教育作为一个独立学科来建设；先后主持了“华文教材编写及研究”“华文教师等级证书实施方案研究”等多个教育部、国务院侨办的科研项目；其主编的《中文》教材，在海外备受好评，是目前海外发行量最大的华文教材。泰国吞武里大学是泰国教育部管辖的著名私立大学，是一所具有 30 年办学历史的综合性大学。华侨大学和吞武里大学缔结姐妹学校，合作建设“吞武里大学华文学院”。

81. 湖南湘潭华文教育考察团访问菲律宾、泰国、马来西亚

2013 年 8 月 22 日，湖南省湘潭市华文教育考察团赴菲律宾进行华文教育考察与交流，在访问期间拜访菲律宾华商总会，与菲律宾华商总会领导座谈交流，并看望湘潭市赴菲律宾外派教师。

2013 年 9 月 4 日，湖南湘潭市华文教育交流团赴泰国拜会了当地华文教师公会，就当前华文教育的发展进行探讨。泰国华文教师公会主席罗宗正向交流团介绍了泰国华文教育现状，并指出华文教师严重短缺是当前泰国华文教育停滞不前的重要因素之一。湘潭市华文教育交流团表示，今后会积极配合中国国侨办，加大外派教师选拔力度，全力支持泰国华文教育发展。

2013 年 9 月 6 日，湖南湘潭市华文教育交流团访问马来西亚，在马来西亚宗乡亲慈善基金会拜访了知名侨领洪来喜和马六甲省常务副省长颜天绿拿督。中国驻马来西亚大使柴玺亲切接见了交流团一行。湘潭市华文教育交流团与马来西亚知名侨领就

如何推动中华文化深入海外以及华文教育推广等内容进行了友好交流。

82. 中国国侨办巡回讲学团专家访问菲律宾华教中心

2013 年 8 月 23 日，应邀为菲律宾吕宋华教协会年会讲课的中国国侨办巡回讲学团专家一行访问了菲律宾华教中心。

巡讲团专家参观了菲律宾华教中心办公室和中国语言文化图书馆。菲律宾华教中心主席颜长城说，国侨办巡讲团几位专家的精彩讲座为本届吕宋年会增添了亮丽的色彩，也是本届年会获得圆满成功的保证，对此他表示衷心感谢。

83. 泰国东北四府政府和高校代表团访问华侨大学华文学院

2013 年 9 月 5 日，由孔敬府府尹颂萨·素旺那素乍立率领的泰国东北四府政府和高校代表团一行参访华侨大学华文学院。华侨大学华文学院陈旋波院长向来宾简要介绍华侨大学华文学院的办学情况，并带领来宾参观了校园。

84. 马来西亚南方大学学院代表团访问海南大学

2013 年 9 月 5 日，由马来西亚南方大学理事长、柔佛州华校董教联合会主席黄循积，马来西亚南方大学学院董事长兼常务董事、拿督张文强，南方大学校长、国际佛光会柔佛分会顾问祝家华博士等组成的马来西亚南方大学中国教育访问团参观访问海南大学。

张文强董事长表示，此行目的是希望进一步推进 2013 年 1 月海南大学何忠平副校长访问马来西亚南方大学学院期间签署校际协议的后续工作。他还透露，南方大学学院校董会计划筹资扩大该校的办学规模。马来西亚南方大学学院校长祝家华博士说，希望与海南大学合作，在南方大学学院开办旅游与酒店管理硕士班，并在海外华人历史文化方面开展合作研究。

2013 年 9 月 6 日，访问团一行到海南华侨中学考察访问，双方就未来的合作与交流进行了深入探讨。

85. 中国驻菲律宾大使接见菲律宾知名华教人士

2013 年 9 月 14 日，中国驻菲律宾大使马克卿在大使馆内亲切接见陈延奎基金会董事长陈永栽、菲律宾华教中心领导、“造血计划”毕业生代表以及赴厦门和泉州“学中文夏令营”的营员。

马克卿大使说，陈永栽先生和华教中心为薪传中华文化所做的十年如一日的努力让她钦佩，她衷心希望大家一起携手努力，开创菲律宾华文教育的美好明天。陈永栽先生表示，“学中文夏令营”活动已经连续举办了13年，今后，他还要继续办下去，也希望同学们努力学习。菲律宾华教中心主席颜长城形容陈永栽先生是在播撒中菲友谊的种子，等将来这些种子开花结果，必定会成为传播中菲文化友谊的使者。会上，“造血计划”毕业生以及“学中文夏令营”代表们纷纷发言、表演，表达自己的感激之情。

86. 泰国曼谷皇家理工大学国际学院访问团访问华侨大学华文学院

2013年9月16日，泰国曼谷皇家理工大学国际学院负责人Sukit Nitinal博士及该院师生到华侨大学华文学院参观访问，华侨大学华文学院纪秀生书记及招生办等相关部门负责人接待了到访客人。

纪秀生书记对来访客人表示热烈欢迎，并重点介绍了与泰国社会各界开展各项交流与合作的情况，希望今后加强双方的合作交流。Sukit Nitinal博士介绍了曼谷皇家理工大学国际学院的办学情况，他对华侨大学华文学院在师资建设、中泰交流合作方面所取得的优异成绩表示赞赏，希望两校能够凭借丰富资源展开多方面的合作，达到双赢的效果。到访客人还实地参观了华侨大学华文学院诗琳通图书馆、教室、学生宿舍等。

87. 美国惠蒂尔学院代表团访问华侨大学

2013年9月17日，美国惠蒂尔学院校长Sharon Herzberger教授一行到华侨大学访问。华侨大学校长贾益民、副校长吴季怀会见了来访客人。双方就两校开展合作办学进行探讨。

贾益民校长介绍了华侨大学的基本情况。他表示，华侨大学与美国高校已有深厚的合作基础，此次Sharon Herzberger校长的到来对增进两校友谊、促进交流合作有巨大的推动作用，他期待两校未来有更好更深入的合作。Sharon Herzberger校长就合作办学项目进行说明。她认为双方有广阔的合作空间，可在惠蒂尔学院设立以中文为教学媒介的课程，两校的学生亦可实现互换。双方经过协商后达成一致：华侨大学为惠蒂尔学院开设中文课程提供师资和教材支持，惠蒂尔学院为选派赴美交流、学习和教学的华侨大学师生提供相关帮助。

88. 暨南大学代表团访问菲律宾华教中心

2013年9月19日，中国暨南大学华文学院副院长曾毅平拜访了菲律宾华教中心。双方围绕菲律宾华教中心启动的“华校新生行动”及华语师资“造血计划”等主题进行深入探讨。

菲律宾华教中心主席颜长城对曾毅平副院长的来访表示热烈欢迎并期待双方进一步推进合作。曾毅平副院长表示，“华校新生行动”至今已满5年，取得了丰硕的成果，取得了初步成功。菲律宾华教中心副主席黄端铭也肯定了暨南大学近年来与菲律宾华教中心合作的成果，并就“华校新生行动”、“造血计划”、本科函授等项目与曾副院长进行了探讨。双方还就“造血计划”学员的课程、学籍管理等问题交换了意见。

89. 山东省侨务访问团访问马来西亚华文教育机构

2013年9月22日，山东省侨办副主任孙西忠率山东侨务访问团对马来西亚华校进行了友好访问。访问团先后拜会了中国驻马来西亚大使馆、马来西亚华校教师总会，并到吉隆坡州立华文小学考察访问。

中国驻马来西亚大使馆领事参赞林动会见了访问团。他表示，山东是以儒家文化为核心的齐鲁文化的发源地，为海外侨校输送大批教师，并到马来西亚组织“中华文化大乐园”活动，都取得了显著成效。支持海外华侨华人开展华文教育，是各级侨务部门的重要职责，是海外传承中华文化的关键，希望继续得到使领馆的支持和帮助，共同做好海外华文教育工作。

在拜访马来西亚教师总会和吉隆坡州立华文小学时，马来西亚教师总会副主席李毅强、吉隆坡州立华小董事苏志鸿等并分别介绍了马来西亚华校教师总会和州立华小的历史和发展情况。孙西忠表示，将邀请更多的教师和华裔青少年朋友到山东参访，向海外侨校提供力所能及的帮助和支持。

90. 新西兰庞博丽尔中学校长访问温州乐清中学

2013年9月29日，新西兰庞博丽尔中学校长理查德·斯坦顿先生专程到温州华文教育基地——乐清中学参观访问。这是两校自2013年5月缔结友好校际关系以来的第二次交流访问。

理查德·斯坦顿校长在听取乐清中学校长叶文杰有关乐清中学办学情况和办学成果介绍后，参观校园和校史馆，观摩学生跑操比赛，并看望新西兰华裔交流生。访问期间，理查德·斯坦顿校长还参与了乐清中学的远足活动，并与学生们亲切交谈，详细了解他们的学习情况、兴趣爱好以及学业规划。

91. 中国驻温哥华总领事馆举行华文学校负责人座谈会

2013年10月8日，中国驻温哥华总领事馆在馆内举办加拿大不列颠哥伦比亚省华文学校校长、校董、校监、中文协会理事慰问招待会。

中国驻温哥华代总领事茅润龙感谢不列颠哥伦比亚省各华文学校校长、校董，不列颠哥伦比亚省中文协会理事和教师为普及汉语、传播中华文化做出的贡献，称赞老师们无私奉献的可贵精神。同时，希望各华校共同为不列颠哥伦比亚省华文教育的发展做出新的贡献，中国总领馆将一如既往为大家提供优良的服务。不列颠哥伦比亚省中文协会会长王满霞表示，感谢中国总领馆和国务院侨办长期对华文学校的大力支持，相信老师和学校负责人会继续努力做好华文教育工作。

92. 马来西亚留台校友会联合总会访华团访问北京华文学院

2013 年 10 月 13 日至 19 日，由国务院侨办文化司主办、北京华文学院承办的马来西亚留台校友会联合总会访华团抵达北京华文学院开展交流访问活动。

访问期间，访华团一行走进北京华文学院的课堂观摩华文教学，并与北京华文学院专修部教师进行座谈。座谈会上，马来西亚留台校友会联合总会会长李子松表示，希望能够与中国的高等院校在华文教育、师资培训等方面进行合作。随后，访华团成员们与北京华文学院的教师交换了听课感想，并就华文教育中遇到的问题进行探讨。

访华团还走访了北京大学、清华大学、天津大学，就华文教育推广及合作问题进行了深入细致的交流。

93. 华侨大学访问团访问泰国三才公学

2013 年 10 月 14 日，泰国北部华文民校联谊会主席陈汉展先生、华侨大学华文教育研究院胡建刚博士和周洪学博士到泰国三才公学进行访问。三才公学校董事会主席黄追光先生、经理黄玉灵女士、校长刘振先生和中文部教师热情迎接了代表团。

黄追光主席向来宾介绍了三才公学的历史发展沿革。陈汉展主席、胡建刚博士分别致辞，对黄追光主席及各位老师的接待表示感谢。陈汉展主席指出当今泰国华文教育存在的问题，并针对华校高中生毕业后的深造问题提出可行性措施。胡建刚博士向与会人员简要介绍了华侨大学的有关情况。他说，华侨大学以“大华文教育”的理念为指导，不断推进华文教育事业向前发展。双方重点就海外华文教育普查和海外华文学校教学大纲建设等工作进行了深入交流。

94. 荷兰丹华文化教育中心教师赴德国华侨中文学校参观

2013 年 10 月 19 日，荷兰丹华文化教育中心部分老师在李佩燕校长带领下，到德国波恩华侨中文学校参观。2008 年至今，波恩华侨中文学校曾多次派教师到丹华文化教育中心听课。丹华文化教育中心的林静老师和波恩华侨中学的袁素明老师当天分别呈现了生动的示范课。两校老师一致认为，识字教学进行到一定阶段，必然要转化到语文教学和文化教学的结合上。因此，不断完善自身、吸收并传播中华文化精髓，是海外华文教育工作者义不容辞的责任。

95. 马来西亚教育部代表团访问云南

2013 年 10 月 21 日，马来西亚教育部督学、马来西亚爱心学校计划发起人张瑞慈率团访问云南，双方希冀加强华文教育和文化方面的合作。

云南省侨办副主任袁光兴会见了张瑞慈代表团。袁光兴副主任希望借此次参访的机会，在华文教育、文化交流等方面开拓创新，寻求新的思路与模式。张瑞慈督学表示，希望与云南省侨办的合作能够在原有的基础上有更大的进步。

96. 韩国全罗南道广英中学访问团访问温州瑞安安阳实验中学

2013 年 10 月 23 日，韩国全罗南道广英中学师生访问团在团长李伊默先生的带领下到温州市华文教育基地——瑞安安阳实验中学进行交流访问。这是两校自 2012 年 10 月建立友好校际关系以来韩国全罗南道广英中学第二次访问瑞安安阳实验中学。访问团一行先后参观了中国木活字印刷文化村，游览了九珠潭风景名胜区。韩国学生还入住瑞安安阳实验中学结对的学生家中，亲身体验中国式学习生活。中韩两国学生真诚相待，热情交流，还一起种下了象征中韩友谊万古长青的“友谊之树”。

97. 意大利保罗茨洛中等学校校长访问温州瑞安市外国语学校

2013 年 10 月 24 日，意大利佛罗伦萨保罗茨洛中等学校校长 Testi 到温州市华文教育基地——瑞安市外国语学校，对友好姐妹学校进行交流访问。Testi 校长一行先后参观了瑞安市外国语学校校园和校史馆，并走进课堂，观摩课堂教学，深入了解学校的基本情况和办学特色。双方还就学校管理、师资培养、教育教学实践、学生成长等方面进行了广泛的交流。访问期间，Testi 一行还参观了玉海楼等名胜古迹。

98. 泰国勿洞访问团访问广西华侨学校

2013 年 10 月 26 日，香港新马研究社社长黎亚久先生带领来自泰国南部勿洞中华学校的教师及华裔青少年学生访问团到广西华侨学校参观交流。

访问团参观了广西华侨学校图书馆、留学生教学楼、3D 实训基地、东盟文化长廊和留学生宿舍，并组织营员与广西华侨学校泰国华裔留学生代表进行了座谈交流。在参观和交流的过程中，宾主双方拉近了距离，促进了交流，并达成初步的合作意向。

99. 澳大利亚校长访问团访问上海

2013 年 10 月 28 日至 11 月 3 日，由澳大利亚新金山中文学校校长孙浩良率领的澳大利亚校长访问团到上海交流访问。上海市侨办副主任蔡建国会见了访问团一行。蔡建国表示，希望通过此次访问，让澳大利亚教育界人士进一步了解中国和中华文化。

此次访问期间，访问团参观访问了上海华文教育基地学校——上海市第一师范附属小学、七色花小学及上海美国学校、中福会少年宫等，观摩了上海美国学校的中文课程，并亲身体验上海第一师范附属小学的快乐教学方式。访问团还与有关学校交流了教学理念，并探讨开展姐妹学校合作等事宜。

100. 温州大学代表团访问意大利中文学校

2013 年 10 月 31 日，温州大学国际合作学院院长严晓鹏、温州大学商学院院长张一力、温州大学城市学院系主任周欢怀一行访问意大利佛罗伦萨中文学校，考察华文教育情况。

严晓鹏校长一行参观了佛罗伦萨中文学校校园，看望了 3 名交流生，并勉励他们在佛罗伦萨中文学校加强学习，认真工作。严晓鹏校长表示，今后温州大学将会与佛罗伦萨中文学校在文化、教育等方面进一步加强合作，推动两校共同发展、互利共赢。

101. 中国驻葡萄牙大使与里斯本中文学校教师座谈

2013 年 11 月 4 日，中国驻葡萄牙大使馆大使黄松甫邀请里斯本中文学校校长陈晓红及多位华文教师到使馆做客，并进行了亲切会谈。

黄松甫大使详细询问了里斯本中文学校的现状、存在的困难，并表示要帮助学校和葡萄牙有关部门商讨关于校舍的问题，叮嘱教师们一定要把葡语学好，尽快融入葡萄牙社会。

102. 澳大利亚标准中文学校校长李复新访问山东大学第二附属中学

2013 年 11 月 5 日，山东大学第二附属中学友好学校——澳大利亚标准中文学校创办人兼校长李复新博士到该校进行友好访问。

李复新博士走进课堂，听取小学的语文课和中学的英语课，并参加了学校的少先队员代表大会；走进教室，给孩子们介绍了“我的中国梦”，鼓励孩子们要努力学习，立志成才；并为孩子们做了一场主题为“为学与人生”的报告。

103. 全美中文学校协会访华团访问北京华文学院

2013 年 11 月 7 日，全美中文学校协会访华团抵达北京华文学院进行参观访问。

访华团参观了北京华文学院昌平区校园，并到北京华文学院本科班观摩华文课堂教学，课后与北京华文学院教师进行座谈交流。

座谈会上，访华团成员与北京华文学院教师交换了听课感想，并就华文教育中遇到的问题进行探讨。双方就北京华文学院本科生课程设置、教学方法等展开了讨论，也对长短期班学生招生情况进行了交流。全美中文学校协会会长帅致若女士还盛情邀请北京华文学院参加2014年全美中文学校协会第十次全国代表大会暨华文教育研讨会，以及同时举行的协会成立二十周年庆典。

104. 中国华文教育基金会抵葡萄牙检查验收远程华文教育项目

2013年11月12日，中国华文教育基金会项目二处主任李晓梅和北京燕京文化专科学校副校长潘汉亮抵达葡萄牙，检查验收远程华文师资培训项目在葡萄牙的开展情况。李晓梅主任一行听取了葡萄牙里斯本中文学校关于远程华文师资培训项目的汇报，与参加培训的华文教师进行了座谈，并与该校华文教师一起进行了远程平台测试。

105. 中国驻泰国宋卡总领事参观普吉中学和泰华学校

2013年11月15日，中国驻泰国宋卡总领事张晋雄应邀参观普吉中学和泰华学校。

张晋雄总领事先后参观了普吉中学孔子课堂、泰华学校校园，并会见了两校的中国外派教师。张总领事对两校华文教育取得的成绩表示肯定，高度赞扬两校在弘扬中国文化方面所做的努力，并鼓励外派教师克服困难、安心工作，为促进中泰文化教育交流做出贡献。

106. 印尼全国华教机构联合秘书处访问团访问广东省侨办

2013年11月18日，印尼全国华文教育机构联合秘书处访问团访问广东省侨办。访问团成员来自西加华文教育协调机构、苏北华社慈善与教育联谊会、东爪哇华文教育统筹机构、八华学校、印尼万隆福清同乡基金会等华文教育机构和华社。

座谈会上，印尼全国华文教育机构联合秘书处副主任、西加华文教育协调机构主席郑洁珊介绍了联合秘书处的工作情况，对广东省侨办长期以来对印尼开展华文教育给予的大力支持表示感谢，希望在外派教师、师资培训等方面继续得到广东省侨办的支持。广东省侨办副主任郑建民介绍了广东省侨办近年来开展华文教育的工作情况。双方就海外华文幼师培训班的招生、中文教材的使用和创新外派教师的教学、管理、督导及开展文化寻根等问题进行了广泛的探讨。

107. 印尼苏南省华教人士访问广东省侨办

2013年11月18日，印尼苏南华文协调机构主席林忠良，苏南省华文教育协调机构原主席黄瑞麟、副主席卢威汉和巨港华校广州校友会会长叶炳岑等访问广东省侨办。广东省侨办副主任郑建民和文教处有关负责人接待了林忠良一行，双方就印尼苏南华文教育发展进行了交流。

林忠良介绍了印尼苏南省华文教育发展情况，向中国海外交流协会和广东省海外交流协会先后三次派专家组赴巨港培训华文教师表示感谢，希望今后广东能派华文教师赴苏南任教，以推进当地华文教育。郑建民表示希望和苏南省华教界加强联系和沟通，同时，对两地巨港校友会对幼儿华文师资培训工作一直以来的支持和关注表示感谢，希望校友会继续发挥联系乡谊、发展中印民间友好的独特作用。

108. 马来西亚华校教师总会中原教育文化考察团赴中国考察

2013 年 11 月 21 日，由国务院侨务办公室主办、北京华文学院承办，由马来西亚华校教师总会的领导及教师组成的马来西亚华校教师总会中原教育文化考察团抵达北京展开为期十天的中原考察。

考察团在陕西走进陕西历史博物馆，参观大雁塔、兵马俑坑、华清池，攀登了西岳华山；在河南，考察了当地教育机构，探寻了中原文化。

109. 暨南大学华文学院学生赴新加坡考察学习华教情况

2013 年 12 月 1 日，由新加坡东南亚教育部长组织区域语言中心与暨南大学华文学院共同促成的“暨南大学汉语国际教育专业学生新加坡浸濡计划”在新加坡圆满落幕。研究生及本科生共 11 人前往新加坡东南亚教育部长组织区域语言中心进行了为期一周的培训学习。

此访学项目由两部分组成，一是学习新加坡东南亚教育部长组织区域语言中心的专设课程，二是参加新加坡第一届国际学校汉语教学研讨会。

110. 江西省九江学院教育代表团访问意大利中文学校

2013 年 12 月 5 日，江西省九江学院副校长杨焱林率该院教育代表团访问意大利佛罗伦萨，实地考察当地华校的办学情况。

杨焱林副校长与意大利佛罗伦萨中文学校校长潘世立、副校长谢群举行了座谈，了解该校的办学理念、办学特色、课程设置、办学成果等情况，并走入课堂同师生交流。杨焱林副校长还与意大利协助发展中国家协会亚洲部主任玛利亚女士、意大利佛罗伦萨达芬奇高中校长 Massimo Baton 和潘世立校长，就今后合作事宜进行了广泛的交流座谈，深入探讨了在共同领域可能开展的合作内容，并达成了诸多共识。

杨焱林代表江西省九江第七中学与佛罗伦萨达芬奇高中签订了姐妹学校协议书，

正式确立了两校的校际交流关系。

111. 中国驻老挝大使走访老挝华文学校

2013 年 12 月 10 日，中国驻老挝大使关华兵在波乔省委委员、教育与体育厅厅长占通的陪同下走访了老挝波乔省程自德老中华文学校。

关华兵大使参观了程自德老中华文学校校园，看望了中老两国教职员工，并与学生进行亲切交谈。他赞赏学校为推动老挝当地华文教育和促进中老友谊所做的贡献，表示中国政府有关部门和中国大使馆将继续为学校发展提供力所能及的支持和帮助。

112. 吉林省侨办副主任访问菲律宾华教中心

2013 年 12 月 11 日，吉林省侨办副主任陈香林在菲律宾中国商会创会主席、吉林省海外交流协会海外顾问许克宜的陪同下，访问菲律宾华教中心。在菲律宾华教中心，陈香林副主任会见了吉林省侨办外派的两位教师，同时对他们提出了殷切的期望，希望他们安心工作，积极帮助学校提高华语教学水平。

113. 印尼锡江哈山努丁大学第一副校长访问华侨大学

2013 年 12 月 11 日，印尼锡江哈山努丁大学第一副校长 Dadang Suriamiharja 教授一行到华侨大学访问，华侨大学张禹东副校长会见了来访客人。

张禹东副校长表示，中国与印尼的联系越来越紧密，而语言正是双方沟通交流的桥梁，对增进两国和国民相互了解、加强经济文化交流具有重要意义，愿与哈山努丁大学一道努力，促进两校合作的发展。Dadang Suriamiharja 校长对与华侨大学进一步合作表示期待，他认为，随着两国经贸合作的加强，汉语学习显得尤为重要，希望华侨大学能对该校中文系创办及建设“中国语言文化中心”提供帮助。

114. 印尼高中学校校长考察团访问广西华侨学校

2013 年 12 月 11 日，在印尼西爪哇政府中心办公室领导的带领下，由印尼各高中学校校长组成的考察团到广西华侨学校参观交流。访问团此行目的是对广西的华文教育、高中教育和高职教育进行考察和交流。

访问团在广西华侨学校雷丽芳副校长的带领下参观了学校 3D 实训基地、东盟文化长廊和留学生宿舍，并聆听了汉语公开课。

115. 中国驻菲律宾大使走访菲律宾华文学校

2013 年 12 月 17 日，中国驻菲律宾大使马克卿到菲律宾侨中学院、中正学院参观访问，向两校赠送汉语读物和体育用品，并代表中国国务院侨办转交“海外华文教育示范学校”资助金。

在菲律宾侨中学院、中正学院校董会、校友会领导和院长的分别陪同下，马克卿大使参观了侨中学院、中正学院教学设施，观看校史录像片。马克卿大使表示，两所知名华校对弘扬中华文化、促进中菲友好、推动菲华社会团结和发展发挥了重要作用，并鼓励两校全体师生为菲律宾华文教育发展和多元文化建设做出新贡献。

116. 温州大学交流生到意大利佛罗伦萨大学交流

2013 年 12 月 18 日，意大利佛罗伦萨中文学校两名来自温州大学的交流生到佛罗伦萨大学开展教育交流活动。意大利协助发展中国家协会亚洲部主任玛利亚女士、佛罗伦萨中文学校校长潘世立、佛罗伦萨大学研究员蒂娜博士和佛罗伦萨大学中文系的 15 位硕士生参加了此次活动。

活动中，蒂娜博士介绍了佛罗伦萨大学与温州大学签订的交流协议。温州大学的交流生介绍了温州大学概况、办学设施、师资力量、办学特色、开展国际交流等方面的情况。佛罗伦萨大学学生安德鲁与大家分享了他在温州大学学习和生活的经历、感受。双方还就学校教学、教育与管理制度等方面的差异进行了坦诚的交流与探讨。

117. 意大利中文学校负责人访问温州瑞安市侨办

2013 年 12 月 27 日，意大利佛罗伦萨华人华侨商贸联谊会中文学校负责人王文艳到访浙江温州瑞安市侨办。

王文艳简要介绍了佛罗伦萨华侨华人商贸联谊会中文学校近年来的发展情况，以及在办学过程中遇到的困难，并表示她决定在原华人华侨商贸联谊会中文学校的基础上再成立一所全日制的新型中文学校——王氏华文学堂，以解决侨胞子女在意大利当地学校和中文学校之间来回奔波的现状。瑞安侨办领导高度肯定了王文艳女士在海外华文教育事业中做出的成绩，并表示会努力在教材和文化用品供应、师资培训等方面为海外华校提供力所能及的帮助。

（三）华文教育组织及机构之间的合作

1. 中国海外交流协会与泰国清莱市政府签署协议加强华文教育合作

2013 年 1 月 16 日，中国海外交流协会在广西南宁与泰国清莱市政府签署合作备忘录，双方将重点加强在中文教师培训、华裔青少年夏（冬）令营、华文教材编撰等领域的合作力度，共同促进华文教育的发展。

当天，中国海外交流协会文教部部长、国侨办文化司司长雷振刚在与泰国清莱市市长汪才会晤时表示，前述相关协议的签署，标志着双方在华文教育领域达成共识，今后，中国海外交流协会将与清莱市政府展开广泛合作，推动教师和青少年间的交流，在项目合作的同时增进感情，真正实现泰国总理英拉访华时提出的“中泰一家亲”。汪才称，随着中泰交流的日益频繁，越来越多的泰国人希望把中文学好，和中国做生意。

2. 马来西亚新山宽柔二小与广州花都一小学缔结姐妹学校

2013年1月16日，马来西亚新山宽柔二小与中国广州花都区新华街莲塘小学签署合作交流协议，缔结姐妹校，增加双方在教育、文化等方面互相学习、交流和合作的机会。

在缔结仪式上，宽柔二小校长黄惠春及莲塘小学校长陈镜炼代表两校签订姐妹校证书。积极联系促成此次合作的宽柔五校董事长曾振强致辞时说，通过缔结马中两国姐妹学校，可建立教育领域国际化交流与合作的平台，开展学校、教师、学生之间的相互交流。他说，马来西亚教育制度强调三语并重，他希望两校未来能多加交流，更好地促进教育事业发展。

3. 北京华文学院与马来西亚飞优国际学校举行合作交流会

2013年1月28日，北京华文学院与马来西亚飞优国际学校合作交流会举行。北京华文学院院长周锋与马来西亚飞优国际学校董事长 Daniel Chian、顾问彭映霞、华文科科目主任郑淑芬程等共同出席了会议。双方就两校合作事宜进行了洽谈交流。

周锋院长简要介绍了北京华文学院的历史、办学特色及今后发展思路。Daniel Chian 董事长介绍了马来西亚飞优国际学校的基本情况，表示将向北京华文学院教师提供硕士奖学金计划，并提出与北京华文学院合作开办北京飞优国际学校的设想。

4. 中国和越南三校联合办学共推华文教育发展

2013年3月21日，华侨大学、昆明华文学校、越南河内第二师范大学在云南签署三方合作办学协议，促进中越两国教育交流与合作，共推华文教育事业发展。

三所学校分别签署了如下协议：《华侨大学与越南河内第二师范大学的合作办学协议》《华侨大学与昆明华文学校联合开办海外学生大学教育的协议》《昆明华文学校与越南河内第二师范大学开展合作办学协议》。

根据华侨大学与昆明华文学校签署的协议，合作开办“华侨大学昆明教学部”。华侨大学将与昆明华文学校进一步利用地域优势，重点面向泰国、越南、缅甸、老挝、柬埔寨等东南亚国家联合开办海外学生大专班、本科班及设立昆明研究生教学点等方面开展深入合作。当日，华侨大学校长贾益民、云南省侨办主任杨焱平、华侨大学副校长吴季怀、昆明华文学校校长张明军共同为“华侨大学昆明教学部”揭牌。

华侨大学与越南河内第二师范大学签订合作办学协议。华侨大学校长贾益民与越南河内第二师范大学校长阮文线分别代表双方在协议书上签字。合作办学协议涉及双方在越南联合办学、开展两校间的学生交流与互换、教师交流与科研合作、联合开展国际研讨会等内容，特别是双方在越南开展的预科招生、汉语类本科类的“3 + 1”“2 + 2”“1 + 3”模式联合招生与办学、华文师资培训等领域的广泛合作。

此次协议的签署为三校在华文教育、中文教学方面的合作办学奠定了良好的基础，将进一步推动三校间的长期友好合作，同时将对云南省及周边国家华文教育的开展，对服务国家总体外交战略、服务海外侨胞生存和发展、服务“桥头堡”战略，有着深远的历史意义。

5. 泰国安美德基金会与云南师范大学合作

2013 年 3 月 27 日，泰国安美德基金会主席邱威功赴云南师范大学访问并签署《合作框架协议》。今后，双方将在共建安美德大学城、师生交流、科学研究等方面开展合作。

签字仪式上，云南师范大学校长杨林表示，云南师大以东南亚国家为重点，特别是以泰国为首选，实施了“点面结合、全面开放”的国际化战略。邱威功表示，此次和云南师范大学的合作是一个好的开始，希望能吸引更多中国学生到泰国企业去工作，促进中泰两国经济文化的交流。

6. 南非中文学校与当地主流学校合作推广中文教育

南非著名私立学校 St. John’s College 和 St. Stithians College 相继与约翰内斯堡华心中文学校签署合作协议，在 2013 年第一学期，由华心学校派遣教师每周两个下午至该校教授中文课程，希望各年级学生亦能在语文课程更多元地学习。华心中文学校董事长冯德满、校长暴秋玉都表示，未来将把这一模式推展到其他地区的英文主流学校。

7. 温州乐清中学与新西兰庞博丽尔中学缔结姐妹学校

2013 年 4 月 25 日至 5 月 2 日，新西兰庞博丽尔中学副校长玛丽亚·查贝率师生

12 人访问温州乐清中学，开展交流学习活动。在乐清中学的精心安排下，双方师生举行了座谈交流会，开展了课堂观摩学习，还参加了武术、书法、剪纸、音乐等颇具中国特色和乐清特色的课程。为了深入体验乐清学生的学习生活，校方还安排了新西兰学生入住乐清中学的学生家庭，让他们亲身感受中新两国不同的生活学习方式。

在乐清期间，乐清中学校长叶文杰与兰庞博丽尔中学副校长玛丽亚·查贝进行了友好会面，深入商谈两校下一步的合作思路和合作项目，并在乐清市外侨办领导的见证下，双方签署了建立友好姐妹学校关系协议书。

8. 意大利托斯卡纳华教界缔结中意文化交流联盟

2013 年 5 月下旬，意大利协助发展中国家协会、意大利佛罗伦萨中意文化交流协会、意大利保罗茨落中等学校、佛罗伦萨中文学校、佛罗伦萨达芬奇高中、佛罗伦萨申多里诺学校、佛罗伦萨萨巴斯家勒高中、佛罗伦萨曼查尼学校正式携手，签订《托斯卡纳中意文化交流学习联盟战略合作框架协议》，为中意文化交流注入了新活力。

该学习联盟致力搭建托斯卡纳大区与浙江省的文化教育等多方面的交流平台，构建托斯卡纳大区中意文化交流学习联动机制，促进中意两国人民的友好，推动中意两国文化、教育、经贸等领域的交流与合作。

佛罗伦萨华人华侨联合总会名誉会长张邵武、佛罗伦萨华人华侨妇女联合会会长王嘉良、温州大学国际合作学院院长严晓鹏等 20 多位嘉宾见证了签约仪式。

9. 中国华文教育基金会与北京四中合作开展华文教师远程培训

2013 年 5 月 29 日，中国华文教育基金会副秘书长卢海斌与北京四中网校董事长邱济隆签署了开展葡萄牙、印尼和文莱华文教师远程培训的合作备忘录。

在签约仪式上，卢海斌向北京四中和网校的领导班子介绍了中国华文教育基金会的简要情况，并代表基金会对双方开展合作致贺。刘长铭校长代表北京四中对此次合作表示欢迎，他希望北京四中能在“海外华文教师远程培训”中发挥自身的师资优势，为培养海外华文教师贡献力量。

10. 广西华侨学校与印尼东勿里洞县政府签署教育合作协议

2013 年 5 月 29 日，印尼邦加勿里洞省东勿里洞县政府代表团到广西华侨学校进行友好访问并签署教育合作协议书。双方共同协商互派学生事宜，以期尽快将合作协议书的内容付诸实践。访问团还亲切会见在广西华侨学校学习的印尼留学生代表，了解他们的学习情况。

11. 温州乐清国际外国语学校与日本两所高校缔结姐妹学校

2013 年 6 月 10 日，日本广岛县音户高校校长武田刚司、大柿高校校长小林泰崇等 4 人到温州乐清国际外国语学校，交流国际教育经验，并与该校签订了缔结姐妹学校协议书。

此次正式缔结为姐妹学校，双方将进一步加强合作、互通教育资源，组织教职员工培训，交流先进教育经验，组织学生参加夏令营、短期留学，学习和考察对方国家的民俗文化等。

12. 华侨大学与凤凰卫视传媒集团签署协同创新合作协议

2013 年 6 月 27 日，凤凰卫视控股有限公司凤凰教育执行董事、总经理吴炜强，凤凰研究院执行院长张劲平到华侨大学访问。华侨大学张禹东副校长在厦门校区王源兴国际会议中心会见来访客人。双方就“海外华文教育与中华文化传播协同创新中心”具体的合作项目及实施方案开展座谈。

6 月 28 日，华侨大学与凤凰卫视传媒集团《海外华文教育与中华文化传播协同创新中心合作协议》签约仪式在华侨大学泉州校区陈嘉庚纪念堂隆重举行。华侨大学校长贾益民、凤凰教育执行董事兼行政总裁吴炜强、凤凰教育研究院执行院长张劲平出席仪式。贾益民和吴炜强先后致辞，并代表双方在协议书上签字。

13. 中国与丹麦签订文化交流协议

2013 年 8 月 11 日，“中丹文化交流之桥”签约仪式在上海华侨口译工作者协会举行。上海市侨联副主席杜宇平、上海华侨口译工作者协会理事长柴明颎、上海市对外文化交流学院院长谢天振、上海昆剧团团长谷好好、丹麦王国驻上海总领事馆总领事 Karsten Jensen 等出席了签约仪式。

丹麦王国驻上海总领事馆希望加强丹麦和中国的文化机构和组织之间的合作与交流。各方就此建立合作关系并达成共识，推广中国传统文化和丹麦文化，并加强在政府机构和媒体间的传播。

14. 华侨大学与泰国吞武里大学等多所知名高校签署合作协议

2013 年 8 月 14 日至 16 日，华侨大学贾益民校长一行拜访了曼谷吞武里大学、克里斯汀大学、清迈大学等知名高校和崇华新生华立学校，并分别与 3 所高校签署了合作协议。

8 月 14 日下午，贾益民一行到访曼谷吞武里大学，与吞武里大学签署了两校共建曼谷吞武里大学华文学院的合作协议。该协议实施后，将接收泰国及东盟其他国家学生学习中文以及中华文化。访问期间，贾益民一行还出席了华侨大学与曼谷吞武里大学合作开办的重在传播中华文化，展现中国魅力的中文栏目“你好 BTU”的开播仪式。曼谷吞武里大学是一所具有 30 年办学历史的综合性大学，也是泰国高校中唯一拥有电视台的大学。

8 月 15 日上午，贾益民率团拜访了泰国克里斯汀大学，与克里斯汀大学校长 Janjira Wongkhomthong 博士签署了合作协议，并参观了该校的校园、实验室、礼堂、学生宿舍、餐厅等。此次访问也是对克里斯汀大学校长 Janjira Wongkhomthong 博士 2013 年 6 月访问华侨大学的回访。克里斯汀大学的护理和康复专业在泰国名列前茅，在泰国医学界有较大影响，两校在护理、旅游、商科等领域有较多合作机会。

8 月 16 日，贾益民一行访问了泰国北部著名高校清迈大学，与 Niwes Nantachit 校长进行了友好会谈，并签署了合作协议。协议签署后，两校就包括英语授课专业的合作、语言类专业的合作、教师互换、学生交流等进一步的合作项目进行了商讨。贾益民一行还在 Niwes Nantachit 校长的陪同下参观了清迈大学孔子学院。

8 月 16 日，贾益民一行还参访了清迈拥有百年历史的华文学校——崇华新生华立学校。学校董事会执行主席关复兴介绍了学校的办学历史及现状。双方就招生、提供奖学金、教师培养、开设孔子课堂以及崇华新生华立学校设立大专部等问题进行了深入的交流并达成合作意向。

15. 香港香岛中学与温州乐清市外国语学校结为友好学校

2013 年 10 月 25 日，香港教育代表团到温州乐清市考察交流，并与乐清市学校签订友好学校意向书。

此次香港教育代表团成员主要来自香港金融管理学院和香港香岛中学。香港教育代表团参观了温州乐清市外国语学校，香港香岛中学现场与该校签订了友好学校意向书。香港教育代表团与乐清市达成多项意向，包括金融和英语人才培训、两边师生互访培训和夏令营活动等。

16. 全美中文学校协会与云南省海外交流协会签署合作意向书

2013 年 11 月 4 日，云南省侨办主任、云南省海外交流协会会长杨焱平与到访的全美中文学校协会会长帅致若共同签署合作意向书，双方将在多方面合作，携手推动华文教育发展。

签署仪式上，杨焱平称今后双方将加强联系和沟通，在师资培训、华文教学方式等方面不断创新，帮助海外华裔青少年更好地学好中华文化。全美中文学校协会代表团此次在云南先后走访了云南华文学院、昆明华文学校、云南民族大学和昆明明通小学，深入了解云南华文教育的发展情况。

17. 清迈教联高级中学与泰国三校合作共推泰北华教

2013 年 12 月 14 日，泰国前皇家陆军上将、清迈教联高级中学荣誉顾问龚加纳上将率领的 Worarachathinatdamat、Tebsirinromklao、Tebsirin Chiang Mai 三校教育代表团到泰北大谷地与清迈教联高级中学商讨合作。

在中国驻清迈总领事馆黄伟伟领事的见证下，各方以资源共享来联合开展华文教育，以推动泰北乃至泰国汉语教学向前发展、促进泰中文化交流为目标进行商谈，并举行隆重的合作备忘录签约仪式。

五　华教活动

（一）夏令营·行在中国

1. 中国寻根之旅

（1）2013 年“中国寻根之旅”春令营（湖南师范大学营）开营

2013 年 3 月 27 日至 4 月 8 日，由国务院侨务办公室、中国海外交流协会主办，湖南省外事办协办，湖南师范大学国际汉语文化学院承办的澳大利亚墨尔本新金山中文学校华裔青少年“寻根之旅”春令营在湖南师范大学举行。这是该校第 14 次承办海外华裔青少年春（夏）令营。此次活动共有 50 余人参加，营员年龄集中在 12～18 岁。活动期间，营员们学习中文、舞蹈、武术、书法、剪纸等语言文化课程，与湖南师范大学附属中学学生开展联谊交流活动，参观游览长沙的历史文化名胜。清明期间，他们还赴湖南株洲炎帝陵祭奠中华民族始祖炎帝神农氏。

4 月 8 日下午，春令营在通程麓山大酒店大会议厅举行闭营式暨汇报演出，为期 13 天的春令营活动圆满结束。

（2）2013 年菲律宾华裔学生学中文夏令营在闽举行

2013 年 4 月 1 日，2013 年菲律宾华裔学生学中文夏令营在福建厦门集美开营。国务院侨办副主任马儒沛、菲律宾航空总公司董事长陈永栽和厦门市副市长康涛出席开营式，并为菲华裔学生代表颁授了营旗。开营式由福建省侨办主任杨辉主持。

此次夏令营共有来自菲律宾的 810 名华裔青少年参加，为期 51 天，至 5 月 21 日结束。他们分散到华侨大学、集美大学、泉州师范学院、厦门外国语学校和泉州南少林武术学校 5 所学校开展活动。华侨大学分营有 196 名营员参加；集美大学分营有 319 名营员。泉州师范学院分营 3 月 30 日开营，5 月 23 日闭营，41 名营员在此开展了为期 55 天的活动，学习了精读、听说、诵读等基础知识课程，手工、剪纸、音乐、舞蹈等技能课，以及书法、中国南少林拳和华文电影欣赏等具有中国传统文化特色的课程，游览了泉州文庙、闽台缘博物馆、泉州海外交通史博物馆等泉州特色景点，以及福建武夷山世界文化与自然遗产风光。泉州南少林武术学校分营共接待了100名菲律宾师生。承办方为营员们安排了汉语知识、中华武术、国画、民族舞蹈、音乐、书法等课程，还组织参观了武夷山、仙公山、崇武古城以及闽台缘博物馆等地，开展了篮球比赛、羽毛球比赛、啦啦队操比赛以及包春卷等一系列活动。

（3）2013 年“中国寻根之旅”春令营山东枣庄营开营

2013 年 4 月，2013 年海外华裔青少年“中国寻根之旅”春令营——山东枣庄营在山东省滕州市实验小学开营。来自泰国的 20 多名海外华裔青少年在滕州开展为期 15 天的中华文化学习体验之旅。活动期间，营员们围绕“汉语·中华文化·寻根”这一主题，学习了《论语》、国画、武术、书法、舞蹈、松枝鸟等富有特色的课程，参观游览了墨子纪念馆、红荷湿地、滕州国防科技教育基地、台儿庄古城、泰山等历史文化景观。

闭营式上，营员代表汇报了活动心得体会，滕州市实验小学向营员们颁发了结业证书。春令营领队、营员们与滕州市实验小学的师生们互赠了礼物。活动在精彩的文艺表演和学习成果展示中结束。

（4）福建南安市第一期菲律宾华裔青少年夏令营开营

2013 年 4 月 11 日，2013 年菲律宾华裔青少年“中国寻根之旅”夏令营福建南安营暨南安市第一期菲律宾华裔青少年华文教育夏令营活动在南安鹏峰中学开营。活动由国务院侨办、福建省侨办、南安市外侨办联合主办，南安鹏峰中学承办，福建省黄仲咸教育基金会、南安团市委协办。活动共有营员 23 人，均是祖籍南安的青少年，年龄最小的 10 周岁。

活动期间，主办方组织营员游览武夷山、厦门鼓浪屿、闽台缘博物馆、天柱山、五里桥、开元寺等名胜古迹，参观厦门大学、雪峰华侨农场、武荣公园、闽南科技学院，举办拔河比赛、篮球比赛、趣味游园、寻根走亲戚等活动，集中学习汉语、国画、武术、手工制作、音乐、舞蹈等课程。

（5）海外华裔青少年山东古城开启“寻根之旅”

2013 年 4 月 16 日，2013“中国寻根之旅”春令营——山东营在山东省华文教育基地山青世界隆重开营。山东省侨办副主任孙西忠、共青团山东省委副书记袁良出席开营式并共同为春令营授旗。来自泰国、菲律宾、缅甸的 200 名华裔青少年参加活动。营员们在山青世界学习中国画、书法、剪纸、面塑、中国民族歌曲、中国民族舞蹈、中华武术等才艺，之后赴泰安、曲阜、枣庄、潍坊、青岛等地活动。活动为期 11 天，于 4 月 26 日在青岛市江宁会馆举行闭营式。

（6）2013 年菲律宾华裔青少年春令营在沪开营

2013 年 4 月下旬，由上海市海外交流协会主办的 2013“寻根中国·相约上海”菲律宾华裔青少年春令营在上海杨浦高级中学举行开营仪式。

参加此次春令营活动的 28 名师生由菲律宾华教中心组织选送，营员来自马尼拉及周边城市的 7 所学校。在为期 18 天的活动中，营员们学习中华武术、书法等中华文化，参观东方明珠、老城隍庙等上海著名景点，并到上海学生家中体验生活。

（7）泰国华裔青少年“中国寻根之旅”山东淄博营闭营

2013 年 5 月初，泰国华裔青少年“中国寻根之旅”春令营——山东淄博营完成了 14 天的活动日程，顺利闭营。活动期间，营员们分别赴济南、枣庄、曲阜、泰安参观体验齐鲁文化，赴北京游览故宫、八达岭长城、王府井等景点，切身感受中华文化魅力。营员们还在淄博市青少年宫学习了古筝、陶艺、面食制作、烹饪等富有中国特色的课程，参观了金乔幼儿园，与淄博市学校进行了教学经验交流。

（8）海外华裔青少年“寻根之旅”厦门致公营开营

2013 年 5 月初，由国务院侨办主办，福建省侨办、致公党福建省委、致公党厦门市委共同承办的 2013 年海外华裔青少年“中国寻根之旅”夏令营——厦门致公营开营仪式在厦门团结大厦举行。来自菲律宾、缅甸和泰国的 21 位华裔青少年参加此次活动。福建省政协副主席、致公党福建省委主委薛卫民，致公党福建省委副主委刘珂，福建省侨办文宣处副处长魏江平等领导出席了开营仪式。薛卫民宣布开营，魏江平为营员授营旗。

此次活动分为“感中国传统文化”“知华侨华人历史”“览祖国秀丽风光”3 个篇章。活动期间，营员们参观华侨大学华文学院，学习体验书法、手工制作、工夫茶艺等中华传统文化，参观华侨博物馆、厦门大学、陈嘉庚纪念馆、集美学村、鳌园等文化教育基地，了解华侨华人历史，感受老一辈华侨华人吃苦耐劳、爱国爱乡的情怀，参观厦门的风景名胜，感受祖籍国日新月异的变化以及中国经济建设取得的巨大成就。

（9）50 名菲律宾华裔青少年赴云南“寻根”

2013 年 5 月上旬，“2013 年中国寻根之旅——七彩云南昆明营菲律宾华裔青少年夏令营”在昆明华文学校开营。来自菲律宾的 50 名华裔青少年在此展开他们的云南“寻根之旅”。云南省侨办文教处调研员高厘原、昆明华文学校校长张明军、菲华新联公会会长王书侯等出席了开营仪式。活动期间，营员们学习中华文化、赏石林、游翠湖、观民俗，体验了云南民族文化。活动于 5 月 21 日结束。

（10）印尼华裔青少年“寻根之旅”夏令营山东营开营

2013 年 5 月，由国务院侨办主办、山东省侨办承办、青岛第三十九中学协办的

2013海外华裔青少年“中国寻根之旅”夏令营山东营在山东省华文教育基地——青岛第三十九中学开营。

此次夏令营共有来自印尼万隆基督教第一中学的70名师生参加。开营式前，夏令营一行已先后到济南、泰安、潍坊、烟台等地学习游览。在青岛期间，营员们学习了中国民歌、民族舞蹈、剪纸、编织、脸谱制作、武术等中华文化课程，并走进中国课堂，与学生开展交流。

（11）越南华裔青少年赴广西“寻根”

2013年6月18日，2013年越南华裔青少年“中国寻根之旅”夏令营在广西东兴市开营。此次活动由中国海外交流协会和广西海外交流协会主办。50名来自越南胡志明市的华裔青少年应广西东兴市海外交流协会的邀请，赴防城港和东兴两地参加夏令营。

在为期10天的活动里，50名华裔青少年与广西华侨学校、东兴中学学生结对开展了联欢交流活动，学习中国书法和中华文化；并赴东兴京族博物馆、京族哈亭、东兴中越友谊馆、中越革命烈士纪念碑等地参观，体验当地少数民族文化。

（12）百名海外华裔青少年湖南开展“寻根之旅”

2013年6月21日至30日，有来自印尼和美国的100名海外华裔青少年参加的“中国寻根之旅”夏令营在湖南师范大学举行。湖南师范大学国际汉语文化学院院长杨玲在开营式上致欢迎辞，并宣布夏令营开营。夏令营学员代表曾娣雅、领队代表黄鸿雁相继发言，他们非常感谢能有到祖（籍）国学习的机会。在湘期间，营员们接受了汉语言、中国文化、舞蹈、武术、书法、剪纸等多种课程的学习，参观游览了湖南的历史文化名胜。

（13）2013年“印尼华裔青少年寻根夏令营”活动在厦门开营

2013年6月24日，厦门市侨联在华侨大学华文学院举行2013“印尼华裔青少年寻根夏令营”活动开营式，拉开为期9天的夏令营活动帷幕。此次活动在印尼泗水安溪会馆的协助下开展，22位印尼华裔营员中有高中生、初中生及高年级小学生，他们的祖籍全部在安溪或泉州，都是首次来到福建。

（14）300余名海外华裔青少年赴闽“寻根”

2013年6月25日，由中国华文教育基金会主办、福建省人民政府侨务办公室承办、泉州南少林武术学校协办、金辉集团赞助的“2013年中国文化行——金辉福建八闽营”夏令营活动，在泉州市音乐厅举行开营仪式。中国华文教育基金会理事长林文肯、副秘书长李献国，泉州市委常委、纪委书记沈耀钦，福建省人民政府侨务办公室纪检组长闵蕙君，泉州市外侨办主任李卫平等出席开营式。来自印尼、缅甸、马来西亚、德国、西班牙、博茨瓦纳以及中国台湾等国家和地区的300多名海外华裔青少年参加了此次活动。在为期12天的活动中，营员们在泉州、厦门、莆田、龙岩、宁德等福建各地学习汉语知识、中国书法、国画、武术、舞蹈、剪纸等课程，参观福建名胜古迹，并举行联欢、寻根谒祖等活动。

（15）逾200名印尼华裔青少年抵沪“寻根”

2013年6月28日，2013年“寻根中国·相约上海”印尼华裔青少年春令营闭营式在上海华东师范大学二附中举行。此次活动由国务院侨办与上海市政府侨办主办，共有来自印尼爪哇、雅加达、万隆等地的200余名12至18周岁华裔青少年参加。营员们被安排在金苹果学校、华东师范大学二附中、进华中学、曹杨中学4个营地，分别开展中国画、武术、书法、剪纸等课程，并一起游览东方明珠、黄浦江、朱家角等地。

（16）海外华裔青少年寻根之旅夏令营山东营德州开营

2013年6月底至7月初，由13名来自印尼巴厘岛文桥三语学校的华裔青少年组成的“中国寻根之旅”夏令营山东营在山东德州市青少年宫举行开营式。此次夏令营由德州市外侨办、德州市青少年宫承办。德州市青少年宫还特地选拔了10名优秀的六年级毕业生全程陪同营员进行参观活动和学习。营员们先后参观了董子读书园、京沪高铁德州东站、减河湿地、德州市博物馆等人文、自然景观，实地观摩黑陶制作过程，并自己动手尝试制作黑陶。营员们还游览了崂山，向崂山玄真内家拳第二代掌门人、崂山道教武术团匡如湖团长拜师学艺，领略中华道教武术的神奇魅力。

（17）“寻根中国·相约上海”音乐之声主题夏令营开营

2013年7月2日，“寻根中国·相约上海”——音乐之声主题夏令营开营仪式在上海科技馆举行。澳大利亚新金山中文学校校务委员会主席孙浩良率领60余名师生抵沪参加该活动。

（18）2013年“中国寻根之旅”夏令营河南濮阳营开营

2013年7月3日，“2013年‘中国寻根之旅’夏令营——濮阳营”在河南省濮阳市外国语学校开营。50名营员及领队分别来自美国、加拿大和泰国。此次夏令营由国务院侨办主办、濮阳市外侨办承办。承办方安排营员们参观戚城公园、仓颉陵等濮阳市历史文化古迹，游览安阳殷墟遗址、中国文字博物馆、登封少林寺、开封清明上河园、洛阳龙门石窟等人文、自然景观，并举办了为期3天的汉语学习、武术学习和汉语水平测试活动，让他们充分感受厚重的中原文化，激发他们学习中华文化的热情。

（19）2013年领养中国儿童外国家庭夏令营赴天津参观

2013年7月初，“2013年领养中国儿童外国家庭夏令营”35位营员到天津参观游览。营员中有几位小朋友是被他们的爸爸妈妈从天津市武清区“和平之君”带回家的。“和平之君”是一所专门为残疾孤儿进行康复治疗的福利院，成立于2003年，

10 年来一共被外国家庭领养了 32 名残疾儿童。营员们在这里与做义工的海外家庭、福利院的孩子们一起联欢，还悄悄为福利院捐款捐物。此外，营员们在天津还参观了天津规划展、意式风情区和古文化街等。

“2013 年领养中国儿童外国家庭夏令营”由国务院侨办主办，其目的是满足外国家庭领养的中国儿童回中国寻根的强烈愿望，帮助他们了解、学习中国历史文化。自 2004 年以来，已连续举办了 10 期领养中国儿童外国家庭夏令营，共有 260 多个家庭的 600 多位父母和孩子应邀来华。

(20) 中国寻根之旅“相约温州营”开营

2013 年 7 月上旬到 8 月底，由国务院侨办和温州市侨办合作举办的 2013 年海外华裔青少年“中国寻根之旅”夏令营“相约温州营”在温州举行。此次夏令营推出 7 个形式多样的分营，分别为文成分营、鹿城分营、乐清分营、瓯海分营、瑞安分营、武术特色营和优秀华裔青年营。作为温州侨务工作的一个知名品牌，“相约温州营”共吸引了来自 16 个国家和地区的 420 多位温籍华裔青少年。

7 月 8 日，文成分营在文成县树人学校举行开营仪式。文成分营为期 38 天，共有 40 名来自 8 个国家和地区的华裔青少年参加。

7 月 9 日，鹿城分营开营仪式在温州市绣山中学隆重举行。共有来自美国、法国、意大利等 9 个国家和地区的 80 多名温籍华裔青少年前来学习中华文化，领略家乡风情。活动历时 1 个月，于 8 月 7 日举行闭营仪式暨成果汇报演出。

7 月 9 日，乐清分营在乐清国际外国语学校正式开营。来自法国、美国、墨西哥、意大利等国家的 21 名海外华裔青少年与乐清国际外国语学校的师生欢聚一堂，共同开启寻根之旅。活动为期 30 天，设置了汉语、书法、武术、陶艺、民俗、美食等课程，还开展了雁荡之旅、梅溪农家乐，参观市政府和非遗中心，体验黄杨木雕和细纹刻纸制作过程等文化观光活动。乐清分营于 8 月 7 日圆满闭营。

7 月 12 日，瓯海分营的 131 位营员们到瓯海区丽岙侨联，参观了丽岙侨联办公基地，了解了丽岙华侨的历史，接受了根亲文化教育。

7 月下旬，瑞安分营的 30 名营员到东源村体验纯手工的木活字印刷操作流程。

7 月 8 日，由温州体育运动学校承办的武术特色营在温州体育运动学校武术馆举行开营式。此次夏令营共有来自美国、法国、意大利等国的 43 位华裔青少年参加，他们家的祖籍大都是温州，多位营员是混血儿。此次武术特色营从 7 月 5 日到 25 日，为期 21 天。活动以中华武术教学为主，课程设置丰富多彩，有中国传统武术（男生学习中国功夫，女生学习太极拳）、传统经典吟诵、书法、心理游戏、创意美术等；并以学中国功夫、中国歌曲、学讲温州话、唱地方民谣、制作手工艺品活动为载体，传承弘扬中华文化；还组织到洞头进行素质拓展体验，游览江心屿、五马街、朔门街，体验瓯越文化，参加传统农作活动，开展各种校内外家庭体验日活动等。

7月24日，优秀华裔青年营60余名营员，走进永嘉楠溪江，参观楠溪江丽水街、埭头古村落，游览雁荡山、江心屿，品尝温州特色小吃。

（21）印尼莆田籍华裔青少年夏令营福建莆田朝圣妈祖

2013年7月，17名来自印尼的莆田籍华裔青少年夏令营在福建莆田举办。营员们登湄洲岛，朝圣妈祖，参观妈祖文化影视园，近距离体验妈祖文化。

（22）海外华裔青少年“寻根之旅”江苏常州营开营

2013年7月，海外华裔青少年“中国寻根之旅”夏令营常州营在江苏常州武进行政学院开营。来自美国、印尼、中国香港、中国台湾等国家和地区的100余名海外华裔青少年欢聚常州，开始了中华文化传承之旅。此次夏令营为期2周，主题为“牵手千年龙城·相约美丽花博”。活动旨在通过学习中华文化、体验民俗风情、了解当地发展等形式，熏陶华裔青少年同根同源的中国情怀，激发他们热爱祖（籍）国、建设祖（籍）国的热情。

（23）53名美籍华裔青少年到广东展开“寻根之旅”

2013年7月15日，由广东省侨办、广州市第七中学、广州市培正中学联合举办的2013中美名校学生交流夏令营在广州市第七中学举行开营仪式。来自美国加州的53名华裔青少年与广州培正中学、广州市第七中学的学生志愿者、家长等200多人参加了开营仪式。广东省侨办副主任郑建民在仪式上致辞。

此次夏令营自2010年来第四次举办。营员主要来自美国诺威尔高中。在广州期间，他们以“绿源再生”为主题，通过参观广州番禺垃圾焚烧场、垃圾回收与利用的小组研究性学习完成社会实践活动，并入住广州接待家庭，感受中华文化尤其是岭南文化。

此次夏令营除了在广州、珠海、东莞开展活动外，还赴京参加由国务院侨办举办的“2013年中国寻根之旅北京大型集结活动”，整个活动持续23天。

（24）2013年“中国寻根之旅”浙江营全面开展

7月23日，2013年“中国寻根之旅”夏令营——浙江营在杭州文澜中学举行开营仪式，拉开了全省各级侨办分营活动的序幕。

此次夏令营浙江省侨办调动全省各级侨办力量，共组织了来自奥地利、巴西、德国、俄罗斯、法国、加拿大、美国、挪威、日本、瑞典、斯洛文尼亚、西班牙、新西兰、意大利、英国、中国香港与澳门等33个国家和地区的995名海外华裔青少年分20个营地展开活动。全省10个市侨办分别以不同的形式和主题举办夏令营活动。课程方面，主办方突出中华文化基本元素，设置汉语、书画、篆刻、音乐、舞蹈、武术等课堂教学，结合当地文化民俗特点，以参观游览、交流访问的形式，让营员在游览西湖，走访乌镇，品读历史，感受民间艺术的过程中，加深对中华文化的了解和认识，增进对家乡的了解和感情。部分营员还赴北京参加为期5天的大型集结活动。各分营情况参见表3-1。

表3-1　2013年“中国寻根之旅”浙江营各分营情况

营名	开营时间	开营地点	活动时长	主要活动
杭州营	7月12日	杭州	25天	主办方开设中华文化课程，课余组织营员泛舟西湖、逛岳庙、登雷峰塔、吃杭帮菜、观看有关中国传统文化的影视作品，组织学员参观阿里巴巴企业、中国茶叶博物馆，品尝地道的西湖龙井茶
舟山分营	7月10日	普陀区沈家门第一小学	11天	活动采用“1+1住家式”的交流方式，舟山学生与华裔学生结成“1+1伙伴”，并住在各自伙伴的家里，深入体验“中国味”
青田分营	7月17日	青田华侨中学	14天	学习汉语言，游览青田石雕博物馆、田鱼村、千丝岩、滩坑水电站，制作特色家乡美食
金华分营	7月20日	金华艺术学校	15天	学习汉语，体验中华艺术
金成分营	7月23日	金成外国语小学	10天	安排了武术课、语文课、鼓点课、绘画课、书法课，并组织营员参观游览宋城、西溪博物馆、西溪印象城、西湖、慢谷小古城，欣赏、学习篆刻艺术
文澜分营	7月23日	杭州文澜中学		安排了汉语、写作、历史、地理、武术、剪纸、书法、国画等课程，组织营员游览西湖与宋城，游览河坊街、胡雪岩故居和乌镇
绍兴分营	7月23日	绍兴少儿艺术学校	10天	课堂上，营员品味古诗文、妙笔练书法、巧手学剪纸、唱响中华情、学打中华武术；课堂外，营员探访鲁迅故里、曲水游兰亭、探寻美丽乡村、领略农家风情
学军分营	7月23日	杭州文澜中学	12天	主办方为营员们开设了写作、历史、会话诵读、陶艺、篆刻、剪纸、书法、国画、武术、中国音乐等课程，课余组织营员们参观游览了鲁迅故居、兰亭、宋城，还举办了中华文化知识竞答争霸赛
宁波分营	7月24日	宁波慈湖中学	11天	营员学习了书法、绘画、剪纸、武术、民乐等课程，并在江北慈城学做中国传统美食年糕、汤团，参加摘葡萄、编中国结等活动，参观宁波博物馆、河姆渡遗址
丽水分营	7月25日	丽水学院音乐厅	14天	主办方开设了书法、绘画、剪纸、武术、红色经典华语歌曲学唱等课程，组织营员们参观游览龙泉市青瓷博物馆、宝剑博物馆、青瓷宝剑作坊、缙云仙都、丽水城市规划馆和摄影博物馆
嘉兴分营	7月25日	嘉兴凤桥梅花洲景区	12天	主办方开设了汉语、书法、武术、珠算等课程，安排营员游览嘉兴名胜古镇，观看民间艺术表演，并赴秀洲、桐乡、平湖等地参观考察
台州分营	7月25日	台州市青少年活动中心	9天	主办方结合台州地方民俗特色，设置了国画、书法、武术、剪纸、陶艺等课程，安排了人文景点、民间艺术的参观活动，并组织营员参观玉环农业观光园，游览精品果园、农展馆和动物演艺区等场所；带领营员到凤凰源生态园学习兰花知识

（25）2013 年致公党福建省委“中国寻根之旅”夏令营开营

2013 年 7 月上旬，由国务院侨办主办，福建省侨办、致公党福建省委联合承办的 2013 年海外华裔青少年“中国寻根之旅”夏令营福建营开营仪式在福州举行。福建省海外交流协会副会长闵蕙君，致公党福建省委副主委刘珂以及来自印尼、越南、缅甸、菲律宾、泰国等国家和中国台湾地区的 30 名青少年参加了开营仪式。此次活动组织海外华裔青少年参观福州的风情风貌、感受南平武夷山风景区和漳州土楼双“世遗”、体验海滨城市厦门的魅力景色。

（26）40 余名华裔青少年赴云南迪庆“寻根”

2013 年 7 月上旬，“2013 年中国寻根之旅——七彩云南·迪庆香格里拉夏令营”活动顺利闭营。活动为期 11 天，共有来自澳大利亚悉尼、西澳和美国的 40 余名华裔青少年参加。活动期间，营员们学习了中国爱国主义歌曲、迪庆民族舞蹈、书法、藏民族文化、藏文及尼西黑土陶手工艺制作；先后参观了香格里拉部分学校的多媒体教室、图书室、红军长征博物馆；游览了普达措国家公园、噶丹·松赞林寺、独克宗古城等景区景点。

（27）美国华裔青少年寻根之旅夏令营广西开营

2013 年 7 月中旬，美国华裔青少年“中国寻根之旅”夏令营——来宾营在广西柳州师专来宾校区举行开营仪式。来自美国的华裔青少年和家长一行在此开展为期 12 天的夏令营活动。这些美国华裔学员与祥和小学 10 多名学生一起上中文课、学习剪纸、玩游戏。

（28）海外华裔青少年湖南开展“中国寻根之旅”

7 月 19 日，2013 年海外华裔青少年“中国寻根之旅”夏令营在湖南长沙开营。来自法国、美国和西班牙的一批华裔青少年在这里近距离体验湖湘文化。此次夏令营为期半个月。在湘期间，营员们接受汉语言、中国文化、舞蹈、武术、书法、剪纸等多种课程的学习，并参观游览长沙及湖南的历史文化名胜。据悉，这已是湖南师范大学国际汉语文化学院第 16 次承办海外华裔青少年夏（冬）令营。

（29）“寻根中国·相约上海”中华舞魂主题夏令营在沪举办

2013 年 7 月 20 日至 31 日，“寻根中国·相约上海”中华舞魂主题夏令营在上海举办。近 60 名来自美国、意大利、西班牙等 8 个国家和地区，具有舞蹈功底的青少年一起学习舞蹈、中华文化，并游览具有上海风情的豫园老街、外滩、南京路步行街等景点。此次夏令营由国务院侨办与上海市侨办主办、周洁舞蹈学校承办，旨在以舞蹈为纽带，让新生代华裔子女从兴趣出发，更好地感知中国，并激发他们对中华文化的兴趣。

(30)海外华裔青少年寻根少林寺

2013 年 7 月，2013 海外华裔青少年“中国寻根之旅”夏令营——河南营开营。河南外侨办国外侨务处处长史永庆出席开营仪式并致辞。来自奥地利、爱尔兰、德国、比利时等国家和地区的 60 余名华裔青少年参加了此次活动。开营式上，营员们观看少林武术表演，欣赏了少林猴拳、少林螳螂拳、少林童子功等多种功夫。此次夏令营为期 15 天，于 8 月初闭营。

(31)华裔青少年“中国寻根之旅”舞蹈夏令营在京开营

2013 年 7 月 24 日，由国务院侨办主办、北京华文学院承办的 2013 年海外华裔青少年“中国寻根之旅”舞蹈夏令营在北京开营。共有来自英国、泰国、美国和法国的 150 名营员参加此次夏令营。他们在两周的时间里学习中国民族舞蹈、中华文化知识，近距离感受祖籍国风采。北京华文学院还为营员开设了手工、书法等课程，并带领营员们参观天安门、颐和园、故宫等名胜古迹，走进百年名校北大，观看中国杂技表演。活动于 8 月 5 日闭营。

(32)2013 年“中国寻根之旅”夏令营——塞上风情宁夏营开营

2013 年 7 月 24 日上午，由国务院侨办主办、宁夏回族自治区侨办承办、石嘴山市人民政府协办的“2013 年‘中国寻根之旅’夏令营——塞上风情宁夏营”活动在宁夏石嘴山市光明中学举行开营仪式。共有来自瑞士、乌克兰、匈牙利、法国、美国 5 个国家的 42 名海外华裔青少年参加此次夏令营。他们经由日内瓦中文学校、匈牙利《新导报》、美国芝加哥侨社中心、华盛顿地区中国西北同乡会、美国康涅狄格州 5 个社团组织来访，在石嘴山市开展为期 10 天的文化寻根活动。此次活动内容丰富多彩，时间安排灵活。通过文化艺术授课、到当地学生家中做客、体验风俗民情、参观风景名胜等活动，营员们充分领略宁夏独有的回族文化、西夏文化，感受到充满魅力的“塞上江南”之景，亲身体验中华民族文化的绚丽多姿。

(33)海外华裔青少年广州“寻根”

2013 年 7 月 24 日，海外华裔青少年“中国寻根之旅”夏令营——花都营在广州花都区体育馆举行开营仪式。此次夏令营以“相约家乡，学习中华传统文化”为主题，50 余名营员们分别来自巴拿马、加拿大、泰国、中国的香港和澳门等地。

活动期间，华裔青少年们学习中华传统武术、中国历史，参观云峰翡翠梦想馆、西汉南越王墓博物馆、韶关珠玑巷，还与当地青少年举行篮球联谊赛。7 月 31 日，营员们结束了为期 5 天的武术学习，创造性地把武术与街舞融合起来，自创出一套武术舞蹈动作，并做汇报演出。

(34)荷兰华裔青少年在云南开启“寻根之旅”

2013 年 7 月 25 日，2013 年荷兰华裔青少年“中国寻根之旅——七彩云南行”夏令营正式开营。12名来自荷兰的华裔青少年在昆明开始了他们的“寻根之旅”。在历时10天的活动中，第一次来到云南的他们学习民族乐器、中国手工等课程，还赴大理、楚雄、丽江游览当地名胜，体验当地文化。

（35）海外华裔“福建之旅”文化寻根夏令营武夷山开营

2013年7月25日，受国务院台湾事务办公室委托举办的“福建之旅”文化寻根夏令营活动在福建武夷山开营。来自美国、墨西哥、南非等10个国家的60名海外华裔留学生及两岸49所高校的60名青少年参加此次活动。

活动为期7天。营员们以探访朱子文化、茶文化、竹文化为主线，游览了武夷山的名胜风景，品味武夷独特的人文民俗，了解祖籍文化精神，大大加强了台海两岸和世界各国青少年的友好往来。

（36）“中国寻根之旅”广州营开展文化考察

2013年7月25日，2013年海外华裔青少年“中国寻根之旅”夏令营（南粤广州营）赴广州开展文化考察活动。营员们先后游览了暨南大学、广东华侨华人博物馆、广州电视塔、花城广场、西塔、广州图书馆和广东省博物馆等地，还在番禺观看了长隆国际大马戏表演。

（37）2013年“中国寻根之旅”夏令营——山东青岛营闭营

2013年7月11日至7月24日，由国务院侨办、中国海外交流协会主办，山东省侨办、青岛市侨办、青岛大学承办，青岛华文科技专修学院协办的2013海外华裔青少年“中国寻根之旅”夏令营——山东青岛营在青岛举行。

此次夏令营为期14天，40名海外华裔青少年来自美国费城中文学校联合会和美国哈维中文学校。他们中间年龄最小的12岁，最大的18岁，平均年龄14岁。主办方开设了中华礼仪课、趣味汉字课、趣味运动课、书法课、剪纸课、京剧脸谱课、中国经典故事会、手工技巧课、曲阜文化知识等课程。课余，主办方安排营员们参观游览青岛西部老城区、东部新城区、开发区等有区域色彩的地方，借以展现不同时代的青岛风土人情以及青岛的发展变化。营员们还赴崂山跟随道教玄真内家拳传人匡如湖老师学习玄真16式内家拳。此外，营员们还前往曲阜、泰山，通过文化参观，切实感受齐风鲁韵、感受祖（籍）国的壮丽山川。

（38）中国寻根之旅夏令营“相约南京·牵手青奥”

2013年7月下旬，以“相约南京·牵手青奥”为主题的2013年海外华裔青少年“中国寻根之旅”夏令营在南京晓庄学院莫愁校区开营。来自美国、俄罗斯、德国、泰国、老挝和中国的香港和澳门等地的近200名营员参加此次活动。在7天的时间里，大家一起学习中国文化课程，参观南京奥林匹克体育中心、亚青村、青奥文化教育基地、南京科技馆、侵华日军南京大屠杀遇难同胞纪念馆，游览中山陵、夫子庙、江宁织造府等名胜古迹。江苏省、南京市侨办和南京亚青组委会的相关负责人还带领100位华裔青少年到南京行知基地开展体验活动，让他们学做陶艺，参观天地生展馆，欣赏茶艺馆茶艺师的茶道表演。

8月2日，营员们前往北京，参加由国侨办组织的4000人夏令营集结营活动。

（39）美华裔青少年“中国寻根之旅”厦门营开营

2013年7月下旬，美国海外华裔青少年“中国寻根之旅”夏令营在厦门华侨大学开营。福建省侨办秦大富处长为夏令营授旗。此次活动为期10天。主办方围绕“中华才艺”主题，为营员们安排了汉语、书画、中华武术、中华音乐和中华手工等课程。在学习之余，他们还参观了鼓浪屿、华侨博物馆和世界文化遗产福建土楼等著名景点，感受祖（籍）国美丽的自然风光和淳朴的风土人情。

（40）加拿大福建同乡联谊会组织加华裔青少年回闽寻根

2013年7月29日，应国侨办邀请，加拿大福建同乡联谊会第二届“根连福建·情系华夏”访问团一行24人抵厦门参观访问。

在为期3天的厦门行程中，访问团的成员们充分体验了美丽鹭岛风情，感受家乡发展变化，探访亲朋好友。访问团的成员主要是15～23岁的优秀华裔青少年。他们出生在福建、成长在加拿大，能熟练运用普通话进行交流，具有熟悉加拿大和中国两国文化背景的优势。在考察游览北京、上海等地后，回到福建，对福州、厦门、漳州进行访问。

加拿大福建同乡联谊会成立于1995年，旨在团结联系当地闽籍侨胞，协助其更好地融入加拿大社会。现任会长林广场于2011年10月倡议并共同出资设立了“十年期会长教育奖励基金”，旨在奖励学业上取得优秀成绩的海外福建籍青年学生，资助加拿大福建籍大中小学生到福建寻根或到中国少数民族地区考察；鼓励和支持优秀的福建籍华裔子弟增进与中国的联系，培养福建籍的海外人才。

（41）“中国寻根之旅”黑龙江营游览森林公园

2013年7月29日，“2013年海外华裔青少年‘中国寻根之旅’夏令营”45名营员参观游览了黑龙江省伊春五营国家森林公园、汤旺河石林国家公园。通过一天的观光游览，营员们真正体会到与大自然融为一体的快乐，更加热爱祖国大好山河，并且培养了他们团结协作、互帮互助的集体意识。

（42）2013年海外华裔青少年“中国寻根之旅”山东淄博营开营

2013年7月底，由山东省侨办主办、淄博市侨办承办的2013年海外华裔青少年“中国寻根之旅”夏令营——山东淄博营在淄博市青少年宫举行开营仪式。参加此次夏令营的近40名华裔青少年来自老挝、泰国、缅甸、印尼和菲律宾。活动期间，营员们学习了剪纸、古筝、武术、美术，参观了蒲松龄故居、中国陶瓷博物馆、中国足球博物馆等人文历史景观，还赴枣庄、曲阜、泰安、蓬莱、青岛等地进行参观。

（43）近200名“中国寻根之旅”营员在京测试汉语口语水平

2013年7月底，近200名“中国寻根之旅”营员在北京华文学院举行了国家汉语口语水平测试（HKC）。他们来自欧洲、美洲、亚洲多个地区和国家。此次汉语口语水平测试采用第二代移动测试机，强调测试理念国际化、内容生活化、形式中国化、手段现代化。

（44）中美青少年广东东莞携手共演开展文化交流

2013年8月1日，“2013海外华裔青少年中国寻根之旅·东莞夏令营”结营典礼在广东东莞举行。来自美国的55名华裔青少年与30名东莞青少年携手共演，以一台极具青春活力的晚会，为他们为期7天的跨国夏令营画下圆满的句号。活动期间，营员们学习了书法、武术、舞麒麟等中华传统文化，还参观了虎门威远炮台、东江纵队纪念馆、凤岗碉楼等。

（45）华裔青少年“中国寻根之旅”进山西

2013年8月2日，来自荷兰的37名华裔青少年结束了2013年“中国寻根之旅”夏令营——晋善晋美山西行活动。在11天时间内，华裔青少年们在山西学习了书法、国画、剪纸、竖笛、舞蹈、武术等课程，参观了五台山、大同云冈石窟、悬空寺、平遥古城、绵山、晋祠等历史文化名胜以及中国煤炭博物馆、醋文化园等科普基地，还与当地学生一起举行联欢晚会。闭营后，营员们即刻赴北京参加国侨办举办的2013年海外华裔及港澳台地区青少年“中国寻根之旅”夏令营大型集结活动。

（46）2013年“寻根之旅”北京集结夏令营——山东营开营

2013年8月，海外华裔及港澳台地区青少年“中国寻根之旅”山东营在山东省华文教育基地莱州中华武校开营。此次山东营是由国务院侨办主办的2013年海外华裔及港澳台地区青少年“中国寻根之旅”北京集结夏令营的提前预热。共有来自韩国、加拿大、美国、丹麦等国家的150名华裔青少年参加。在鲁期间，营员们在青岛、莱州、济南、德州等地参观学习。

（47）“中国寻根之旅”北京开营4000华裔青少年聚首

2013年8月3日，由中国国务院侨务办公室、中国海外交流协会共同主办的“2013年海外华裔及港澳台地区青少年‘中国寻根之旅’夏令营”在北京人民大会堂开营。来自世界55个国家和港澳台地区的4000名青少年欢聚北京，开启寻根之旅。开营式由国务院侨办主任裘援平主持。中国国务委员杨洁篪出席开营式并讲话，向“中国寻根之旅”夏令营营员代表颁授营旗。

杨洁篪在讲话中向海外华裔及港澳台地区青少年提出三点希望：希望青少年努力学习中国文化，做中国文化走向世界的推动者；希望青少年发挥桥梁作用，做中外文化交流的促进者；希望青少年树立远大理想，做民族复兴大业的建设者。

裘援平介绍说，为帮助海外华裔青少年感受祖（籍）国的发展，领略博大精深的中华文化，国务院侨办和中国海外交流协会与地方有关单位合作，挖掘特色文化资源，共同邀请海外华裔和港澳台地区青少年来中国大陆游览参观、学习交流、寻根问祖，通过多姿多彩的游教活动，使广大营员了解古老中国的悠久历史和灿烂文化，增强同为炎黄子孙的民族认同感和自豪感。至今已有 15 万名海外华裔青少年参加寻根之旅活动。

据悉，中国国务院侨办和中国海外交流协会每隔几年都会举办一次“中国寻根之旅”大型集结夏令营，自 1999 年起已成功举办了 6 次。此次夏令营为第 7 次，是营员来源国家和地区最广泛的一次。在为期 5 天的营期里，营员们参观故宫、颐和园、长城等历史文化名胜和鸟巢、水立方、国家大剧院等地标建筑，并于 8 月 5 日晚举行闭营式。

（48）德国华裔青少年走进侨乡广西容县感受侨乡情

2013 年 8 月，海外华裔青少年“中国寻根之旅”夏令营——美丽广西容县行的 50 位德国营员走进著名侨乡广西玉林市容县，开展为期 10 天的夏令营活动。在容县中学，德国华裔青少年与容县中学的学生结对子、交朋友，共种友谊树，学习了解中国历史文化、侨乡风土人情、华侨源流；学绘画、学书法、学剪纸、做游戏、打篮球、弹吉他，观看学生队舞狮表演。主办方还安排营员们游览容县真武阁、玉林云天宫、贵妃园，感受侨乡容县的人杰地灵。同时，他们还到集宗教、文化、自然风光于一体的都峤山登高，感受侨乡的人文风光和山清水秀的生态优势；参观国家级保护单位——民国抗日爱国将军故居，聆听将军事迹。

（49）海外华裔青少年“中国寻根之旅”夏令营赴山东德州参访

2013 年 8 月，来自美国、加拿大、丹麦、韩国的 150 名海外华裔青少年和领队老师组成的“中国寻根之旅”夏令营到山东省德州市参观访问。营员们分别参观了德州市高铁东站、德州市博物馆、董子读书台、中国太阳谷，观看了德州市杂技团的精彩演出，还与 30 名年龄相仿的本地孩子进行交流，通过同龄人的视角了解德州的历史文化。

（50）20 余名俄罗斯华裔青少年到厦门学习中华文化

2013 年 8 月，由国务院侨办主办、福建省侨办和厦门市侨办共同承办的“2013 年海外华裔青少年‘中国寻根之旅’夏令营——福建厦门营（俄罗斯营）”在华侨大学厦门校区开营。营员主要由来自俄罗斯中国和平统一促进会组织的 24 名优秀华裔青少年与老师组成。活动为期 12 天，营员们通过集中学习和游览参观相结合的方式，参加汉语学习，接受中华武术、音乐、书画、手工培训，并游览厦门风景名胜，感受厦门建设发展新面貌，感受闽南传统文化。

(51) 2013 年海外华裔青少年“中国寻根之旅”天津营精彩开展

8 月 6 日，2013 年海外华裔青少年“中国寻根之旅”夏令营天津营举行开营仪式。此次活动为期 8 天。主办方为 90 名营员安排了“巧手绘团扇”“经典诗文诵读”“精心画脸谱”“汉服初体验”“中华武术魂”“亲手做美食”“妙笔练书法”等丰富多彩的体验内容，并组织营员游览了天津文化中心、天津市规划展览馆、天津古文化街旅游区等地。

此外，营员们还参加了中国国家汉语口语水平测试（HKC）并都拿到了自己的 HKC 汉语口语证书。该测试是针对母语非汉语人士和华侨华人的汉语口语测试，是目前中国最高等级的国家级考试，现已成为国家规范标准。

(52) 2013 年海外华裔青少年“中国寻根之旅”安徽营开启文化历史寻根之旅

2013 年 8 月，为期一周的“中国寻根之旅”安徽营在安徽合肥开展。营员们游览了合肥包河公园的包公祠、包公墓、合肥市第八中学、蜀山区三里庵的竹荫里社区、安徽省博物馆以及黄山，对安徽的文化与历史有了一个最直接最近距离的接触。

(53) 11 名意大利华裔青少年回福建张厝老家寻根

2013 年 8 月上旬，海外华裔及港澳台地区青少年“中国寻根之旅”夏令营——福建邵武分营开营。此次夏令营共有营员 11 人，全部是张厝旅意华侨后代，最大的 16 岁，最小的 3 岁。他们出生在意大利，成长在意大利，绝大多数是第一次回到故乡。在张厝，营员们参观了张厝中学、张厝老街等父辈曾经学习、生活过的地方，走进父辈的老邻里、老朋友家访问，品尝了故乡可口的土菜土饭，领略了浓浓的故乡情谊。

(54) 日本华裔青少年“寻根之旅”广西夏令营在桂林开营

2013 年 8 月上旬，由来自日本的 22 名华裔青少年组成的“中国寻根之旅”夏令营——广西营在广西桂林市举行开营仪式。此次夏令营为期 10 天。营员们学习、体验茶艺、京剧脸谱、泥塑、武术等中华特色文化，游览明代靖江王府、漓江、芦笛岩等古文化遗址和著名自然景观，参观广西新农村典范鲁家村，观看文艺演出《山水间》。

(55)“中国寻根之旅”比利时营举办

2013 年 7 月下旬至 8 月上旬，比利时的 26 名华裔学生参加了由国务院侨办和中国海外交流协会组织的 2013 年“中国寻根之旅”夏令营。营员们年龄都是 10 多岁。他们分两个营队，一队前往四川，另一队奔赴东北。9 月 1 日，负责此次活动组织工作的旅比华人专业人士协会专门为刚刚从祖国归来的学生举办了汇报演讲会。

（56）海外华裔青少年烟台“中国寻根之旅”夏令营开启

2013年9月，来自美国、法国、阿联酋等国家和地区的40多名海外华裔青少年参加的2013年海外华裔青少年“中国寻根之旅”夏令营在山东烟台开营。

活动为期12天。营员们在烟台期间，学习汉语口语、书法、剪纸、陶艺、国学茶艺、面塑、武术等中国传统文化，游览养马岛、蓬莱阁、云峰山、牟氏庄园、农博园、北极星钟表博物馆等独具烟台特色的景点景区。

（57）2013年“中国寻根之旅”夏令营相约福建邵武

2013年9月11日，2013海外华裔青少年“中国寻根之旅”夏令营——福建邵武营举行开营仪式。新加坡湖滨小学的30位小朋友与邵武市华文基地校湖滨小学的孩子们一起参加此次活动。营员们按计划编入湖滨小学相应的班级随班学习。此次夏令营活动以学习汉语基础知识为主题，旨在让营员们更为全面地了解邵武的文化历史。

（58）2013年海外华裔青少年“中国寻根之旅”秋令营天津营开营

2013年9月25日，来自马来西亚、泰国和印度尼西亚的100名海外华裔青少年赴天津开启寻根之旅。此次秋令营为期11天，主办方举办了“削竹巧为鸢”“精心画脸谱”“妙笔练书法”“折纸妙生花”“亲手做美食”“巧手绘团扇”“青铜器制作”“中华武术魂”“刮画我的中国名”“动手学剪纸”“活字印刷术”等精品体验活动，将汉语学习融入体验活动和外出游览。活动于10月5日举行闭营式。营员们在闭营式上拿到了自己的HKC汉语口语证书，充分体现了秋令营“品津味儿文化，拿HKC口语证书”的主题。

（59）海外华裔青少年“中国寻根之旅”福建屏南营开营

2013年10月上旬，由国侨办主办、福建省侨办和屏南县外侨办联合承办的2013年海外华裔青少年“中国寻根之旅”夏令营福建屏南营开营式暨联欢晚会在福建省海外华文教育基地——福建省屏南县华侨中学举行。福建省侨办纪检组长闵蕙君为开营式授营旗。来自马来西亚美里廉律中学的33名华裔青少年和屏南华侨中学的千余名师生参加了开营式。

此次活动为期10天，主承办方精心安排了华文、历史、书法、音乐等课程；安排马来西亚华裔青少年与屏南华侨中学的青少年结对子活动，在中方家庭同吃同住，体验生活，缔结友谊；还安排营员参观漈头村农耕博物馆、世界地质公园白水洋等风景名胜。

（60）中国驻温哥华总领事馆举行寻根之旅夏令营汇报会

2013年10月中旬，中国驻温哥华总领事馆在馆内举办加拿大不列颠哥伦比亚（BC）省“2013华裔青少年赴华寻根之旅夏令营”营员汇报交流招待会。BC省中文协会、温哥华潮州同乡会、华埠商业促进会的教师、学生和家长代表约80名嘉宾与会。招待会上，夏令营部分代表介绍了他们一行的见闻和收获，讲述了真实感人故事，表演了自己创作的诗朗诵等节目。

此次BC省中文协会和温哥华潮州同乡会组织的夏令营分赴湖北省武汉市、广东省汕头市参访，了解中国历史文化、发展成就、民风民俗，随后在北京集合，在人民大会堂受到国务委员杨洁篪、国务院侨办主任裘援平等领导的亲切接见，并与“神舟十号”航天员聂海胜、张晓光、王亚平合影留念。

（61）2013年泰国华裔青少年“中国寻根之旅”秋令营广西开营

2013年10月18日，由中国海外交流协会主办，广西华侨学校承办的“2013泰国华裔青少年‘中国寻根之旅’秋令营——美丽广西行”暨泰国清莱市华裔青少年营举行开营仪式。广西海外交流协会秘书长陈宁、泰国清莱市政府代表团、广西华侨学校领导及参加秋令营的领队、营员共180余人参加了开营仪式。

此次秋令营为期10天，营员们不仅学习了汉语语音和汉语会话方面的知识，还学习了中国民族舞蹈、剪纸、书法等中国传统文华的课程，游览了南宁、桂林，并走进南宁市孤儿学校与在校学生联谊结对子。此外，营员们还举行了一次泰国风情慈善义卖活动，把从泰国带来的精美手工艺品进行义卖，将善款全额捐赠给社会福利机构。

（62）马来西亚华裔青少年“中国寻根之旅”汕头营开营

2013年11月，马来西亚华裔青少年“中国寻根之旅”冬令营——汕头营在广东汕头华侨中学举行开营仪式。在汕期间，营员们主要学习中华太极拳、潮汕功夫茶，并与汕头华侨中学学生进行交流，同时还参观潮汕人文景观和城市现代化风貌，全面地领略潮汕历史文化、华侨文化，感受潮汕风土人情，体验潮汕现代文明，培养和增进了热爱中华文化的情怀。

（63）34名菲华裔子弟回福建祖籍地开启中华文化之旅

2013年11月初，菲律宾华裔青少年“中国寻根之旅”夏令营开营式在福建福州举行。此次活动有34名来自菲律宾的华裔青少年参加。在为期7天的中华文化之旅中，营员们参观游览了厦门鼓浪屿，泉州闽台缘博物馆、开元寺，福州林则徐纪念馆，武夷山等地。

（64）2013年“中国寻根之旅”冬令营福建永春营开营

2013年11月17日，由国务院侨办室、福建省侨办、泉州市外事办、永春县外事办主办，新加坡永春会馆和永春五中协办的2013年海外华裔青少年“中国寻根之旅”冬令营——福建永春营在永春五中大礼堂举行开营仪式。

此次冬令营为期10天。来自新加坡的26名永春籍华裔青少年营员学习中华文化，练习书法国画，学练白鹤拳，与永春学子举办联欢晚会、结对子，参观永春的秀丽风光。主办方还特别安排有条件的营员和家长回祖祠祖庙祭祖，追思先人。

（65）马来西亚华裔青少年“七彩云南行”冬令营昆明开营

2013 年 11 月下旬，由云南省海外交流协会主办、云南海外文化教育中心承办的 2013 年马来西亚华裔青少年“中国寻根之旅——七彩云南行”冬令营在云南昆明开营。此次冬令营共有 40 名来自马来西亚华文学校的青少年和教师参加。活动期间，主办方开设了中华文化知识、中国民族舞蹈、中国书法等课程，并组织营员前往云南民族村、石林地质公园、禄丰世界恐龙谷等地参观游览。

（66）新加坡美雅小学“中国寻根之旅”冬令营福建泉州开营

2013 年 11 月下旬，新加坡美雅小学华裔青少年“中国寻根之旅”冬令营在福建泉州南少林国际学校举行开营仪式。福建省侨办文宣处副处长魏江平颁授营旗，新加坡美雅小学国际交流部主任林福田、泉州南少林国际学校校长陈翔、新加坡美雅小学的 34 名师生以及国际学校的部分师生参加了开营式。活动为期 10 余天，营员们在武术交流学习之外，参观访问了厦门、泉州等地的名胜古迹，了解感受福建文化。

新加坡美雅小学与泉州南少林国际学校自 2007 年缔结为姐妹校以来，一直保持密切联系。美雅小学经常组织学生参加“中国寻根之旅”夏（冬）令营活动，至今有 200 名师生受益。

（67）2013 年马来西亚华裔青少年福建安溪冬令营开营

2013 年 11 月下旬，由福建安溪县外事办主办、马来西亚安溪总会和安溪梧桐中学协办的海外华裔青少年“中国寻根之旅”冬令营——福建安溪营在梧桐中学举行开营仪式。此次冬令营为期 10 天，营员们学习了中华文化，并参观中国茶都茶史馆，学习了解茶叶制作工艺，参观李光地故居，与安溪梧桐中学学生举办联欢晚会、结对子等活动。

（68）马来西亚华裔青少年福建永定寻根争当文化传播使者

2013 年 12 月 6 日，2013 年马来西亚华裔青少年“中国寻根之旅”冬令营——福建永定营的 60 名营员抵达福建永定县，开启为期 10 天的旅程。活动期间，他们参观了世界文化遗产永定客家土楼、胡文虎纪念馆、棉花滩水电站，聆听了客家土楼和客家文化讲座，学唱了客家山歌和客家童谣，学习了剪纸艺术。

（69）40 多名马来西亚海南万宁籍青少年回乡寻根

2013 年 12 月 8 日，“亲情中华”2013 马来西亚万宁（祖）籍青少年“中国寻根之旅”启动仪式在海南万宁中学举行。40 多名马来西亚万宁（祖）籍青少年在马来西亚万宁同乡会总会拿督吴世才会长的率领下赴琼开展寻根之旅。活动期间，团员们参观了万宁中学校园、海南的旅游景点及名胜古迹、万宁祖籍等地，还学习海南历史文化、学讲海南话，并与海南当地学生进行联谊交流，开展植树、文艺联欢等活动。

“亲情中华”主题活动是中国侨联创办的一项文化交流品牌系列活动。2008年以来，海南省侨联先后组织了6个“亲情中华”文化交流团分赴亚洲、欧洲、美洲共9个国家开展文化交流活动。

（70）“中国寻根之旅”冬令营泉州营开幕

2013年12月中旬，海外华裔及港澳台地区青少年“中国寻根之旅”冬令营——相聚泉州营在福建泉州南少林国际学校举行开营仪式。福建省侨办文宣处副处长齐志、泉州市外侨办副主任温锦辉、泉州南少林国际学校校长陈翔及来自南非、新加坡、缅甸和中国台湾地区的华裔青少年100多人参加了开营式。

此次活动为期10天，承办方安排了中华武术、中华文化、中国手工艺制作、民族音乐、书法以及闽台族谱文化等课程；与南少林国际学校的学生举办联欢晚会、篮球比赛、结对子等活动；参观、游览惠安崇武古城、惠安石雕、闽台缘博物馆、泉州锦绣庄民间艺术、厦门鼓浪屿和世界文化遗产“福建土楼”，了解感受中华文化和福建名胜古迹。

（71）华裔青少年“中国寻根之旅”语言文化冬令营华中师范大学开营

2013年12月17日，来自巴拿马、印尼、日本、泰国的150名青少年在华中师范大学科学会堂参加了由国侨办主办的2013海外华裔青少年“寻根之旅”冬令营——华中师范大学语言文化营开营仪式。华中师范大学副校长李向农教授对各位老师和参营学员的到来表示热烈欢迎并授营旗。湖北省侨办国外处处长胡斌也向参营的青少年表达了热烈的问候。印尼领队余文琼女士分别向国侨办、湖北省侨办和华中师范大学赠送了锦旗。

（72）15名泰国华校学生参加“中国寻根之旅”黄山冬令营

2013年12月中旬，海外优秀华裔青少年“中国寻根之旅”冬令营——黄山营开营。此次冬令营以泰国曼谷华教促进会主席何韵为团长，曼谷时代中学陈松钦老师任副团长。活动为期15天。活动期间，来自泰国的15名学生跟随专业老师，学习中华文化知识，以及民族舞蹈、书法、中华武术等文体项目，还参观游览了南京中山陵、南京大屠杀纪念馆、皖南明清古民居——宏村、屯溪老街、黄山风景区等著名景区，亲身感受江浙、皖南一带的风土人情，体会祖（籍）国对泰国华侨华人的热情。

（73）300余海外华裔青少年福建开展“中国寻根之旅”

2013年12月21日，海外华裔青少年“中国寻根之旅”冬令营福建营在厦门集美开营。国务院侨办文化司副司长周虹出席了开营仪式。11名来自智利的海外华裔青少年和来自印尼、马来西亚、新加坡、澳大利亚、新西兰五国的300多名华裔青少年参加了此次活动，在福建游览参观、学习交流、寻根谒祖。

（74）百名在粤华裔留学生赴韶关学院学习交流

2013 年 12 月下旬，百名“在粤华裔留学生寻根之旅”冬令营营员抵达广东韶关学院进行学习、交流、联欢。韶关学院副校长王羽梅对“华裔留学生寻根之旅”冬令营和“中国寻根之旅”——岭南文化营的营员们表示欢迎。韶关学院文学院院长仲红卫博士为华裔留学生们做粤北文化知识讲座，以广东为依托讲述了岭南文化的起源和发展，使华裔留学生们对岭南文化历史起源有了一个清晰的认识。此外，海外华裔青少年们与韶关学院师生进行了联欢活动。瑶族舞蹈、快板、二胡演奏等节目让华裔留学生们再一次感受到中国传统文化的魅力。来自各国华裔留学生、青少年营员表演的当地民族歌舞，也让大家感受到世界多元文化的精彩。

（75）海外华裔青少年赴四川乐山开展中华文化寻根之旅

2013 年 12 月 27 日，由国务院侨办与四川省侨办联合主办的 2013 年海外华裔青少年“中国寻根之旅”冬令营四川营在乐山开营。来自澳大利亚的 23 名华裔青少年和领队老师走进天府之国，近距离体验“巴蜀文化”。此次夏令营为期 12 天。活动期间，华裔青少年们学习中国历史地理常识、中华武术、传统手工艺、书法等课程；游览了成都大熊猫基地、乐山大佛、峨眉山等世界文化遗产和风景名胜。

2. 中国语言文化之旅

（1）泰国洛坤府中文之家师生夏令营团广西师范大学开班

2013 年 3 月 12 日，由 20 名大、中、小学生组成的泰国洛坤府中文之家夏令营团在广西师范大学开班。学生在此进行为期一个半月的短期汉语学习及中国文化体验活动。广西师范大学国际交流处处长戴家毅、国际交流处相关负责人以及来自泰国洛坤府中文之家的师生们出席了开班典礼。广西师范大学数学科学学院的 10 名志愿者应邀作为会话伙伴出席。

（2）海外华裔青少年赴渝学汉语赏巴渝美景

2013 年 3 月 29 日，“2013 中国文化行——金辉重庆巴渝营”开营式在重庆师范大学拉开序幕。共有来自泰国、菲律宾、印尼 3 个国家的 80 位海外华裔青少年及领队在此参加为期 12 天的活动。此次春令营安排了丰富的文化体验、语言学习、文化考察活动。营员们零距离体验中国文化，领略汉语魅力，还学习了武术、剪纸等中国传统艺术。

“中国文化行”是中国华文教育基金会“华裔青少年中华文化传承工程”的重要组成部分。活动旨在表达祖籍国社会各界对世界各地华裔子弟的关爱，鼓励海外华裔青少年学好中文，做弘扬中华文化、促进中外友好交流的使者。

（3）2013 年泰国华裔青少年优秀学生汉语春令营

2013 年 4 月 2 日下午，由国务院侨务办公室主办、北京华文学院承办的“2013 年泰国华裔青少年优秀学生汉语春令营”开营仪式举行。来自泰国春府大众学校、圣咖布里埃尔学校、曼谷语言学院、汉语陈琴之家等学校的 70 多名营员及领队老师参加了开营仪式。泰国春府大众学校校长陈琇琳先生代表领队发言。来自泰国春府大众学校的李秋玉和曼谷语言学院的张力月作为营员代表进行发言。活动于 5 月 3 日闭营。

（4）“回家过节 · 华裔青少年壮乡文化行”在广西启动

2013 年 4 月 9 日，来自泰国的 50 名华裔青少年在广西开启为期 15 天的“文化之旅”。此次活动以壮乡“三月三”民歌民俗文化为主题。主办方安排了丰富的汉语和文化课程，组织了多样化的民俗实践活动。华裔青少年们在广西壮乡德天、靖西等地的游学活动中，不仅观摩了手工绣球、民族刺绣工艺品的制作过程，更与壮乡民众一起载歌载舞，切身体验了壮族“三月三”歌圩文化的魅力，在丰富的活动中增长了见闻，增进了对广西风土人情、生活习惯的了解。此外，广西华侨学校还举办了“中国家庭生活一日体验”特色活动，组织华裔青少年进入该校国内学生的家庭，体验中国人的一天生活，真正实现了海内外青少年零距离交流。

活动于 4 月 21 日结束。闭营仪式上，华裔青少年展示了他们在活动中的收获，包括栩栩如生的刻画和国画作品、精彩的葫芦丝演奏、民族舞蹈表演以及武术表演等。

（5）汇文侨生参观中华民族园感受中国多民族风情

2013 年 4 月上旬，北京市华文教育定点校——北京汇文中学国际部组织在校侨生到中华民族园开展社会实践。中华民族园是一座复原、收藏、陈列和研究中国 56 个民族文化、文物、社会生活的大型人类学博物院，也是国家首批 AAAA 级旅游景点。学生们在园中观看少数民族的歌舞表演，了解各具特色的民族服饰、风俗特点、名胜景观，与课堂上的知识结合，对中国这个多民族国家有了更加深刻的认识。

（6）2013 年东南亚华裔青少年汉语和中华文化营开营

2013 年 4 月 12 日，由国务院侨办主办、华侨大学承办的“2013 年东南亚华裔青少年汉语和中华文化营”在华侨大学陈嘉庚纪念堂开营。共有来自缅甸、泰国、越南、老挝和印尼等国家的 64 名东南亚华裔青少年参加此次为期 10 天的文化营活动。主办方为营员们安排了泉州德化陶瓷传统民俗之旅、漳州南靖土楼古民居建筑艺术欣赏、民族传统音乐专题讲座学习赏析等富有中华文化特色的主题课程，并开展游览泉州、厦门名胜古迹等户外实践活动，还为营员们精心准备了以华园生活为主题的讲座。营员们还在华侨大学“青春使者”志愿导游队导游以及在校缅甸、泰国、越南、印尼留学生的带领下，参观华大校园，并在学生餐厅体验用餐。

此次文化营的举办得到了昆明华文学校及广西华侨学校的大力支持与配合。有31名营员是来自广西华侨学校的东盟留学生。三校学生相互交流学习，收获良多。

（7）2013年“中文学习乐园——河南濮阳营”开营

2013年4月上旬，由中国华文教育基金会主办的“2013中文学习乐园——河南濮阳营”在河南濮阳外国语学校开营。来自泰国和缅甸的50多名营员在濮阳展开为期一个月的中文体验及游学活动。

此次活动主要通过集中授课、实地参观等方式，把学习汉语同了解中国传统文化、风土人情、当代崭新风貌有机结合。活动于5月上旬在郑州举办了闭营仪式暨欢送宴会。

（8）2013年“中文学习乐园——坤祥北京营”在京开营

2013年4月16日，由中国华文教育基金会主办、北京市侨办和华北电力大学承办、坤祥投资有限公司赞助的“2013中文学习乐园——坤祥北京营”开营。48位来自菲律宾的华裔青少年参加了此次活动。

此次春令营为期一个月。参加春令营的营员最大的22岁，最小的10岁。除进行汉语方面的集中培训外，他们还学习武术、舞蹈、书法、京剧、中文歌曲，深入了解中华历史、地理、文学、文化常识，并游览北京名胜古迹、参观北京奥运场馆、感受北京民俗文化。5月中旬，活动举行了闭营仪式。活动结束后，这48名菲律宾营员与上海营营员一起在菲律宾侨中学院大礼堂汇报演出。菲律宾华教中心相关负责人、夏令营带队老师以及学生家长观看了演出。

（9）“中国文化行”华裔青少年江苏探寻中国文化

2013年5月4日，“2013年中国文化行——江苏营”开营仪式在南京举行。来自菲律宾的28名华裔青少年在此展开为期12天的文化之旅，学习中国历史，探寻中国文化。

此次活动围绕“学习中国文化、寻访古都南京”主题开展一系列文化艺术课程的学习和文化考察活动。去中山陵祭奠中国民主革命的先行者孙中山先生、在夫子庙夜游秦淮河、到南京奥林匹克体育中心参观青年奥林匹克运动会比赛场馆，都安排在了菲律宾华裔青少年们的江苏行程内。

活动于5月中旬在南京晓庄学院举行闭营仪式暨营员汇报表演。

（10）“2013中国文化行——完美夏令营”启动

2013年5月5日，中国华文教育基金会“2013中华文化行——完美夏令营”在北京开营。来自泰国、印尼、意大利、日本、法国等20多个国家的190名海外华裔青少年赴中国华东地区开展为期9天的“中华文化行”。此次夏令营分江西省和华东长江三角洲两条线路，海外华裔青少年们不仅能沿途欣赏江西省滕王阁等历史名胜古迹和三清山、庐山等如画的自然风景，还能到农业发达、人口稠密、城市众多的华东长江三角洲地区，实地体验当地独特的风土人情。

5月5日，江西线游览团队抵达南昌，正式开始了此次中国文化游学之旅。学员参观游览了滕王阁、龙虎山、露天博物馆三清山、婺源、景德镇、鄱阳湖、庐山、白鹿洞书院等。5月13日，闭营仪式在江西省九江学院举行，中国华文教育基金会副秘书长李献国、北京华文学院副院长郭熙、九江市外事办主任舒瑞鹏与营员们参加闭营仪式。

5月6日，华东线游览团队抵达南京。73人所组成的团队正式开始了历时10天，地域遍及南京、扬州、镇江、无锡、上海等地的巡游之旅。营员们游访了数十处海内外知名的历史古迹、文化名景和当代地标。

（11）菲律宾汉语夏令营营员回国汇报演出

2013年5月17日，参加菲律宾华教中心主办的“第22届汉语夏令营”北京营和上海营的营员顺利返菲并在侨中学院大礼堂进行汇报演出。菲律宾华教中心副主席黄端铭、办公室主任洪湄玲、交流部主任郝海庭等领导及夏令营师生、学生家长观看了演出。

汇报演出表演了大合唱、武术、相声、舞蹈、古诗朗诵等15个节目。现场还展出了学员们在中国夏令营学习的书法、国画、京剧脸谱、剪纸成果以及营员感言。

（12）50名海外华裔青少年湖南开展“潇湘文化”之旅

2013年6月7日，“回家过节·海外华裔青少年金辉潇湘文化行”活动在湖南大学开营。中国华文教育基金会副秘书长卢海斌、基金会项目负责人谢伟，湖南省外侨办副主任张建新、湖南省海外交流协会秘书长刘志敏等出席启动仪式。来自美国、英国、德国、俄罗斯、韩国、越南等国家的50名海外华裔青少年在此开展为期12天的潇湘文化之旅，近距离感受深厚的湖湘文化。

活动围绕“中国传统节庆文化”开展系列潇湘节庆文化学习课程和考察。在湘期间，华裔青少年研习了中国武术、汉语、中国画、手工制作、中国传统节日民俗风情等传统课程教学，还前往岳阳汨罗参加第九届汨罗龙舟赛，祭拜屈子祠、包粽子，与中国青少年共度一个中国式端午佳节。此外，华裔青少年还参观了千年学府岳麓书院，观赏了橘子洲焰火晚会，并游览张家界世界自然遗产，赴韶山参观毛泽东故居。

6月17日，活动在湖南大学闭营并举办了汇报演出。

（13）2013年“回家过节·海外华裔青少年南粤文化行”夏令营正式开营

2013年6月7日，由中国华文教育基金会主办、金辉集团有限公司赞助、暨南大学华文学院承办的2013年“回家过节·海外华裔青少年南粤文化行”夏令营隆重开营。中国华文教育基金会卢海斌副秘书长，广州市人民政府侨务办公室曹光荣副主任、刘平伟处长，暨南大学华文学院郭熙院长、李世云副院长、邵宜常务副院长，夏令营领队，全体营员以及任课教师出席了开营仪式。

活动为期12天。48位营员均来自印度尼西亚八华学校。他们以“回家过端午”为主题，学习传统节庆手工艺制作，赏析传统节庆歌舞，听取端午节民俗、中国旅游地理、中国历史、岭南文化等知识讲座，游览广州、深圳的名胜古迹和现代人文景观，感受岭南文化及新中国改革发展的新成就新面貌。此次活动还举行了有关端午节和中国历史地理文化知识的竞赛，巩固了营员们对所学知识的掌握，检验了学习效果。同时，营员们还走进广府人家，在寄宿家庭过端午，体验节日气氛，与广东华侨中学的学生结下了深厚的友谊。

（14）2013年“中国文化行——振乾坤广西壮乡营”开营

2013年6月上旬，由中国华文教育基金会主办、广西海外交流协会和广西华侨学校共同承办、振乾坤集团资助的“2013中国文化行——振乾坤广西壮乡营”在该校开营。中国华文教育基金会副秘书长李献国、广西海外交流协会文宣部部长董洪亚以及广西华侨学校校长陈进超分别在开营仪式上致辞，热烈欢迎来自海外的领队和营员朋友们。此次活动为期12天，130位来自越南、老挝、印尼3个国家6所学校的青少年营员和领队在此学习了汉语、书法、武术、民族舞蹈、国画、剪纸等丰富多彩的中华文化知识，并到南宁、桂林等地感知广西壮乡浓郁的少数民族特色和民俗文化。

（15）福建南安市举办缅甸华裔青少年华文教育夏令营

6月19日至7月4日，2013年南安市缅甸华裔青少年华文教育夏令营活动南安鹏峰中学举行。此次夏令营由国务院侨办、福建省侨办和南安市外侨办联合主办，营期16天，共有来自缅甸的40名华裔青少年参加。活动期间，营员们到厦门、武夷山、泉州等地参观游览，在鹏峰中学进行教学、结对联谊活动，并在南安展开一日游活动。

（16）中国华文教育基金会在粤举办华裔青年禅武文化体验班

2013年6月25日，由中国华文教育基金会主办、广东省侨办承办的“中国华文教育基金会·南粤文化行——2013雅居乐海外华裔禅武文化体验班”在广东禅武中心开班。40名华裔学员参加了此次为期15天的体验活动。

学员分别来自匈牙利、英国、新西兰、澳大利亚、美国、乌克兰、白俄罗斯、吉尔吉斯斯坦、哈萨克斯坦、多哥、马来西亚、菲律宾、印度尼西亚、中国台湾等15个国家和地区。学习内容包括传统功夫基本功、太极拳、八段锦、中医经络基本知识、毛笔书法、国画、茶道、香道、古琴等。太极是此次体验班专门增设的课程，分高级太极、初级太极和功夫等3个教学组，由禅武中心王正浪师傅、段志超师傅、王自力教练及两位助理教练联合执教，并邀请在陈氏太极拳领域颇有修为的陈冲师傅担任太极教官。学员们还赴肇庆文化采风，参加广州一日游感受羊城魅力。

（17）福建厦门思明举办2013年“侨蕊”夏令营

2013年6月30日，福建省厦门市思明区侨联联合区外事侨务办、区少工委举办“中国梦·家乡梦”——2013年思明区“侨蕊”夏令营活动，吸引了思明区30名6~12岁的海外华侨子女和华裔新生代踊跃参与。

为期3天的夏令营活动内容丰富多彩，包括以“我的中国梦”为主题的沙雕制作，围绕“我爱家乡的老房子”的手工制作，参观筼筜街道社区公共安全教育馆，参观华侨博物院，制作夏令营纪念册等。相较往年，此次夏令营新增筼筜雅游和亲子联欢晚会项目，使家长们能在游船上观看孩子们的精心表演，与孩子们一道互动联欢。

“侨蕊”夏令营在思明区举办已经有15年历史，它结合“体验教育”理念，组织该区海外华侨子女和华裔新生代开展一系列内容丰富、益德益智且每年均不重复的活动。

（18）2013年优秀华裔青少年乒羽夏令营在北京华文学院开营

2013年7月1日，由国务院侨办主办、北京华文学院承办的2013年优秀华裔青少年乒羽夏令营开营式在北京华文学院阜成门校区举行。此次夏令营以学习乒乓球和羽毛球知识和训练技巧为主，兼顾汉语课和中国传统文化课，还组织了一些课外游学活动。

（19）美国《侨报》小记者团开启京闽之旅

2013年7月1日，由美国《侨报》总编辑郑衣德先生率领的美国《侨报》小记者访问团抵达中国，先后在北京、福建参观访问。

该团由16名参加美国华文媒体通讯写作竞赛的华裔青少年获奖小记者组成，他们年龄在12~18岁之间，包括15名华裔孩子和1名西语裔孩子。他们是在西方文化熏陶下成长的新一代，但都有较为扎实的中文“听读写”基本功，并对学习中文、中国文化有浓厚兴趣。

在北京的5天时间里，小记者团走访了美国驻中国大使馆、中国外交部、中国国务院侨办、《北京日报》社，与北京中学生通讯社的同龄人进行交流，还参观长城、故宫、颐和园、天坛等名胜古迹以及鸟巢、水立方等奥运场馆，观看《功夫传奇》，品尝北京烤鸭。

结束对北京的访问后，小记者团于7月5日晚抵达武夷山，开启为期6天的福建之旅。在闽期间，小记者们走访参观福建日报报业集团等新闻单位，与“新闻同行”进行交流，采访省侨办主要领导。此外，他们还到武夷山、福州、厦门、泉州等地参观游览。

美国《侨报》是北美著名的中文日报，于2012年9月份开始与东南网签订稿件互换协议，在两地涉侨新闻信息的采编方面进行深度合作。

(20) 2013年“中文学习乐园——广西华侨学校营”开营

2013年7月2日，由中国华文教育基金会主办、广西海外交流协会和广西华侨学校共同承办、金帝集团资助的“2013中文学习乐园——广西华侨学校营”在广西华侨学校举行开营仪式。广西华侨学校陈进超校长、雷丽芳副校长等领导出席了开营仪式并致辞，热情欢迎来自越南、老挝、泰国的80位营员。

此次活动为期1个月，营员们在广西华侨学校开展中文学习体验及游学活动。广西华侨学校为营员们安排了汉语、口语、写作等语言类课程和中国文化、经典诗词、书法、国画、剪纸、武术、民族舞蹈等文化类课程，并开展了排球比赛、趣味体育竞技比赛、中国传统文化游园活动、包饺子等活动。营员们还参观游览了南宁青秀山风景区、广西民族博物馆和广西北海、桂林等地的风景名胜，领略了南宁市的市容市貌。

活动于7月29日落下帷幕。中国华文教育基金会副秘书长李献国、广西海外交流协会领导、广西华侨学校校长陈进超等人出席闭营仪式。

(21) 老挝华裔青少年赴云南探索中华文化

2013年7月4日，“2013中国文化行——完美云南营”在云南昆明开营。40名来自老挝华校的营员和领队开始为期10天的“中国文化之旅”。活动期间，营员们学习了中国剪纸、画脸谱、民族舞等课程，还参观了云南民俗博物馆、南侨机工纪念碑，品尝了民族特色小吃等。

(22)“2013中国文化行——金辉陕西汉唐营”西安开营

2013年7月6日，“2013中国文化行——金辉陕西汉唐营”在西安开营。来自意大利的45名华裔青少年参加了此次“汉唐之旅”。此次活动为期12天，继参观了秦始皇兵马俑之后，45名意大利华裔青少年还先后拜谒黄帝陵、参观法门寺、学习中国书法，并到当地儿童福利院做义工。

(23) 逾90位华裔青年参访上海

2013年7月11日至29日，由中国华文教育基金会、上海市海外交流协会联合主办的“2013年第五届优秀华裔大学生文化参访”活动在上海揭幕。此次活动共吸引了美国、英国、法国、加拿大、澳大利亚、奥地利、新加坡、中国的上海市及台湾地区的90多名华裔青年参加。30名来自台湾的青年朋友系首次受邀。活动启动仪式上，来自英国、美国、中国的上海市和台湾的4位青年分别围绕中国文化做了主题演讲，从饮食、习俗、海外华人发展、中国社会现状等方面进行了探讨。活动期间，团员们感受上海发展变化，体验海派文化，访问企业社区，参与公益活动，开展了一系列社会文化考察活动。

（24）印尼中学生夏令营团在广西师范大学游学行程结束

2013年7月，印尼中学生夏令营团在广西师范大学举行了结业典礼。整个游学行程为期两周，共有团员20名。主办方专门为团员们制作了视频，记录他们在桂林学习、生活、旅游和娱乐的点滴。团员们也一一发言，对主办方致以谢意，表达了他们对广西师大乃至桂林的喜爱与向往。

（25）“2013年中国文化行——完美宁夏营”在宁夏石嘴山市开营

2013年7月10日，由中国华文教育基金会主办、宁夏回族自治区外侨办承办、完美（中国）有限公司赞助的“2013年中国文化行——完美宁夏营”活动在宁夏石嘴山市光明中学举办开营仪式。中国华文教育基金会副秘书长李献国出席并致辞。此次活动时间短暂，但在安排上内容丰富，在光明中学举行的文化艺术授课、双方学生结对交流、当地民俗文化体验和自然风景观光等丰富多彩的活动内容为营员们带来了一场独特的魅力文化之旅，力求使营员们领略宁夏独有的回族文化、西夏文化，感受充满魅力的“塞上江南”之景，亲身体验中华民族文化的绚丽多姿。

（26）2013年印尼智民学院汉语短期团在北京开班

2013年7月，印度尼西亚智民学院学生团一行9人抵达北京华文学院阜成门校区，在北京开展为期6天的游学活动。智民学院是印度尼西亚最大的中文补习学校之一。该院每年为北京华文学院输送学生数十名。该团此前已在长沙、武汉进行了为期18天的参观和学习，北京是中国之旅的最后一站。

（27）2013年海外华裔青少年“完美四川巴蜀营”开营

2013年7月，“中国文化行——完美四川巴蜀营”在四川开营。100多名海外华裔青少年来自美国、澳大利亚、老挝、越南、缅甸等9个国家和地区。此次夏令营活动本着“寓教于乐”的宗旨，强调“游”“学”并重。活动期间，营员们学习了中文、书法、剪纸等传统文化课程，还前往乐山大佛、三星堆、都江堰等旅游胜地进行参观，并到汶川县映秀镇探访“5·12”汶川地震遗址，目睹地质灾害带来的震撼以及灾后恢复重建的新景观。此次活动通过文化讲座与体验式教学结合、走访联谊与交流互动结合、考察人文名胜与走访灾后恢复重建新景观结合的形式，使参与者深度体验巴蜀文化魅力，体验中华文化的源远流长与近日中国之强盛。活动于7月13日落幕。

（28）“根在中国”中国文化之旅境外生夏令营开营

7月14日，“根在中国”华侨大学2013年中国文化之旅境外生夏令营启程，来自马来西亚、老挝、蒙古、柬埔寨、缅甸、菲律宾等国家以及港澳台地区的300名境外生分成7支队伍，分赴甘肃、安徽、内蒙古、云南、青海、宁夏、重庆等地开展为期7天的中国文化之旅，参观内蒙古大草原、九寨沟、青海湖、长江三峡等自然景观，感受敦煌文化、徽州文化、云南少数民族文化等。

此次活动以“根在中国”为主题，由国侨办支持，华侨大学学生处主办。近三年来，华侨大学已开展20多次中国文化之旅境外生冬夏令营活动，足迹遍布30多个省市。

（29）2013年华裔青少年广西壮乡营在广西师范学院开营

2013年7月中旬，由中国华文教育基金会主办、广西壮族自治区侨务办公室承办、广西师范学院协办、雅居乐地产控股有限公司资助的“海外华裔青少年2013中国文化行——雅居乐广西壮乡营”在广西师范学院顺利开营。来自泰国、越南、柬埔寨、印尼的70多名海外华裔青少年、领队及广西师范学院的领导共同参加此次开营仪式。

此次活动为期12天，不仅安排了汉语、中国歌曲、中国手工、武术、书法、中国文化等课程，而且还安排了丰富的考察活动，更带着营员们赴大新县与当地的青年学生深入交流，切身感受广西的壮乡风情。7月19日，闭营仪式暨学习成果汇报展在广西师范学院举行。中国华文教育基金会副秘书长李献国、广西侨务办公室文宣处处长董洪亚出席闭营式。

（30）2013海外青少年巴渝文化体验夏令营顺利闭营

2013年7月15日，历时12天的“2013年中国文化行——雅居乐重庆巴渝文化体验”夏令营活动在重庆暨华中学顺利闭营。来自印尼、巴拿马、泰国、南非、韩国等地近50位华裔少年参加了此次活动。活动期间，营员们饱览重庆武隆山水，欣赏中国书法与武术，学习民间手编技艺，品尝重庆火锅。

（31）70名老挝华裔青少年江苏南京学习中华文化

2013年7月中旬，70名老挝华裔青少年到江苏南京，开展中华文化学习生活之旅。营员们学习《综合汉语》《中文视听说》等课程，接触武术、中国歌曲、乐器及民间艺术等传统文化。主办方还安排了南京一些著名景点的参观活动。

此次活动由中国华文教育基金会主办，江苏省侨办、南京市侨办和南京晓庄学院共同承办。活动从7月中旬开始，至8月上旬结束。

（32）2013年科技夏令营北京华文学院开营

2013年7月17日，由国务院侨办主办、北京华文学院承办的2013年科技夏令营开营仪式在北京华文学院阜成门校区举行。来自法国、泰国的近40名学生在此学习3周的语言和文化课程。

（33）2013年法国优秀华裔青少年夏令营在北京华文学院举办

2013年7月18日，由国务院侨办主办、北京华文学院承办的“2013年法国优秀华裔青少年夏令营”开营仪式在北京华文学院阜成门校区举行。承办单位为来自法国的50名优秀华裔青少年安排了丰富的游学内容、课外语言实践及各类竞赛活动。夏令营于8月13日在北京闭营。北京华文学院为营员们颁发证书，并为在汉语演讲比赛中获奖的营员颁发奖品。

法国潮州会馆与北京华文学院已有十几年的合作关系，每年都组织学生到该院学习汉语。

（34）第二届“情缘京华”主题日夏令营开营

2013年7月18日，由北京市侨联主办、北京各城区侨联协办的第二届“情缘京华”主题日夏令营开营仪式在北京市丰台区东高地青少年科技馆举行。来自美国、加拿大、意大利和斯洛伐克的65名营员在北京展开为期8天的游学活动。

此次夏令营以传承中华传统文化和宣传“新北京”为主线。主办方安排营员们参观游览天安门广场、鸟巢、水立方、国家博物馆、长城、北海公园、北京大学，与北京同龄学生互动交流、同台联欢，还安排了专业教师为营员们开设书法讲座、民俗手工制作等课程。

（35）2013年中国少林功夫夏令营在北京华文学院开营

7月19日，由国务院侨办主办、北京华文学院承办的2013年中国少林功夫夏令营在北京华文学院回龙观校区开营。来自美国、法国的领队和40余名营员，及相关任课教师出席了开营仪式。

此次夏令营以学习中国功夫为主，并通过汉语和各门历史文化艺术课程，让营员们了解中华武术的内涵和基本功。

（36）意大利米兰中文学校夏令营师生赴浙江绍兴参观

2013年7月19日至20日，意大利米兰中文学校夏令营在校长陈小微女士的带领下赴浙江绍兴参观访问。在绍兴期间，夏令营的师生们参观了鲁迅故里、柯岩景区等地。

意大利米兰中文学校与绍兴市省级华文教育基地学校——绍兴第一初级中学教育集团是结好学校。两校领导就今后推动校际间的交流进行了深入的探讨交流。

（37）中美名校学生夏令营珠海开营

2013年7月22日，2013中美名校学生交流夏令营广东珠海段活动启动。来自美国的50余名华裔中小学生受到珠海市七中50多个优秀学生家庭热烈欢迎。广东省侨办副主任郑建民、珠海市副市长龙广艳出席并致辞。此次活动为期5天，营员们入住珠海学生家庭。

（38）中澳企业家联合会泰山营开营

2013年7月下旬，由中国华文教育基金会主办，山东省泰安市人民政府外事侨务办公室、泰安英雄山中学承办，中澳企业家联合会资助的“2013中国文化行——中澳企业企业家联合会山东泰山营”开营仪式在山东泰安英雄山中学举行。100名来自亚洲国家的营员在泰安及周边城市展开为期12天的游学活动。

此次夏令营主要有三大特点：一是集中学习，拓展兴趣；二是走进泰山，借山学史；三是突出交流，加强互动。活动期间，营员们参加汉语及中国传统文化课程的学习，游览学习泰山文化，参观曲阜三孔、济南大明湖、枣庄运河古城、东平水浒古镇等景点。活动于8月2日闭营。

(39) 关爱工程——归侨侨眷子女夏令营（广西来宾营）开营

7月28日，2013年“关爱工程——广西归侨侨眷子女夏令营（来宾营）”开营，营员们赴广西桂林市和湖南省韶山、衡阳等革命老区参观。

此次活动由国务院侨办主办，广西壮族自治区侨办承办，来宾市外侨办和来宾、凤凰、迁江华侨农场协办。41名营员主要来自以上3家华侨农场的归侨侨眷子女。“关爱工程——归侨侨眷子女夏令营（来宾营）”是广西区、来宾市侨务部门深入贯彻落实国侨办等九部委《关于做好散居困难归侨侨眷扶贫救助工作的意见》文件精神，切实关心归侨侨眷子女成长而举办的一项活动，旨在帮助广大归侨侨眷子女开阔眼界、增长知识、转变观念、提高素质，教育引导大家从小树立正确的世界观和人生观。

(40) 百名华裔学生游北京

2013年7月，北京华文学院组织泰国教育部高中来华项目班100名华裔留学生到颐和园和北京城市规划展览馆游览参观。在颐和园，学生们参观了仁寿殿、玉澜堂、宜芸馆、长廊、石舫等景点，了解了颐和园建成以后的曲折经历以及它所见证的中国历史。在北京市规划展览馆，学生们在教师的解说中仔细观察了北京市的城市规划格局，加深了对北京的了解，受到了中国文化的熏陶。

(41)“2013中国文化行——雅居乐山东齐鲁营”开营

2013年8月，由中国华文教育基金会主办，山东省侨办、菏泽市外侨办、郓城县人民政府承办，雅居乐地产控股有限公司资助的“2013中国文化行——雅居乐山东齐鲁营”在山东省菏泽市郓城县宋江武术院开营。

此次夏令营共有来自英国、爱尔兰、葡萄牙、西班牙、荷兰、日本6个国家的100余名华裔师生参加，分别在菏泽、泰安、曲阜、莱芜、淄博、济南等地学习武术、民族歌曲、民族舞蹈、剪纸、京剧脸谱等中华文化课程并参观游览。

(42) 海外华裔青年禅武文化研修班结业

2013年8月29日，由中国华文教育基金会主办、广东省侨办承办的“中国华文教育基金会·南粤文化行——2013雅居乐海外华裔青年禅武文化研修班”在广东禅武中心举行结业典礼。来自荷兰、意大利、比利时、匈牙利、英国、巴西、澳大利亚、老挝、印尼和中国香港10个国家和地区的30名学员，经过1个月的研修学习圆满结业。

该期研修班学员以高级教官和教练为主，功夫基础好、水平高，学员近一半习武达7年以上，还有习武超过20年的专职教练。教官阵容大，由禅武国际联盟释行鸿主席、段志超秘书长及首席教官王正浪师傅、张彪主教练、徐灶教练联合执教。活动期间，学员们系统地学习了少林柔拳、陈氏太极拳、咏春拳等功夫套路以及各种传统刀法、棍法和剑法，体验了禅茶、书法、国画，聆听了禅学文化、中医与禅武、禅武八段锦养生知识、太极拳的起源与历史等系列主题讲座。广东省侨办还组织师生到广州、梅州参观考察，参观广东省博物馆，游览花城广场、中国客家博物馆、千佛塔、灵光寺、叶剑英元帅纪念馆、围龙屋等，通过多种形式使学员们在行走中学习和了解南粤文化。

（43）泰国华裔青少年“中国百年名校”体验营开营

2013年10月1日，由国务院侨办主办、北京华文学院承办的“2013年泰国华裔青少年‘中国百年名校’体验营”开营式在北京华文学院阜成门校区隆重举行。

活动于10月21日闭营。营员汇报表演了中国功夫和泰国舞蹈。

（44）日本横滨山手中华学校毕业旅行团在北京华文学院开班

2013年10月9日，日本横滨山手中华学校毕业旅行团师生一行26人在北京华文学院开启在北京、南京、上海等地进行的为期10天的游学活动。横滨山手中华学校始建于1898年，是日本历史最悠久的侨校之一。

（45）60名泰国华裔青少年广西容县体验中国文化

2013年10月23日，“2013年中国文化行——完美广西容县行”秋令营活动在广西容县中学举行开营仪式。中国华文教育基金会、广西区侨办、广西玉林市外侨办、玉林市侨联、容县人民政府、泰国国光慈善中学等相关领导参加开营仪式。

此次活动共有营员60人，均为泰国华裔青少年。他们与容县中学的60名学生一对一结对，共同开展活动。在为期12天的活动中，营员们在容县中学聆听资深特级教师对中国历史文化、侨乡的风土人情和华侨源流的讲座，并学习中国历史文化常识、中华书法、古诗文、诗歌、剪纸、民族舞、武术等内容。此外，营员们还游览了容县真武阁、贵妃园、容县民国将军别墅故居建筑群、都峤山，参观容县市容市貌、容县经济开发区、容县兰花基地等，让营员们感受到侨乡容县的洞天福地和人文风光。

3. 华教人士华夏行

（1）泰国校董团“海外红烛故乡行”在京圆满落幕

2013年6月初，泰国校董团“海外红烛故乡行”在北京华文学院回龙观校区正式落幕。活动由中国华文教育基金会主办、北京华文学院承办，为期9天。继游览大连、沈阳后，“海外红烛故乡行”泰国校董一行在北京完成了3天丰富的行程。

（2）2013海外红烛故乡行“雅居乐”七彩云南之旅结束

2013年8月22日上午，由中国华文教育基金会主办、云南省海外交流协会协办的2013年海外红烛故乡行“雅居乐”七彩云南之旅在昆明启动。来自泰北清迈教联高级中学、清迈教联基金会等单位的20位学校校董、校长和资深华文教师，到昆明、保山、临沧、普洱等地进行文化考察。教师们汇聚一堂交流华文教育心得，参加讲座，进行身体检查，并赴云南保山、腾冲、龙陵、镇康、临沧和普洱等多个地州寻访故土。代表团中有14位校董、校长和教师找到了自己的老家。“海外红烛故乡行”是中国华文教育基金会“海外华文教师暖心工程”的重要组成部分。活动旨在表达祖（籍）国社会各界对老一代华文教师的关爱，表彰其在海外传承中华文化的历史性功绩，鼓励华裔新生代积极投身华文教育事业。

（3）384位海外华文教育界人士聚北京开启“华夏行”

2013年10月24日上午，由国务院侨办、中国海外交流协会主办的“华文教育华夏行系列活动”欢迎仪式在北京昆泰嘉禾酒店隆重举行。

国务院侨办副主任马儒沛，文化司司长雷振刚、副司长汤翠英，北京华文学院院长周锋等领导出席欢迎仪式。来自美国、英国、德国、菲律宾、印尼、马来西亚、泰国、文莱、韩国、朝鲜、蒙古等32个国家的384名校长、校董、优秀教师及热心海外华文教育杰出人士参加。周锋院长首先致欢迎辞，马儒沛副主任作主旨讲话，欢迎仪式由雷振刚司长主持。

马儒沛副主任在致辞中引用李克强总理在看望泰国华文教育工作者时的讲话，对华文教育及海外华教工作者给予了高度评价。他表示，今后侨办和海协会从建设科学的华教体系、提高教材实用性和针对性、培养海外华文教育骨干教师、提高华裔青少年学习汉语和中华文化的兴趣等方面加大工作力度，加强统筹规划，继续为侨胞开展华文教育提供一切力所能及的帮助。同时，他还对广大华文教育工作者提出三点希望，一是更加坚守使命，成为新时期华文教育事业大发展的重要开拓者；二是更加奋发有为，成为优秀中华文化走向世界的重要传播者；三是更加勇于担当，成为实现民族复兴“中国梦”的积极贡献者。

欢迎仪式后，国侨办领导设宴招待来自各国为华文教育事业做出贡献的海外嘉宾，并与海外华教人士代表进行了座谈。座谈会上，大家针对各国华文教育工作中存在的问题及解决方法进行了深入探讨。此后5天里，海外华教人士与北京的中小学校长、教师进行交流，听取国学、国情、中国文化、中医等方面的专家讲座，参观故宫、长城、恭王府等著名景点，随后分赴新疆、江苏、山东等地继续进行参观交流活动。

此次“华文教育华夏行”系列活动是国侨办文化司在国内举办的教师类活动中规模最大的一次，由四部分组成。其中“2013华文教育·华校校董华夏行”和“2013华文教育·杰出人士华夏行”两项活动由北京华文学院承办，“2013华文教育·华校校长华夏行”和“2013华文教育·优秀教师华夏行”分别由北京海淀教师进修学校附属实验学校和北京语言大学承办。

（4）2013年“华文教育·杰出人士华夏行”开启山东行

2013年10月28日至11月3日，由国侨办主办、山东省侨办承办的2013年“华文教育·杰出人士华夏行”在山东访问交流。山东省省侨办主任刘方会出席欢迎仪式并致辞。此次活动共有来自缅甸、日本、韩国、朝鲜、马来西亚、菲律宾、美国、德国、丹麦9个国家的近40名为海外华文教育做出贡献的杰出人士参与。访问团一行在一周时间里对泰安、曲阜、枣庄、青岛等市进行文化考察并赴山东省内各级华文教育基地参观交流。

（5）“海外华校校长华夏行”江苏段活动圆满结束

2013年10月28日至11月3日，“海外华校校长华夏行”江苏段活动在江苏省南京、宿迁、淮安3地进行。此次活动由国侨办文化司主办，江苏省侨办和南京师范大学国际文化教育学院共同承办。

来自25个国家的80余名海外侨校校长对南京师范大学、宿迁市实验学校、钟吾国际学校、淮安市淮阴中学等单位进行了研习、参观、交流，还拜谒了南京中山陵，游览了项羽故居等历史文化名胜古迹。

（6）“2013华文教育·华校校董华夏行”新疆段活动启动

2013年10月29日，由国务院侨办主办、新疆师范大学承办的“2013华文教育·华校校董华夏行”新疆段活动在乌鲁木齐启动。来自21个国家的160名华校校董参加了此次活动。在一周的时间里，他们通过座谈会、专题讲座、参观等形式，感受新疆多元的民族文化。

“华文教育华夏行”活动于2012年启动，2013年为第二届。

（7）“华文教育·华夏行”教师团赴北京华文学院参访

2013年10月29日，参加国务院侨办“华文教育·优秀教师华夏行”的45位来自美国、德国、英国、加拿大、巴西、奥地利、蒙古、马来西亚、泰国、缅甸等国的一线华文教师到北京华文学院新校区参观访问并观摩了北京华文学院华文教学课堂。

当日上午，教师团与北京华文学院教师在新校区五楼会议室举行座谈会。座谈会上，华文教师们畅所欲言，就北京华文学院的办学特色、教学层次、组团方式等积极提问，特别对刚刚观摩过的华文教学活动进行了评价，就授课老师的教学方法及目的进行了提问，并结合所在国的教学状况进行了对比分析。双方还就各国华文教育现状、海内外华文教育的不同环境和效果、华裔学生学习兴趣的培养和保持、教材的选择和使用及多媒体网络教学的使用和推广等问题进行了深入讨论。

(8) 东南亚国家华校骨干教师交流团在福建开团

2013 年 12 月 20 日至 30 日，2013 年东南亚国家华校骨干教师交流团在福建开团。来自印度尼西亚、马来西亚等国的 30 名华校教师参加。活动由国务院侨办主办、华侨大学承办。

华侨大学招生处处长吴春安向交流团介绍了华侨大学与印度尼西亚华侨之间的历史渊源，并对印尼在校学生的学习生活状况及学校对印尼的特殊招生政策做了具体说明。随后，交流团团员与印尼学生座谈交流。

活动期间，交流团团员观摩了华文学院华文教育专业课程，听取了教学法分析、青少年心理健康教育、太极拳、剪纸艺术及灯笼制作等讲座，还参观了泉州、厦门当地的人文景观。

（二）夏令营·走在海外

1. 中华文化大乐园

2013 年国务院侨办在欧洲、美洲、大洋洲、东南亚等海外 14 个国家 28 个城市举办“中华文化大乐园”夏令营活动。本年度活动增加了韩国、新西兰、斐济、西班牙、法国 5 个国家。国务院侨办还陆续开通“中华文化大乐园”活动的专题网站、微博、QQ 群等，方便海外华裔青少年了解该活动的资讯。国务院侨办还筹组了两个“中华文化大乐园——少儿才艺交流团”，第一个“才艺团”于 5 月份赴泰国、菲律宾、马来西亚三个国家的“大乐园”营地访演；第二个“才艺团”于 9 月 11 日启程访问美国的华盛顿、波士顿、纽约、休斯敦，澳大利亚的悉尼、墨尔本等“大乐园”营地，并献上才艺演出。

“中华文化大乐园”是国务院侨办、中国海外交流协会继“中国寻根之旅”系列夏、冬令营活动之后，推出的又一项旨在增进海外华裔青少年了解中华文化的品牌活动。2011 年，国务院侨办试点开展“中华文化大乐园”走出去办营，把中国文化精品课程送到了孩子们的家门口。2012 年国务院侨办进一步调整办营方案，扩大办营规模，共组派 274 名教师分赴 15 个国家、31 个城市办营。

“中华文化大乐园”活动强调因材施教，注重快乐教学。其以中华文化为主题，根据海外华裔青少年的特点和需要，采取组派国内优秀教师赴海外举办中华文化夏令营的形式，通过开设汉语知识、中华武术、民族音乐、民族舞蹈、中国书法、绘画、传统手工艺等课程，达到“五个一”的基本教学目标，即学会一首歌、一支舞、一套拳、一幅画、一件手工艺品。

（1）2013 年“中华文化大乐园”巴西圣保罗营举行开营仪式

2013 年 1 月 3 日，“中华文化大乐园”巴西圣保罗营在巴西圣保罗圣本笃中文学校礼堂举行开营仪式。当地华裔青少年学生，华社、华校部分领导、教师近 180 人参加。中国驻巴西圣保罗总领馆副总领事胡英，圣保罗华人协会会长、圣保罗前市议员李少玉，赴巴西出访夏令营培训团领队侯瑜出席开营仪式并致辞。

此次大乐园活动营期为 1 月 3 日至 13 日，由广东省侨办组织 8 位教师在圣本笃中文学校开设中国书法、中国历史、武术、舞蹈、民歌、民族乐器、中国画、手工等中华才艺课程。在此之前，“中华文化大乐园”赴巴西出访夏令营培训教师团先后拜访了中国驻圣保罗总领馆、巴西圣保罗广东同乡总会、当地桑巴舞蹈学校。

圣本笃中文学校创立于 1891 年，开设从幼稚园至大专的一系列课程。目前有华人学生 200 多名，是巴西最大的正规教育双语学校，2009 年被国务院侨办评为“海外华文教育示范学校”。

（2）华侨大学承办“2013 中华文化大乐园”泰国曼谷营

2013 年 3 月 9 日，由中国海外交流协会主办，华侨大学、泰国华文教师公会承办，泰国东方文化书院、时代中学协办的“中华文化大乐园”泰国曼谷营隆重开营。

中国驻泰国大使馆侨务参赞方文国，泰国华文教师公会主席、华侨大学校董罗宗正，泰国东方文化书院院长何韵，华侨大学代表及部分学生家长出席开营式。方文国、罗宗正、何韵分别致辞并为开营式剪彩。剪彩仪式后，华侨大学大乐园教学团队还展示了小组唱、民族舞蹈、中华武术及书画创作等才艺。

泰国曼谷营在当地受到学生家长的热烈欢迎，截至开营当日，报名人数达到近 200 人。活动持续约 3 个星期，于 4 月初在泰国东方文化书院举行闭营式。

华侨大学针对大乐园的授课内容与办营形式，通过学院与学校两级筛选，从华文学院、音乐舞蹈学院、体育学院与美术学院选拔出特长突出的专业教师与优秀学生组成大乐园教学团队，并通过组织系列专题讲座与培训，确保大乐园海外活动的有序进行与教学质量。

（3）2013 年“中华文化大乐园”泰国普吉泰华营开营

2013 年 3 月 18 日至 4 月 5 日，由中国海外交流协会主办，中国华侨大学、泰国华文教师公会承办，普吉泰华学校协办的“中华文化大乐园”普吉泰华营在泰国普吉举行。泰国华文教师公会主席、华侨大学校董罗宗正，普吉泰华学校董事会主席邢福扬，普吉泰华学校校长陈苏南及全体师生共1000余人出席了开营式。

此次活动为期15天。活动期间，营员们通过学习汉语、剪纸、中国画、民族舞、中华武术、中文歌谣，在轻松愉悦的氛围中亲身学习、体验中华文化的绚丽多姿。开营式后家长们纷纷表示，看到孩子们越来越喜欢中国文化、喜欢中国，他们将继续支持孩子学汉语、参加“中华文化大乐园”活动，为孩子们今后赴华深造、工作培养兴趣、打好基础。

（4）2013年“中华文化大乐园”斐济苏瓦营开营

2013年4月15日，由国务院侨办主办、斐济华人教育协会承办的“中华文化大乐园”斐济苏瓦营在斐济逸仙学校开营。中国驻斐济大使黄勇、斐济教育部官员、逸仙学校校董、侨领代表和逸仙学校师生等500余人出席开营仪式。

开营仪式上，12名来自江西的教师表演了民族歌舞、武术、魔术、国画等节目。逸仙学校学生也奉上了《凤阳花鼓》等中国传统舞蹈和斐济传统舞蹈。精彩的表演受到师生们的热烈欢迎。此次活动共有300余名学生报名参加。

（5）2013年“中华文化大乐园”菲律宾营开营

2013年4月下旬至6月初，由中国海外交流协会主办，华侨大学、菲律宾华教中心、菲律宾陈延奎基金会承办，菲律宾四所华校协办的“中华文化大乐园”菲律宾营分别在菲律宾侨中学院、宿务圣心学校、三宝颜中华中学、罗申那同和学校举行。

菲律宾华教中心主席颜长城、副主席黄端铭，各协办学校领导、董事、学生家长分别参加各教学点开营式。由华侨大学选派的大乐园教师在开营式上为各教学点学员和嘉宾呈现了精彩的才艺表演。

（6）2013年“中华文化大乐园”优秀才艺学生团菲律宾演出获好评

2013年4月29日，由中国海外交流协会主办、华侨大学承办的“中华文化大乐园”优秀才艺学生访问团专场文艺演出，在马尼拉世纪花园大酒店成功举行。活动吸引了近千名华裔学生及家长观看。中国驻菲律宾使馆大使马克卿女士，菲律宾知名华商陈永栽、陈本显、施文界先生及菲律宾主流社会贤达携子孙观看了演出。访演团一行于4月27日晚自泰国普吉到达马尼拉，先后拜访了菲律宾华教中心和侨中学院，了解当地教学情况和菲华历史，并与侨中学院参加“中华文化大乐园”的部分营员进行了才艺和其他方面的交流。访演团在马尼拉的活动结束后，还前往菲律宾第二大城市宿务和马来西亚吉隆坡，与当地华校开展文化交流和演出活动。

（7）2013年“中华文化大乐园”印度尼西亚雅加达夏令营开营

2013年“中华文化大乐园”印度尼西亚雅加达夏令营分别在印尼八华学校和金光国际学校举行。八华学校举办时间为6月10日至21日，金光国际学校举办时间为

6月17至29日。

6月10日，八华董事会主席林金将先生、中国驻印尼大使馆一等秘书霍玉平先生、八华学校华文部主任梁荣生先生、暨南大学教学团队14人以及学员、家长共300余人出席了开营典礼。除暨南大学才艺教师外，活动特邀了京剧国家一级演员陈淑芳、徐孟珂老师参加，承担京剧课的教学和表演工作。徐孟珂老师还在八华学校开展了京剧文化讲座。活动于6月21日落幕。这是暨南大学首次承办这项活动，也是八华学校与暨南大学一次开创性的合作。

6月17日，金光国际学校营如期开营，暨南大学教学团队分赴金光国际学校位于雅加达的JWA校区和位于丹格朗的SWA校区，向金光国际学校的小营员和家长们呈现了一场轻松愉快、丰富多彩的开营典礼。参加此次活动的营员近60人，分别来自金光幼儿园小、中班和金光小学。

（8）2013年“中华文化大乐园”印度尼西亚泗水营开营

2013年6月28日至7月7日，由中国海外交流协会主办的2013年“中华文化大乐园”印尼泗水营顺利举行。6月28日，中国驻印尼泗水总领馆王华根总领事伉俪，中国海外交流协会文教部副部长周虹，东爪哇华文教育统筹机构资深辅导符福金，由福建省海外交流协会文教部王海坤部长带领的讲师团11人，协办单位小太阳三语国民学校的老师们以及参加夏令营的200多名华裔青少年参加了开营式。

此次大乐园共有来自泗水、惹班、吉里安、岩望、茂草沙里、庞越、庞引的213名8至18岁的学员报名参加。学员们在短短10天当中，学习了中国国画、书法、武术、手工、文化、舞蹈。

（9）2013年“中华文化大乐园”西班牙巴塞罗那开营

2013年7月3日至14日，2013年“中华文化大乐园”西班牙巴塞罗那营顺利举办。

7月3日中午12点在巴塞罗那孔子文化学校举行了开营仪式。来自巴塞罗那当地的华裔青少年学生及当地华社、华校部分领导、媒体、教师等200多人参加。开营仪式上，随行老师现场传授了京剧脸谱识别知识，表演了葫芦丝演奏等节目，引得在场孩子们一阵阵惊叹。

此次活动为期12天。教师团在巴塞罗那孔子文化学校共培训学生386名，分别开设周一至周五班和周末班，开设11门课程。其中语言艺术快板、双簧，民族乐器葫芦丝，中华美德等课程系首次在当地开设，丰富了当地华文教育的教学内容。

（10）2013年“中华文化大乐园”加拿大多伦多营开营

2013年7月3日至12日，“中华文化大乐园”加拿大多伦多营在加拿大多伦多市侨文学校举行。此次活动由国侨办主办，河南省外侨办与多伦多公校教育局共同承办，共有270名华裔中小学生参加。

中国驻加拿大多伦多总领事馆钟洪糯领事、时晓光领事，多伦多教育局总学监凯伦·弗克娜女士等出席开营式并致辞。协办单位多伦多侨文中文学校的华裔青少年学生及当地侨社、媒体、河南教师团等近290人参加了开营式。

活动于7月12日闭营。学校全体师生、学生家长，中国驻多伦多总领事馆、多伦多河南同乡会的代表，中华文化大乐园教师团，河南电视台摄制小组，当地多家电视台和新闻媒体及有关人员共300多人观看了汇报演出。

（11）2013年“中华文化大乐园”美国惠蒂尔营开营

2013年7月8日至26日，由中国海外交流协会主办，华侨大学承办，美国惠蒂尔学院、惠蒂尔中文课堂协办的“中华文化大乐园”美国惠蒂尔营在加利福尼亚州洛杉矶市举办。

活动为期3周，分为少儿班和成人班。营员多为8到20岁之间热衷学习中华文化的海外青少年。活动以传授中华文化基本元素为主要内容，开设有中华语言文化、武术、音乐、舞蹈、国画、手工等课程。

惠蒂尔学院创建于1887年，是一所私立的文理学院，也是美国前总统尼克松先生的母校。2011年11月，华侨大学与美国惠蒂尔学院签署了合作备忘录，旨在进一步加强中美两国文化教育领域的交流与合作。如今，华侨大学已在惠蒂尔学院设立了中文课堂，进一步拓展了华侨大学在美国的华文教育办学空间，同时也扩大了国侨办“中华文化大乐园”品牌项目在美国加州的影响力。

（12）2013年“中华文化大乐园”加拿大蒙特利尔营开营

2013年7月，“中华文化大乐园”加拿大蒙特利尔营在加拿大蒙特利尔市孔子学校举行。中国驻加拿大蒙特利尔总领事馆翟建军领事、蒙特利尔河南同乡会孙瑞娟会长、河南省教师团、媒体、孔子学校全体师生和学生家长共250人出席了开营仪式。

蒙特利尔市孔子学校马丁·玛瑞克莱尔校长发表了热情洋溢的欢迎辞。翟建军领事对国务院侨办与河南省外侨办派优秀教师团到蒙特利尔举办“中华文化大乐园”活动表示赞赏，同时邀请河南教师团20日参加在市内举办的“中国周”活动并进行1个小时的少林武术和相关表演。他勉励华裔青少年和海外营员珍惜这次难得的学习机会。

活动于7月23日结束，举行了闭营仪式和才艺汇报表演。

（13）2013年“中华文化大乐园”美国夏威夷营开启文化传播之旅

2013年7月，来自湖南的14名教师赴美国夏威夷开展为期14天的“中华文化大乐园”美国夏威夷营文化传播活动。活动期间，营员们学习了中华文化知识、少林武术、音乐舞蹈、书法国画、手工制作等丰富多彩的课程，提高了汉语运用水平，加深了对湖湘文化的了解，感受了中华文化魅力。

活动于当地时间7月26日在夏威夷明伦学校礼堂闭营。营员们将自己数日来的学习成果，展现给现场嘉宾。檀香山市议会向明伦学校、湖南省外侨办及教师团颁发了奖状，表彰他们为中美教育和文化交流所做出的杰出贡献。

（14）2013年"中华文化大乐园"美国旧金山营在南侨学校开营

2013年7月中旬，"中华文化大乐园"美国旧金山营在南侨学校隆重开营。南侨学校校董会主席郭瑞玲、中国驻美国旧金山总领馆领事刘红梅、三邑总会馆主席张冠荣、中国海外侨联顾问关洛章、南侨学校校董会十多位校董、美洲中华中学校校长李树邦、江苏侨办代表团12名华文教师以及旧金山地区300多名师生共同参加了开营仪式。

（15）2013年"中华文化大乐园"韩国首尔营获圆满成功

2013年7月28日，"中华文化大乐园"韩国首尔营在汉城华侨小学闭营。闭营仪式上，230余名营员身着整齐的服装依次表演了根据两周来课堂学习的内容编排的精彩节目。中国驻首尔大使馆何颖总领事、汉城华侨小学董事会吴学彬董事长等出席仪式。学生家长观看了演出。

汉城华侨小学参加大乐园的学生们中文程度各异，年龄偏小，且长期以台湾教材为主开展教学，在认知习惯上存在较大地域差别。因此，教师们注意加强内容调整、教学讨论、学科配合、师生互动，同时，还主动利用课余时间开展同行之间的交流活动，注意倾听当地教师们的意见，重视取长补短，提高对教学工作的认识。为感谢教师们的辛勤工作，汉城华侨小学专门为教师们制作并发放了《服务证明》，对教师们的成果进行了表彰。

（16）2013年"中华文化大乐园"印尼棉兰营闭营

2013年7月下旬，由中国海外交流协会主办、福建省海外交流协会和印尼棉兰崇文华文教育基金会承办的2013年"中华文化大乐园"印尼棉兰营在棉兰崇文中小学举办闭营仪式。棉兰崇文教育基金会黄两承主席、杜宝国副理事长、黄世平秘书，崇文中小学中文部主任陈慰宇女士，"中华文化大乐园"讲师团全体成员以及崇文中小学的2000多名师生和营员家长们齐聚青松大礼堂，共同庆祝"中华文化大乐园"印尼棉兰营的圆满落幕。

棉兰是此次2013年"中华文化大乐园"印尼行的第二站。活动前后共24天，500多名学生受益。

（17）2013年"中华文化大乐园"美国芝加哥营开营

2013年7月8日，由中国国务院侨办主办、吉林省侨办承办的2013年"中华文化大乐园”美国芝加哥营开营。在10天的教学时间里，12位来自吉林省的教师充分发挥专业所长，相互协作，完成了传统书法、中国古典诗歌、中国画、手工、泥塑、武术、传统戏典、中国民族舞蹈、益智游戏等九门中国传统文化的教学任务，达到了预期目的。

活动期间，教师们还到芝加哥希林协会托老中心，为中心的华侨华人送去了原汁原味的中华文化大餐，受到了希林协会的赞誉和中心老人的欢迎。芝加哥希林协会是此次活动的海外合作单位。多年来，协会热心公益，服务社区，发展至今已形成华文教育、亚裔托老中心的多元化社区服务组织。

（18）2013年“中华文化大乐园”美国纽约营开营

2013年7月30日，由国务院侨办主办，四川省侨办承办的“中华文化大乐园”美国纽约营在纽约鸣远中文学校开营。中国驻纽约总领馆钟瑞明副总领事、四川省侨办薛斌副主任、中国驻纽约总领馆陈劭毅领事、亚洲文化中心行政总监李鸣历家、鸣远中文学校校长李磐石、四川省12名优秀教师及鸣远中文学校全体师生等300余人参加了开营仪式。

中国古诗韵律、儿童国画、传统书法、篆刻版画、中国结艺、神奇剪纸、民族舞蹈、太极拳等中华传统文化让孩子们大开眼界，让孩子们体验了中国传统文化博大精深的魅力。夏令营于8月9号举行闭营仪式，并进行汇报演出。

（19）2013年“中华文化大乐园”美国休斯敦营异彩纷呈

2013年8月，2013“中华文化大乐园”美国休斯敦营的教学活动，进入全面开展阶段。剪纸、手工、书法、武术、水墨画、诗词、京剧等多种形式的中国传统文化课程异彩纷呈，承载着浓浓乡情的教学设计将所有学生浸润其中，受到当地营员的热烈追捧。

来自吉林省的12位教师根据当地学生的特点，综合学生人数、年龄阶段和兴趣爱好等多方面因素安排设置课程，知识呈现方式浅近易懂，教学成效明显，学习成果易于保留。活动之余，华夏中文学校校长关丽华女士邀请全体教师举行家庭聚会，老师和华侨们欢乐联谊，各显身手。华侨华人对教师们表示热烈的欢迎和衷心的感谢，并真诚期望代表团再到休斯敦。

（20）2013年“中华文化大乐园”缅甸曼德勒营闭营

2013年8月下旬，“中华文化大乐园”缅甸曼德勒营闭营仪式暨汇报演出在曼德勒福庆大礼堂内举行。中国驻曼德勒总领事馆总领事郁伯仁、曼德勒各侨团侨校领导及大乐园学员近300人参加了活动。

来自缅北各地中文教学机构的250名学生在短短13天内，学习了中国武术、民族舞蹈、杂技、剪纸等丰富多彩的中华文化精粹，加强了学生们对中国文化的了解，增强了学生对中国武术、中国民族的情感，激发了海外华裔青少年热爱祖籍国的爱国情操。

（21）2013年“中华文化大乐园”优秀才艺学生演出团在华盛顿举行大型演出

2013年9月13日，“中华文化大乐园”优秀才艺学生演出团大型演出在美国首都华盛顿上演。身怀优秀才艺的中国学生为当地华裔及非华裔青少年朋友表演了民族歌舞、中国戏曲、武术、杂技等精彩节目。此次大型演出由国务院侨办、美国亚洲文化传媒集团主办，湖南电视台、亚洲文化中心与《侨报》共同承办。

演出团由中国湖南电视台“汉语桥”世界大学生中文比赛总导演、2012纽约华人新春联欢晚会总导演甘琼带队，受邀出访多个国家和地区的少林铁扇表演团、2011年央视春晚杂技节目《晃管》表演团、以曼妙的舞姿和优美的旋律震撼人心的《邵多丽》表演团等为观众献上了精彩节目。

（22）2013年“中华文化大乐园”在蒙古国开营

2013年9月15日，由中国国务院侨办主办，甘肃省外事办、旅蒙华侨蒙中友谊学校共同承办的“中华文化大乐园”蒙古乌兰巴托营在旅蒙华侨蒙中友谊学校文体中心举行开营仪式。中国驻蒙古国大使馆官员、甘肃省侨办教师团成员及该校500余名师生参加。在为期10天的时间里，由甘肃省外侨办派出的12名大、中、小学优秀教师向营员们教授中国传统文化、民族舞蹈等丰富多彩的课程。

（23）2013年“中华文化大乐园”澳大利亚悉尼营开营

2013年9月22日，“中华文化大乐园”澳大利亚悉尼营举行开营仪式。来自中国驻悉尼总领馆、澳新州政府、侨团和媒体的各界人士出席。重庆市侨办选派了优秀教师前来为学生授课。在为期10天的活动中，开设的课程有民族舞、武术与舞狮；书法、国画、版画、沙画；传统工艺，包括剪纸、中国结、泥塑、草编；中国历史故事，经典诵读，包括古诗词诵读、儿歌诵读和朗诵；中国地理常识；声乐、民乐，中国鼓乐和中国传统趣味游戏等。

活动在悉尼中文学校举行闭营仪式。300名营员对自己在悉尼营所学的中华文化知识进行了会演和作品展示。

（24）2013年“中华文化大乐园”澳大利亚墨尔本营开营

2013年9月下旬，由国务院侨办主办，上海市侨办、澳大利亚新金山中文学校承办的2013年“中华文化大乐园”澳大利亚墨尔本营在墨尔本新金山中文学校开营。中国驻墨尔本总领馆黄凤文副总领事出席开营仪式并讲话，上海市侨办邹芳处长和新金山中文学校校委会孙浩良主席代表主办单位致辞。

此次活动共有来自墨尔本的320多位华裔青少年参与。他们学习书法、京剧、武术、传统工艺、绘画、经典诵读、童谣等各种课程，加深了对中华文化的了解。

(25) 2013年“中华文化大乐园”才艺交流团赴悉尼中文学校交流

2013年9月25日，国务院侨办华教二处处长王梦黎率“2013中华文化大乐园优秀学生才艺交流团”赴澳大利亚悉尼中文学校交流。中国18名优秀才艺青少年学生走进“中华文化大乐园”澳大利亚悉尼营课堂，与当地华裔青少年一起学习剪纸、草编、腰鼓、舞狮、民乐、国画、书法、版画、民间舞蹈、中国传统趣味游戏等，并为悉尼营的营员们专场表演了精彩的少林武术、新疆维吾尔族舞蹈、二胡独奏、京剧等才艺，精湛的演出受到营员和老师的热烈欢迎，进一步激发了华裔青少年学习中华文化的兴趣。

(26) 2013年“中华文化大乐园”新西兰奥克兰营闭营

2013年10月10日，由中国国务院侨办主办，广西壮族自治区侨办、新西兰华人社区服务中心承办，中国驻奥克兰总领事馆、奥克兰孔子学院、新西兰中文教育学会协办的2013年“中华文化大乐园”在奥克兰举行闭营仪式。中国驻奥克兰总领事馆汤文娟副总领事出席并致辞。

此次大乐园活动于9月30日开营，来自广西的12位优秀教师向240余名当地华人华侨青少年教授了绘画、武术、书法、舞蹈、剪纸等兴趣才艺课。

闭营仪式上，营员们向在场的嘉宾、家长和老师们汇报演出。整台演出共有16个节目，包括腰鼓《喜洋洋》、中国武术《武林风》、传统游戏跳绳、绘画作品及书法作品展示等。

(27) 2013年“中华文化大乐园”澳大利亚堪培拉营闭营

2013年10月11日，由国务院侨办主办、山东省侨办与澳大利亚标准中文学校联合承办的2013年“中华文化大乐园”澳大利亚堪培拉营闭营。中国驻澳大利亚大使馆总领事代双明参赞、澳大利亚首都地区多元文化论坛主席黄树梁、澳大利亚首都地区语言学校主席贾瓦德·莫尔、澳大利亚首都地区华人联合会主席颜种旺与承办单位的相关负责人出席闭营式活动。参加学习的同学展示了在近两周的学习中掌握的中国传统文化技艺，献上一台充满趣味的演出。

(28) 2013年“中华文化大乐园”马来西亚森美兰营开营

2013年11月17日，“中华文化大乐园”马来西亚森美兰营开营。活动期间，11位来自中国深圳的老师在森美兰芙蓉新华国民型华文小学，为来自马来西亚森美兰州18所小学的290名学生带来11门丰富多彩的中华文化学习课程，包括茶道课、音乐课、剪纸课、陶艺课、舞蹈课、京剧课、绘画课、中国功夫课、毽球课等。

马来西亚三大华文报纸《星洲日报》《中国报》《南洋商报》都刊出了森美兰营开营的报道，《中国报》更是派出记者和摄影师全程跟踪报道，还对领队和老师做了专访。

(29) 2013 年“中华文化大乐园”走进法国

2013 年 12 月 22 日，由浙江省侨办组派的“中华文化大乐园”法国巴黎营教师团一行抵达巴黎，开启了此次华文教育“走出去”的海外办营活动，为法国华裔青少年提供了在家门口与中国传统文化“亲密接触”的机会。

活动由国务院侨办主办，浙江省侨办、法国华文教育协会、法国语言文化国际交流协会共同承办。代表团由浙江省侨办副主任徐高春带队，由来自杭州、温州、宁波等地的 11 位教师组成，均为从国侨办和浙江省侨办的华文教育基地学校中选拔出来的优秀教师。活动为期 2 周，开设中华文化讲座、珠心算、中华武术、中国民族舞蹈和音乐、中国书法和绘画、中国传统手工艺等具有中华民族文化特色的十余门课程，主要面向华裔儿童和青少年，喜爱和希望了解中国文化的法国人也可报名参加。

2. 第八届全菲华校学生中华文化夏令营圆满闭营

2013 年 5 月 2 日下午，由中国华文教育基金会、菲律宾晋江同乡总会（菲晋总）、菲律宾华文学校联合会（菲华校联）联合主办的“第八届全菲华校学生中华文化夏令营”在菲律宾晋江同乡总会礼堂举行了闭营典礼暨汇报演出。中国驻菲律宾大使馆总领事兼参赞沈自成，菲晋总理事长黄金盾，菲华校联常务理事李淑慧校长、秘书长林文诚，与参加此次夏令营的教师、营员以及家长们参加了闭营式。

此次夏令营由湖南海外交流协会派出的教师团执教，采用中华文化知识竞赛、才艺比拼的教学方式进行。主办方还专门制作了反映此次活动全貌的视频。

3. 第二届中华才艺营南非开营

2013 年 5 月上旬，由中国华文教育基金会与福建省海外交流协会联合举办的第二届中华才艺营在南非比勒陀利亚斐京华侨公学顺利开营。中国驻南非大使馆一秘祝笛、全非洲中国和平统一促进会会长李新铸、南部非洲中华福建同乡总会会长杨天峙、福建省海外交流协会文教部副部长罗威、斐京华侨公学校领导、中华才艺营讲师团的老师们和参加此次活动的师生们出席了开营式。活动期间，营员们学习中华传统文化、书画、中华武术、手工剪纸、民族舞蹈等课程。活动于 5 月 23 日举行了闭营式以及精彩的成果展示。

4. 2013 年“中国文化海外行”金辉集团新西兰营开营

2013 年 5 月 21 日，由中国华文教育基金会主办、福建省海外交流协会承办、新西兰妈祖文化交流协会协办、金辉集团有限公司资助、中国驻克赖斯特彻奇（基督城）总领馆作为特别支持单位的 2013 年“中国文化海外行”金辉集团新西兰营，在新西兰基督城芳华武馆举行开营仪式。

讲学团包括来自福建师范大学的4名教授、讲师以及来自莆田市荔城区梅峰小学的1名老师，为新西兰华裔青少年教授中国画、中国书法、中国舞蹈、中国武术和中华文化课程。此次活动为期15天，分别在新西兰基督城、奥克兰两地举行。中国驻新西兰大使馆一等秘书王瓯嘉还专程到新西兰芳华武馆看望讲学团的老师，了解新西兰华裔青少年学习活动情况。

5. 2013年“中国文化海外行”葡萄牙营开营

2013年6月23日，“中国文化海外行”葡萄牙营开营仪式在葡萄牙卡斯卡伊斯市举行。60多名华裔及葡萄牙青少年报名参加了此次夏令营活动。活动为期10天，在里斯本中文学校开课。来自北京的6名老师为同学们教授中华文化礼仪、书法绘画、音乐舞蹈、中国武术和手工艺等课程。7月2日，活动圆满结束。

6. 2013年“中国文化海外行”雅居乐澳大利亚营在墨尔本开营

2013年6月30日，由中国华文教育基金会主办，河南省外事办承办，澳大利亚新金山中文学校协办的“中国文化海外行”雅居乐澳大利亚营在墨尔本迈克尔剧场举行开营仪式。中国驻墨尔本总领事馆侨务领事张晓涛、澳大利亚维多利亚州华人社团联合会主席周仲民及当地众多侨团领袖出席了开营式。开营式上，来自河南的5位授课老师分别为营员及现场800余名嘉宾表演了中国古典舞、少林武术、书法、传统手工制作、诗朗诵等节目，受到当地观众的热情欢迎与称赞。

7. 美国肯尼索州立大学中文夏令营闭营

2013年7月21日，美国肯尼索州立大学为期15天的“星谈”中文夏令营，在该校学生活动中心举行结业式及成果展。学员表演中文歌唱、小品、古筝演奏、中国功夫等，精彩的演出博得满场掌声。此次夏令营的成员包括来自佐治亚、纽约州、加州、印第安纳、威斯康星、弗吉尼亚、田纳西等州的学生，所有学生分为“老虎”及“大龙”两班学习。

8. 法国巴黎精英中文学校“暑期中华文化体验营”闭营

2013年8月，由法国巴黎精英中文学校主办的“暑期中华文化体验营”在巴黎11区精英中文学校会演大厅举行闭营式。参加夏令营的小朋友进行了汇报演出，展示了他们在演唱、舞蹈、小品、武术、国画、文化学习等方面的学习成就。

巴黎精英中文学校成立于2007年9月，隶属于法国语言文化国际交流协会

(ALCIE)。校长宣琛系前法国著名高校CNAM研究生导师、“职业发展和自我提升计划”资深讲师，具有20年对外汉语教学经验。该校学生多人多次获得全法中文学校演讲、歌唱、书法、征文的奖项。

(三)竞赛活动

1. “第二届海外华裔青少年中华文化大赛”在中国厦门落幕

2013年12月26日晚，由国务院侨办主办、华侨大学承办的“第二届海外华裔青少年中华文化大赛”总决赛在厦门广电集团演播厅上演。在预选赛中综合排名前6名的意大利、马来西亚、蒙古、缅甸、菲律宾、巴西国家队的海外华裔青少年，展开了中华文化大比拼。演讲比赛、知识竞赛、才艺竞赛，三大竞赛环节充分展示了海外华裔青少年学习成果和风采。经过激烈的比赛，优胜团队奖和个人奖项最终产生。缅甸队荣膺状元，巴西队、意大利队分获榜眼和探花。来自菲律宾的周盼音摘得了最佳口才奖，来自巴西队的刘雯婷、缅甸队的唐才吉、马来西亚的杨靖毅分别夺得最佳博文奖、最佳才艺奖、最佳人气奖。

国务院侨办副主任马儒沛莅临大赛现场并为状元缅甸队颁奖。国务院侨办文化司司长雷振刚、华侨大学校长贾益民、亚洲文化企业有限公司董事长杜志滨、香港华丰国货有限公司董事长邱建新也出席当晚的活动，并为获奖者颁奖。

“海外华裔青少年中华文化大赛”由国务院侨办2008年起在全世界范围内发起的“海外华裔青少年中华文化知识竞赛”更名而来，其前身是一项综合性竞赛活动。为进一步提升活动效应，国务院侨办2012年对该项赛事进行全面升级，正式更名为“海外华裔青少年中华文化大赛”，每年举办一届，2013年是第二届。华侨大学受国务院侨办委托，负责历届“中华文化知识竞赛”（含两届“中华文化大赛”）活动的题库建设、竞赛命题、阅卷和技术评判以及半（总）决赛方案设计、赛前辅导、赛事组织等工作。

本届大赛共吸引来自德国、意大利、澳大利亚、加拿大、英国等14个国家的3万多名华裔青少年分别参加了欧洲、美洲、东南亚三大赛区的比赛。经过比拼，共有近300名营员和领队参加了总决赛。不同赛区赛况如下。

2013年8月17日晚，第二届海外华裔青少年中华文化大赛澳大利亚赛区启动仪式在悉尼中文电视台演播厅隆重举行。这是有史以来全澳大利亚范围最大规模的华文知识竞赛。大赛由中国国务院侨办、中国海外交流协会授权，澳大利亚中文学校联合会主办，悉尼中文电视台与悉尼地区的众多艺术家和传媒界专家协办。各界侨领、中文教育界和华人文化艺术界、传媒界的代表40多人出席了启动仪式。大赛分两个阶段举行，先在全澳大利亚6城市50多个赛场举行书面知识竞赛，获得169分以上合格成绩的参赛者获得由中国海外交流协会颁发的中、英双语证书，并有资格参加第二阶段的演讲或才艺比赛。11月3日，澳大利亚赛区决赛暨颁奖晚会在伯伍德市RSL Club举行，决出10位演讲、才艺优胜者代表澳洲地区参加总决赛。

2013年9月8日，缅北当阳孔圣中学举办第二届中华文化大赛，参与人数由第一届的73人增至197人。程序、时间均按组委会所规定的章程执行。孔圣中学校董余家正、杨永强、张学勤、陈德富、吴春茂先生等人参与督察。

2013年10月6日，由中国国务院侨办主办、意大利普拉托华人华侨联谊会中文学校承办的意大利赛区比赛如期举行。此次大赛普拉托联谊会中文学校共有400余名学生参加，另外还有10余名蒙梯卡梯尼中文学校的学生前来赴考。

2013年11月23日至24日，第二届海外华裔青少年中华文化大赛演讲暨才艺比赛在菲律宾商总礼堂举办。来自中正学院、侨中总校、侨中分校、尚一中学、碧瑶爱国中学4所华校的43名选手参加了此次活动。23日、24日上午分别举行演讲比赛、才艺比赛。经过激烈角逐，陈婉莹、林卓瑶、周盼音、许利文等10名获得一等奖的同学获得代表菲律宾参加总决赛的机会。大赛由中国国务院侨办、中国海外交流协会主办，菲律宾华教中心承办。

2. “水立方杯”海外华裔青少年中文歌曲大赛成功举办

2013年8月8日，2013年“水立方杯”海外华裔青少年中文歌曲大赛颁奖晚会在国家游泳中心“水立方”举行。来自印尼的蓝月灵获得本届大赛的金奖，来自美国的李安梅、来自印度尼西亚的黄秀萍获得银奖，来自德国的左川惠、美国的李子卿和马来西亚的罗翎允获得铜奖。

大赛先在海外18个国家开赛。经过激烈角逐，42名获胜选手获得来京资格，他们中间年龄最大的24岁，最小的只有13岁。选手们于7月20日抵达北京，将代表所在国家参加在北京的初赛（7月27日）、复赛（7月31日）、决赛（8月3日）。经过5个小时的初赛，比赛决出入围下一轮复赛的30强选手。复赛中，评委根据选手各自的特点，将30位晋级选手分成了10组，以组合的形式进行表演。来自印尼的黄秀萍、蓝月灵，来自马来西亚的罗翎允、孙艺绫，来自南非的赵建凯，来自美国纽约的李安梅、洛杉矶的李子卿，来自德国的左川惠，来自澳大利亚的王智鸿和来自泰国的周丽玲等10位选手最终顺利晋级决赛。大赛决赛于8月3日在北京举行。决赛采用综合专业评委打分与大众评委打分相结合的方式评比。郭峰、程琳、朱桦三位知名音乐人担任此次比赛的专业评委，各自独立打分，满分20分；另有40名大众评委，每人可以通过手中的投票器，为自己认同的选手投上一票，每票记做1分。总计得分最高的前6位选手将成为此次赛事的六强。最终，李安梅、李子卿、左川惠、蓝月灵、罗翎允、黄秀萍6位女生成为六强。决赛现场颁发了十强奖、单项奖、优秀奖、入围奖4个奖项。六强则在8月8日颁奖晚会上揭晓。

2013年“水立方杯”海外华裔青少年中文歌曲大赛是由国务院侨务办公室、北京市人民政府、中华全国青年联合会共同主办，由北京市人民政府侨务办公室、北京电视台、北京国家游泳中心有限责任公司、北京市演出有限责任公司联合承办的一项大型公益性侨务文化交流活动。活动旨在以中文歌曲比赛的形式，吸引广大海外华裔青少年学习中文，促进海外华文教育；充分利用“水立方”这一广大港澳台侨同胞捐资共建的奥运场馆，搭建海内外交流平台，进一步促进北京与海外在经济、文化等各领域的交流与合作。

大赛要求选手为年龄在14周岁至22周岁之间华侨或外籍华人；选手须使用中文进行演唱，唱法不限；选手演唱歌曲应内容健康、旋律优美。活动从演唱技巧、中文水平和演绎水平三个方面对选手进行考核；鼓励海外华裔青少年广泛参加，不按职业与非职业划分，不按唱法划分，不按年龄分组。

大赛在海外华侨华人主要聚居国设立大赛分赛区；在不具备设立分赛区条件的国家或地区设立推选分站。大赛分三个阶段进行：一是选拔赛阶段：2013年4月~6月，由各承办机构在当地组织选拔赛，优胜者获得到北京参加总决赛资格，每个承办机构限推2人；二是总决赛阶段：2013年7月20日~8月4日，由各海外承办机构选出的优胜选手，到北京参加大赛总决赛。总决赛分为初赛、复赛和决赛进行，10名优胜者将进入决赛并决出相应奖项；三是颁奖晚会阶段：2013年8月5日~8日，大赛颁奖晚会。8月8日在北京国家游泳中心（水立方）举办大型颁奖晚会，获奖选手和国内知名艺人共同演出。

选拔赛在美国、加拿大、法国、瑞典、西班牙、英国、荷兰、葡萄牙、德国、澳大利亚、新西兰、印度尼西亚、马来西亚、泰国、日本、菲律宾、巴西、南非18个国家的23个城市（华盛顿、纽约、洛杉矶、温哥华、渥太华、巴黎、斯德哥尔摩、巴塞罗那、马德里、伦敦、鹿特丹、卡斯卡伊斯、法兰克福、悉尼、惠灵顿、奥克兰、基督城、雅加达、吉隆坡、曼谷、东京、利马、约翰内斯堡）同时展开，选出42个选手到北京参加复赛和总决赛。

此赛事已连续举办两届，在海外华侨华人社会和北京各界取得了良好反响，受到了海外华侨华人的肯定和赞誉。在本届活动中，海外23家侨团承办了比赛，近千名海外华裔青少年参赛。加拿大温哥华赛区组委会与当地电视台合作，在举办比赛的同时配合开展达人赛，吸引了不同年龄和身份的选手参加；加拿大渥太华赛区则采取两地合办的形式，与邻城蒙特利尔联合开展比赛，解决了本地华人少、参赛人员不足的问题；葡萄牙、西班牙邀请使馆的同志参与评委工作；美国华盛顿赛区与当地最大的中文学校联合举办比赛，南非赛区邀请当地大多数主要侨团参加比赛晚会。丰富多彩的比赛形式，吸引了更多的华裔青少年参加比赛，使比赛逐渐成为各地侨界的一件大事盛事。

表 3-2 “水立方杯”海外华裔青少年中文歌曲大赛基本情况

	赛区＼基本信息	比赛时间	代表选手	承办机构
分赛区	新西兰	6月	方晨、冯钤	新西兰中国团体联合会
	秘鲁	6月		秘鲁中华通惠总局
	日本	6月	林雪娴	中文导报社、日本华侨华人文学艺术家联合会
	英国（伦敦）	5月	蔡登丰、黄子倍	伦敦华埠商会
	美国（洛杉矶）	6月	关宏博、李子卿	美国国际青少年文化艺术协会、美国华人社团联合会
	美国（纽约）	6月	李安梅、刘翰博	纽约北京同乡会
	美国（华盛顿）	7月	符瑞、欣怡	华盛顿地区北京同乡会
	南非	6月	张欣婷、赵健凯	南非华文教育基金会
	葡萄牙	6月	王国发、周佳盛	葡萄牙中华总商会
	西班牙（巴塞罗那）	6月	邵震上、邢云鹏	加泰罗尼亚华人华侨社团联合总会、西班牙中国文化艺术交流协会、乐海艺术学校、中国学校
	西班牙（马德里）	6月	严柔和、金微拉	西班牙北京同乡会、中西文化艺术交流协会、中西文化艺术中心和中西文化艺术学校
	法国	6月	陈曦、陈晨	全法北京人协会
	荷兰	6月	孔程前、陈云涛	
	瑞典	5月	娜丽莎、夏俊杰	瑞京中文学校、瑞京华人协会
	印度尼西亚	6月	蓝月灵、黄秀萍	雅加达华文教育协调机构
	马来西亚	6月	罗翎允、孙艺绫	
	泰国	6月	王小燕、周丽玲	泰国中央中文电视台、曼谷中国文化中心
	菲律宾	6月	洪钰焜、苏震宇	菲华商联总会、菲华各校友会联谊总会、旅菲各校友会联合会、菲律宾华文学校联合会
	巴西	6月	吴映蝶	
	加拿大（温哥华）	6月	胡莜昂、周俊业	

续表

	基本信息 赛区	比赛时间	代表选手	承办机构
分赛区	加拿大（渥太华）	6月	侯珏	
	澳大利亚	6月	王智鸿、李塔莎	
	德国	6月	左川康、叶赵伟	
总赛区	北京赛区	7月27日	42名选手	北京市人民政府侨务办公室、北京电视台、北京国家游泳中心有限责任公司、北京市演出有限责任公司
		7月31日	30名选手	
		8月3日	10名选手	

3. 意大利华校开展说课比赛

2013年2月下旬，意大利佛罗伦萨中文学校开展“说课技能”教学基本功交流活动。活动中，佛罗伦萨中文学校教师根据各自准备的教案，合理运用教具辅助手段说课。说课结束后，全体教师真诚沟通，热烈交流，分享优点，指出不足，并相互献计献策。

4. 印尼吧敢首届校际汉语技能大赛总决赛顺利举行

2013年2月19日，由印度尼西亚棉兰吧敢卫理学校主办的吧敢首届校际汉语技能大赛总决赛于吧敢卫理学校顺利举行。吧敢卫理学校等10所学校的59名学生参加了比赛。吧敢卫理学校董事会主席李焕新先生、吧敢卫理学校总校长黄敦圆先生出席了比赛。

活动内容丰富，包括古诗、儿童诗、传统民间故事、成语故事等。比赛过程中还穿插了中国文化知识问答游戏以及精彩的文艺表演。

吧敢首届校际汉语技能大赛旨在丰富校园活动，扩大学生的知识面，提高学生对中华文化的兴趣，让学生初步接触各项汉语文化技能，也加强了吧敢及周边地区学校之间的联系和交流，给同学们一个展现特长的机会。

5. 印尼万隆举办第二届华语之星比赛

2013年3月2日，印度尼西亚万隆市第二届华语之星比赛在万隆培民学校隆重举行。来自万隆培民学校、万隆三一学校、万隆儿童城、曙光小学、BPK Penabur、万隆儿童学村、万隆幼儿园学校的50多名优秀选手在此展开角逐。

比赛以朗诵技巧、情感、音色为评分标准，分为幼儿组的儿歌朗诵比赛和小学组的故事朗诵比赛。选手们的精彩表现博得了现场观众的阵阵掌声。

比赛旨在弘扬中华传统文化，激发学生学习华语的热情，提高学生们学习华语的兴趣，为他们搭建一个华语交流的平台，营造一个积极学习华语的良好氛围。

6. 泰国美速智民学校举办中文书法比赛

2013 年 3 月上旬，泰国美速智民学校举办书法比赛，进一步向学生推广汉语，弘扬中华民族优秀传统文化。比赛以年级为单位，分设小学、中学、高中三个级别与硬笔书法和毛笔书法两种形式。经评委认真筛选，共产生 6 名一等奖、10 名二等奖和 14 名三等奖。活动旨在使学生加强养成正确的写字姿势及良好的书写习惯，帮助学生写出一手规范、漂亮的汉字，在提高学生汉语水平及增加对中华文化兴趣的同时，让更多的学生通过书法学习体验和了解中国文化。

7. 大华盛顿地区第二届“中华杯”青少年汉语朗诵比赛启动

2013 年 3 月上旬，大华盛顿地区第二届“中华杯”青少年汉语朗诵比赛启动。比赛面向社区，大华盛顿地区凡 18 岁以下、在美国居住 4 年以上的华裔及其他族裔青少年均可免费通过网站报名参赛。正式比赛从 4 月 6 日开始，参赛同学分为小学 A 组、小学 B 组、中学组和高中组，初赛朗诵指定作品，复赛和决赛自选作品（朗诵时限 3 分钟以内）。

“中华杯”青少年汉语朗诵比赛由美中实验学校、哈维中文学校、大专联、马大孔子学院、《侨报周末》、美中文化交流协会、美中工商联合会等机构联合举办，也得到各中文学校、广大师生家长和社区朋友的积极支持。活动旨在大力弘扬中华文化，促进海外华文教育的进一步发展，为广大青少年搭建一个展示汉语才能、展现朝气蓬勃精神面貌的平台。

8. 印尼吧敢卫理学校举办首届中文硬笔书法赛

2013 年 3 月上旬，印尼吧敢卫理学校举办了首届中文硬笔书法比赛。全校共 200 余名学生按批次先后参加比赛。比赛分为小学组、初中组和高中组 3 个组别进行，不同组别的 200 余名参赛选手现场抄写难易不同的文章。

9. 美国库比蒂诺举办中文打字赛为选修中文课预热

2013 年 3 月 16 日，第四届“Chinese for Fun——中文好好玩”打字及卡拉 OK 比赛在美国库比蒂诺 Homestead 高中举行，共吸引 100 多位学生参赛。比赛由美国库比蒂诺华文教育推广委员会主办，旨在鼓励主流学校学生选修中文课程，增加对中文的兴趣，凝聚学习华文风气，让学生积极选修华文课程。

10. 广东外派华文教师参加菲律宾教案比赛获优胜奖

2013 年 3 月中旬，菲律宾晋总文教网与菲律宾华文学校联合会联合主办了第二届多媒体课件及电子教案比赛。此次活动共有数十家学校、上百位教师积极参与，共收到参赛作品 160 多件。

此次活动分初选和总选两个阶段。其中初选入选的优秀稿件已陆续上传到晋总文教网，供华文教师下载浏览。此次比赛共设 4 个组别，每组设优胜奖 3 名。

11. 第六届“我和中国”汉语演讲比赛在布鲁塞尔举办

2013 年 3 月中旬，由中国驻比利时大使馆教育处主办，欧洲华商扶贫基金会、华商时报社承办的第六届“我和中国”汉语演讲比赛在比利时布鲁塞尔成功举办。

比赛以“我和中国”为主题。来自布鲁塞尔中文学校、安城中文学校、浙江工商会列日中文学校、鲁汶中文学校、根特华协中文学校、蒙斯中文学校、科特莱克中文学校、图尔奈中文学校等 8 所中文学校的 21 名选手参加了比赛。其中年龄最小的仅 8 岁，最大的近 60 岁，既有华侨华人子女，也有当地和其他外籍人士。参赛选手们用生动的事例讲述了他们各自在学习汉语过程中的心得，对中国历史、文化、社会、风土人情的理解，去中国的见闻和趣事，等等。经过激烈角逐，来自浙江工商会列日中文学校的夏宇翔和来自安城中文学校的郑美霞分获青少年组和成年组第一名。

12. 美国青少年文化中心举办中文识字比赛

2013 年 3 月下旬，美国青少年文化中心主办的第 12 届“湾区儿童中文识字小天才”比赛在桑尼维尔举行颁奖典礼。共有 36 名 2 岁至 12 岁的识字小天才获得奖杯和奖状。比赛旨在通过中文识字比赛加强孩子们学习中文的兴趣，借中国字让中国文化的根一代代传下去。本届比赛特别重新设计制作了全新的奖杯，上面印有中国龙标志，希望让孩子们了解华人都是“龙的传人”。

13. 美国北加州中文学校举办学术比赛

2013 年 3 月下旬，美国北加州中文学校联合学会 2012 ~ 2013 学术比赛在北半岛中文学校举行。比赛项目共 17 个，包括演讲、书法、绘画、作文、拼音、翻译、朗读、打字等，按年龄分为 4 组。评审由各会员学校推荐的老师担任。比赛吸引近 600

名学生参加。

美国北加州中文学校联合学会成立于1978年，会员学校共116所，学生2万余名，中文教师1500余名。

14. 荷兰中文教育协会举办普通话朗诵演讲比赛

2013年4月中旬，由荷兰中文教育协会主办的第五届普通话朗诵/演讲比赛在荷兰阿姆斯特丹中央图书馆剧场隆重开幕。中国驻荷兰大使馆领事部主任黄瑛及秘书郑皓，荷兰中文教育协会主席陈华钟，北京华文学院副院长郭熙教授，来自荷兰各地的中文学校老师、学生及家长近150人参加了开幕式。

比赛旨在为海外华人华侨乃至学习汉语的外国学生提供一个体会汉语音韵之美的平台，增加他们对汉语学习的兴趣和信心。参加比赛的57名选手分别来自荷兰19所中文学校和英国的部分学校。经过4轮的紧张角逐，来自荷兰东区中文学校的吴斌、丹华文化教育中心的关祈南、代尔夫特中文学校的李乐萌和丹华文化教育中心的威妮分别夺得了儿童1组、儿童2组、少年组和外语组的桂冠。

英国选手加入赛场，显示出朗诵/演讲比赛已越来越受到欧洲华校师生及家长的重视，也显示出朗诵比赛具备跨越国界的潜力。

15. 第十四届“世界华人学生作文大赛”获奖作品揭晓

2013年5月，第十四届“世界华人学生作文大赛”获奖作品揭晓。此次大赛由中国侨联、全国台联、《人民日报》（海外版）、中国国际广播电台、《快乐作文》杂志社共同主办，参赛对象为海内外各国、各地区中小学或中文学校华人、华侨在校学生，至今已举办十四届，是一项主办单位规格最高、参赛国家范围最广、参赛人数最多、影响最大的少年儿童中文写作比赛。本届大赛为非命题作文，有“梦想”“快乐”两个主题作为参考，小学生题材及体裁均不限；初中生记叙文、说明文、议论文均可；题目自拟。

16. 印尼玛中大学举办中华文化节

2013年5月上旬，印尼玛中大学中华文化节系列活动之唱歌、演讲以及写作比赛在玛中大学顺利举行。来自玛中大学、Sebelas Maret大学、Brawijaya大学等大学以及玛琅众多中小学学生参与了此次比赛。来自玛中大学、Brawijaya大学的老师担任评委。

唱歌比赛分为大学组、中学组以及小学组，共26名参赛选手。演讲比赛以“我心中的中华文化”为主题。写作比赛围绕《我的好朋友》或者《我的老师》进行现场写作，主要考察的是学生的汉语基本功和临场写作能力。

17. “中华杯”美国青少年汉语朗诵比赛举行决赛

2013 年 5 月下旬，“中华杯”美国青少年汉语朗诵比赛在马萨诸塞州西朱莉亚斯中学举行决赛及颁奖仪式。大赛邀请了 12 位来自朗诵、表演、播音界的专业权威人士担任评审，其中大半来自中央和省会电视台。此次比赛有 200 余名小学到高中的青少年参赛，79 位选手晋级复赛，34 名选手入围决赛。最终，王天章、王嘉莹、齐杉杉、李美人分别摘得小学 A 组、小学 B 组、中学组、高中组桂冠。

大赛组委会表示，2014 年大赛将增加新的组别，如家长和孩子一起参赛的“亲子组”、非华裔孩子的“特别组”等，也考虑将大赛扩展到更广泛的地区。

18. 泰国北榄公立培华学校举办中国诗歌朗诵比赛

2013 年 6 月 19 日，泰国北榄培华学校举行“中国诗歌朗诵比赛”活动，以纪念中国伟大的诗人屈原。参与此次比赛的选手，包括从幼儿园到高中各个年级的学生。比赛分为预选、初赛、决赛三个阶段。参赛诗歌都是中国耳熟能详的经典曲目。在朗诵的同时，选手们还加入了自己的创意，一首古诗或配乐，或用舞台剧演绎，有的甚至用歌舞表达，表现形式丰富多样，极具感染力。

“中国诗歌朗诵比赛”活动已成为该校的品牌活动，旨在提高学生学习中文的兴趣，营造学习中文的良好氛围。

19. 英国中文教育促进会第六届书法比赛成绩揭晓

2013 年 6 月下旬，第六届全英中文书法大赛圆满落幕。此次比赛由英国中文教育促进会主办，英国诗书画学会、旅欧吉澳同乡会中文学校、克尼华人中文学校、艾吉巴斯顿女子中学、艾尔斯伯里中学、欧洲《星岛日报》、欧洲凤凰电视台联合协办。

此次大赛特分为华裔和非华裔两大类，大楷毛笔、小楷毛笔和硬笔（铅笔/钢笔）书法，及不同年龄参赛者共 24 组。大赛收到全英 68 所学校共 840 份参赛作品，其中社区中文学校 34 所、英国主流学校 34 所，由各学校评估选送。最终评出一等奖 1 名，二等奖 30 名，三等奖 222 名。

值得注意的是，2013 年参加书法比赛的主流学校的中学生越来越多，相对于 2012 年参赛的 33 所学校（主流学校 18 所，社区中文学校 15 所），无论是主流学校还是社区中文学校的参赛数目都翻了一番。参赛作品水平越来越高，显示出老师们越来越重视书法教学。

20. 第十一届全英普通话朗诵比赛在伦敦举行

2013 年 7 月初，2013 年英国中文教育促进会一年一度的全英普通话朗诵比赛在伦敦举行。此次比赛规模为 11 年来最为盛大的一次，无论是华人社区的中文学校还是英国的主流学校都报名踊跃、积极参与。年龄从 5 岁到 17 岁的 270 名选手来自 30 个学校，带来了 106 个精心准备的朗诵节目，创下了这项比赛举办以来的最高纪录。少数成人学生也积极参赛。比赛按照学生的家庭语言文化背景分为 4 个大类：1.（P 组）选手的父母双方都讲普通话；2.（B 组）选手的父母没有中文背景，完全是西方人；3.（M 组）父母中单方讲普通话，另一方讲外语；4.（C 组）家庭中讲广东话和其他方言。

21. 浙江温州举办华裔青少年“我的中国梦”经典诵读比赛

2013 年 7 月下旬，海外华裔青少年“我的中国梦”经典诵读比赛在浙江省温州市实验中学举行。比赛设高、中、低三个组别，分普通话朗诵和温州民谣朗诵两种形式。来自 2013 年海外华裔青少年“中国寻根之旅夏令营——相约温州营”7 个分营的 41 位营员参加了比赛。此次比赛由温州市侨办主办、温州市实验中学承办。比赛以“我的中国梦”为主题，旨在弘扬祖国优秀传统文化，进一步提高温籍华裔青少年汉语运用水平，让他们深刻理解并体验中华语言文字的魅力。

22. 北京市侨联华裔青少年书画赛已收海外作品逾 600 幅

截至 2013 年 7 月底，第四届“金水桥之恋——华裔青少年书画大赛”已收到韩国、菲律宾、美国、加拿大、西班牙、瑞典、澳大利亚、新西兰等 13 个国家 24 个海外华文学校、教育机构及侨团报送的华裔青少年书画作品 663 幅。

大赛自 2012 年底开始筹备，得到海外华文教育机构的大力支持与海外华裔青少年的热情参与。参赛作品多为描绘中国元素，很多作品以“我的中国梦”为题材进行创作，充分展现了海外华裔青少年爱国爱乡、健康向上的精神风貌。大赛共评选出金奖 15 个、银奖 50 个、铜奖 90 个，优秀奖 120 个。

大赛于 9 月底在北京举办“金水桥之恋——华裔青少年书画大赛”获奖作品展。

“金水桥之恋——华裔青少年书画大赛”是北京市侨联开展华文教育工作的一项实体成果，也是“首都新侨乡文化节”系列活动中的海外拓展项目。

23. 泰国北榄培华学校举办中文歌唱比赛活动

2013 年 8 月 1 日，泰国北榄公立培华学校举办中文歌唱比赛总决赛活动。学校董事会主席李锦龙、中文校长李美娟、学生家长以及学校师生等1000多人参加活动，观看演出。

参与此次歌唱比赛的选手，包括从幼儿园到初中各个年级的学生。决赛表演的歌曲有必唱歌曲校歌——《培华颂》和自选歌曲。自选歌曲都是中国耳熟能详的儿歌、民谣，以及健康向上的流行歌曲。

24. 泰国崇华新生学校举办汉语比赛

2013年8月8日，泰国清迈崇华新生中文部举行小学2013学年汉语比赛。来自小学一年级到六年级的近70名学生参赛，比赛将一阶段一至三年级学生分为一组，通过演讲、才艺展示进行评比；二阶段四至六年级分为一组，用演讲、回答评委提问等进行比拼。

在一阶段的比赛中，参赛学生口齿流利，发音准确，演讲内容贴切，大多围绕自己的家庭、兴趣等展开话题。二阶段的比赛围绕中文演讲、回答评委提问展开。赛后，中文部校长张静老师为获奖选手颁发了奖状、奖金，为其他参赛选手颁发了纪念品。

25. 首届“让世界充满爱”国际华语演讲大赛开幕

2013年8月13日，首届“金控基金杯·让世界充满爱”国际华语演讲大赛在昆明华文学校举行。此次大赛由世界华人演讲家大同盟、中国演讲协会、云南省文明办云南省委高校工委、云南省演讲学会等单位联合主办。世界华人演讲家大同盟副主席颜永平、李志勤，昆明华文学校副校长金海及云南省委统战部、省文联、省文化厅相关领导出席此次大赛。

“让世界充满爱”国际华语演讲大赛是以爱为主题的“爱系列”全国演讲大赛中的一次高规格赛事。大赛专为缅甸、越南、泰国等东南亚国家学生设立东南亚赛区，吸引了来自越南、老挝、缅甸等国的80多名选手参赛。参赛选手中多为年轻人。不同年龄、不同文化背景、不同肤色、不同国籍的人用中文诠释心中的爱，诉说心中的情，成为此次比赛最大亮点。

（四）文体活动

1. “文化中国·四海同春”活动

由中国国务院侨办和中国海外交流协会组派的11支“文化中国·四海同春”

2013 年春节慰侨访演艺术团（组）分赴北美洲、南美洲、欧洲、大洋洲、亚洲、非洲等华侨华人聚居的 34 个国家及港澳地区共 57 个城市，为海外华侨华人奉献了 61 场精彩的文艺演出，赢得了海外侨界和当地主流社会的热烈欢迎和广泛赞誉。

“文化中国·四海同春”活动于 2009 年春节正式启动，于每年春节期间在全球五大洲华侨华人聚居的国家和地区开展慰侨访演活动，是国务院侨办和中国海外交流协会为丰富海外侨胞春节文化生活、满足海外侨胞精神需求、增进世界人民对中华文化的了解和认知、以侨为桥、沟通中国与世界，而精心打造的春节系列文化品牌活动，被誉为全球华人的“海外春晚”。

2013 年的“文化中国·四海同春”活动力求在前几年的基础上，求新求变求突破，满足侨胞多样化需求。中国“民歌天后”宋祖英以独唱音乐会的形式在美国举办音乐会。国务院侨办再度与央视合作，推出“文化中国·四海同春——2013 全球华侨华人新春晚会”。同时，本届“四海同春”活动是国侨办首次和湖南卫视共同合作的，主持人及演员班子由湖南卫视组织，并在节目编导、音响及舞台设计方面都有创新。

表 3-3　“文化中国·四海同春”慰侨访演时间表

序号	演出时间	演出地点	序号	演出时间	演出地点
1	1 月 24 日	特立尼达和多巴哥	19	2 月 18 日	泰国清迈
2	2 月 3 日	西班牙马德里	20	2 月 18 日	比利时布鲁塞尔
3	2 月 10 日 2 月 11 日	英国伦敦	21	2 月 18 日	英国格拉斯哥
4	2 月 14 日	丹麦哥本哈根	22	2 月 18 日	阿联酋阿布扎比
5	2 月 15 日	柬埔寨金边	23	2 月 19 日	美国达拉斯
6	2 月 15 日	美国迈阿密	24	2 月 19 日	美国华盛顿
7	2 月 15 日	巴西圣保罗	25	2 月 20 日	卢森堡
8	2 月 15 日	英国曼彻斯特	26	2 月 20 日	文莱斯里巴加湾
9	2 月 16 日	美国纽约	27	2 月 20 日	新西兰奥克兰
10	2 月 16 日	阿联酋迪拜	28	2 月 20 日	爱尔兰都柏林
11	2 月 16 日	韩国首尔	29	2 月 21 日	泰国孔敬
12	2 月 16 日	法国巴黎	30	2 月 21 日	美国盐湖城
13	2 月 16 日	巴西里约热内卢	31	2 月 21 日	厄瓜多尔瓜亚基尔
14	2 月 17 日	中国香港	32	2 月 22 日	捷克布拉格
15	2 月 17 日	英国斯特灵	33	2 月 22 日	南非开普敦
16	2 月 17 日	波兰华沙	34	2 月 23 日	加拿大渥太华
17	2 月 17 日	老挝万象	35	2 月 23 日	爱尔兰科克
18	2 月 17 日	美国休斯敦	36	2 月 24 日	美国夏威夷

续表

序号	演出时间	演出地点	序号	演出时间	演出地点
37	2月24日	菲律宾马尼拉	48	2月28日	澳大利亚阿德莱德
38	2月24日	澳大利亚悉尼	49	3月1日	美国洛杉矶
39	2月24日	美国圣地亚哥	50	3月1日	津巴布韦哈拉雷
40	2月24日	荷兰鹿特丹	51	3月2日	加拿大卡尔加里
41	2月24日	阿根廷布宜诺斯艾利斯	52	3月2日	印尼泗水
42	2月25日	奥地利维也纳	53	3月2日	德国慕尼黑
43	2月26日	南非约翰内斯堡	54	3月3日	美国旧金山
44	2月26日	德国柏林	55	3月3日	澳大利亚珀斯
45	2月27日	印尼雅加达	56	3月5日	法国海外省留尼旺
46	2月27日	秘鲁利马	57	3月28日	中国澳门
47	2月27日	加拿大蒙特利尔			

2. 葡萄牙里斯本中文学校华童晚会

2013年3月，在葡萄牙里斯本佛光会组织的新年晚会上，里斯本中文学校选送的带有京剧特色的《唱脸谱》大获赞誉。出生在海外和长期生活在海外的孩子们没有传统文化熏陶的大环境，对京剧的身段儿、扮相也了解甚少，里斯本中文学校精心组织表演班的同学们加班加点排练，在晚会上精彩亮相，受到在场观众的好评。

3. 新疆外侨办举办“新疆籍华裔青少年学生联谊会”

2013年6月7日，由新疆外侨办主办的“亲情中华·感知新疆”海外新疆籍华裔青少年学生联谊会在乌鲁木齐市举办。来自新疆师范大学、新疆艺术学院中华语言文化培训班的82名新疆籍华裔学生在联谊会上表演了精彩的文艺节目，他们都是新疆外侨办建立的华文教育基地的学生。

此次活动旨在通过面对面交流、互动，了解新疆籍华裔学生的学习、生活情况，使他们感受到祖国大家庭的温暖，感受到自治区党委和政府对海外新疆籍侨胞的关怀。

据悉，2008年，经新疆维吾尔自治区政府批准，新疆外侨办牵头组织，委托新疆艺术学院为哈萨克斯坦维吾尔文化中心培养了20名新疆籍青少年艺术类学生；自2010年起，以新疆师范大学、新疆艺术学院为依托，为来自8个国家的海外新疆籍侨胞子女举办了3期中华语言文化学习班，培养学生86人。

4. 意大利佛罗伦萨中文学校举办意中儿童文艺演出

2013年6月11日，由意大利托斯卡纳大区政府、意大利协助发展中国家协会、意大利佛罗伦萨中意文化交流协会、TANGRAM联合举办的佛罗伦萨中文学校意中儿童文艺演出在著名的Pucini剧场隆重举行。佛罗伦萨各界人士到场一同观看了演出。整台演出内容丰富，汇聚了男女声独唱、合唱、健美操、朗诵、舞蹈、相声、小品、中华武术表演等27个精彩节目。

5. 澳大利亚新金山中文学校交响乐团江苏无锡献演

2013年7月，由江苏无锡市委统战部、无锡市侨办和澳大利亚无锡商会等单位共同主办的“澳洲情·中国梦”——澳大利亚新金山中文学校交响乐团无锡演出活动亮相此间教育电视台。无锡市有关部门负责人、有关学校师生、海外侨胞和归侨侨眷代表共300多人观看演出。活动旨在推动澳大利亚与无锡之间的文化教育交流，加强澳大利亚华文学校与无锡中小学的联系与合作，共同推动海外华文教育的发展，团结海内外中华儿女共享共圆“中国梦”。

澳大利亚新金山中文学校由澳大利亚籍华裔学者孙浩良先生于1992年创办。目前拥有4000多名学生，是澳洲乃至全球最大的中文学校，成立以来为传承与弘扬中华文化、推动中澳政府与人民之间的交流发挥了积极的作用。

6. 温州华文教育基地籀园小学举办系列文体活动

温州市华文教育基地籀园小学举办生命主题教育系列活动，包括瓜果播种节、瓜果狂欢节、蔬果采摘节、美食鉴赏节等。活动旨在通过开展各种各样的植物种植活动，让学生们见证植物的每一个阶段的成长。

2013年3月19日，该校国际部一（2）班的同学们表演舞台剧“小种子”，拉开瓜果播种节的序幕。表演结束后，同学们分班级按秩序在小花盆里播下小种子。

2013年10月，该校国际部三年级学生鼎力打造“T台水果服装秀”；水果画、水果拼盘、水果冰淇淋、水果羹在孩子们五花八门的创意下陆续登场。

2013年12月，该校举办蔬菜采摘品尝会，邀请同学们到校园“农庄”里采摘蔬菜，品尝菜肴，分享丰收的喜悦。

此外，学校还举办了多场文化活动。如3月，邀请温州刘氏风筝的传承人刘力坚老师到校为华裔学生们展示传承了近百年的刘氏风筝文化；6月，邀请面塑大师和糖人传承人到校向华裔学生们传授糖人和面塑技艺，让他们感受到中国传统民间艺术的魅力。

7. 美国麻州大学波士顿分校举办“汉语文化日”活动

2013年6月，美国麻州大学波士顿分校中国事务中心在华埠举办中国汉语文化日活动，以此推动汉语教育在新英格兰地区深入开展。数十个中国文化展示活动吸引近千人参与。位于华埠昆市小学和中华广教学校的两大会场，为参与者带来一整天丰富的文艺文化活动，包括学生合唱、中国功夫展示、中国民乐演奏、交响乐队演奏、舞狮表演、粤剧演唱和民族舞蹈等。会场还特别设有汉语角和小区展台，供参与者学习和交流中文，了解小区。

当日还有一个特别项目，即“步行游览中国城”华埠历史回顾之旅。这个历时45分钟的旅程，从广教学校出发，途经中华公所、华埠牌楼公园、华埠主街、大同村等，最后在信义大厦结束，总共经过14个华埠特色景点，让参观者通过欣赏建筑和聆听历史故事，来认识这个全美第三大华埠。

8. 泰国崇华新生华立学校端午节日气氛浓郁

2013年6月12日，泰国清迈崇华新生华立学校中文部举行系列活动，迎接端午节的到来。活动按学生所在不同年级采取不同形式，其中有画龙舟、做彩粽、包粽子等，每个环节都让学生提交最优秀的作品供全体中文老师选评，优胜者可以领到粽子券，并可凭券领取粽子。

9. 华侨大学举办首届“印尼夜市”暨印尼文化节

2013年6月8日，华侨大学首届“印尼夜市”暨印尼文化节在华文学院南门广场举办。印尼驻广州领事馆领事甘多先生、布启先生，华文学院院长陈旋波、副院长李善邦出席活动现场。当晚，印尼留学生们带来了极具特色的印尼歌舞表演、传统美食、旅游风光介绍以及当地特色互动游戏等。来自缅甸、泰国、菲律宾等东南亚国家的留学生应邀参加，设置摊位售卖具有其本国特色的美食、纪念品等。

“印尼夜市”暨印尼文化节由华侨大学华文学院学生办主办，华文学院学生会、印尼留学生会承办，是华文学院首次以印尼文化为主题举办的综合性游园活动。

10. 广州南国书香节启动首届海外华文文学周

2013年8月16日，南国书香节暨羊城书展在广州开幕，并首次启动了海外华文文学周。活动通过集结有影响力的华裔作家、华侨华人等，将海外华文文学引进广州书展，打造海外华文文学国际交流平台。海外华文文学周依托暨南大学文学院、华文学院而举办，以真实展现华人追梦历程为主题。

本届文学周活动选取贴近华人生活的非虚构作品，邀请旅美散文作家刘荒田，《古巴华侨家书故事》作者黄卓才，美籍华文女作家、媒体人邱雯，中美跨文化交流传播者、媒体人张一平等，与广州民众分享他们的创作经历。此外，暨南大学出版社还借海外华文文学周建立海外华文文学库，收集海外华文文学研究丛书，对重点华文作家或华文文学现象、母题、特征等进行专题研究，并汇总身在海外却对中国文学、文艺、文化有专攻的华侨华人之研究作品。华文文学主题创作平台16日也同时上线，面向全球征稿。

（五）公益活动

1. 马来西亚热心华教人士捐款2万令吉助力华教理论建设

2013年3月上旬，马来西亚华教元老潘斯里李梁琬清捐献董总华教研究与出版基金2万令吉，由董总首席执行长王瑞国博士接领。

董总成立以该会主席叶新田博士为主任的“华教策略与研究”组，以加强理论建设与宣教组织工作，并于2012年出版理论刊物《华教发展与研究》。

李梁琬清也是董教总教育中心顾问暨霹雳育才华文独中董事长。她指出，马来西亚的华文教育有近200年的历史，应该要有计划、有系统地把华教的奋斗过程记录下来，并提升到理论高度。

2. 旅菲校友联捐资奖励华人少年作文比赛获奖师生

2013年3月上旬，旅菲各校友会联合会捐献奖金，以鼓励参加第十一届和第十二届“世界华人少年作文比赛”的获奖学生和指导老师。

第十一届世界华人少年作文比赛菲律宾赛区获奖者共67人，第十二届比赛获奖者共70人。获奖者可到菲律宾华教中心领取证书和奖金。据悉，旅菲各校友会联合会每届都慨捐奖金，奖励该国获奖者。

3. 影星成龙赴马来西亚义演支持当地华文教育

2013年3月23日，著名华人影星成龙在马来西亚东北部重镇关丹市参加了“龙情厚谊献关丹”慈善演出活动，并现场募集资金，支持马来西亚华文教育事业。

晚会上，成龙主持拍卖了2块名表和1幅名画，募集到善款300万令吉。现场1名富商当场宣布捐款100万令吉资助关丹华文教育。马来西亚总理纳吉在晚会前亲临活动现场，并宣布政府拨款300万令吉支持关丹中华独立中学的建设，支持华文教育发展。该场慈善义演募集到的善款将作为关丹中华独立中学的建校基金使用。

关丹中华独立中学由马来西亚政府批准建立，被众多华人誉为争取华文教育平等的重要标志。据校方透露，总建校预算为3000万令吉，截至当晚，已成功募捐到超过1300万令吉。

4. 福州实验小学向南非华文图书馆——闽侨书屋捐书

2013年3月25日，福建省侨办在福建省海外华文教育基地——福州实验小学举行捐书仪式。福州实验小学积极发动全校师生，共募得中国古典名著、名人传记、生活百科等各类图书8239册。福建省侨办党组成员、纪检组长闵蕙君，福州实验小学校长王瑞气及师生出席捐赠活动。

据了解，福建省侨办在拨出10万元专款为该书屋购买意向图书并承担运费的同时，先后4次发动各方力量向南非“闽侨书屋”捐赠图书逾万册。

5. 汇文侨生走进培智学校、弘善学校献爱心

2013年4月，北京市华文教育定点校——北京汇文中学国际部组织在校海外学生分别访问了北京东城区培智中心学校和弘善学校，并向培智中心学校捐助了2500元，作为该校家庭教室的部分建设费用；向弘善学校捐赠了15个篮球。

培智中心学校是一所专门接收智力残障学生的特殊教育学校。弘善学校是一所打工子弟学校。在帮助弱势群体、奉献爱心的过程中，海外学生们感受到了助人为乐的中华传统美德，也懂得了珍惜自己拥有的幸福的重要性。

6. 中澳企业家联合会再向中国华文教育基金会捐赠2000万元

2013年5月14日，继2010年向中国华文教育基金会捐赠900万元人民币后，中澳企业家联合会再次捐出2000万元，用以支持发展海外华文教育事业。捐赠仪式在北京华文学院举行。中澳企业家联合会会长王雷蒙宣读了该会向中国华文教育基金会捐赠的决定，并向中国华文教育基金会理事长林文肯递交捐赠支票样本。中国国务院侨办副主任马儒沛向王雷蒙颁发了捐赠证书。

7. 中国华文教育基金会再获侨资企业捐款1500万元

2013年5月20日，完美（中国）有限公司向中国华文教育基金会捐款1500万元人民币的捐赠仪式在北京举行。中国国务院侨办主任裘援平出席捐赠仪式并代表中国华文教育基金会向古润金颁发了《捐赠证书》。她希望中国华文教育基金会珍惜善款，用好善款，根据海外华文教育的需要开展切合实际的工作项目。

此次捐款是完美（中国）有限公司第4次向中国华文教育基金会捐款，至今合计已捐款4500万元人民币。根据古润金董事长及公司的捐赠意愿，此次捐款的500万元人民币将通过国务院侨办捐赠给雅安地震灾区，支持灾后重建工作，1000万元

人民币用于支持中国华文教育基金会开展海外华文教育事业相关项目。

国务院侨办副主任马儒沛主持捐赠仪式，中国华文教育基金会理事长林文肯及部分在京理事出席捐赠仪式。

8. 在港同胞捐款10万元设立温州华侨大学奖教奖学基金

2013年5月，香港温州工商会执行会长许征通过温州市慈善总会侨爱分会，向温州华侨大学捐款10万元，用于设立奖教奖学基金。这是温州华侨大学筹建后，收到的第一笔爱心捐款。

在温州市侨办举行的捐赠仪式上，温州市侨办主任、温州市慈善总会侨爱分会副会长鲍卫翔对许征捐资助学义举表示感谢。

9. 泰国华文民校协会梁冰主席捐50万泰铢助华校建教学楼

2013年7月21日，泰国华文民校协会主席梁冰女士向泰国夜功府建民学校捐赠50万泰铢，以助该校兴建新教学楼。

10. 泰国西部华联主席黄迨光捐10万泰铢资助华校

2013年8月上旬，泰国西部华文民校联谊会主席、龙仔厝三才公学校董主席黄迨光博士捐赠10万泰铢善款给建民公学，资助该校建设新教学大楼。

（六）表彰活动

1. 35位华裔青少年获中国华文教育基金会“金辉奖学金”

2013年1月11日，中国华文教育基金会“金辉奖学金”颁发仪式在北京华文学院举行。来自印度尼西亚、泰国、蒙古、日本、意大利等国家的35位该校大专班华裔学生荣获该项奖学金。

据统计，“金辉奖学金”设立以来，已惠及来自泰国、印尼、日本等20多个国家的海外学子超过200人。

2. 菲华杰出学生颁奖礼暨敬师会在侨中学院举行

2013年2月16日，“第二十届菲华杰出学生奖”颁奖礼暨“爱心浓情报师恩”敬师大会在菲律宾侨中学院体育馆举行。中国驻菲律宾大使馆参赞沈自成、领事陈美銮，曾景祥爱心文教基金会创办人曾文狮，菲律宾华教中心领导，获奖学生所在学校师生家长等1000多人出席。

此次活动由曾景祥爱心文教基金会主办。来自中正学院的吴黎黎、计顺市菲华中学的李杨云、崇德学校的施宥伊等13名学生获得本届菲华杰出学生奖。沈自成总领事、陈美銮领事也向曾文狮先生颁发了中国国侨办“热心海外华文教育杰出人士奖”表彰证书。

菲华杰出学生奖获奖名单：吴黎黎（中正）、李杨云（计顺菲华）、施宥伊（崇德）、施美佳（侨中）、施婷婷（怡朗华商）、施荣杰（普济）、黄世钦（光启）、黄晓铭（纳卯中华）、郭丹吟（红奚礼示立人）、张得霖（圣公会）、庄善诚（灵惠）、潘纯德（怡省毓侨）、苏振顺（基立）。

3. 菲宿务无名氏施维鹏优秀校长教师奖举行颁奖典礼

2013年3月9日，2012～2013年度纪念“宿务无名氏（引叔）”施维鹏优秀华校校长、模范华语教师奖颁奖典礼在菲律宾商总举行。中国驻菲大使馆参赞兼总领事沈自成、领事陈美銮莅临并为获奖者颁奖。

典礼上揭晓了本年度宿务无名氏优秀华校校长模范华语教师奖名单。罗申那和谐学校校长洪美兰荣获“年度优秀华校校长奖”。侨中分校林有耐、培德学校黄思华、侨中总校蔡慧民、计顺菲华学校林志顺、晨光学校叶玉儿、光启学校王苹苹、基中学校王亚薇、怡朗华商分校施慧玉、三宝颜中华学校黄系然、蜂省大同学校许珊丽、嘉南学校黄盈华、侨中分校王一仁、百阁公民学校沈丽珠、圣公会学校许秋珠、中正学院苏亚莉15位教师荣获“模范华语教师奖”。

4. 第十三届华人少年作文比赛颁奖典礼在京举行

2013年3月20日，第十三届华人少年作文比赛颁奖暨第十四届启动仪式在北京国家教育行政学院举行。

国家总督学顾问、原教育部副部长、华人少年作文比赛组委会主任柳斌，原教育部副部长、华人少年作文比赛组委会顾问田淑兰，活动评委会主任、著名小学语文教育家、全国小语会会长崔峦，著名教育家田增科教授，中国教育国际交流协会副秘书长林佐平，学友园教育传媒集团总裁梁学全，华人少年作文比赛组委会秘书长、著名儿童文学作家罗辰生以及国务院侨办、港澳办、台办、《人民日报》（海外版）的相关领导到场出席了活动。

华人少年作文比赛是由国务院侨务办公室文化司、国家对外汉语教学领导小组、教育部关心下一代工作委员会、《人民日报》（海外版）等联合主办的，该活动由已故著名教育家韩作黎先生于1993年发起，至今已经有20年的历史。活动旨在鼓励世界华人少年学习和继承民族的语言文化，提高他们使用民族语言文字的能力。20年来，参赛人数逐年上升，活动规模越来越大，影响力也越来越广泛，已经成为少年儿童学习华文、使用华文写作的传统活动。每届活动有上百万少年儿童参加。

据悉，第十三届华人少年作文比赛有25个国家的华校参加，共收到国内外来稿14.2万件，其中国外来稿5235件，港澳台来稿2451件；评选出一等奖1200名，二等奖3300名，三等奖6500名。

罗辰生对华人少年作文比赛20年的发展历程做了简单回顾，并对第十三届华人少年作文比赛情况进行了总结。梁学全宣读了第十四届华人少年作文比赛通知，第十四届的比赛题目有两个，分别是《我的家乡》和《我的家庭》。

5. 中国华文教育基金会资助在滇优秀华裔生

2013年4月14日，中国华文教育基金会向昆明华文学校及边境地区教学先修点的华裔学生提供80万的初高中学历奖助学金。来自越南、缅甸、老挝、韩国的347名在滇优秀华裔生获得了基金会的资助。

这是中国华文教育基金会自2012年起在云南设立的奖学金项目，主要对来自缅甸、柬埔寨、越南等国的经济比较困难的华裔学生提供资助。

据昆明华文学校校长张明军介绍，中国华教基金会2013年上半年提供的奖助学金总额为45.9万元人民币。其中，昆明华文学校获助学金24万元、奖学金9.9万元；德宏获7.5万元，普洱获1.7万元，临沧获2.8万元。

6. 马来西亚教育部宣布5所华校为卓越中小学校

2013年4月，马来西亚教育部宣布50所卓越中小学校，其中有5所是华校，分别是2所国民型中学和3所华小。

马来西亚教育部从2006年4月开始嘉奖在学术及课外表现非凡的中小学。此次获得“卓越中学”荣誉的2所国民型中学，分别是槟城钟灵国民型中学（校长黄保明）及北海钟灵国民型中学（校长骆贵清）；小学则是关丹公民华小（校长王禄扬）、吉打吉华（S）华小（校长林月莲），以及槟城时中分校（校长周月玫）。每所获奖学校都可获得2.5万令吉奖金。

7. 古润金先生五度荣获中华慈善奖

2013年4月19日，第八届中华慈善奖在北京颁奖。完美（中国）有限公司董事长古润金荣获“最具爱心捐赠个人”奖。这是古润金先生连续5年荣获中华慈善奖

“最具爱心捐赠个人”奖项。

中华慈善奖是中国公益慈善领域的最高政府奖，以表彰在扶老救孤、助残助学、救灾扶贫及支持文化艺术、环境保护等公益慈善事业中做出突出成绩的个人、企业和优秀慈善项目，大力弘扬慈善精神，激发全民向善的热情。

作为马来西亚第三代华裔企业家，自2008年起，古润金先生已是连续第5年获此殊荣。其领导下的完美公司参与和捐助了180多个社会公益项目，向社会各界捐款捐物累计资金已超过人民币3.5亿元，其中，自2010年起已连续向中国华文教育基金会捐赠3000万元人民币。

8. 英国华教基金会颁发何家金赞助英中文学校奖学金

2013年4月下旬，《英国侨报》（原《新欧华报》）社长何家金先生赞助英国中文学校奖学金颁发仪式及深圳市人民政府侨务办公室赠送德育教材《弟子规》仪式在伦敦金龙堡大酒楼召开。中国驻英大使馆李辉参赞、华文教育基金赞助者何家金出席了会议。此次大会共有38家中文学校获得奖学金。

9. 中国华文教育基金会与金辉集团携手奖助华裔高中生

2013年5月8日，“2012～2013年中国华文教育基金会海外华裔高中生学历教育——金辉奖助学金”颁发仪式在广西华侨学校隆重举行。中国华文教育基金会与金辉集团携手，为广西华侨学校150名东盟华裔高中生提供80万金辉奖助学金。

中国华文教育基金会卢海斌副秘书长、广西海外交流协会陈宁秘书长、广西华侨学校陈进超校长出席颁奖仪式并致辞。老挝学生林嘉薇代表受助同学发表获奖感言。

10. 64位海外华文教育志愿者和教育专家在深圳受表彰

2013年5月下旬，深圳市政府侨办和深圳市海外交流协会在深圳表彰了64位海外华文教育志愿者和教育专家，并为新增的13所“深圳市华文教育基地”中小学校授牌。

深圳市侨办主任、深圳市海外交流协会会长钟荫腾，深圳市海外交流协会常务副会长蓝粤春，深圳市海外交流协会秘书长苏新建等分别向海外华文教育做出奉献的个人和单位颁发荣誉证书暨牌匾。来自马来西亚、英国、蒙古等国的华文教育机构负责人，深圳市（区）教育局、市（区）侨办和有关学校负责人，华文教育志愿者和教育专家代表百余人参加了此次表彰座谈会。

据了解，自2009年以来，深圳市先后与马来西亚等12个国家开展华文教育合作，与海外华文学校缔结了12对姐妹校关系，派出海外华文教育志愿者19批59人次、华文教育专家4批10人次，建立“深圳市华文教育基地”4个，举办了校长班、园长班、教师班、夏（冬）令营、中华文化大乐园（沙巴营）等活动，并向海外捐赠华文教育书籍6万多册，以及大量文教用品等，还派出5个文艺演出团体赴海外进行慰侨演出。

11. 美国东部中文学校协会奖励优秀学校及师生

2013年6月上旬，美国东部中文学校协会在华盛顿地区举行第40届年会，颁发学生学艺竞赛活动、资深教职员工和优秀学生等近20个奖项。

麻州勒星顿中文学校获墙报、多媒体（中年级组）以及卡拉OK歌唱比赛三项学生学艺竞赛冠军。波士顿慈济人文学校、牛顿中文学校和麻州中部中文学校等亦在多个奖项中获得嘉奖。

2014年美国东部中文学校协会第41届年会将在波士顿举行。

12. 34位华裔青少年获中国华文教育基金会“金辉奖学金”

2013年7月12日，中国华文教育基金会“金辉奖学金”颁发仪式在北京华文学院举行。

北京华文学院周锋院长向完成学业和获得奖学金的同学们表示祝贺，并为同学们颁发毕业证书。来自印度尼西亚、泰国、蒙古、日本、意大利、巴西等国家的34位该校大专班华裔学生荣获该项奖学金。其中，一等奖9人，二等奖13人，三等奖12人。

13. 第十四届世界华人学生作文大赛颁奖典礼暨“亲情中华”获奖师生夏令营开营仪式在北京举行

2013年7月20日，第十四届世界华人学生作文大赛颁奖典礼暨“亲情中华”获奖师生夏令营开营仪式在北京举行。中国侨联副主席乔卫，中国侨联文化交流部部长陈迈、副部长杜海东、副巡视员郭敏燕，《人民日报》（海外版）副总编王永赋，全国台联文化宣传部副部长宋歌，以及来自中国、美国、加拿大、荷兰、西班牙、瑞士、德国、意大利、匈牙利、奥地利、阿联酋、文莱、日本、缅甸、新加坡、澳大利亚等国家及中国香港的100多名获奖学生和教师代表参加了开营式。

乔卫代表主办方在颁奖典礼上致辞，并宣布“亲情中华”获奖师生夏令营开营，向营员授旗。此次大赛吸引了来自海内外21个国家和中国港澳台众多华人学生参赛。经过各地初评和大赛评委会复评、终评，共有15名同学获得特等奖，8800名同学获得一、二、三等奖，另有7630名教师获得辅导奖，180个单位获得组织奖。颁奖典礼上，组委会宣布第十五届世界华人学生作文大赛正式启动，面向世界各国的华人学生征集稿件。

同时，全国台联副会长杨毅周代表组委会宣布，世界华人学生作文大赛十五周年庆典活动“寻找曾经获奖的你”正式启动。该活动目的是在大赛十五周年之际通过寻找分布在世界各地的获奖者，挖掘他们多彩的成长故事，为全世界华人学生搭建更加广阔的交流展示平台。

14. 泰国清迈学子获中国华文教育基金会华裔学生奖助学金

2013 年 7 月 30 日，受主办方中国华文教育基金会和赞助方中国金辉集团委托，昆明华文学校张明军校长一行 5 人前往泰国清迈大谷地教联高级中学发放中国华文教育基金会华裔学生初高中学历奖助学金。

清迈教联高级中学此次共有 14 位学生获得金额分别为人民币 5000 元、4000 元和 3000 元的三个等级共计 51000 元的奖助学金。这也是中国华文教育基金会继 2012 年 6 月到此发放 10 万人民币奖学金之后的第二次发放。

中国驻清迈总领事馆张伟才总领事出席仪式并发表讲话。他表示，领事馆会持续关注与重视泰北华人村华文教育的发展，通过各种管道给予力所能及的帮助。

据了解，为了使泰北山村的孩子们更能享受到优质的华文教育，以提升泰北华校的办学层次，昆明华文学校还准备与清迈教联高级中学共建“华文书苑”。活动在发放奖助学金的同时进行了“华文书苑”的挂牌仪式。

15. 暨南大学华文教育专业 84 名全日制学历生获“雅居乐奖学金”

2013 年 10 月 24 日，由中国华文教育基金会主办、雅居乐地产控股有限公司赞助的“暨南大学华文教育专业全日制学历生 2013 年‘雅居乐’奖学金颁奖仪式”在暨南大学华文学院隆重举行。中国华文教育基金会卢海斌副秘书长、项目主管黄毅处长，暨南大学饶敏副校长、华文学院郭熙院长，84 位雅居乐奖学金获得者及部分教师和学生代表，近 300 人参加了颁奖仪式。

此次评审共有来自 14 个国家的 153 位符合条件的华文教育全日制留学生提出申请，共评出博士生奖学金 1 人、优秀学业奖 46 人、优秀学生干部 10 人、创作成果奖 6 人、学习飞跃奖 6 人、卓越才艺奖 5 人、道德风范奖 4 人、文体活动奖 6 人，分别获得 1000 至 5000 元不等的雅居乐奖学金。

此项奖学金是首届面向海外华语与华文教育专业博士生设立的奖学金，也是首届由雅居乐地产控股有限公司赞助的华文教育全日制本科生奖学金。它的设立对海外华文教育事业的发展有着极大的鼓励和推动作用。

16. 昆明华文学校三百余名华裔生获奖助学金

2013 年 10 月 25 日，云南昆明华文学校向学生发放了由国务院侨办、云南省侨办及中国华文教育基金会提供的 2013 年奖助学金，共计 137 万元人民币。来自泰国、柬埔寨、老挝、缅甸等国家的 362 名优秀华裔生获得了此次资助。

此次发放的奖助学金分别是国侨办 2012 ~ 2013 学年非学历教育汉语长期班华裔学生奖/助学金 72 万元；云南省侨办 2013 年度华裔学生困难补助 36 万元；中国华文教育基金会 2013 下半年华裔学生初高中学历奖助学金 29 万元。

17. 新加坡首位华文教师获卓越贡献奖

2013 年 11 月，教学资历仅 5 年的新加坡华文教师苏章恺（30 岁），因其在推动教师阅读风气和教学实践上所展现的魄力与热忱，从本地 3 万名教师中脱颖而出，成为本年度新加坡教师学院卓越贡献奖得主。

为表扬促进教师专业发展的教育工作者和伙伴，新加坡教师学院自 2012 年起设立新加坡教师学院贡献奖，共颁发三大奖项，卓越贡献奖是当中至高荣誉的奖项。2013 年仅苏章恺独享这份荣耀，他也是至今唯一获得这项殊荣的华文教师。

苏章恺既是南洋女中的华文教师，也是第三代读书会副会长和教育部阳光团队队员之一，在实践新华文课程和教学法上起领头作用。

18. 广西侨校华裔学生获 90 万奖助学金

2013 年 12 月 17 日，2012 ~ 2013 学年广西华侨学校非学历教育汉语长期班华裔学生奖助学金颁发仪式在广西华侨学校举行。该校 160 名来自东盟国家的华裔学生们获不同等级的奖助学金共计 90 万元人民币。其中，奖学金总额为 27. 8 万元，获奖人数为 45 人；助学金总额 62. 2 万元，受助人数为 115 人。

2013 年是非学历教育汉语长期班华裔学生奖助学金项目实施的第二年。该项目由国务院侨务办公室设立。

六　华教师资培养

（一）学历型师资培养

1. 温州大学汉语言本科“3+1”项目泰国班留学生学成归国

2013年1月15日，国侨办华文教育基地——温州大学举行欢送会，欢送该校2010级汉语言本科“3+1”项目泰国班的26名留学生学成归国。温州大学校长蔡袁强、副校长薛伟等出席欢送会，并向国家孔子学院奖学金、浙江省政府奖学金、温州大学奖学金获得者颁发了证书和纪念品。

欢送会上，蔡袁强对顺利完成学业的泰国留学生们表示祝贺，希望他们把所学的知识带回泰国，成为中国文化的传播者。蔡袁强还勉励他们继续学习中国语言和文化，为中泰友谊做出更大的贡献。

2. 湖南师范大学赴印尼面授华文函授本科班学员

2013年1月15日，由湖南师范大学派出的陈娉美、张幼军、杨翠、蒋湘平4位教师，圆满完成对印尼华文教师本科班的第三次面授工作后，返回长沙。该教师团分赴锡江、巴淡、雅加达3个函授点进行了本科培养方案中“高级汉语、古代汉语、当代中国话题、报刊阅读”4门课程的教学，并组织了“教育学、高级汉语、汉字概论”3门课程的考试工作。

3. 华侨大学教授赴印尼讲授本科、硕士课程

2013年2月6日，华侨大学文学院许总教授、李善邦副教授前往印尼智民学院（Cerdas Bangsa College），为雅加达和巴淡岛两地的自考本科学员和雅加达硕士学位课程班研究生讲学。

许总教授为2012级硕士学位课程的研究生讲授了“唐宋诗歌研究”，李善邦副教授为自考本科学员讲授“中国古代文学、汉语作为第二语言教学法”等课程，并组织了相关课程的考试。

华侨大学是首个招收印度尼西亚自考本科、硕士研究生的院校，十几年来，为印度尼西亚培养了上百位汉语言专业学士和文学专业硕士毕业生，为印度尼西亚华语文师资队伍的建设做出了贡献。

4. 华侨大学泰国华文教育本科学历班开班

2013年3月11日，由中国华文教育基金会主办，中国华侨大学、泰国华文教师公会承办的泰国华文教育本科学历班，在泰国曼谷海南会馆开班。

泰国华文教师公会主席、华侨大学校董罗宗正，泰国留学中国大学校友总会永远名誉主席、华侨大学校董张永青，泰国海南会馆理事长邢诒喜，华侨大学驻泰国代表余秀兰，泰国各协办单位代表及学历班全体师生出席开班仪式。

泰国华文教育本科学历班为期3年，由华侨大学每年选派专业教师分寒暑两季赴泰国授课，学员通过所有课程考核后，可取得华侨大学华文教育专业本科学历证书。该项目得到了完美（中国）有限公司的专门资助。

5. 华侨大学“华语与华文教育”专业昆明境外硕士研究生班开班

2013年4月14日，华侨大学“华语与华文教育”专业2013级昆明境外硕士研究生班在昆明举行开班仪式。该班共24名学员，主要来自缅甸和越南，均为当地华校教师，将由华侨大学承担为期三年的教学培养任务，由完美（中国）有限公司资助部分学费。

中国华文教育基金会卢海斌副秘书长、云南省人民政府侨务办公室袁光兴副主任、华侨大学徐西鹏副校长出席开班仪式，并为新学员佩戴华侨大学校徽。开班仪式由昆明华文学校张明军校长主持。

中国华侨大学昆明教学部研究生班是继昆明华文学校与华侨大学成功开办大学预科班之后的又一成功的合作，将采取学员不脱产、密集授课的方式培养。同时，该批学员也获得了由中国华文教育基金会、完美（中国）有限公司提供的学费资助及云南省侨办、昆明华文学校提供的食宿资助。

6. 暨南大学举行2013年华文教育、汉语言专业函授本科毕业典礼

2013年7月2日，暨南大学2013年华文教育、汉语言专业函授本科毕业典礼在华文学院隆重举行。中国华文教育基金会卢海斌副秘书长、暨南大学华文学院院长郭

熙教授，暨南大学海外各函授教学点负责人，暨南大学教育学院、华文学院的领导和老师们，与来自印尼和泰国的毕业生及其家属欢聚一堂，共同见证了学位授予仪式。

暨南大学2013届华文教育、汉语言函授本科专业印尼、泰国毕业生共80名，他们平均年龄在35岁左右，分布在印尼和泰国各华文学校和教学机构，从事不同层次的华文教育工作。

7. 加拿大汉语言专业本科函授学历班在辽宁师范大学开班

2013年8月1日，国务院侨务办公室加拿大汉语言专业本科函授学历班2013学年开学典礼在辽宁师范大学多功能国际会议厅举行。此次汉语言专业本科班为国务院侨办主办，辽宁师范大学国际教育学院承办。辽宁师范大学国际教育学院领导、加拿大多伦多教育局本科学历班项目负责人薛荣，以及二期及三期班的全体学员参加了开班仪式。

辽宁师范大学国际教育学院书记隋萍在会上向所有领队老师及学员们介绍了辽宁师范大学以及国际教育学院的基本情况，并对学有所成后即将从事中文教师职业的各位学员在加拿大进行中华文化传播表示出了崇高的敬意。

8. 印尼“华文教育大学堂”举行首轮硕士班入学考试

2013年9月3日，由印度尼西亚基督教大学、民族智光基金会与河北师范大学3个单位联合开办的本科、硕士、博士教育班举行首轮硕士班入学考试。

此次报名兼读制（在职攻读制）国际汉语教育学研究生硕士学位班学员有20位，分两轮入学考试，考试在雅加达兴安会馆教学点“华文教育大学堂”举行。“华文教育大学堂”是印度尼西亚基督教大学、民族智光基金会与河北师范大学三单位联合办学的教学点，位于雅加达兴安会馆。

9. 菲律宾华文教育中心开办第二届华文教育专业本科函授班

由菲律宾华文教育中心和中国暨南大学华文学院联合举办，中国国务院侨办提供奖学金的“第二届华文教育专业本科学历教育”函授班开班。来自菲律宾侨中、中西、培德、计顺菲华、能仁、英才、怡省毓侨、郊亚鄢南星、依拉岸中华、纳卯基督10所华校的20多名教师积极报读。

第二届华文教育专业本科学历教育，仍旧采取函授与面授相结合的培养方式，专业学制为4年，是菲律宾华教中心启动的“菲律宾华语教学师资队伍专业化方案”的具体实施项目之一。

10. 湖南师范大学赴印尼举办华文教师函授本科入学考试

2013 年 10 月下旬，受国务院侨办和中国海外交流协会委托，湖南师范大学派员赴印尼督考，招收新一届印尼华文教师函授本科学历生。此次湖南师范大学在印尼的函授本科入学考试共有一线华文教师 150 多人参加，分设雅加达、巴淡、山口洋 3 个考点，通过考试招收新一届函授本科学员 100 名。湖南师范大学是国侨办和教育部批准的在海外开展函授学历教育的 4 所大学之一。

11. 首届东干族华侨子女汉语国际教育专业本科班开班

2013 年 11 月 5 日，西北师范大学首届东干族华侨华人子女汉语国际教育专业本科班开班仪式在学校 7 号楼举行。国际文化交流学院院领导及教师与来自哈萨克斯坦、吉尔吉斯斯坦的东干族留学生 60 余人参加了仪式。武和平院长介绍了西北师范大学及国际文化交流学院的发展历史和教学成就，并在校规校纪与教学管理等细节方面对学生讲解并提出了具体要求。

受国务院侨务办公室委托，西北师范大学负责东干族华侨华人子女汉语国际教育本科生奖学金项目的实施工作。

12. 首届华语与华文教育硕士研究生班在菲律宾开班

2013 年 12 月 19 日，华侨大学华语与华文教育专业菲律宾研究生班在菲律宾马尼拉开班。该班是华侨大学在菲律宾开办的第一个硕士研究生班，所招 18 名学生均为当地华校一线教师。华侨大学华文学院承担为期 3 年的培养任务，将采用非脱产密集型授课方式，选派优秀教师赴菲律宾授课。

菲律宾华教中心副主席沈文、黄端铭，华侨大学研究生院常务副院长王丽霞、华文学院党委书记纪秀生等出席开班仪式，并为学生颁发华教基金会完美奖学金。

菲律宾研究生班是华侨大学继日本班和昆明班之后所开办的第 3 个华语与华文教育专业硕士研究生班。中国华文教育基金会和完美（中国）有限公司为该班提供奖学金赞助，菲律宾华侨、华侨大学董事会副董事长陈永栽也对该班给予大力支持，提供教学场所、教学设施和部分生活便利。

13. 华中师范大学马来西亚汉语言函授本科在武汉授课

2013 年 12 月 6 日，由中国国务院侨务办公室资助的马来西亚汉语言函授本科本部授课开班仪式在华中师范大学举行。

来自马来西亚各地的 47 名学员齐聚华中师范大学，开始为期 2 周的集中学习。

此次集中面授标志着华中师范大学承办的马来西亚汉语言函授本科项目取得阶段性成果，学员们在这两周的时间既学习古代汉语通论、对外汉语教学概论等专业课，还进行文化考察，进一步加深对中国传统文化和现实国情的了解。

（二）来华师资短期培训

1. 印度尼西亚汉语教师培训班在南宁举办

2013年1月3日，广西师范大学印度尼西亚汉语教师培训班隆重开班。广西师范大学蔡昌卓副校长、国际交流处和国际文化教育学院负责人、印度尼西亚汉语教师代表团全体学员以及相关任课教师出席了开班典礼。

本期印度尼西亚汉语教师代表团主要由42名来自印度尼西亚爪哇地区的中学校长组成。在十天的培训时间内，广西师范大学安排学员观摩桂林市的幼儿园、中小学课堂教学，并与广西师范大学教育领域的专家教授进行面对面的交流学习。

2. “2013越南河内第二师范大学教师岗前培训班”在昆明开班

2013年3月7日，由云南省侨务办公室、云南省海外交流协会主办，昆明华文学校承办的“2013越南河内第二师范大学教师岗前培训班”开班，云南省侨务办公室文教处领导、昆明华文学校领导出席开班典礼。

昆明华文学校为培训班学员开设了汉字与词汇教学、汉语语法教学、课堂教学技巧等十余门课程，并特别安排了中国文化常识、合格教师素质与职业道德等综合性讲座。

3. “华文教育·教师研习”泰国班在海南师范大学举办

2013年4月7日至28日，“华文教育·教师研习”泰国班在海南师范大学举办。来自泰国兴华学校、秉巴差越他那学校、泰京普智学校、华侨崇圣大学等学校的40余名泰国中文教师在海南师范大学进行了培训。

此次培训班的开展旨在提高泰国华文师资水平，增进泰国华文教师对中国的了解。培训分为学习培训及参观考察两个部分，营员们学习了汉语专业课程、民俗文化及教育科学理论知识和班级管理等内容，参观考察了海南省多所重点中学，并与参访学校的教师及管理人员展开座谈。

4. 上海举办2013年澳大利亚华文教师培训班

2013年4月1日，由国务院侨务办公室主办，上海市人民政府侨办协办的

“2013年澳大利亚华文教师培训班”在华东师范大学对外汉语学院举行开班仪式。

此次培训共吸引了来自新金山中文学校、诺博中文学校、维多利亚语言学校等学校的20多位华文教师到上海进行为期13天的培训。期间，华文教师们聆听了《小学课堂教学实例》《中国民俗》《少儿汉字学习心理与汉字教学》等讲座，并前往闸北八中、静安区教育学院附属学校进行了教学观摩。

2011年上海市政府侨办将澳大利亚新金山中文学校和加拿大蒙特利尔佳华中文学校命名为首批“海外文化推广中心”，旨在扶持和推动海外华文教育发展，帮助华侨华人和当地民众学习汉语和了解中华文化，促进中外教育文化的友好交流与合作。该华文教师培训班的举办，就是要发挥“海外文化推广中心”的辐射效应，进一步提升海外华校的办学水平，从而带动整个地区华文教育发展水平的提高。

5. 泰国教师正音培训班在青岛开营

2013年4月10日，由国务院侨办文化司主办，山东省侨办、青岛市侨办协办，青岛大学承办的“2013年华文教育教师研习·泰国教师正音培训班”在青岛大学国际交流处多功能厅举行开营典礼。来自泰南、泰国教师公会、清迈、孔敬的各华文学校任教的65名华裔教师在青岛开展为期22天的普通话正音培训。

培训期间，学校为学员们安排了国学、崂山与道教文化、汉字教学方法、齐鲁文化等多个专题讲座。除此之外，参加培训的学员们还走进青岛的中小学，与青岛的汉语教师们进行了教学观摩和经验交流，在青岛进行了文化考察。

6. 辽宁师范大学举办“华文教育·校长研习”泰国班

2013年4月7日，由国务院侨办、中国海外交流协会主办，辽宁师范大学国际教育学院承办，辽宁省侨办协办的2013年“华文教育·校长研习”泰国班正式开班。

研习班共有来自泰国不同地区的46位华文学校校长参加，为期12天。在研习期内，学员们听取了校长管理艺术、学校教务管理、教育管理学、教育心理学等方面的课程，学习了中国文化，参观了辽宁师范大学附属初、高中，并进行了3次文化考察活动。

7. 云南保山市侨办举办缅甸华文教师培训班

2013年4月19日，由中国海外交流协会和云南省海外交流协会主办，保山市政府侨办承办的2013年缅甸华文教师保山培训班在保山市隆阳区委党校开班。此次培训班为保山市侨办举办的第57、第58期华文教师培训班，4月12日开班，4月26日结束。共有来自缅甸密支那、腊戍地区7所华文学校的100名华文教师参加培训，两个培训班均由保山学院教师授课，其间缅甸华文教师到保山一中20个初中班进行了现场教学观摩。

8. 泰国华文教师教学技能“金辉”北京培训班结业

2013年4月26日，“2013海外华文教师教学技能‘金辉’北京培训班”结业式在首都师范大学第二附属中学举行。来自泰国的34位华文教师参加了自4月17日至26日为期10天的集中培训。北京市人民政府侨务办公室副主任高云超、中国华文教育基金会项目二部主管张彦、首都师范大学二附中校长郝玉伟等出席了结业式，并向全体学员颁发了结业证书。

在结业典礼上，学员们展示了学习成果，进行了模拟华文授课及评课、太极拳表演、中国水墨画与书法展示、诗歌朗诵、中国民歌联唱，并表演了泰国舞蹈。

此次培训班由中国华文教育基金会主办、北京市人民政府侨务办公室承办、首都范大学二附中协办、金辉集团赞助。

9. 东盟十国华文教师参观学校并观摩汉语教学

2013年4月25日，“2013年东盟十国华文教师教学技能——完美北京培训班”全体学员走进北京华文学院长期班汉语课堂，聆听了北京华文学院教师的课堂汉语教学，观摩对外汉语教学课程。观摩结束后，学员们与北京华文学院教师探讨了汉语教学中的各种实际问题。

4月27日，东盟十国华文教师到北京八中怡海分校进行参观。学员们分别参观了北京八中怡海分校中学部和国际部，走访了北京八中怡海分校的教室、宿舍、食堂以及游泳馆、篮球馆等场所。北京八中怡海分校校长尹小凤女士介绍了该校基本情况以及中国教育的基本现状。

参观学校和观摩教学的活动帮助学员们深入了解了中国的中小学教育现状，也提升了学员们的汉语教学技巧。

10. 菲律宾华文教师教学技能“金辉”北京培训班顺利结业

2013年5月14日，“2013海外华文教师教学技能‘金辉’北京培训班”菲律宾班结业式在首都师范大学举行。来自菲律宾的15位华文教师在参加了为期一个月的汉语教学集中培训后，顺利结业。此次培训班由中国华文教育基金会主办，北京市人民政府侨务办公室承办，首都师范大学协办，金辉集团提供培训经费支持。

11. 2013年马来西亚华校幼儿教师研修班在福建举办

2013年5月25日，由福建省海外交流协会主办、福建幼儿师范高等专科学校承办的“2013年马来西亚华校幼儿教师研修班”在福建幼儿师范高等专科学校仓山校区拉开帷幕。福建省海外交流协会文教部副部长齐志、福建幼儿师范高等专科学校副校长郑健成、海外教育交流中心主任鹿海云等出席了开班仪式。

此次研修活动由马来西亚留华同学会组团，为期13天，参加学员共35名。活动精心设置了中华文化、不同文化背景华文启蒙教育的方法和策略、幼儿园领域课程与汉语教学法、幼儿园手工教学技法等文化课程，安排赴福建幼儿师范高等专科学校附属幼儿园、创业园、海西宝贝中心和小金星国际幼儿园等福建省优质幼儿园交流学习。活动还将组织研修学员考察福州三坊七巷、福建船政历史博物馆和武夷山等人文景观。

12. 加拿大华文教师培训班在上海开班

2013年5月28日，加拿大华文教师培训班在上海开班。来自加拿大蒙特利尔佳华学校的近20名华文教师参加了此次为期10天的培训。上海市政府侨办副主任蔡建国、华东师范大学对外汉语学院党委书记黄薇出席仪式并致辞，上海市侨办文宣处处长邹芳主持仪式。

培训期间，学员们学习二胡、数字化汉语教学、课堂教学技巧等10门课程，还前往南西幼儿园及一师附小进行教学观摩，并参观考察上海远程教育集团及中福会出版社。

13. 发展中国家教育官员中文研修班参观北京八中怡海分校

2013年6月6日，由中国商务部主办、北京华文学院承办的“2013年发展中国家教育官员中文语言研修班”的16位学员在北京华文学院老师的带领下，参观了北京八中怡海分校。北京八中怡海分校尹小凤校长、学校国际事务负责人王蕾老师热情接待北京华文学院学员，带领学员参观了北京八中怡海分校校园，并举行了座谈会。

14. 上海市侨办举办澳大利亚华文师资远程培训

2013年6月8日，由上海市侨办、上海海外文化推广中心——澳大利亚新金山中文学校共同主办的海外华文师资远程培训在上海和墨尔本两地同步举行。中国驻墨尔本总领事馆副总领事黄凤文、市政府侨办副主任蔡建国、上海市电化教育馆馆长王民、中国驻墨尔本总领事馆侨务领事张晓涛等出席活动。来自墨尔本的230多位华文教师参加了培训。开通仪式后，上海市静安区教育学院教研员华芳老师为澳大利亚学员们讲授了培训的第一课《汉字教学》。双方在课后还进行了热烈的互动。

15. 2013年“华文教育·教师研习”舞蹈班在深圳结业

2013年5月27日至6月8日，一场以中国舞为主题的2013年“华文教育·教师研习”舞蹈班在深圳市育才教育集团第一小学隆重举行。来自马来西亚、荷兰、澳大利亚和阿联酋4个国家的21名海外华文教师参加了此次培训。为配合此次舞蹈研习班的主题，主办部门为学员们精心安排了舞蹈教学艺术讲座及东北大秧歌、新疆舞、现代舞、扇子舞等艺术类课程，旨在加深海外华文教师对中国民族民间舞蹈的理解和认识，提升她们教授中国民族民间舞蹈的水平。

16. 蒙古华文教师教学技能“金辉”北京培训班开班

2013年6月17日，“华文教师教学技能‘金辉’北京培训班”在北京首都体育学院开班。北京市政府侨办副主任高云超、中国华文教育基金会项目二部主任李晓梅、首都体育学院副校长谢军、旅蒙华侨友谊学校校长江仙梅等出席开营仪式。

此次“金辉”北京培训班由中国华文教育基金会主办，北京市政府侨办承办，首都体育学院协办，并由金辉集团提供相关赞助。来自蒙古旅蒙华侨友谊学校的12位华文教师在北京进行为期一个月的集中培训，旨在提高蒙古国华文教师的课堂教学技能，使其掌握教学的基本方法，提升汉语课堂教学的组织及管理能力。

17. 暨南大学举办印尼华文教师普通话培训班

2013年7月9日，由国侨办、中国海外交流协会主办，暨南大学华文学院承办的2013年“印度尼西亚华文教师普通话培训班”结业典礼在华文学院学生活动中心隆重举行。暨南大学华文学院副院长李世云、华文学院副院长莫海斌等院领导以及各系部教师代表、学员等近120人参加了典礼。结业典礼由汉语系主任童盛强主持，此次典礼主要包括培训班学员结业仪式和汇报演出两个环节。

在汇报演出环节，各班共表演了太极拳、快板儿、诗朗诵、合唱、舞蹈等10个节目。发音准确、富有节奏感的快板儿和感情饱满丰沛的诗朗诵，体现了此次参加培训的印尼华文教师的中文水平及培训成果。最后，结业典礼在歌声《朋友》和《送别》中结束。学员们将带着培训期间学到的知识回国，继续为印尼华文教育事业贡献力量。

18. 泰国曼松德孔子学院启动本土教师赴华培训“1+1”模式

2013年7月1日，泰国曼松德孔子学院院长温象羽带领孔院教师为20名曼谷市教育局本土汉语教师赴华研修团送行。这批教师赴中国天津师范大学进行为期4周的继续培训。

与以往赴华团不同，赴华前他们在曼松德孔院已接受了每周一次总计一学期的培训，是曼松德孔院经过选拔考试选出来的优秀学员，而此次赴天津师范大学主要是在中国真实的语言文化环境中接受再培训。同时，他们回国以后还要继续参加曼松德孔院组织的 3 期培训。为使这批教师能更快地适应在中国的培训，曼谷教育局特别安排他们在教育局所负责的中文项目中实习一个月。

19. 海外准华文教师《中文》教材教法研习班在广州举行

2013 年 7 月 3 日，由中国海外交流协会主办，暨南大学华文学院承办的“海外准华文教师《中文》教材教法研习班师生座谈会暨结业典礼”在暨南大学华文学院举行。这标志着此次研习班圆满落幕。暨南大学华文教育系主任张军教授、副主任周静副教授，部分授课教师和学员，近百人参加了结业仪式。

座谈会以自由发言的形式进行，老师和学员们积极踊跃地发言，畅谈在此次研习班上的收获。在短短的两周时间里，学员们以《中文》教材为基础，学习了汉字教学、词汇教学、语法教学、写作教学等具体的教学方法，以及课堂教学评价、教案设计及讲评等多门课程，掌握了多样的教学技巧，理解了该套教材的编写理念，提升了华文教学实践技能和对华文教育的认识。

20. 华中师范大学举办哈萨克斯坦华文教师培训班

2013 年 7 月 12 日，由国务院侨务办公室主办、华中师范大学承办的哈萨克斯坦华文教师培训班在华中师范大学逸夫国际会议中心隆重举行开班典礼。

湖北省外事侨务办公室冯细国副主任在典礼仪式上代表国务院侨办、湖北省侨办对此次教师培训班的开班表示热烈的祝贺，并对华中师范大学的精心策划和全力承办表示感谢。此次培训班共有 70 名哈萨克斯坦的华文教师参加，他们分别来自阿拜师范大学、图兰大学、外国语大学等多所大学和中学，大部分学员具有硕士以上学位。他们将利用两周的时间在华中师范大学提高汉语水平，学习中华文化，体验中国人的生活。

21. “华文教育·教师研习”欧美班在温州大学开班

2013 年 7 月 11 日，由国务院侨办主办，浙江省侨办、温州市侨办协办，温州大学承办的 2013 年“华文教育·教师研习”欧美班开班仪式在温州大学图书馆报告厅举行。温州大学副校长薛伟、温州市侨办副主任许捷等领导出席了开班仪式。

此次培训班为期 16 天，来自加拿大、荷兰、巴西、美国、意大利等 11 个国家的 35 位华文教师将以小学课堂教学训练为重点，通过理论学习、教学观摩和模拟教学，掌握以儿童为对象的汉语教学基本技能、教学方法。

22. “华文教育·教师研习”英国班在九江学院开班

2013 年 7 月 29 日，国务院侨务办公室组织的 2013 年“华文教育·教师研习”

英国班在江西南昌举行开班仪式。江西省外侨办吴健民巡视员出席仪式并会见了英国教师培训班学员。九江市政协副主席、九江学院副院长纪岗昌教授，江西省外侨办侨务工作处周胜贵处长，九江学院国际交流合作处帅式毅处长出席了开班仪式。

此次培训班由英国中文教育促进会会长伍善雄带队，成员包括在英国从事华文教育工作的30余名经验丰富的华裔教师。九江学院负责培训班在江西期间中华文化体验与华文教育交流的活动安排。

23. 缅甸和平地区华文学校教师培训班在云南腾冲开班

2013年8月6日，中国海外交流协会暨云南海外交流协会“2013缅甸和平地区华文学校教师培训班”在云南省腾冲县进修学校开班培训。

腾冲县侨办邀请缅甸51位华文教师到腾进行专业技能培训，进一步提高了缅甸密支那和平地区中小学华文教师的专业素养及班级建设与管理能力。

24. 广西师范大学举办越南、马来西亚华文教师培训班

2013年8月7日，由中国华文教育基金会主办、广西壮族自治区侨务办公室与广西师范大学承办的“2013越南、马来西亚华文教师课堂教学技能广西培训班”在广西师范大学开班。

广西师范大学党委副书记唐仁郭、桂林市侨务办公室副主任余治水以及来自越南、马来西亚的50名华文教师出席开班仪式。华文教师将在此接受为期10天的学习和体验。

广西师范大学为培训班精心安排了丰富的教育教学专题讲座以及中国文化体验活动，如开展教育管理、汉语语音教学、汉字教学方法与技巧、对外汉语教材推介、中华文化与传播、中国传统乐器与书画欣赏等专题讲座，考察桂林白沙镇农村建设，游览桂林历史悠久的人文景点和秀美的自然风光等。

25. 缅甸南邓地区2013年华文教师培训班在云南临沧开班

2013年8月25日，由中国海外交流协会主办、云南省临沧市侨办承办的2013年缅甸南邓教师培训结束。来自缅甸南邓地区不同学校的115名华文老师参加了培训。

缅甸南邓教师培训班迄今为止已经举办了三届。此次培训从2013年8月10日开始，共计15天。临沧市耿马县民族中学派出2名教师就师德解读、语文新课标教法、数学新课标解读、音乐简谱基础等内容为他们进行了讲解。

26. 越南、马来西亚华文教师在广西培训课堂教学技能

2013年8月16日，“2013越南、马来西亚华文教师课堂教学技能‘雅居乐’广

西培训班”结业典礼在广西师范大学举行，广西壮族自治区侨务办公室有关官员出席，并给学员颁发了结业证书。

越南学员代表罗松坤在发言中说，衷心感谢主办单位中国华文教育基金会，承办单位广西区侨务办公室、广西师范大学，以及赞助单位雅居乐地产控股有限公司。10天的学习令学员们留下了美好的回忆，大家表示将永远铭记这份恩情、这段友情，将与各国同业一道共同努力，携手并肩推动华文教育事业，使华文教育事业继续发扬光大。

27. “海外华校职业技能培训班”在昆明华文学校开班

2013 年 7 月 16 日，由云南省侨务办公室、云南省海外交流协会主办，昆明华文学校承办的“2013 第二期海外华校职业技能培训班”开班典礼在昆明华文学校举行。出席开班典礼的有云南省侨务办公室和昆明华文学校领导以及来自越南、缅甸的 40 名学员。

此次培训有针对性地开设了公共关系学、秘书实务与协调、秘书学、秘书素质与修养、文书与档案、演讲与口才、计算机输入与办公软件应用、应用文写作等专业课，还开设了中国文化、中国民俗文化、云南民俗文化等课程。

28. 全澳公立学校校长赴华进行教育、文化交流

2013 年 9 月 22 日，全澳公立学校校长访华团抵达北京，展开为期两周的中澳教育、文化交流行程。访华团由 21 位来自昆士兰州、新南威尔士州公立学校的校长们组成，受中国国务院侨办、中国海外交流协会的邀请赴华访问。

9 月 23 日，澳洲访问团的校长们聆听了北京华文学院王庆芳副教授讲授的中国历史、地理及文化简明教程；至北京市七一小学观摩现场教学。9 月 24 日，澳洲校长团观摩了北京西城区外国语学校的英语教学课程。在与国务院侨办领导、北京华文学院负责人座谈的会议上，澳洲公立学校校长们纷纷提出与中国的中小学校结成姐妹关系学校的要求，或是探寻输送学生到华学习中文的手续。

29. 云南玉溪师范学院举办海外华文教师培训班

2013 年 10 月 15 日，由云南省玉溪师范学院国际文化学院承办的“2013 海外华文教师培训班”开班。该项目培训涉及泰国中、北部的 10 所中小学校的 50 名华文教师。玉溪师范学院国际文化学院采用校内培训与校外教学观摩活动相结合的方式，分模块就汉语基础知识、玉溪本土文化专题、“三常”知识进行培训，同时实地观摩玉溪市第一幼儿园、第一小学语文教学及学前教育、教学情况，激发华文教师们学习和

传播中国文化的热情与兴趣。

30. “华文教育·教师研习”泰国短期班在陕西师范大学举办

2013年11月上旬，受国务院侨务办公室委托，陕西师范大学举办了国侨办“华文教育·教师研习”泰国短期班。来自泰国爱海南联谊会等华人教育机构及中文学校的65名泰国学员在该校进行了为期15天的汉语言学习及中国文化体验。

短训期间，学员们在学习汉语语言课程的同时，还参观了西安及周边的历史文化古迹如兵马俑、乾陵、法门寺、碑林、陕西历史博物馆、关中民俗博物院等地，加深了对西安历史文化的了解。同时，他们还学习了中国书法、剪纸、太极等文化课程，从多个方面提高了对汉语和中国的理解。

31. 马来西亚华文教师培训班在南京师范大学开班

2013年11月25日，2013年马来西亚华文教师培训班开学典礼在南京师范大学举行。此次培训班由国侨办主办，江苏省侨办与南京师范大学共同承办，共有29位来自马来西亚从事华文教育工作的校长和教师在为期3周的时间里较为系统地学习了中华历史与现代文化、普通话正音、现代技术运用、教育心理学以及教学评估等课程。

此次培训得到了江苏省侨办与南京师范大学的高度重视，南京师范大学除了积极调动自身的师资力量之外，还专门聘请了南京晓庄学院、鼓楼区教师进修学校、拉萨路小学、力学小学、汉口路小学、行知小学等本地知名学校和江苏教育出版社、鼓楼区教研室等相关单位的主要负责同志或专业学者为学员进行培训。

32. “华文教育·教师研习”马来西亚班在湖南师范大学开班

2013年11月25日，“华文教育·教师研习”马来西亚班开学典礼在湖南师范大学田家炳教育书院举行。来自马来西亚的教师们在湖南进行为期20余天的华文教育知识学习。

培训期间，马来西亚教师们在湖南师范大学研习汉字教学、语音教学、朗诵、书法、舞蹈等课程，聆听中国文学、湖湘文化等讲座；观摩湖南师范大学附中、燕山二小、育才小学等学校的校园文化建设及品牌课程；参观凤凰、张家界等历史文化名胜。

此次研修班由国务院侨务办公室、中国海外交流协会主办，湖南省外事侨务办公室协办，湖南师范大学承办。

33. 马来西亚普通话正音班青岛开班

2013年12月3日，由国务院侨办主办，青岛市侨办、青岛大学承办，青岛华文科技专修学院协办的2013年“华文教育·教师研习”马来西亚普通话正音班在青岛开班。来自马来西亚的73位华文教师参加了开班仪式。

在20天学习的时间里，马来西亚华文教师们接受了普通话正音训练、汉语教学方法和技巧学习，学习了玄真养生拳、脸谱书画等中华文化课程。

34. 华中师范大学培训马来西亚独立中学生物、地理教师

2013年12月4日上午，马来西亚独立中学（简称“独中”）生物、地理教师培训班在华中师范大学逸夫国际会议中心开班。此次培训由国侨办主办，湖北省外侨办协办，华中师范大学承办，历时两周，共有68名独中生物、地理教师（各34名）参加。学员们分为两个小班，分别在华中师范大学生命科学学院和城市与环境学院完成各自的专业课培训，然后集中参加中国传统文化课程。华中师范大学还为他们安排了产业参观、地理考察等实践环节，以期着重提升他们的专业技能和文化素养。

35. 首届新生代海外华文教育管理人员研习班结业

2013年12月5日，由中国华文教育基金会主办、香港大龙华同乡总会赞助的“2013年暨南大学首届新生代海外华文教育管理人员研习班”结业典礼在暨南大学华文学院学术报告厅隆重举行。暨南大学华文学院院长郭熙教授、常务副院长邵宜教授、海外教学部温明亮主任，以及研习班全体学员出席了结业仪式。

此次研习班共开设了教育管理学、中小幼学校管理、中国教育体制、当代中国概况、海外侨情、世界华文教育、华人社团组织与发展、海外华人社团概况、社团服务与管理等课程，让来自20个国家和地区的60多位学员对祖籍国最新的国情、对世界各地的侨情和华文教育的实际情况有了具体的了解和认识。

36. 华中师范大学举办马来西亚国中华文教师培训班

2013年12月5日，由国务院侨办主办、华中师范大学承办的“2013年马来西亚国中华文教师培训班”在华中师范大学开班。来自马来西亚国中的51名教师在团长吉隆坡中学华文教师联谊会主席郑玉表老师、副团长马来西亚教育部课程发展司华文科科长林毓聪的带领下完成了2周的培训学习。学员们通过三国文化与湖北、楚辞与古汉语、当代湖北本土作家作品赏析等课程感受荆楚文化的深厚底蕴，结合教学中的实际问题参加教学观摩实习等实践性课程，全面提升语言文化素养和教学技能，为今

后的华文教学注入新的活力。

37. 加拿大蒙特利尔中文教师参加华文教育远程培训

2013 年 12 月 6 日，来自加拿大蒙特利尔地区多所中文学校的教师在蒙特利尔佳华学校参加了来自中国华东师范大学对外汉语教育学院刘弘博士关于《备课与教案设计》的远程视频培训讲座。

此次远程培训是上海市侨办、上海市远程教育集团合作首次对加拿大华文教师举办的新型讲座。

38. 马来西亚华文幼儿教师齐聚福州学习中华文化

2013 年 12 月 9 日，由国务院侨务办公室主办、福建省人民政府侨务办公室承办、福建幼儿师范高等专科学校协办的 2013 年“华文教育·教师研习”马来西亚华文幼儿教师班在福建省幼儿师范高等专科学校拉开帷幕。福建省人民政府侨务办公室党组成员、纪检组长闵蕙君，福建幼儿师范高等专科学校副校长郑健成等出席了开班仪式。

此次研习活动为期 15 天，共有 40 名学员参与，设置的课程有中国文化、不同文化背景下的华文启蒙教育、幼儿园健康课程与汉语教学法、幼儿园实地观摩与交流等。

39. 暨南大学举办东南亚华文教师普通话培训与测试班

2013 年 12 月 10 日，由中国海外交流协会主办、暨南大学华文学院承办的 2013 年东南亚华文教师普通话培训与测试班开学典礼在暨南大学华文学院隆重举行。

本期华文教师普通话培训班为期 3 周，共有 45 名学员报名参加。暨南大学华文学院对此高度重视，安排了内容翔实、科学合理的课程，配备了精干的教学师资力量，准备了丰富有趣的岭南文化考察活动。

40. 深圳市举办“华文教育·教师研习”印尼班

2013 年 12 月，由国侨办主办、深圳市侨办协办、深圳市耀华实验学校承办的 2013 年“华文教育·教师研习”印尼班在深圳耀华实验学校拉开帷幕。20 多名来自印尼的中小学华文教师齐聚深圳，共同学习中华文化、分享华文教育经验。

41. 2013“华文教育·园长研习”班深圳结业

2013 年 12 月 13 日，由国侨办、中国海外交流协会主办，广东省侨办、广东省海外交流协会协办，深圳市侨办、深圳市海外交流协会、深圳南山区教育局承办的2013“华文教育·园长研习”班在南山区育才一小举行结业仪式。来自马来西亚、印尼、缅甸、新加坡等国家的60多名学员以演出形式展示了学业成果。深圳市侨办国外侨务处处长彭林英等领导到场与学员们共庆结业。

42. 中国华文教育基金会等举行中葡远程华文师资培训

2013年12月，中葡远程华文师资培训项目圆满结束。葡萄牙里斯本中文学校、科英布拉中文学校、圣塔伦中文学校、南部中文学校和北部的维拉贡德中文学校5所中文学校的老师参加了由中国华文教育基金会主办、北京燕京文化专科学校和北京四中网校承办的远程华文师资培训项目。

此次培训包括中国文化课程9课时、课程示范与技巧15课时。中国文化课程讲授了书法、剪纸、中国结等学生们喜闻乐见的内容，深受教师们的喜爱。课程示范与技巧通过教学案例进行展示，通俗易懂，效果明显。授课教师还针对葡萄牙华文教师的特点和需求特别录制了两大教育板块视频，在课程设置上比较注重课程的实用性和互动性，受到了海外华文教师的欢迎。

43. 华文教师在海南培训语言文字教学技能

2013年12月，“2013年华文教师语言文字教学技能‘雅居乐’海南培训班”结业典礼在海南师范大学举办。来自泰国、乌兰克的41名华文教师结束了在海南师范大学为期4天的理论学习和海南文化考察活动。典礼上，主办方为这41名华文教师颁发了结业证书。

此次培训使华文教师了解了华文教育的最新动态，具备更完善的汉语教学专业知识，学习了更多先进的汉语教学方法及模式，从而有效地提高个人的汉语教学水平。

（三）侨务系统选派教师培训及赴外任教

1. 江西省选拔优秀教师参加2013年“中华文化大乐园”斐济苏瓦营

2013年“中华文化大乐园”斐济苏瓦营教师选拔面试（初试）活动在江西理工大学应用科学学院顺利举行，来自江西省内的35名教师参加了此次面试选拔。“2013中华文化大乐园·斐济苏瓦营”由国务院侨务办公室主办、江西省外事侨务办公室承办、江西理工大学协办。

2. 国务院侨办文化司赴湘选拔“中华文化大乐园”外派教师

2013年4月上旬，国侨办文化司华教二处唐伊亮一行专程前往湖南省外侨办，对准备外派美国夏威夷开展2013年“中华文化大乐园”的教师进行复试。

教师初选自3月中旬开始，共对160多位报名教师进行了层层选拔。经简历筛选、电话沟通、面试考核等环节，有24名教师进入了此次复试，从中将选出12位。

此次选拔由湖南省外事办、长沙市外事办、长沙市教育局共同组织。

3. 2013年国务院侨办外派教师培训在华侨大学举行

2013年5月29日，由国务院侨办主办、福建省侨办承办的2013年国务院侨办外派教师培训班在华侨大学厦门校区举行。国务院侨办文化司干部徐诗乾，福建省侨办党组成员、纪检组长闵蕙君，华侨大学副校长张禹东以及来自全国18个省的166名外派教师及领队参加了开班式。培训中，教师们学习了国侨办外派华文教师管理条例，对外汉语教学法，印尼、菲律宾等国国情和侨情介绍，海外华文教育发展概况，海外任教教师心理辅导，外事礼仪等课程，并邀请庄惠兰和鹿海云两位资深外派教师讲授外派经验。

4. 山东省东营市派出优秀华文教师赴泰国任教

2013年5月，由山东省东营市外侨办和东营市教育局联合选派的5名教师，从济南机场出发，赴泰国华文学校任教。

5. 山西省选派25名华文教师赴泰国、菲律宾任教

2013年5月下旬，山西省选派25名华文教师赴泰国、菲律宾任教，其中汉语教师22名，音乐教师3名。

6. 河南省平顶山市外派华文教师赴菲律宾华校任教

2013年6月，河南平顶山市派出两位优秀教师赴菲律宾从事华文教育，这是平顶山市首次向海外派遣华文教师。

7. 浙江省舟山市首次派遣华文教师赴海外支教

2013年，浙江省侨办选派的10名赴菲律宾任教幼儿教师获得国务院侨务办公室正式批准，浙江省华文教育基地——舟山南海实验学校的吴珂维老师成为舟山第一位赴海外支教的老师。

8. 2013年国侨办赴菲律宾外派教师接受培训

2013年7月5日，由国务院侨办主办、福建省侨办承办、华侨大学协办的2013年国侨办赴菲律宾外派教师培训工作在华侨大学厦门校区举办。这次培训的外派教师分别来自福建、浙江、内蒙古、黑龙江、河南、山西等18个省市，占全国开展外派教师工作省市的2/3以上。参加培训的外派教师数量有150多人，加上甘肃、安徽、内蒙古、湖北、山西等地的领队及国侨办、省侨办、华侨大学的领导和工作人员，参训总人数约170多人。

9. 陕西省西安市选派五名教师赴菲律宾华校任教

2013年，陕西省西安市5名幼儿教师将赴菲律宾开始为期1年的海外执教生活。这5名幼儿教师前往菲律宾华校任教，主要任务是在当地华文学校从事一线教学和兼顾培训当地教师等工作。

10. 浙江省嘉兴市首次外派华文教师赴海外任教

应中国驻菲律宾使馆的要求，受国务院侨办委托，经浙江省、嘉兴市侨办举荐审核，嘉兴市选派了3名优秀的幼儿园教师赴菲律宾华文学校，承担为期1年的教学任务。这是嘉兴市首次派出华文教师赴海外任教。

11. 广西壮族自治区培训80名教师赴东盟国家华校执行援教任务

2013年7月12日，由国务院侨办主办、广西区侨办承办的“2013年国务院侨办（广西）外派教师培训班”在南宁开班。国务院侨办文化司派专员徐诗乾到南宁参加开班仪式并作指导。培训结束后，80名外派教师将分赴泰国、老挝、柬埔寨、菲律宾等东南亚国家华校执行援教任务。

截至6月底，广西区侨办新遴选了80名优秀华文教师准备赴海外华文学校任教，并在出国前对他们进行为期5天的培训。培训的主要内容有外事纪律教育、东南亚侨情、社交礼仪、外派教师注意事项等。

12. 2013温州市海外华文教育工作培训班开班

2013年6月27日，由温州市侨办主办的2013温州市海外华文教育工作培训班开班。来自全市侨办系统全体侨务干部、华文教育基地负责人、华裔青少年夏令营“相约温州营”各分营教师代表和拟外派教师近百人参加了培训。

开班仪式结束后，参加培训人员观看了《温州华文教育》纪实片。在当天的培训中，温州大学国际合作学院院长严晓鹏、温州体校邓晓峰、温州实验中学陈丽伟、瓯海任岩松中学陈秀萍等4位从事华文教学和研究工作的专家老师，分别就海外华文教育诸影响因素分析——以欧洲为例、海外华裔特点、海外华裔中文教学、夏令营的班级管理等内容做了精彩讲座。

13. 温州市侨办外派教师赴欧洲华校任教

2013年9月4日，温州市侨办召开了2013年外派教师座谈会。市侨办主任鲍卫翔、副主任许捷，党组成员、文教宣传处处长叶斌斌；温州市实验中学、温州市体育运动学校、温州市华侨职业中等专业学校的有关负责人；意大利佛罗伦萨中文学校校长潘世立；刚任满回国的两名2012年度外派教师和即将启程的两名2013年度外派教师参加座谈。

受国务院侨办委托，由温州市侨办和温州市教育局共同遴选的潘莉莉、陈秀娟两名外派教师，分别来自温州市实验中学、温州市体育运动学校，她们将赴意大利佛罗伦萨中文学校任教一年。

14. “中华文化大乐园”法国巴黎营教师培训会召开

2013年12月6日，2013年“中华文化大乐园”法国巴黎营教师培训会在杭州召开。会上，浙江省侨办对即将赴法国巴黎参加“中华文化大乐园”活动的教师进行培训。

由国务院侨办主办，浙江省侨办、法国华文教育协会、法国语言文化国际交流协会共同承办的2013“中华文化大乐园”法国巴黎营于12月22日至1月5日在法国巴黎举行。

参加这次活动的11位教师均为国侨办和浙江省侨办的华文教育基地学校选拔出来的优秀教师，他们将在“中华文化大乐园”活动中，为法国的华裔青少年朋友们开设中华文化、珠心算、中华武术、民族音乐、民族舞蹈、中国画、中国传统手工等具有中华民族文化特色的课程。

（四）中国专家赴外开展华文师资培养

1. 印尼本土汉语教师培训班棉兰开课

2013年1月4日至8日，中国海外交流协会汉语专家团第八次到印尼棉兰进行印尼地区本土汉语教师培训。中国海外交流协会汉语专家团由广东暨南大学华文学院副院长侯宏伟率领，专家团成员有赵敏博士、李香平博士及何修文硕士等。苏北华联亚洲国际友好学院及苏北华文教育促进会受雅加达华文教育协调机构之托，联合接待中国海交会汉语专家团并联合承办这次汉语教师培训班。

此次汉语教师培训班受到苏北省各地华文教师的欢迎，报名热烈，参加培训的华文教师人数达 124 人。苏北省政府教育厅厅长赛弗尔·萨菲利特派中高等教育处处长拉蒂华到来主持开课仪式，中国驻棉兰总领馆张艳红领事也出席并发表讲话。

2. 上海市侨办推荐专家赴菲律宾为华校教师讲学

2013 年 1 月 6 日，应菲律宾华教中心邀请，由上海市侨办推荐的吴国平教授随国务院侨办组派的中国专家代表团赴菲律宾开展为期 21 天的巡回讲学。在主办方的精心安排下，教授们先后赴马尼拉、卡加延、怡朗、宿务、三宝颜等 5 个城市，就书画艺术的品鉴欣赏和教育学的理解、课堂教学的精进等进行教学指导，为来自 37 所华校的 470 位华文教师做了 16 次专题讲座。教授们的讲座理论联系实际，语言生动富有感染力，深受当地华文教师的欢迎。

3. 江苏省名师巡讲团赴马来西亚培训华文独立中学班主任

2013 年 3 月 26 日，由中国海外交流协会主办、马来西亚华校董事联合会总会承办的 2013 年“马来西亚华文独中班主任培训班”在马来西亚槟城钟灵独中举行开班式。受中国海外交流协会委托，南京师范大学教育科学院齐学红教授、江苏省郑良梅高级中学贾小飞等优秀教师组成这次名师巡讲团，在马来西亚首站槟城进行为期 3 天的培训活动，讲学的内容主要包括班主任工作规范、班级常规管理与教育等。之后他们还将奔赴马来西亚古晋等地开展巡讲活动。此次培训受到槟城华校老师的热烈欢迎，有 81 位华校教师放弃了假期，积极参加培训班。

4. 云南省舞蹈教师赴马来西亚培训华文教师

2013 年 5 月 24 日，“第二届马来西亚华文教师中华才艺培训班”在马来西亚八打灵开班。雪隆潮州会馆会长吴俊标、署理会长林家光等侨领出席了开班仪式。

此次培训班应马来西亚华校教师会总会、文冬县发展华小工委会邀请，由云南省海外交流协会主办，云南海外文化教育中心协办，分别在马来西亚八打灵、居銮、安顺三地举办。

此次培训活动得到云南艺术学院、曲靖师范学院的支持，来自 2 所学校的 3 位优秀舞蹈教师将教授当地华文小学教师维吾尔族舞蹈、傣族孔雀舞、彝族烟盒舞、汉族秧歌等中国民族民间舞蹈。雪隆潮州会馆、八达灵华小发展工委会、八打灵培才华小和万达镇培才华小组织的华文小学教师参加了此次舞蹈培训班。

5. “华文教育·名师巡讲”幼儿教师培训班在马来西亚开班

2013 年 5 月 30 日，由中国海外交流协会主办、福建省海外交流协会与马来西亚霹雳州中华文艺协会联合承办的 2013 年“华文教育·名师巡讲”幼儿教师培训班在马来西亚首都吉隆坡举行了开班仪式。马来西亚霹雳州中华文艺协会主席陈端镇、马来西亚幼教协会主席张玉英出席了开班仪式。

马来西亚幼教协会主席张玉英在开班仪式上致辞，福建海外交流协会文教部秘书黄杏珠代表巡讲团发言。

此次活动针对幼儿语言、话剧表演、少儿舞蹈 3 个专题，从福建省 40 多所海外华文教育基地校遴选了 3 位一线幼儿教学名师赴马来西亚雪隆、柔佛、怡保巡讲，活动一开始就受到马来西亚华校教师的热烈欢迎与积极参与。

6. 国侨办文化司组织华文师资培训团送教西班牙

2013 年 5 月 31 日至 6 月 5 日，由国侨办文化司主办、广东省侨办组织的“走出去”讲学团在西班牙首都马德里进行了 5 场讲座和 3 场教学示范观摩课。该地区华文教师近 80 人次参加了培训，华校学生约 100 人聆听了示范教学。同时，6 月 3 日，讲学团在巴塞罗那进行为期 3 天的汉语教学和中国文化教学培训，主要针对海外华文教学的缺点和薄弱环节进行商榷和改进。

7. 云南省海外文化教育中心赴马来西亚居銮培训中华才艺

2013 年 6 月 3 日，“第二届马来西亚华文教师中华才艺培训班”居銮班在马来西亚居銮中华二小正式开训。当地侨领和马来西亚华校教师会总会、云南海外文化教育中心的相关负责人出席开班仪式。

此次参加培训的 44 位老师分别来自居銮附近的 24 所华文小学，她们将学习秧歌舞蹈和藏族舞蹈。老师们表示，她们愿意放弃马来西亚期中节假日的休息，与来自祖籍国的舞蹈教师们学习交流，希望能更多学习到中国民族民间舞蹈。

据悉，此次培训活动由云南省海外交流协会主办、云南海外文化教育中心组织、马来西亚华校教师会总会联办、居銮华校教师会总会具体承办。

8. 江苏省侨办组织“名师讲学团”赴加拿大开展师资培训

2013 年 6 月 13 日，受国务院侨办委托，应加拿大多伦多教育局和不列颠哥伦比亚省中文协会邀请，江苏省侨办组织了“名师讲学团”4人，赴加拿大温哥华、多伦多两地，展开了对当地华文教师的师资培训。

讲学团在加拿大开展了9场中华文化宣讲、汉语言教学等讲座活动，举办了两场座谈会。讲学团还参观、走访了7所华侨华人自办的周末中文补校，拜访了温哥华《环球华报》和《大华商报》两家华文报社，拜访了支持华教事业的侨团和侨领，并与中国驻温哥华、多伦多两地总领馆的总领事就如何开展华教工作进行了交流。

9. “华文教育·名师巡讲”赴印尼巡讲

2013年6月22日至7月13日，由中国海外交流协会主办、福建省海外交流协会承办的“华文教育·名师巡讲”赴印尼巡讲活动，分赴印度尼西亚万登、锡江、丹绒槟榔开展师资培训活动。

福建省海外交流协会特别邀请福建省师范大学文学院的陈泽平、席扬和王汉民3位知名学者参团，他们分别承担汉字和词汇教学、阅读和写作教学、中国文化专题的授课任务。

在为期22天的巡讲中，培训活动受到当地华社的广泛关注和华校老师的热烈欢迎。印尼的《星洲日报》《国际日报》《千岛日报》等华文媒体对活动做了追踪报道。

10. 中国海外交流协会派出四川省名师巡讲团赴美讲学

2013年8月，由中国海外交流协会和中国华文教育基金会主办、全美中文学校协会承办的北美“海外华文教育名师巡讲团”赴美国讲学，在美国多个地区同步举办一系列教师培训活动。

四川省对外交流协会副会长陈志孔率东线巡讲团的3位专家，负责美国东部地区纽约、波士顿、费城、亚特兰大、华盛顿等城市和地区的师资培训。四川大学王晓路教授主讲“比较视野中的中国文化：特质与要素的重新考量”，四川大学俞理明教授主讲“汉字的形音义与词汇”，成都市锦西外国语实验小学副校长、特级教师李海容主讲“如何提高小学语文教学的有效性”。

11. 巡回讲学师资培训等系列活动走进缅甸曼德勒

2013年8月2日，由中国海外交流协会主办、云南省海外交流协会承办、曼德勒福庆学校协办的2013年度“中华大乐园”“巡回讲学”“本科函授班”3个活动走进缅甸，在曼德勒福庆大礼堂同时举办了开班典礼。中国驻曼德勒总领馆郁伯仁总领事、云南省海外交流协会赴缅团团长甘露云副处长、福庆学校董事会董事、各侨领及社团侨领、来自缅北各华校的教师、参加大乐园的学生、函授班学员等200余人参加了开班典礼。

此次“中华文化大乐园”是第二次在曼德勒地区举办，活动内容丰富，含舞蹈、武术、杂技、歌咏、书法、绘画、才艺等中华才艺。报名参加大乐园的学员达250余名。巡回讲学主要针对缅北曼德勒及周边地区的华校教师，报名教师已有近百名。讲学内容主要包括中小学语文教学法、拼音教学法、数学、写作、诗歌朗诵、班级管理等知识。此次本科函授班是第三次面授，函授班分两年，每年两次面授，云南师范大学专家教授亲临面授。

12. 湖南师范大学讲学团赴菲律宾讲学

2013年8月27日至9月11日，应菲律宾华教中心邀请，受国务院侨办委托，湖南师范大学组织讲学团赴菲律宾马尼拉、三宝颜、鄢市、纳卯等4个城市巡回讲学，培训当地华语教师400余人。

讲学团由湖南师范大学国际汉语文化学院院长杨玲任团长，教育科学学院曹中平教授、国际汉语文化学院沈敏老师、附属幼儿园副院长杨晓燕老师分别主讲儿童心理学、汉字教学、幼儿语言及舞蹈教学。3位教师的讲座针对菲律宾华语教师的特点，有的放矢，以丰富的案例、生动的语言、实用的教学方法与策略赢得菲律宾华教界的一致好评。

13. “中国华教基金会·华文教育巡讲团”送教匈牙利华校

2013年11月12日至15日，应匈牙利国际禅武联盟邀请，由中国华文教育基金会副秘书长卢海斌率领的“中国华文教育基金会·华文教育巡讲团”一行6人，赴匈牙利访问并为当地华文学校进行文化巡讲。

巡讲团先后拜访了国际禅武联盟、青田同乡会等知名华人社团，并到匈中双语学校和青田同乡会文化馆为匈中双语学校及光华华文学校的老师、在匈牙利的华侨华人和热爱中华文化的当地民众进行了文化讲学。

14. 华文教育福建讲学团赴马来西亚交流

2013年12月19日，由中国海外交流协会和福建省海外交流协会主办、马来西亚沙巴亚庇中华工商总会承办的华文幼儿教师培训活动在亚庇里士卡中华学校视听中心举行结业典礼。

这是亚庇中华工商总会首次与中国海外交流协会和福建省海外交流协会联合举办华文幼儿师资培训活动。来自福建省的讲学团一行6人，开设了幼儿园语言教育、幼儿心理学教育、幼儿园数学教育、幼儿舞蹈教学、幼儿美工教学、幼儿园区域活动实施与指导、幼儿园班级管理等 7 个教学专题。

教学活动分别由福建省优秀华文教育基地的幼教专家和业务骨干执教，教学成效突出，深受学员欢迎。除了全程参与学习的 62 名华文幼儿教师，当地华校董事长、董事成员和赴外学习交流返程的华文教师也纷纷加入学习行列，受训人数达 493 人。

15. 华文教育澳洲巡讲团暨华文教师培训讲座悉尼举办

2013 年 12 月 16 日，由中国华文教育基金会主办，澳大利亚中文教育促进会和澳大利亚南海文化传媒有限公司联合承办的“2013 华文教育澳洲巡讲团暨悉尼华文教师培训讲座”在悉尼成功举办。

此次讲座得到了中国驻悉尼总领事馆、中澳企业家联合会、澳大利亚闽南同乡会和新州中文教师协会的大力支持。中国驻悉尼总领事馆王芸领事，中国华文教育基金会企业赞助商——中澳企业家联合会代表，悉尼分会会长罗瑞华先生，新州中文教师协会会长 John Meng 先生以及来自社区各中文学校、公立学校以及私立学校的近百名教师参加了此次讲座。

华文教育巡讲团由三位资深教授专家组成，他们是北京师范大学教授、博士生导师、汉语文化学院执行院长张和生先生，北京师范大学教授、博士生导师、汉语文化学院副院长王学松先生以及北京师范大学汉语文化学院副教授吕俞辉女士。

（五）海外华校、华教组织自主华文师资培训

1. 菲律宾华文学校联合会“华文教育研习班”开班

2013 年 1 月 18 日，由菲律宾晋江同乡总会、菲律宾华文学校联合会联合主办第十五次华文教育讲习班在菲律宾圣公会中学大礼堂举行开学典礼。

晋江同乡总会秘书长洪健雄任大会司仪，理事长黄金盾任大会主席。圣公会中学吴紫薇校长首先致辞，欢迎大岷区华校领导教师们的光临，并祝华文教育研习班圆满成功。

2. 菲律宾华文学校联合会举办小学华文教师教学示范活动

2013 年 2 月 1 日，中国海外交流协会、广东省海外交流协会外派教师李勤敏和魏显当两位老师参加了菲律宾华文学校联合会小学教学示范活动。该活动由菲律宾华文学校联合会和菲律宾中正学院联合主办。活动在菲律宾中正学院举行，菲律宾华文

学校联合会主席李淑慧和中正学院黄美真院长出席了活动并做了讲话。

中正学院的施丽丽老师和蔡婉瑜老师为大家呈现了两节异彩纷呈的课堂教学。施丽丽老师的公开课是综合课《游戏》，条理性强，重点难点突出，并附以动作、朗读、唱诵、音乐练习等多种形式。蔡婉瑜老师上了一节华语教学课，教学层次清晰，课堂语言简练，师生互动到位，教学过程紧凑流畅，语言亲切，通过形式多样的教学活动激发了学生积极参与学习的热情，学生思维活跃，恰当采用精美的多媒体辅助教学，引导学生在自主探索与交流中用语言表达思维，发展学生的华语能力。

3. 印尼举办本土华文教师教学技能理论培训班

2013 年 3 月 29 日，由印尼雅加达华文教育协调机构与厦门大学印度尼西亚校友会联合举办、慈育大学协办的“印度尼西亚本土教师的教学技能理论及方法”讲座在慈育大学举行，免费为各层次华文教师开放。为了使华文教师在教学工作中能更加得心应手，雅加达华文教育机构与厦门大学印度尼西亚校友会一同邀请到来自中国厦门大学的资深专家郑通涛教授到雅加达讲学。

4. 缅甸北部三区域华校 2013 年本土汉语教师培训班结业

2013 年 3 月 6 日，缅甸曼沾勐稳中学举行缅北三区域华校 2013 年度教师培训班结业典礼。中国驻曼德勒总领事馆杜振权领事、曼德勒孔子课堂中方主任何林副教授、曼德勒福庆学校李祖清博士以及三区域的校领导、师生等近百人出席。

曼沾勐稳学校廖等昌董事长致开幕词。中国驻曼德勒总领事馆杜领事、勐稳帛玛民族会曼沾分会杨世德会长、福庆学校李祖清校长、曼德勒孔子课堂中方主任何林副教授等也相继致辞。在曼沾担任培训教师的龙威老师，向来宾报告培训工作后，一位受训学员代表致谢。

此次培训是三区域地区的第二次教师培训。在缅北地区华校以及汉语教学机构的邀请下，曼德勒福庆学校派出 3 名中国硕士学历教师，前往曼沾地区进行汉语国际化教师培训。培训内容包括：现代汉语、汉语语法、HSK、拼音、电脑课件制作技术。培训方还介绍了现代化的新颖汉语教材。

5. 英国中文教育促进会举办电脑与中文教育师资培训

2013 年 4 月 13 日，由英国中文教育促进会主办、伦敦育华中文学校承办，为期 2 天的电脑与中文教育系列之师资培训课顺利举行。此次培训吸引了来自多所中文学校的老师，他们不辞劳苦，利用周末休息时间，从英国各地来到哈克尼社区大学（Hackney Community College），培训教室里座无虚席。

担任此次主讲的是具有丰富经验教授电脑与中文的胡郁英老师。她主要介绍了电脑在中文教学中的运用。在讲解中，胡老师深入浅出，以多媒体的多样性、丰富性为引点，从常用多媒体的格式及格式转换为切入点，继而转入中文教学怎样利用声音和影像来加强灵活性和多样性，从而使中文教学更具有趣味性。胡老师的培训包括 4 个部分：常用多媒体格式介绍及格式转化；声音处理在教学上的应用；影片剪辑操作；互联网资源应用。

这次培训的成功举办也得到了伦敦普通话简体字学校与华人互助工团等多个团体的帮助。他们不仅提供场地或者赞助部分场地租用费，而且还协助筹备工作。对于各方团体的支持，英国中文教育促进会常务副会长梁苑华深表感谢，希望今后有更多的合作机会，推动在英国的电脑与中文教育培训。今后，英国中文教育促进会将举办一系列的培训课程。

6. 美国联邦政府“星谈计划”华文师资培训暑期班招生

2013 年 6 月 14 日，由美国联邦政府“星谈计划”（Startalk Program）赞助的免费华文教师暑期培训班正式开课。加州大学伯克利分校全美中文教学中心主任郭誉玫表示，2013 年该中心“星谈计划”暑期课程，提供两门华文师资培育证书班必修课，包括中文教材教法初级和高级，共 6 学分。另外 3 门必修课为华文教师教学须知、跨文化沟通及第二语言教学。

该期课程自 6 月 14 日至 7 月 1 日，共计 12 天、96 个小时。郭誉玫指出，修完 5 门必修课程的学员将获颁该校教育推广学院华文师资培育证书班的结业证书。若是美国境外师范大学毕业的国外教师，完成证书班并通过加州教师管理委员会规定考试，亦有机会直接申请加州中文教师单科教师执照，到公立中学担任中文老师。

7. 荷兰丹华学校组织新教师进行岗前培训

2013 年 5 月开始，荷兰丹华学校认真组织对新教师的岗前培训，并制定了一系列的培训方案。学校首先组织了求职新老师学习。在学习中，丹华学校校长专门为大家详细介绍了 10 多年来丹华教师们为传承和推广中华语言文化做出的努力和取得的成绩，借此提高新教师对华文教育意义的认识。求职新老师通过学习，都特别渴望能加入丹华这个大家庭，和丹华老师们一起为华文教育奉献自己的力量。接着在 6 月份丹华学校分别组织新教师学习新理念教学的内容和方法，观摩各班《中华字经》《等级汉字》课的教学活动；学习国侨办《中文》各年级教材的特点并观摩各年级教师的中文教学活动，其中特别组织新教师学习多媒体教学的方法和丹华老师多媒体教学经验。丹华新教师还将参加丹华学校开放日的各项活动，并在学年结束前做好个人的培训总结，以新姿态投入新学年的教学工作。对新教师的岗前培训工作，不仅能提高华文新教师对海外华文教育意义的认识，还保证和提高了华文教学的质量。

8. 缅甸曼德勒新世纪学校为本土华文教师培训拼音

2013 年 6 月 4 日，缅甸曼德勒新世纪国际高级学校组织的汉语拼音培训班顺利结业，该校为培训合格者颁发结业证书。

新世纪学校于 2013 年 4 月开办了“本土华文教师免费培训之汉语拼音班”，免费提供多媒体教学设施、自编汉语拼音教材、教学光碟、学习用品等服务，并且安排了资深教师进行教学。参与此次汉语拼音培训的学员有 17 名，培训期两个月。新世纪国际高级学校校长张继介绍说，新世纪的办学宗旨是“传播优秀文化，服务缅华社会”，学校自建校以来，针对本土华文教师共举办了 40 余次培训。培训内容包括：汉语拼音、汉字、语法、修辞、儿童心理学、教育学原理、课堂教学法、课程标准等。本学期学校又推出电脑绘制图形、课件制作等系列教学培训。

曼德勒新世纪国际高级学校由缅甸瓦城华人社会学生家长筹资兴办，学校以中文、英文、缅文三语整合教学，为缅华社会培养“适应未来社会发展的精英人才”奠定基础。

9. 印尼泗水国立大学孔子学院举办华文教师培训

2013 年 8 月 24 日，印尼泗水国立大学孔子学院和泗水弘华师友会联合主办华文教师培训班获得圆满成功。此次培训是泗水国立大学孔子学院面向印尼本土汉语教师举办的首次培训，其目的是提升华文教师水平，提供有效的教学资源和先进的教学方法。

此次培训学员主要是当地华语补习学校的教师，年龄跨度较大，最年轻的 22 岁，年长的 79 岁；在教龄上，有的仅 6 个月，有的则有 30 多年了。由于本土老师或多或少都存在语音方面的问题，加之岁数偏大的老师对于现代化的多媒体教学不太熟悉，该培训重点推出语音教学和多媒体教学，分别由志愿者老师宋丽丽和佘佳梅讲授。另外，还开设了文学选读课，由志愿者老师刘茜和张晓静负责。此次培训获得了一致好评。由于参加培训的中小学老师比较多，大家希望以后的培训能够多开设些针对中小学汉语教学的课程。

10. 美国加州尔湾举办教师中华文化研习班

2013 年 8 月 19 日，由南海岸中华文化协会、加州州立大学富尔顿分校及尔湾学区联合主办的教师中华文化研习班开班。与会教师从历史、地理、文学、科学、音乐、艺术等各方面认识中华文化，目标是加强教师对华裔学生及家庭的了解，在公立教育系统中提供更切合学生背景的教学环境。

尔湾学区自2007年起，在尔湾韩裔家长协会赞助下，即开始为学区教师提供族裔文化研习，迄今已有近200位教师参加过介绍韩国及波斯文化的研习会。2013年，尔湾学区首度举办教师中华文化研习，由南海岸中华文化协会募款2万元作经费，研习课程由加州州立大学富乐顿分校的国际教育资源中心设计、提供。

应邀在研习会中担任主讲人的包括加州州立大学富乐顿分校的历史教授张立恩、中国现代史教授 Lisa Tran、中国研究中心主任刘敬辉等人。研习会除了讲座之外，还安排出席教师体验介绍中华文化，由林宗庆介绍太极拳，杨艺云及廖小英示范如何演奏琵琶及古筝，林韶慧介绍并示范了中国书法。

七　华教资源建设

1. 中国作家作品入选澳大利亚新南威尔士州中学华文教材

据澳大利亚新南威尔士州政府消息，中国著名新生代女作家黎阳的代表作——长篇小说《何处是归程》入选澳大利亚新南威尔士州中学的华文教材。除了黎阳的《何处是归程》，同时入选澳大利亚新南威尔士州中学华文教材的还有钱钟书的《围城》、龙应台的《你是哪国人》和《在一个没有咖啡馆的城市》等影响深远的经典名篇。

2. 意大利佛罗伦萨中文学校开通无线网络课堂

2013 年 3 月，意大利佛罗伦萨中文学校正式启用无线校园网络，开展课堂讲学。

据意大利佛罗伦萨中文学校校长潘世立介绍，从 2009 年 9 月开始，学校就采用多媒体教学，三年多来不断更新、升级设备，在教学上使学生能够直观形象地了解中华文化和掌握中华知识。为了进一步提高教学质量，使信息化技术在教学中得到充分运用，学校最近投入经费与保罗茨洛学校合作，实现校园无线网络全覆盖，成为佛罗伦萨乃至意大利第一所无线网络覆盖全校的中文学校。

佛罗伦萨中文学校老师张滢表示，通过使用 WIFI，老师和学生上课用笔记本电脑互动，师生可以直接上网查阅资料，极大地丰富了课堂教学的手段，又极大地调动了学生的积极性。

3. 华侨大学启动华侨华人信息中心建设

2013 年 4 月，华侨大学正式启动华侨华人信息中心建设。华侨大学校长贾益民教授表示，做好华侨华人信息中心的建设，是奠定为侨服务、做好华侨华人研究的基础，是为国家有关政策的咨询和决策提供基本信息。华人华侨信息中心系统的主要工作包括：集中学校力量建设全球华人华侨网；在有关学院进行的海外华文教育、华社、华文媒体、华商、人物等调研普查的基础上，建设全球华侨华人数据库、远程华文教育网等。

4. 乡土教材《温州童谣》走进海外温州籍中文学校

2013 年 9 月 4 日，温州市侨办召开 2013 年外派教师座谈会，并举行向海外温州籍中文学校赠书仪式。外派海外支教的潘莉莉、陈秀娟两位教师，带着乡土味十足的教材《温州童谣》走进欧洲中文学校课堂，播撒瓯越文化的种子。

《温州童谣》是温州市侨办为海外温州籍华裔青少年编印的第一本乡土教材，旨在使海外温州籍华裔青少年通过诵读家乡童谣、品味家乡童谣，提高基本的诵读技巧，了解瓯越民俗文化的丰富多彩，培养他们学习中国语言文化的兴趣和深入理解中国文化的能力。《温州童谣》一书收集了《打珓杯》《吃馄饨》《十二月令》《娒娒，你真早》等 43 首易懂易记、广为流传的童谣作品，内容贴近儿童的生活，尤其贴近儿童快乐的天性，所用的语言浅显易懂，结合游戏、配以民俗童趣图片，力求寓德于教、寓教于学、寓学于乐。

2012 年 12 月，温州市侨办联合温州广电集团国际台温州节目制作室又成功推出《温州童谣》音频版，《温州童谣》将以新面貌再次走进海外温籍中文学校课堂。《温州童谣》将于 12 月底正式登陆中国国际广播电台温州节目制作室《魅力温州》节目，向海外受众推广传播。温州籍青少年还可以通过温州新闻广播《教育面对面》节目以及温州侨网、世界华声、东海网等平台，品尝原汁原味温州方言的童谣。温州市侨办、温州广电集团国际台温州节目制作室还计划联合温州新闻广播《教育面对面》节目，举办《温州童谣》大赛等活动，推动《温州童谣》的传承发展。

5. 温州大学建成首个英文留学生网推广中华文化

2013 年 12 月，国侨办华文教育基地——温州大学推出首个英文留学生网，向海外强力推广中华文化，让更多人了解温州，了解温州大学。该网站由温州大学国际合作学院开发建设，兼具外宣型和功能型两大特点，设有“温大”“招生”“学术”“校园生活”“信息联络”5 大板块，即时提供新鲜、权威、专业、全面的留学生、华侨生招生资讯与政策解析，向世界展现温州大学的风貌和温州大学学子的风采；通过“中国求学”“温州生活”“中文学习”和“校园风采”等栏目，让海外学子了解中国，了解温州，了解温州大学学子的学习和生活点滴。同时，网站设置了“通知”“学生服务”和“下载”等栏目，读者和用户通过这些栏目，能快速了解温州大学的方方面面。

第四部分

世界华文教育学术动态

一　华教学术会议

1. 第五届世界华语文教学研究生论坛在福建厦门举行

2013年1月18日至22日，由华侨大学和世界华语文教育学会共同主办，海外华文教育与中华文化传播协同创新中心、华侨大学华文学院、华侨大学华文教育研究院协力承办的“第五届世界华语文教学研究生论坛”在华侨大学厦门校区举办。此次论坛以“全球化时代的世界华语文教学与中华文化传播”为主题，旨在提供世界各地华文教学领域研究生发表、讨论与交流研究成果的平台，提升华文教育学术发展。与会者共同交流和探讨了全球背景下的华语文教学与中华文化传播等各方面问题，马儒沛、赵阳、汤翠英、任弘、曾志朗、董鹏程、张新仁、李宇明、李晓琪、郭熙等30余位华文教育及相关领域的专家和学者出席论坛。

在开幕式上，华侨大学校长贾益民教授、台湾世界华语文教育学会理事长程万里先生、台湾中研院院士暨台湾联合大学系统校长曾志朗先生、台湾海华基金会副董事长任弘先生先后致辞。

此次论坛共有来自中国大陆、台湾、澳门以及日本、韩国等地的33所高校的110多位博士研究生和硕士研究生参加。大会共提交论文94篇，经专家学者评审，遴选出20篇优秀论文在大会上宣读，其余74篇论文分为9组，以小组为单位进行交流和讨论。专家学者对参会论文进行了细致、严谨、恳切的点评，并提出了进一步完善论文的见解和看法，实现了师生间的双向互动。会议期间还顺利举行了“第二届两岸华文教育协同创新研讨会”，来自海峡两岸40所高校和相关领域的高端专家和学者参会。与会专家就“两岸华文教育的国际视野与多元创新”“两岸华文教育协同创新的资源共享”等议题，畅所欲言，为当前华文教育事业的发展献言献策。

2. 第六届全美中文大会在美国波士顿召开

2013年4月7日，由美国大学理事会、亚洲协会与孔子学院总部/国家汉办共同主办的第六届全美中文大会在美国波士顿召开。中美教育部门官员，高等教育工作者，中小学校长、学监、汉语教师等1200余人出席会议，探讨美国中文教育现状与未来发展道路。

为期3天的大会以“拥抱未来”为主题，包括5场全会及7组分会及多场专题研讨会、教学资源展览等。亚洲协会董事会主席 Henrietta Fore，美国大学理事会主席 David Coleman，美国教育部助理部长 Deborah Delisle，中国教育部副部长郝平，孔子学院总部总干事、国家汉办主任许琳等中美人士出席了开幕式并致辞，高度评价中文教育对推动中美人文交流、促进中美关系的重要影响，并与参会嘉宾就美国汉语教育的发展进行了讨论。

全美中文大会旨在促进全美各地汉语教学机构和教师的交流，推进美国汉语教学的发展，是美国影响力最大、规模最大的研讨汉语教学的会议。大会自2008年起，每年举办一次，已有来自美国48个州及哥伦比亚特区，以及中国、澳大利亚、加拿大、新加坡、英国等地的5000余名代表参加。

3. 第九届加拿大全国汉语教学学术讨论会在温哥华召开

2013年4月27日，第九届加拿大全国汉语教学学术讨论会在不列颠哥伦比亚省温哥华市召开。此次讨论会共有33位来自加拿大阿尔伯塔省、不列颠哥伦比亚省、安大略省、萨斯喀彻温省和卡尔加里省的13所大学的汉语教师、专家、学者参与。本年度讨论会形式独特，与会教师每人都要与大家分享一个汉语教学的“独门绝技”。

此次讨论会的主题是“资源分享与团队共建”，论题包括使用信息技术与科技手段辅助中文教学、实用中文教学技巧、中国文化教学等。33位教师分别针对自己选定的一个主题发表演讲并回答其他教师的提问，以达到互相分享有效中文教学经验和方法的目的。

围绕“现代信息技术给中文教学带来的新趋势”这一主题，教师们发表了如《在线中文教程推荐》《如何在中文教学中灵活运用IT技巧》等演讲。来自西蒙弗雷泽大学的谢老师所做的《利用在线热点新闻练习中文写作》演讲以及温哥华BCIT孔子学院的严老师所做的《如何利用HSK在线模拟和练习系统辅助汉语教学》演讲引发了与会教师们的热烈讨论。

针对“实用中文教学技巧”这一主题，教师们交流了各自在汉语课堂中的教学经验和技巧。来自温哥华BCIT孔子学院的李老师与其他教师们分享了《如何巧用〈汉语教学直通车〉辅助汉语教学》，得到了老师们的普遍好评；来自大不列颠哥伦比亚大学的杨老师介绍了如何“用‘段子’教中文”，内容新颖、方法别具一格。

来自阿尔伯塔省教育局的方博士在“中国文化课”板块演讲的《培养学生的跨

文化意识》引起了许多教师的关注。方博士提倡让学生通过相关的课堂活动学习“吉利”“孝顺”“贤妻良母”等有代表性的文化词语来了解中国文化，培养跨文化意识。

4. 开创华语文教育与侨民教育之新视野国际学术研讨会于中原大学举办

2013年5月10日，由台湾中原大学举办的2013开创华语文教育与侨民教育之新视野国际学术研讨会于桃园市召开。研讨会以“开创华语文教育与侨民教育之新视野以迎接全球华语文热之来临”为主题，邀请到韩国外国语大学孟柱亿教授做专题演讲，并邀请来自岛内多所大学的20余位专家学者会聚一堂，就“开创华语文新教材、开创华语文新教法、开创华语文教育本体研究、开创侨民华语文新教材、开创侨民华语文新教法、侨民教育政策回顾与展望”等议题组织主题论坛、分组讨论。

5. 2013两岸海外华文教育论坛在台湾召开

2013年5月22日，由华侨大学、台湾世界华语文教育学会共同举办的2013两岸海外华文教育论坛在台湾师范大学举行。中国海外交流协会副会长马儒沛、文教部部长雷振刚，华侨大学校长贾益民，暨南大学校长胡军，台湾世界华语文教育学会理事长张光正、秘书长董鹏程，台湾师范大学校长张国恩、台北教育大学校长张新仁等20余位专家学者出席会议。

马儒沛指出，华文教育为海外华人延续母语学习、传承中华文化做出了巨大的贡献，在保持海外中华民族的民族特性、维系海外华侨华人与祖籍国的感情等方面发挥了巨大的作用。从这些意义上讲，华文教育是留根工程和希望工程，华文教育工作者肩负着神圣的职责。宝岛台湾在编写教材、培育师资等方面做了很多工作，积累了丰富的经验，值得大陆学习；大陆方面对华文教育工作也进行了积极的探索，设立海外华文教育示范学校，建立华文教育组织帮扶体系，着力提高海外华校的办学水平，取得了突出的成绩。

新形势下，马儒沛建议两岸做好以下4个方面的工作：第一，增进互信，行动起来，加强校际交流，创新工作形式，使华文教育工作实现深层次、宽领域的发展；第二，学术先行，围绕华文教育师资、教材、教法等问题开展调查与研究，提出更多更好的建议，建立机制，搭建平台，取得有针对性和实效性的成果；第三，协同创新，既要有宽容合作的雅量，又要有创新发展的能量，夯实合作的基础，建立合作的长效机制，不要因两岸人员工作的变动而影响合作与交流，要从制度上确立合作机制；第四，积极行动，团结协作，多行帮助与造福海外侨胞之举，加大海外华文教师培训工作力度，提高海外华文教育工作水平，研发海外华文水平测试系统。

贾益民在总结发言中指出，两岸华文教育的合作与交流已有很长的历史，华文教师论坛、研究生论坛、协同创新论坛相继举办，两岸合作的基础和机制已经初步建立。他建议成立一个专家委员会，下设研究小组，探讨共性和基本问题，推进华文教育工作持续健康发展；建议加强华文教育历史资料的搜集，编写华文教育国别史和世界华文教育史；建议加强华文教育教学资源的研发，搜集两岸华文教育教学与中华文化传播的成功案例，建设华文教育教学资源库，实现华文教育教学资源的全球共享；建议设立华文教师发展研究中心，尽早落实两岸华文教育课程联盟，实现两岸华文教师培训的互动发展。

与会学者还就华文教师的知识结构、两岸协同创新的方式与渠道、网络技术与华文教育、当前华文教育急需开展的工作等发表了意见。

6. 澳大利亚全澳中文教师协会举办第19届年会

2013年7月6日，全澳中文教师协会在堪培拉召开第19届年会。来自澳大利亚全国以及中国大陆、中国香港、中国台湾、日本、新加坡、马来西亚等国家和地区的180多名汉语教师、官员和专家学者出席。

此次大会主题为“机遇与挑战：澳大利亚融入亚洲新时代的中文教学”。与会教师在为期2天的会议中总结了目前中文教学的经验和问题，探讨在澳大利亚政府发布《亚洲世纪中的澳大利亚》白皮书背景下中文教学的前景。

澳大利亚标准中文学校校长李复新说，白皮书是2012年10月底发布的，强调澳大利亚要走亚洲路线，全方位向亚洲开放。虽说其对中文教学的效果还需要时日检验，但白皮书的发布为澳大利亚的语言教学提供了清晰的发展方向和新的发展契机。李复新说，教学分教师、教材和教育方法3个方面，澳中文教师整体水平在世界上尤其是英语国家中是居前的；澳大利亚的中文教材建设比20年前在数量上增加了很多，涵盖了从早教到中小学、大学、成人教学等各个方面，种类上能够满足市场需求，但仍需要在质量和针对性上有所加强；教学方法则要适应不同的对象，不能墨守成规，要更新知识、方法和技巧。

澳大利亚中文教学已有100多年历史，目前全澳有700多所学校开设中文课，3000多名教师从事中文教学。全澳中文教师协会每年举办一次年会，是澳新地区水平最高、规模最大的汉语教学与教育会议。

7. 第八届全球华文网络教育研讨会（ICICE8）在美国洛杉矶举行

2013年7月12日至14日，第八届全球华文网络教育研讨会在美国洛杉矶帕萨迪纳市立学院（Pasadena City College）举行。来自17个国家或地区的300多位华语文专家参加了此次会议。研讨会最大特色为走向国际化，举办地位于美国华语教学荟萃地区——洛杉矶，邀请了多位美国资深学者共同组成学术组委员会，并与帕萨迪纳市立学院合办，CLTA、CLASS、TCLT 及 NCACLS 全美 4 大全国性华语文教学学会和加州 2 个区域性学会参与协办，这些都提升了学术研讨会的国际规格。

大会主题为“云端时代的华语文教与学”。会议除了讨论网络远距离教学、电子白板融入教学等主题外，还讨论了掌上媒体、智能型行动装置及应用程序等随手可得的教学辅具的应用；会议展示了汉字教学游戏软件、动漫、简报比赛等全新多元的学习方式，展现了云端时代华语教学的全新魅力。将华语文教学实务与云端概念结合，探讨数字云端资源如何有效运用在第一线教学现场的研究主题，如美国加州利用计算机信息学习文化课程、美国高中“数字档案夹”中文教学计划等，让人耳目一新。台湾侨务委员会期待借首度移师海外之机向国际发声，推介具有台湾文化内涵的优质华语文数字教学。

大会共收到来自近 20 个国家和地区的近 150 篇论文。经专家审议，录取其中 80 余篇发表。会议特邀台湾侨委会副委员长任弘莅会发表专题报告，中研院院士、美国伊利诺大学荣誉教授郑锦全应邀以“彩云之下众声喧哗——华语数位资源与教研创新”为题进行专题演讲，分享多年来钻研计算语言学、认知语言学等领域的重大发现。会议还邀请了来自台湾华语文数字学习科技业界 7 家厂商，展示最新教材与软件，从魔术方块概念而来的“中文妙方”学习计划、“E-Hanzi”打造无缝式的华语教学经验、“Class Fun E-PEN”走动式数字教学与全班互动的最新教学平台等，让全世界从事华语文的工作者一起见证华文教育的强大软实力。

全球华文网络教育研讨会是极具规模、极受瞩目的华语文数字教学论坛之一。研讨会自 1999 年开办以来，每两年举办一次，已先后在台北举办七届，累积发表超过 600 篇论文，以及数十场的专题演讲及工作坊，超过 3500 位海内外华语文教育专家和学者、各级学校数字教学实务工作者、华语文数字学习科技产业人士共同参与，已成为国际华语文教学界的大型盛会，对于推动华语教学与科技的结合已产生了显著效果。

8. 第三届中文教育教学国际研讨会在加拿大多伦多举行

2013 年 7 月 30 日，第三届中文教育教学国际研讨会在加拿大多伦多举行。此次研讨会由加拿大约克大学和加拿大华文教育学会共同主办。来自中国大陆、香港、澳门、台湾等地的中文教育研究学者及加拿大本地华文教师共同参与。研讨会还邀请到中国传媒大学、中央民族大学、陕西师范大学、台湾屏东科技大学及加拿大约克大学、多伦多大学、辛力加学院属下孔子学院等教育机构的专家学者参加。

此次研讨会主要探讨新时代汉语言教学的新技术和新方法。会议论题包括中文教学和教学法研究、实用汉语语言学的理论探讨、云端技术和其他教学资源的整合、中文网络教学和远程辅导的运用、各类中文教科书的运用等专题。

屏东科技大学华语文中心学者陈念萱发表了《网络技术在汉语教学中的运用》，受到与会代表一致关注。陕西师范大学国际汉学院院长陈学超在试验“读楷写行”基础上提出汉语超越国界、政治、正统、繁简的理论。他说，鉴于汉字在越来越多的国家被学习和使用，同时在计算机上被普遍运用，汉字未来应该实行读写分离，创造出用于阅读的规范楷书系统和用于书写的简便行书系统，建立一套规范化的楷书字汇和行书字汇。他希望未来能建立起一个全球汉字文化圈都接受的规范，克服汉字书写难度太大的障碍，让汉字在全球更大规模地运用。来自陕西动漫产业平台的张健向与会者演示了大陆第一、第二届中小学生定格动画大赛的优秀作品。张健称，所谓定格动画，就是运用特制软件，在计算机上制作定格的动画再连续播放出来，技术和设备都非常简单，低幼儿童也能轻松掌握制作技术。大陆小学生已用剪纸动画、橡皮泥动画、玩具动画等多种形式制作出动画小故事、小笑话等，用先进的数字技术寓教于乐，收到很好的效果。张健表示，他目前正联络加拿大有关机构，希望能在举办第三届中小学生定格动画大赛时成立加拿大分赛区，发动加拿大学生制作定格动画，与中国学生互通有无，把加拿大孩子们的生活和思想通过动漫的形式传递到中国，为加中青少年增加一个新的交流桥梁。

9. 亚太地区国际汉语教学协会年会在澳大利亚墨尔本举行

2013 年 8 月 24 日，第五届亚太地区国际汉语教学协会年会在澳大利亚文化之都墨尔本举行。本届年会以“不同语言、文化和政策环境下的汉语教学”为主题，在中国国家汉办和中国驻墨尔本总领馆教育组支持下，由亚太地区国际汉语教学协会主办，澳大利亚高校中文教师学会和墨尔本大学承办。来自各国的汉语教学专家和学者在会上共同探讨亚太地区各国汉语教学经验，以提升地区汉语教学水平。

墨尔本大学亚洲研究院院长纪宝坤在会上致辞说：“中国是澳大利亚最大的移民、留学生和游客来源国，汉语已经成为澳大利亚仅次于英语的第二大语言。”澳大利亚政府发布的“亚洲世纪白皮书”凸显了澳中之间愈发密切的外交、经济、社会及文化关系，相信本届年会将进一步促进亚太各国的汉语教学。澳大利亚国家语言政策制定者、墨尔本大学教育系教授约瑟·罗·比安科在主旨演讲中表示，未来世界交流模式将与过去完全不同。一个国家的实力和其语言在全球语言系统中的重要性息息相关，包括澳大利亚在内的很多国家在一个时期内纷纷将包括汉语在内的亚洲语言教育作为优先任务来加强和巩固。

10. 第三届两岸华文教师论坛在福建厦门召开

2013年8月25日，第三届两岸华文教师论坛在华侨大学厦门校区开幕。论坛由华侨大学和世界华语文教育学会联合主办，华侨大学华文学院承办，华侨大学校长贾益民教授和世界华语文教育学会秘书长董鹏程共同召集。两岸华文教师、华文教学相关学者、特邀嘉宾以及泰国3所学校共90余位华文教育专家共同探讨华文教学相关问题。论坛共收到论文58篇、教学观摩报告7篇、教案2篇。与会的华文教育专家在为期6天的会议中以分组论文发表、教案点评和教学示范观摩等形式进行了学术交流。

此次论坛主题是“华文教学实践研究”，各参考论题包括：华文课堂教学环节研究、华文教材教法研究、现代科技教学技术研究、世界各地华文教学比较研究、华文教师教学能力研究、华文师资培育研究、华文教学效果评量研究、华语文教学中心之营运研究、华语文教学两岸及国际合作研究、华文教学案例研究、华文教学资源库建设研究、与华文教学相关的语言本体研究。

论坛特邀两岸华文教育界的知名专家在会上发表主题演讲。华侨大学副董事长马儒沛表示，华文教育是广大华侨华人尤其是华裔青少年学习汉语、传承中华文化的“留根工程”和“希望工程”。他建议，两岸华文教师要结合自身教学实际，加强华文教育理论研究方面的交流与合作；在编写华文教材和培训华文教师等方面携手努力，共同促进海外华文教育的发展。

台湾海华基金会副董事长任弘说，华文教师是华文教育的核心，是传播和传承中华文化的先锋。他希望两岸的华文教育政策制定者设计更多的策略推广华文教育，更多地关注华文教师职业发展，提高华文教师待遇。此外，他还呼吁华文教师在华文教育过程中，要善用数字化技术，加强与媒体结合，通过电影、音乐、电视等多种形式推广中华文化。

11. 第三届“华文作为第二语言之教与学”国际研讨会在新加坡召开

2013年9月12日至13日，第三届“华文作为第二语言之教与学”国际研讨会在新加坡义安理工学院会议中心举行。会议由南洋理工大学属下的新加坡华文教研中心和义安理工学院人文学院联合主办，新加坡华文教师总会、新加坡中学华文教师会协办。

会议议题为“多语环境下的华语文教学：实践中显精彩，精彩中求实在”。会议副题包括：二语教学理念和实践、评估与测验，教材编写与课程设计，语言习得与学习心理，教学策略与方法，资讯科技与华文教学，教学模式与活动设计，跨文化交流与语言教学，教学语言与课堂管理，华语文师资培训与发展，幼儿园主题教学与环境创设，东南亚华文教育的历史、现状与发展等。

会议特邀主题演讲嘉宾分别来自美国、中国的香港和北京，其中顾百里教授（威廉大学）主讲《华语文作为第二语言在教学上应注意的事项》，谢锡金教授（香港大学）主讲《学前华文教育：多语环境与多元文化下的幼儿华文学习》，陆俭明教授（北京大学）主讲《阅读在语言能力增长中的作用——兼论提高语言教学质量之关键》以及文秋芳教授（北京外国语大学）主讲《重新评价“对比分析”在外语教学中的作用：认知语言学和社会文化理论视角》。大会还邀请了台北市立教育大学的幸曼玲教授、台湾财团法人爱弥儿教育基金会的高琇嬅董事长、中国高等教育学会学习科学研究会的魏书生特级教师以及新加坡教育部的沈淑华博士担任特邀演讲嘉宾。

此次会议理论与实践并重，邀请国际知名学者发表华文作为第二语文教学的研究成果，并且为顺应不同背景与会者的交流需要，设立三个子会议，同步进行分场报告。同时，开办教学研习班让教师与专家学者交流和互相学习，也分享了新加坡华文教研中心最新的科研成果与项目进展，包括华文写作评改系统、自主性华文写作平台、学前华文教学游戏教具及小学生华文分级读本等。

12. 第九届东南亚华文文学研讨会在浙江绍兴召开

2013 年 10 月 23 日至 25 日，第九届东南亚华文文学研讨会在浙江绍兴文理学院举行。此次会议由绍兴文理学院、新加坡南洋理工大学孔子学院等单位主办，绍兴文理学院人文学院承办。来自新加坡、马来西亚、菲律宾、印尼、缅甸等东南亚各国以及国内复旦大学、厦门大学、华中师范大学、福建师范大学、中南财经政法大学、江苏社会科学院、福建社会科学院等高校和研究机构的专家学者 100 余人参加会议。卢新华、谭绿屏、池莲子、林爽等一批来自美国、德国、荷兰、新西兰等国的华裔作家也应邀出席了活动。

会议收录论文 50 多篇，与会者围绕“东南亚华文教育、教学与华文文学创作的关系”的中心议题，立足东南亚、放眼大洋异国，对华文文学和教育中的理论和实践问题进行了深入研讨和广泛交流，取得了丰富成果。会议期间，举办方组织了华文文学作品展、华文报刊展、绍兴文化考察等系列活动，受到与会人员的好评。

与会者结合东南亚华文教育现状，深入分析当前面临的危机与挑战，并就改善华文教学、促进华文教育良性发展和文化传承进行热烈研讨，发表了各自的看法。

13. 第三届汉语国别化教材国际研讨会在中国海洋大学召开

2013 年 11 月 2 日至 3 日，第三届汉语国别化教材国际研讨会在中国海洋大学鱼山校区举行。此次会议由中国海洋大学和厦门大学联合主办，中国海洋大学文学与新闻传播学院承办。来自中国大陆和香港、澳门、台湾地区及日本、韩国、新加坡等国的75位会议代表及15位列席代表参加了研讨会。

该研讨会旨在探讨全球化背景下汉语国际推广的国家战略，促进对外汉语教材的研究，加快汉语国别化教材的建设。在为期2天的时间里，与会代表围绕“国别化与汉语教材问题研究，汉语教材的多层次、多元化研究，汉语特征研究与汉语教学及教材编写，汉语教学与教材使用现状的调查与研究”等4个议题，各抒己见，展开热烈讨论。

在会议开幕式上，厦门大学中文系李如龙教授、北京语言大学赵金铭教授、厦门大学海外教育学院郑通涛教授和高雄师范大学华语文研究所方丽娜教授做了专题报告。

14. 第十届东南亚华文教学研讨会在缅甸曼德勒举行

2013年11月9日至10日，第十届东南亚华文教学研讨会在缅甸曼德勒举行。来自马来西亚、菲律宾、新加坡、泰国、印尼、文莱、缅甸等东南亚国家的华教机构代表以及来自中国各地高校代表等180多人参加。会议共收到论文32篇。

该研讨会开幕式在福庆大礼堂举行，福庆孔子课堂荣誉董事长李先瑾、中国驻曼德勒总领事郁伯仁、曼德勒省缅中友好协会主席U Po Myint等10位嘉宾致辞。在主题演讲环节，各国代表先后介绍了本国华教情况。各国嘉宾踊跃发言，分别就当前东南亚国家华文教育政策、发展现状、教材开发、教学方法等进行了广泛交流，分享各国华文教育的发展经验。菲律宾华教中心黄端铭副主席以“立足本土，谋求发展”为题，介绍菲律宾华文教育的现状，包括本国华校及其学生分布情况、办学机构和经济情况、学制和华语课程设置、华语教材以及华语教师队伍状况等。

会议决定，第十一届研讨会将于2015年在柬埔寨召开，第十二届研讨会将于2017年在印尼召开。

15. 2013台湾华语文教学学会年会暨国际学术研讨会于台北举办

为庆祝台湾世界华语文教育学会成立40周年，台北举办了“2013华语文教学与研究国际研讨会”。此次会议以“开创华语教育新视野——多元文化与华语教学”为主题，来自美国、日本、韩国、中国大陆和台湾等地的100多位专家和学者齐聚一堂，进行了充分的交流和探讨。暨南大学邵敬敏教授、华侨大学贾益民教授、北京语言大学崔希亮教授等学者做了精彩的学术报告。与会代表纷纷对华文教育发展献计献策，一致表示应加强合作，共促全球华文教育的发展。

16. 2013年罗马尼亚汉语教学研讨会在首都布加勒斯特举行

2013年11月9日，罗马尼亚汉语教学研讨会在首都布加勒斯特举行。来自罗马尼亚全国各地的汉语教师40多人齐聚一堂，驻罗马尼亚使馆教育组负责人卞正东主持了会议，锡比乌孔子学院中方院长宋少峰和布拉索夫孔子学院中方院长杨兆宇分别在研讨会上作了主旨发言。

罗马尼亚首都布加勒斯特的汉语推广工作蓬勃开展，除了汉语教学重镇布加勒斯特大学汉语专业之外，近年来又陆续在布加勒斯特经济学院、迪米特里耶－坎泰米尔基督大学等高校以及格奥尔基－拉泽尔中学、皮亚－布拉蒂亚努十七中学、尼基塔－斯特内斯库中学、布加勒斯特二区政府社区中心等中小学及夜校开设了汉语教学点。

17. 大华盛顿中文教师学会召开秋季年会

据美国《世界日报》报道，大华盛顿中文教师学会秋季年会在马里兰大学召开。来自马州、华府及维州的百余名中文教师及中文教育工作者参与盛会。波士顿教育局原任外语总监林游岚为年会主讲。年会以“21世纪中文教学和文化教育”为主题，深入探讨课堂教学模式及中文教学课程的发展趋势，邀请5位专家学者做主题讲演。

林游岚以课堂五步教学系列法，指点中文教育工作者如何启动学生的学习兴趣，也分享了有效的中小学课堂管理，兼重理论和实践。在讲座上，她和与会者热烈互动，令与会教师感到获益匪浅。海军学院王志洁教授则侧重声调教学，他从汉语声调的性质入手，从“半三声”到克服洋腔洋调，也有独到见解。其他演讲者还有乔治·梅森大学的任丽丽，她介绍了海外幼儿汉语教材的研究成果；在华府波特学校任教的林玲，也以“二十一世纪技术与中文课堂”为题做了演讲，引发了热烈讨论。

18. 美国华夏中文学校举行研讨会

据美国《世界日报》报道，美国华夏中文学校教学研讨会暨教师年会在新州中部举行，超过400名华夏教师、校务人员及来自周边地区的中文教育工作者出席。

本年度年会主题为“丰富语言文化知识，提高课堂教学能力”，着重于提升教师的素质和能力。此次教师年会一大特色是突出双向交流，在以往讲座为主的形式的基础上，增加了华夏论坛。论坛由各个分校的代表主持，围绕有关中文教学的热点问题组织与会者讨论。论坛的主题包括“海外中文学校的可持续战略”“如何使低龄孩子学习中文”等。许多拥有丰富教学实践经验的华夏教师也现身说法，讲述了包括“家长如何配合共同完成教学任务”“善用网络资源、辅助中文教学”“马立平中文语言、文化、趣味性三位一体教学经验分享”等课题，获得了教师们的一致好评。

担任此次年会主旨发言的是纽约市立大学（CUNY）教授姬建国，主讲题目为《文化活动在美国中文课堂教学中的位置》。另有联合国总部中文组组长、华美协进社人文学会共同主席何勇，新州西东大学（SHU）语言、文学与文化系副教授陈东东，宾夕法尼亚大学（UPenn）东亚系中文部主任蒋勉华，安南堡传播学院（Annenberg School for Communication）全球传播研究中心教授杨国斌等多位专家演讲。

19. 华文教育国际学术研讨会在暨南大学召开

2013 年 11 月 15 至 16 日，华文教育国际研讨会在暨南大学华文学院举行，来自全球 23 个国家和地区的 140 多位专家和学者共同参与会议。大会主题为“华文教育发展研究”，与会人员通过对不同国家和地区华文教育的特点、存在问题，以及华文教育的教学方法、手段，华文教育的教学水平评估等问题进行深层次、多角度、全方位的深入探讨，努力开拓华文教育的研究领域，共同为推动华文教育事业的发展贡献力量。

此次研讨会特邀国内外知名学者做主题报告，如北京语言大学李宇明教授的《大华语的发展趋势》、香港中文大学冯胜利教授的《汉语二语专业和教学的几个前沿问题》以及新加坡南洋理工大学吴英成教授的《茶越冲越淡：华裔不同世代双语能力衍变进程》等。研讨会还围绕华文教育历史与未来发展、华文教材与教学法研究、华文师资培养与资格认证研究、华语与华文水平测试研究、国别语言政策与华文教育当地化研究、华裔汉语习得与教学类型研究、两岸华文教育研究等专题进行分组讨论。

20. 第六届华文教学国际论坛在云南师范大学举行

2013 年 11 月 30 日，第六届华文教学国际论坛在云南师范大学一二一校区举行。此次论坛由云南师范大学、新加坡华文教师总会主办，云南师范大学华文学院/国际汉语教育学院、汉语国际推广师资培训基地（昆明）承办。云南师范大学副校长原一川教授，原国家汉办副主任、对外汉语教学专家姜明宝先生，新加坡教师总会理事长连慧英女士，云南师范大学华文学院/国际汉语教育学院院长武友德教授以及来自新加坡、马来西亚和中国国内的参会代表和嘉宾 70 余人出席论坛。

论坛特邀 3 位主题演讲嘉宾做了学术报告，分别是云南师范大学原一川教授的《在昆高校外国人汉语学习动机实证研究》、新加坡德明政府中学符传丰校长的《21 世纪学校领导与学校文化》、中山大学周小兵教授的《基于教材库的新加坡华文教材分析与思考》。3 位专家的报告内容具有针对性、远见性和开拓性，讲演者智慧幽默，交流形式轻松、愉快，与会者都受益匪浅。

21. 首届国际学校汉语教学研讨会在新加坡举行

2013 年 11 月 30 日，首届国际学校汉语教学研讨会在新加坡区域语言中心（RELC）举行，新加坡科思达孔子课堂与东南亚教育组织区域语言中心和新加坡美国学校联合主办此次会议。来自中国、马来西亚、泰国的国际学校的华文教师和大学教师以及新加坡国际学校、政府中小学、初级学院、语言学校的学校代表和华文教师共 300 余人共同参与，新加坡教育部课程发展署助理司长冯耀华出席了该研讨会。该研讨会也得到中国国家汉办/孔子学院总部、中国驻新加坡大使馆、新加坡华文教师总会、复旦大学、华东师范大学的大力支持。

此次研讨会的特邀主题演讲人分别是法国国民教育部汉语总督学、世界汉语教学学会副会长白乐桑教授和新加坡美国学校中文部主管章悦华博士。他们分享了各自针对汉语教学法的心得和经验。研讨会由 11 个工作坊组成，主要由来自国际学校的老师们分享他们生动有趣的教学法和教学经验。

目前，超过 70% 的新加坡国际学校推出了汉语作为第二语言或外语的课程。

22. 上海华教研究中心专家年会暨马来西亚华文教育研讨会召开

2013 年 12 月 11 日，上海华文教育研究中心专家年会暨马来西亚华文教育研讨会在上海召开。本届年会主题是“成功教育在马来西亚华文教育的实践”。来自国务院侨办，上海侨办、市教委、区县侨办，上海华文教育研究中心及上海华文教育基地的 100 多位代表与会。活动还邀请了来自马来西亚华文学校的 30 余名校长及教师与会，为进一步推广“成功教育”，提高马来西亚华文教育水平出谋划策。

“成功教育”是由上海闸北第八中学校长刘京海创导并坚持了 20 多年的教育改革，有效地转变了大批学习困难学生，被原国家教委列为向全国基础教育重点推广的 3 个教育科研成果之一。近年来，经上海市政府侨办牵线搭桥，“成功教育”在马来西亚等国家的华文学校试点，获得了良好的反响。

马来西亚华侨华人众多，拥有从小学到大专完整的华文教学体系。为了加强中马教育文化交流，帮助华侨华人传承弘扬中华文化，推动华文学校走出师资不足和生源薄弱的困境，自 2009 年起在国务院侨办和上海市教委的支持下，上海市政府侨办每年派遣优秀教师赴马来西亚进行学科教学培训。至今，共派出 10 多批校长和骨干教师到马来西亚进行交流，支持马来西亚华文教育改革。

“马来西亚现有华文独立中学约 60 所，其中三分之一的独中正在推行‘成功教育’。”马来西亚沙捞越（又译：砂拉越）古晋中华第一中学校长叶宗元此番与其他 30 位华文学校校长与教师专程来沪考察“成功教育”。叶宗元讲到，据统计，2013

年马来西亚约96%华族子弟在华小接受基础华语文母语教育，“虽然现在华文教育在马来西亚仍然面临许多危机，但是在华社锲而不舍、坚持不渝的捍卫下，还是能够在艰难险阻的环境中屡创奇迹”。他透露，“成功教育”团队已为马来西亚华文独中开发了语文、数学、生物、化学、物理5个电子平台（包括PPT课件与详细的电子教案），目前正与董总商洽开发高中版本电子平台。年会上，各位专家与曾经外派马来西亚的教师、来自马来西亚的校长和教师等进行了深入的探讨，以期把更多的“成功教育”理念实践于海外的华文教育之中。

23. 第二届泰国大学中文系主任中文教育研讨会在泰国朱拉隆功大学举办

2013年12月20日，第二届泰国大学中文系主任中文教育研讨会在泰国朱拉隆功大学举行。中国驻泰大使馆教育组一等秘书周高宇先生、泰国教育部高等教育委员会副秘书长皮尼提博士、朱大副校长甘拉雅女亲王等出席了此次研讨会。来自泰国各高校的中文系主任和主任代表及朱大孔子学院教师50余人与会。本届研讨会特邀马克仁博士、甘拉雅女亲王、皮尼提博士、周高宇先生做主题演讲，分别就当前泰国大学中文教育的现状和问题、泰国大学中文系（专业）及泰国汉语教育的可持续发展等问题发表讲话。

与会代表就各自所在大学中文系/专业发展现状、教师的聘用和培养、教材的选用和编写、汉语学习辅助软件资源的选用、毕业生就业问题、学生的管理问题、学生中文水平差异巨大导致的教学管理和课程设置问题、汉语研究的数字资源和孔子学院文化活动信息等几个方面的问题展开了研讨。

二　论文选介

（一）华文教育理论与华文教育史研究

1. 教育“菲化运动”对菲律宾华文教育的影响

作者：姜兴山、李凌晨

期刊名称：南洋问题研究

发表时间：2013 年第 1 期

摘要：菲律宾独立后，在极端民族主义者的鼓动下，菲政府“掀起”了排斥华侨华人的“菲化运动”。中菲两国虽签署了旨在保障华文教育发展的《教育协定》，但“菲化运动”还是波及了华文教育领域，并使华侨学校几经面临被关闭的危险境地。为此，华侨学校成立了“校总”，带领华文教育界进行了长达 20 余年的抗争，最终教育菲化案还是被执行，华侨学校的华文课程被调整；“双督察”制度得以滥觞；教育体制、目标和性质也发生了根本变迁。教育“菲化运动”对华文教育的影响是极其深远的。

2. 英国华文教育的历史与现状研究

作者：耿红卫

期刊名称：海外华文教育

发表时间：2013 年第 1 期

摘要：英国是欧洲华侨华人较为集中的国家。当地华侨华人为了自身和子女不忘记中华语言文化，创办了中文学校，开始了华文教育，并克服了种种困难，使华文教育在英国立稳了脚跟。目前，英国掀起了一股学习华文的热潮。在全球化华文热的大环境下，英国华文教育赢得了很好的发展机遇，但也面临着很大的挑战，如师资、校舍、经费、如何争取英国地方政府的支持、协调好中文学校与英文学校的课程设置与培养目标等。文章认为，通过多方努力，英国华文教育能够克服重重困难，迎来更加美好的发展前景。

3. 闽南文化视野下的菲华文化教育

作者：蔡明宏

期刊名称：集美大学学报（哲学社会科学版）

发表时间：2013 年第 1 期

摘要：随着时代更迭，菲华族群身份和文化观念也在全球化背景下嬗变迁延，其中华文化气息逐渐微弱。而菲华社会独有的闽南文化根性特质使其对闽南文化习俗表现出高度认同，这是菲华社会维系与“母体”中国传统文化连接的脐带。文章从对闽南文化的眷念和认同等特征入手，对闽南文化进行梳理和拓延，寻找与中华文化的契合点，改变传统文化纵式叙述和版块式教学思路，并规避闽南文化中世俗性等负面指征，重新架构起中华文化传播的整体框架，在菲律宾华文教育研究中具有一定的价值。

4. 菲律宾华文学校的发展和现状探析

作者：赖林冬

期刊名称：八桂侨刊

发表时间：2013 年第 1 期

摘要：文章着重对菲律宾华文学校的创办年代、创办动因、地理分布和现有华校数量及华校师生等情况开展综合研究分析。作者通过对比在菲律宾的实地调研数据，发现目前菲律宾华文学校存在着学生数量正逐步流失，华文教师严重不足，各个地区的华文教育发展不平衡等现象。对菲律宾华文学校的发展和现状进行分析，对解决当前菲律宾华文教育存在的问题具有重要的参考价值。作者还认为，华文教育研究者应当着眼当前菲律宾华文学校发展过程中存在的问题进行研究，确实有效地解决菲律宾华文教育发展中的困难和问题，保证菲律宾华文教育的可持续发展。

5. 传播学视域下华文教育与汉语国际传播的关系

作者：王琳

期刊名称：国际汉语教育

发表时间：2013 年第 1 期

摘要：文章以华文教育与汉语国际传播的关系为切入点，基于传播学相关理论的跨学科应用，从传播学“控制分析”“内容分析”“媒介分析”“受众分析”以及“效果分析”的角度分析华语习得者、汉语学习者学习语言和文化的过程，认为二者相互影响，可以在诸多方面相互借鉴。在此基础上，文章提出了推进二者协调发展的四种有效途径：一是加强领导机构方面的合作；二是培养兼通中外文化的传播者；三是开展多种形式的沟通合作研究；四是借鉴国际经验，制定战略规划。海外华语传播是汉语国际传播的重要组成部分，既提供了优势和条件，也存在机遇和挑战。

6. 华文教育研究的重点与方向

作者：贾益民

期刊名称：华文教学与研究

发表时间：2013 年第 2 期

摘要：世界华文教育研究已经进入了一个新的发展阶段。文章探讨的研究重点和方向是当前华文教育研究的重要领域，也将是未来一段时间内华文教育研究的重要方向，需要我们组织力量，广泛调查，深入分析，取得成果，以推动华文教育研究向更深层次、更高水平发展。具体主要包括以下六个方面：一是华文教育的“三教”问题研究，二是世界华文教育现状调查，三是世界华文教育发展历史研究，四是华文教育的文化教学体系建设，五是华文教育教学资源的开发，六是华文教育协同创新平台的建设。这六个方面的内容将是未来世界华文教育发展的重点与方向。

7. 马来亚建国初期华族民族文化维护的契机：《方吴报告书》有关华文教育的理念

作者：曹淑瑶、古鸿廷

期刊名称：南洋问题研究

发表时间：2013 年第 2 期

摘要：战后重返马来亚的英国，曾计划通过允许各族群母语教育的生存与发展，同时加强英语教育的做法，使境内各族群建立一个共同的公民意识。然而，在马来土著民族主义的挑战下，此一教育方针遂转变为英、巫双语政策，华、印两族母语被排除在官方教育体系之外。为泯除华文教育，新成立的马来亚联邦政府特别聘请吴德耀与方卫廉前来马来亚调查。但《方吴报告书》却指出“马来亚化”是一个让居住于马来亚的各族群的文化，经由去芜存菁的自然融合过程，不应以强制力去完成，华族的语言、文化必然是“马来亚文化”中的宝贵资产，因而建议联邦政府增加对华校的补助，并鼓励跨族群多语的学习。报告书对华族语言文化的肯定，使主政者不敢贸然消灭华文教育，为日后马来亚华族在保存及维护族群语言与文化上提供了一条可行之路。

8. 从中华学堂到三语学校——论印度尼西亚现代华文学校的发展与演变

作者：梁英明

期刊名称：华侨华人历史研究

发表时间：2013 年第 2 期

摘要：文章回顾了印度尼西亚华文学校的百年历史和发展现状：1901～1930 年是现代华校初创时期；1931～1966 年是华文教育鼎盛时期；1967 年以后，印度尼西亚华文教育走向衰落。文章认为华侨爱国精神高涨与华文教育的发展密切相关；华文教育的衰落不能简单归结为苏哈托推行反共政策和同化政策，而是印度尼西亚华侨转变为华裔公民的必然结果；三语学校的创立并不是华文学校的“复活”，而是适应印度尼西亚社会需要而诞生的新型多语文教学机构；华文教育与华文教学不应混为一谈；华裔公民作为印度尼西亚民族大家庭的一个成员，理应拥有保留自己语言与文化传统的权利，同时也应努力摒弃中华文化优越论的狭隘心理。

9. 国家认同、族群认同与华文教育

作者：赵海立

期刊名称：华教发展与研究（马来西亚）

发表时间：2013 年第 2 期

摘要：当今马来西亚，有些团体用公民社会思潮挤压华文教育空间，执政者团体则一直用国家认同、民族国家、种族团体等理由压制华文教育发展，认为华文教育的发展会阻碍种族融合、阻碍国家认同的形成或民族国家的构建。更可怕的是，这两种观念在华人社会都有拥趸者，时常掀起质疑华文教育存在意义的浪潮，给华教运动带来极为不良的影响。文章主要反思华文教育与国家认同、族群认同之间的关系，试图厘清国家认同、民族国家、种族认同和族群融合的含义及根本属性，回答华文教育是否以及怎样影响种族团结与国家认同等重大的问题。

10. 《2013～2025 年马来西亚教育蓝图初步报告》对华文教育的冲击与影响

作者：罗荣强

期刊名称：华教发展与研究（马来西亚）

发表时间：2013 年第 2 期

摘要：文章从分析教育蓝图的内容，尤其是其所设定的目标以及各个项目的推展

计划与落实方案入手，探究教育蓝图对马来西亚华文教育的冲击与影响。文章认为，尽管教育蓝图提出了诸多马来西亚当前面对的教育问题与解决方案，但所提出的许多问题均未触及问题的核心，所提出的解决方案也欠缺理论基础，完全未对马来西亚多元种族的国情现实、教育平等的基本原则以及国际法的语言权利主张，予以应有的重视。整体而言，教育蓝图不仅漠视各族受母语教育的权利，也忽略了教育起点和教育过程的平等；而且，它所勾画的整个教育转型计划，有让华小变质的可能。因此，若最终的教育蓝图不将此初步报告中的种种谬误与不当纠正，在未来的 13 年内，即便华文小学的“形体”不会出现变化，它们的“实质”必将面临极大的威胁，最后极可能以“名存实亡”告终。

11. 政治、经济、社会与海外汉语教学——以澳大利亚为例

作者：陈平

期刊名称：世界汉语教学

发表时间：2013 年第 3 期

摘要：文章以澳大利亚为例，分析汉语教学在该国的历史与现状以及当前面临的机遇和挑战，重点探讨澳大利亚本国的政治、经济、种族和其他有关因素在其中所起的决定作用。澳大利亚汉语教学的历史与现状，很大程度上由两个主要因素所决定：一是本国的语言政策，尤其是外语教育政策；二是来自汉语国家和地区的移民和留学生。自 20 世纪 80 年代起，汉语教学是澳大利亚官方语言政策强力扶持的对象，学习人数持续增长。选修汉语的绝大多数学生是华裔学生。该文对如何在课程设置、教材编写、考核评分、师资培训等方面因应这种局面提出了相关思考和建议。

12. 从华人认同看泰国华文教育的复苏与发展（1992～2012）

作者：陈艳艺

期刊名称：东南亚纵横

发表时间：2013 年第 3 期

摘要：文章从华人认同的角度分析泰国华人社会对泰国华文教育解禁和发展所起的作用，并以此展望未来泰国的华文教育发展。华文教育起源于海外华人社会，泰国的华文教育亦是如此。1992 年，泰国政府放宽华文教育的限制，泰国华文教育复苏并迅速发展，目前泰国有超过 80 万人学习汉语。虽然泰国华人被高度同化，但是他们多元的政治、文化和族群认同反而促进了泰国华文教育的复苏和发展。海外华人尤其是泰国华人认同中华传统文化和海外华族身份的感情越来越强烈，为海外华文教育的发展提供了良好的契机。

13. 对海外华文教学的多样性及其对策的新思考

作者：郭熙

期刊名称：语言教学与研究

发表时间：2013 年第 3 期

摘要：海外各地的华文教学在学习对象、管理模式、教师队伍和课程设置等方面情况各异，其语言教学的性质也各不相同，因此应该采用不同的教学模式、教学大纲、教材、考试方式，不宜简单地以国别划分来落实“本土化”。文章提出要从实际出发，把针对性贯穿在海外华文教学的各相关方面。文章以印尼、泰国、菲律宾、意大利、荷兰、瑞士等国的考察为例说明华文教学对象、管理模式、教师队伍和课程设置的多样性问题，并且对“三教”问题提出了可行性对策。最后，在分析基础上提出海外华文教学质量需要提高；保证教学质量需要多种措施，鼓励多元和差异化发展。

14. 对柬埔寨华文教育的几点思考

作者：席静前

期刊名称：国际观察

发表时间：2013 年第 3 期

摘要：柬埔寨虽经济较落后，但华文教育却有较长的历史且相当有影响力。经过多年发展，现在全国华文教育渐成体系，各方面发展良好。在中国汉语国际推广政策以及全球“汉语热”大潮下，柬埔寨华文教育也在逐步走向正轨，但是依然存在诸多问题。问题主要表现在：一是半日制的教学体制及模式；二是教师缺乏，流动性大，且年龄大；三是教材脱节问题严重；四是教学设备和媒介不能适应华文教育的发展。柬埔寨华文教育与目前中国汉语国际推广的形势还有一定差距。中国国家汉办、柬埔寨柬华理事总会等相关机构要真正在教师、教材、教学方法等方面努力做出改善，才可以使当地华文教育发展壮大，才可以使其与汉语国际推广的大潮接轨。

15. 越南改革开放以来华人社团与华文教育的发展概况

作者：衣远

期刊名称：华教发展与研究（马来西亚）

发表时间：2013 年第 3 期

摘要：越南是东南亚地区重要的华人分布国之一。历史上，越南华人曾建立了较为兴旺的华人社团体系和华文教育事业，但是在二战后越南曲折的历史进程中遭受重创。

自越南革新开放以后，越南官方逐渐放宽了对华人的政策，华人社团和华教事业也逐渐走上了恢复和发展的道路。这对于重振越南华人的民族认同和自豪感，丰富越南多民族社会的文化内容起到了积极的作用。但同时，当今越南的华人社团和华教事业仍然存在着诸多缺陷与不足，越南华人社会要真正走向复兴依旧有很长的路。

16. 多重认同的强化——留学经历对中国大陆东南亚华裔留学生的影响

作者：俞云平

期刊名称：华教发展与研究（马来西亚）

发表时间：2013 年第 3 期

摘要：文章以中国大陆的东南亚华裔留学生群体为研究对象，剖析留学大陆、学习华文对于其国民认同、族群文化认同可能产生的影响。作者认为，一方面，留学经历对华生来说不止是华文水平的提高、母语文化的熏陶，更是华人文化与身份认同的强化；但另一方面，跨国留学生的现实又强化了他们作为外国人的心理感受。大陆师生在某些时候区别对待华裔生和欧美留学生，表现出特别重视欧美留学生的态度时，这种感受就更为强烈，因此，留学经历加强了华裔生对所在国的国家认同。

17. 比较视野下的马来西亚华文教育和其国民教育的冲突和交融

作者：罗一然

期刊名称：安阳师范学院学报

发表时间：2013 年第 4 期

摘要：马来西亚的华人占其总人口的五分之一以上，马来西亚的华文教育有着包括初等教育、中等教育、高等教育在内的层次齐全的体系。在世界华文教育的范围内，马来西亚的华文教育的规模最大，层次齐全，教学质量好，教育的国际化程度很高。马来西亚华文教育同其国民教育之间，既有联系又有区别；既相互交融，又相对独立。文章分别从学制、教育目标和教育理念、课程设置、教学方法、规模和师资以及就业等六方面，对比研究马来西亚的华文教育及其与国民教育的区别、联系及各自的特点。这种对比有助于辨清马来西亚华文教育的境况，对未来马来西亚华文教育的发展有启示和借鉴作用。

18. 菲律宾语言教育政策的回顾与反思——兼论华文教育的新机遇

作者：章石芳、范启华

期刊名称：海外华文教育

发表时间：2013 年第 4 期

摘要：文章通过对菲律宾1946年独立后语言教育政策的历史回顾，分析了英语在菲律宾长盛不衰、菲语推广和普及时间久却难有起色的原因；指出了“依据母语学习多种语言”的教育新政策是新时期菲律宾华文教育以“华族母语教育”的形式摆脱式微的新机遇，并对刚刚起步且呈现蓬勃发展之势的菲律宾公立中学汉语项目进行了展望。独立后菲律宾语言教育政策的变迁轨迹折射出菲政府在促进经济社会发展和保护民族语言文化冲突中的无奈，也展现了菲律宾包容、开放的多元文化心态。在对菲律宾语言教育政策的发展演变进行反思的进程中，菲律宾华文教育的新机遇亦渐次明晰起来。

19. 论两岸对外汉语教学融通词表的研制

作者：曾毅平

期刊名称：江汉学术

发表时间：2013年第4期

摘要：融通词表是融会两岸词汇变异的通用对外汉语教学词表。两岸现代汉语变异的事实客观存在，而两岸现行对外汉语教学以及华文教育词表、对外汉语以及华文教育教材选词尚未处理这种语言事实，这给往来于两岸的外籍汉语学习者造成了困惑，也给教学带来了困扰。融通词表当属再生性规范词表，其编制的基本原则有三：求同存异、差异度分级和共现原则。语言社会变异理论、第二语言教学理论是编制融通词表的理论依据。融通词表有其基本结构、研究步骤和研究方法。词表的研制重点是两岸共同的对外汉语教学与华文教育词库的建立；难点是恰当处理词汇变异，以语言社会变异理论和第二语言教学理论为依据，兼容两岸特色。这也是应用语言学以及国际汉语传播的实践价值所在。

20. 新加坡华语教育历史之殇与儒学认同

作者：蔡明宏

期刊名称：西南交通大学学报（社会科学版）

发表时间：2013年第4期

摘要：新加坡是一个多元种族、多元文化、多元语言的代表性国家。为改变日趋边缘化、荒芜化的华语生存现状，新加坡政府曾从语言平衡的核心政策出发，进行了多次重大改革，但并未扭转华语推广的颓势，反而因为单方面强调华语的经济价值和商业地位，强调华语的交际性、功利性和工具性而加重了文化猜忌。鉴于儒学思想在新加坡有一定的传播基础，从儒学入手，重新审度和定位新加坡的华语教育政策，摒弃“经济压人”的策略，强调“文化动人”，倡导“雅化”华语，将有利于寻找新的语言生态平衡点，使儒学与华语完美结合，从而走出有新加坡特色的华语教育之路。

21. 中泰语言文化交融下的华语教育

作者：蔡明宏

期刊名称：沈阳大学学报（社会科学版）

发表时间：2013 年第 4 期

摘要：文章分析了泰国华文教育的发展过程，比较了其与东南亚其他国家在华语文化传承、语言播衍方面的不同特点。认为中泰佛儒文化的交融，泰国和睦包容的民族政策和人文环境，是泰国华文教育稳步发展的主要原因。中泰两国在语言文化交融中也出现了某种意义上的过度与越界，“适度交融”和“过度交融”构成了泰国华语教育的表征，并以其双重特性共同影响着泰国华语教育的行进步履。“适度交融”是佛教文化影响下以及各民族平等的民族政策影响下的交融与吸纳；“过度交融”的负面暗流就是词汇交融带来的汉语变异以及混乱的教学体系。

22. 泰北华人村华文教育的发展变迁——来自泰国金三角地区的田野调研系列报告之一

作者：魏国彬、周伦

期刊名称：保山学院学报

发表时间：2013 年第 4 期

摘要：泰北华人村的华文教育就是指华文民办学校及其开展的教育活动。文章提出泰北华人村华文教育最初由留居的国民党军队创办、实施，师资由军队低级干部轮流担任，多为初级教育。20 世纪七八十年代，华人村落被泰国政府允准建立，90 年代，华文教育被允准开放，华人村落人口因而不断增加。至 2012 年，华文学校数量有所增长，办学层次逐渐合理并有了综合高中。其中，清莱府已有学校 64 所，高中 4 所；清迈府有学校 24 所，高中 4 所。从 20 世纪 50 年代创办学校开始一直到现在，泰北华人村落的华文学校已经走过了 60 多年的春秋岁月，随着中国侨务部门的介入与支持，华文学校必将逐步走向美好的明天。

23. 中国寻根之旅与文化认同及华文教育之关系

作者：王治理、蓝莉蓉

期刊名称：绍兴文理学院学报

发表时间：2013 年第 5 期

摘要："中国寻根之旅"是中国国务院侨办和中国海外交流协会为帮助华裔青少年学习中文、了解中国国情和中华文化举办的大型综合性活动。文章通过对东南亚华界民族文化迷失、华文教育断层的危害及华裔青少年参加"寻根之旅"活动状况的分析，揭示寻根之旅在培养青少年的族群意识、促进华族文化认同、加强华族文化传承等方面的重要作用。以此为突破口，探寻利用这一活动进一步推进华文教育发展壮大的方式，比如时间安排尽量在寒暑假，教育工作者多种教学方法运用，教材的编写以及多种文化形式的开展等。

24. 浅谈文莱的华文教育

作者：Wendy Yau Sze Mann（马来西亚）

期刊名称：教育探究

发表时间：2013 年第 8 期（上）

摘要：中国和文莱早在公元 5 世纪就已经正式有了官方交往。20 世纪 30 年代至 20 世纪 80 年代期间曾中断往来。随着中国与文莱相继独立，世界格局发生新的演变，和平与发展成为主流，加强各国间通力合作与交流成为最大的政治趋势。1991 年 9 月 30 日中国与文莱正式建立了外交关系，双边关系发展顺利，各领域友好交流与合作逐步展开。随着中国经济的持续快速发展和对外开放的不断深入，文莱的汉语学习需求急剧增长。但是文莱华文教学、师资力量、硬件设备等方面还存在阻力，影响文莱华文教育水平的提高。文莱特殊的地理位置和多民族性使华文发展受很多因素的影响，其华文发展的阻力与动力是同时存在的。

25. 中印尼华文教育合作办学现状及发展前景探究

作者：陈娜

期刊名称：家教世界

发表时间：2013 年第 12 期

摘要：通过对雅加达、三宝垄、梭罗等七地参加暨南大学函授班学员的调查和对公派到印尼的教师进行的访谈，文章探究了中印尼华文教育合作办学的现状，包括对双联课程以及远程教育的分析。中印尼合作举办华文教育涉及的因素很多，作者通过查阅文献和访谈法调查发现六个因素认可度较高：政策法规、领导观念、办学模式、管理方式、投资方式和民众支持度。目前存在的问题包括教师质量参差不齐、教材五花八门、管理机制不健全、教师待遇不高等。文章最后分析了未来华文教育合作办学的发展趋势，指出目前发展前景形势较好，但仍需谨慎前行。

（二）华文教学与习得研究

1. 韩国华裔学生汉语塞音习得的实验研究

作者：张锦玉

期刊名称：华侨大学学报（哲学社会科学版）

发表时间：2013 年第 1 期

摘要：文章使用塞音格局的分析方法，对 4 位韩国华裔学生的汉语塞音格局进行了考察并与汉语母语者的塞音格局进行了对比分析。结果表明，韩国华裔学生能够区分并建立明确的送气与不送气范畴；韩国华裔学生所发汉语塞音的位置均分布在标准汉语塞音位置的右上方，其 GAP 值和 VOT 值与目标语和母语都有一定的差异，是一个典型的中介语形式；韩国华裔学生对汉语塞音习得的优劣顺序可表述为：不送气 > 送气，双唇塞音 > 舌尖塞音 > 舌根塞音，VOT > GAP。文章还认为，在对初级汉语水平的韩国华裔留学生进行塞音教学时，应该重点注意两个方面，一是要避免受母语塞音的影响而将塞音发得过紧；二是要避免对汉语塞音 VOT 时长的越位，防止学生过分模仿造成矫枉过正的现象。

2. 海外新华侨华人子女文化传承状况论析——以日本新华侨华人子女为中心

作者：鞠玉华

期刊名称：东南亚研究

发表时间：2013 年第 1 期

摘要：文章以实地访谈和其他形式的调查为根据，考察海外新华侨华人子女在“异文化摩擦”中的成长过程；探讨他们在父辈文化和主流社会文化交叠环境中，接受语言学习、文化传承的状况；分析家庭教育的代际关系与跨文化碰撞对海外新华侨华人子女成长的影响；从文化认同、价值观形成等层面，阐述在文化传承中，新华侨华人子女如何努力接受多种文化，使中华文化与异文化兼容，逐步形成更多元、更开阔的世界视野。

3. 华文教育文化教学中的课程探索

作者：廖崇阳

期刊名称：海外华文教育

发表时间：2013 年第 1 期

摘要：文章从华文教育的文化教学课程研讨的必要性以及文化教材编写、课堂教学和实践活动的实施形式等方面展开讨论，尝试从中国名胜古迹、中国传统节日、中国经典电影三方面的内容来进行文化教学，以期让当前华文教育的主要教学对象——华裔新生代真正领会中华文化的内涵，并将其内化到精神和观念中，达到华文教育的最理想效果。文章以中高级阶段华裔学生的文化教学为例，以文化教学课程研讨的必要性为缘起，围绕文化教学的教材编写、课堂教学、实践活动等方面，探讨利用影像、声光等多媒体方式和丰富多彩的活动来推进文化教学的课程设计方案，为文化教学的规范性、科学性做了一些尝试。

4. 印尼语与汉语语音对比及印尼学生习得汉语语音难点分析

作者：季安锋、蔡爱娟

期刊名称：海外华文教育

发表时间：2013 年第 1 期

摘要：文章在汉、印尼语音系统对比的基础上，找到印尼学生习得汉语语音的难点，并探讨如何克服这些难点，以改善学习的效果。印尼语与汉语在语音系统上存在很多差别。如汉语辅音有送气和不送气的对立，印尼语则以浊音和清音为区别特征；汉语有卷舌音 zh、ch、sh、r 及舌面音 j、q、x，印尼语没有。元音方面，汉语有十个元音，印尼语只有六个。汉语有一个很特殊的音即撮口呼 ü 音，还有卷舌音 er。汉语每个音节都有声调，印尼语没有声调。印尼学生习得汉语语音的难点包括：辨别送气音与不送气音、分辨翘舌音和平舌音、习得舌面音（j、q、x）及撮口呼音、分辨汉语的四个声调等。基于上述难点，文章探讨了针对性的教学建议。

5. 新时期印尼华文报纸对华文教育的推动作用

作者：李善邦、郭晴云

期刊名称：东南亚纵横

发表时间：2013 年第 1 期

摘要：华文报纸与华文教育相辅相成。印尼华文报纸在向华族传播资讯的同时也对华文教育的推广起到了积极作用。主要表现为：积极宣传中国与印尼的友好关系，为华文教育营造建设性氛围；热情报道中国的和平发展，多方面激发华文学习动机的形成；全力争取华人权益，为华文教育赢得生存空间和合法地位；大力倡导族际和谐，为华文教育寻求友族理解和社会包容；维护华族团结，推动华社活动，为华文教育构筑族群共识；不断丰富版面内容，促进读者华文水平的提高和文化认知的发展；大量刊载华教信息，为华文教育提供广告服务、舆论引导和传播平台；直接参与华文教育事业，给予资金、物质、人力支持。

6. 目标任务型教学法在线上华语教学中的应用

作者：钱颖

期刊名称：长江大学学报（社会科学版）

发表时间：2013 年第 1 期

摘要：文章针对当前远程对外汉语教学存在的弊端，结合线上华语教学的课程特点，立足于作者在中原大学（台湾）进行线上华语教学期间的教学经验，提出目标任务型教学法和线上华语教学相结合的教学设想，通过调查问卷和观察量表的形式来对目标任务型教学法应用于远程对外汉语教学的效果进行评估。文章采用统计学的方法，对照传统讲授方法和目标任务型教学法教学的实验，进一步论证了线上华语任务型教学的可取性，原因在于目标型学习法能将学习知识情景化、真实化，使学生在应用过程中练习掌握，将语言知识运用到实践中。

7. 大华文教育背景下高校华侨华人学生武术教学对策思考

作者：林奇盛

期刊名称：大众科技

发表时间：2013 年第 1 期

摘要：华侨华人是中华民族在海外的延伸，在文化传播过程中有着重要意义。在华就读的华侨华人大学生更是肩负着在世界传承中华文化的重任。武术是中华文化的重要载体之一，在大华文教育中有着特殊的地位与作用。文章基于文献资料对目前在华高校就读的华侨华人大学生进行武术教育现状的分析，从政策、师资、教材等方面有针对性地提出对策来提升大华文教育效果。文章提出应该引起政府和相关高校的重视，正确宣传和引导；教学要以传统的武术为主，配备雄厚的师资力量；编写有针对性的教材；多渠道扶植华侨华人学生参与武术学习。

8. 浅谈 PRAAT 语音分析软件在菲律宾华校汉语语音教学中的应用

作者：蔡武

期刊名称：现代语文

发表时间：2013 年第 1 期

摘要：近年来，菲律宾的华文教育有了很大发展，从菲律宾社会的实际出发，听说读写四个技能中“听”和“说”显得尤为重要，在此基础上语音教学更是重中之重。传统的语音教学无非是教师口头直接传授法，学生通过教师带读、模仿等方法习得语音。文章从菲律宾部分华校汉语语音教学实际出发，探讨 PRAAT 语音分析软件在菲律宾华校汉语语音教学的应用，希望借此提出提高菲律宾汉语语音教学的新方法，以促进菲律宾华文教育的发展。

9. 中日汉字异同比较与华文教育

作者：林祁

期刊名称：海外华文教育

发表时间：2013 年第 2 期

摘要：近年来华文教学的特殊性已经得到承认，但对生活在汉字文化圈中的日本人或日本华裔进行华文教学的研究尚欠缺。这些学生在日本接触到大量的汉字——既有日本字，也有台港澳使用的繁体字，还有大陆现行的简体字。汉字练习是华文教育的重头戏，练习设计直接关系教学效果。中日汉字的异同问题，在华文教学中成为利弊皆有的“双刃剑”：可产生“正迁移”或“负迁移”。文章认为借用母语是第二语言学习过程中常用的学习策略，提出注重中日汉字异同比较在华文教学中的活用：同形同义速成法、同形异义慎用法、同形近义细读法。

10. 基于竞赛的华文教育推广模式研究

作者：吕挺

期刊名称：福建教育学院学报

发表时间：2013 年第 1 期

摘要：目前由中国政府支持的华文教育推广模式主要有面向海外华裔青少年的夏令营活动和围绕“三教”问题展开的系统工程两类。中华文化大赛开创了基于竞赛的华文教育推广新模式，它具有覆盖面大、参与广泛；持续时间长、内涵丰富；互动性强、影响深远；可视度高、效果直观等优点。文章叙述了笔者在参与文化大赛赛制设计和具体执行的过程中，观察到文化大赛作为新型的华文教育推广模式潜力很大，建议未来该模式应该加强和完善：一是要规范赛制，提升竞赛程度；二是增加渠道，加大宣传力度；三是创新活动，拓展辐射深度。

11. 新加坡华族儿童华语交际意愿影响因素研究

作者：李丽、张东波、赵守辉

期刊名称：华文教学与研究

发表时间：2013 年第 2 期

摘要：文章对新加坡华族儿童课堂内和课堂外的华语交际意愿进行了调查，分析了家庭语言背景、性别及交际情境对儿童华语交际意愿的影响。研究采用2（交际情境）×2（性别）×3（家庭语言背景）的混合设计，通过问卷调查了学习华语的389名小学一年级学生。调查结果显示，学生课堂内的华语交际意愿高于课堂外的华语交际意愿：来自华语家庭和华英双语家庭的学生华语交际意愿高于来自英语家庭的学生。而前两者之间的差异则并不显著。此外，学生华语交际意愿的总体性别差异并不显著。不过，性别和家庭语言背景对华语交际意愿的影响在不同的交际情境下存在显著差异。

12. 中方在美任职人员子女中文学习情况调查及分析

作者：王辉

期刊名称：海外华文教育

发表时间：2013 年第 2 期

摘要：由于父母工作需要，一些中国孩子随父母在美国生活、学习。这些孩子中的一部分回国要插班就读。其中大部分孩子处于语言发展关键期，英文有可能取代中文成为他们的优势语言。这会给他们回国继续学习造成困难。文章分析了这些孩子在美国学习中文的优势、劣势；结合作者自己的教学经验，提供给中文教师一些教学策略和方法；并论及家庭环境在孩子中文学习方面的影响，以及应避免的误区。文章还建议，作为家长应该给孩子一个纯正的中文环境，坚持用中文和孩子对话，如果孩子使用英文应该及时纠正；给孩子读中文故事书；培养孩子中文阅读和写作的能力。

13. 泰、菲地区华文教师可理解输入与输出教学策略运用分析

作者：蔡雅薰

期刊名称：华文教学与研究

发表时间：2013 年第 3 期

摘要：近年来，为了应对泰国与菲律宾各地区的华语文教育需求，各地举办了各式专业进修课程以协助泰国和菲律宾当地的华语文教育发展。文章以台湾师范大学承办的 2013 年泰国与菲律宾海外教师研习班为例，透过问卷调查与深度访谈的方式，调查泰国与菲律宾当地华语文教师在教室课堂中可理解输入及可理解输出的教学策略运用情况，并对培养相关专业能力之进修课程安排与设计做出建议。

14. 中泰幼儿华文教师课堂有效互动策略研究

作者：闫慧娟

期刊名称：海外华文教育

发表时间：2013 年第 3 期

摘要：幼儿华文教育是华文启蒙教育，具有其特殊性。作者赴泰从事幼儿华文教育一年中，关注中泰幼儿华文教师课堂互动中缺乏有效沟通、角色定位不清晰、教学目标与策略无统一标准等方面存在的问题，并从教育目标、教育内容、教育策略与教育评价方面提出了相对应的策略，以期提升中泰幼儿教师华文课堂互动的有效性。文章还认为，在幼儿华文教育中，中泰教师课堂有效互动与合作成为影响华文教学效果的关键因素之一，双方在课堂中应成为“学习者与学者”的双重角色。中泰教师在课堂合作中一方面要相互学习对方的文化与特长，另一方面需要有效沟通，为了幼儿华文教育课堂的有效实施，实现优势互补。

15. 从广义知识分类出发浅析柬埔寨汉语口语教学的问题及策略

作者：王佳玮

期刊名称：创新教育

发表时间：2013 年第 4 期

摘要：柬埔寨学生在学习中文的过程中，出现了很多不易克服的困难，如难以区分声调，特别是第三声；难以掌握 iu、ui 及各种复韵母，前后鼻音，轻声，儿化；母语负迁移的影响；定语后置等语序颠倒；“给”的各种误用；“没有”和“不”的混淆；离合词的错误使用；等等。文章从广义知识分类角度出发，从知识性练习、技能性练习、交际性练习三大教学策略的角度提出了应对柬埔寨口语教学问题的解决办法。文章强调口语作为一种技能，它的习得不是一蹴而就的，学生必须通过自身的努力，再结合适当的教学策略，课堂所学与课后运用结合，才能真正地实现自由交际的最终目标。

16. 马来西亚华文中小学体育教育的困境与反思

作者：孟庆光、邢尊明、陈洪森、扈伟

期刊名称：体育科学研究

发表时间：2013 年第 5 期

摘要：马来西亚是中国以外最大的华文教育基地，但由于本国政策与办学资金等问题，华文学校体育的开展相对滞后。文章通过调查分析得出，马来西亚华文中小学体育教育面临的困境主要包括：一是体育场地设施落后与匮乏；二是学校对体育科的重视程度低下；三是当地华人社会对学校体育关注度不高；四是中国政府对海外体育教育的关心不足。笔者认为在大力向海外拓展中华文化的同时，更应该关心远在异乡华族子弟的健康。中国政府与民间应通过一系列的政策与资金援助，来改善马来西亚华文学校办学环境，改变体育教育现状。

17. 民族传统体育在华侨华人中的传承与推广研究

作者：王振、文明华、胡国鹏

期刊名称：河北体育学院学报

发表时间：2013 年第 5 期

摘要：文章通过对当前华文教育的国际化背景与民族传统体育文化内涵的分析，探讨民族传统体育在华侨华人中推广的理论与实践意义。研究认为，在当前全球华文教育的视角下，以华侨华人为对象的民族传统体育推广模式为民族传统体育的传承及中华传统文化的传播开辟了新窗口。文章进一步分析了民族传统体育在华侨华人中传播的机遇、挑战和问题，问题涉及现实问题、管理问题以及资源问题。在此基础上，从体育社会组织、体育教师以及政府协作方面提出了建设性对策，为中华民族文化传承与发展提供了参考。

18. 柬埔寨汉字教学概况探析

作者：王莹、杨帆

期刊名称：群文天地

发表时间：2013 年第 5 期（下）

摘要：柬埔寨的华校遍布各省、市，基本形成了从幼儿班、小学、初中到专修较为连贯的教育体制。但是与东南亚其他国家的汉语教学情况相较而言，柬埔寨的华文教育还处于比较落后的状态。作者作为汉语教师志愿者曾在柬埔寨华校任教一年，基于作者所掌握的资料，文章介绍了华校具体的教学情况，主要表现为四个方面的问题：一是教材陈旧且本土化程度低；二是汉字课程设置不合理；三是华文教师出现断层，华文教师质量低；四是学生缺乏汉字学习的文化背景。

19. 华文教育视野下的庐山地域文化内容试探

作者：陈洪英、彭小琴

期刊名称：吉林广播电视大学学报

发表时间：2013 年第 6 期

摘要：将具有地域特色的文化与学生生活实际紧密联系，能极大地提高学生的汉语学习积极性，提高学习兴趣，这些已得到了学术界的普遍认可。庐山地域文化丰富多样，为将地域文化融入华文教育提供了丰富的教学内容。笔者根据华文教育与地方文化融合的基本原则，选定了宗教文化、陶渊明理想与贬斥文化、白鹿洞书院教育、山水诗词、民俗、民间文化以及非物质文化遗产的相关内容融入教学。教学实践证明，在华文教育当中适当渗透庐山地域文化的相关内容，不仅能传播庐山文化，还能培养华裔子弟对中国传统文化的认同感，形成地域特色。

20. 海外华文教学及其与相关教学形式之比较——基于外派教师视角

作者：沈敏、杨玲

期刊名称：语文学刊

发表时间：2013 年第 6 期

摘要：“汉语热”主要是“华文热”，首先热在海外的华人华侨社会，华人华侨是海外汉语国际教育事业发展的生力军、先锋队和重要推动力量。海外华文教学呈现多样性和不平衡性的特点，但其主流仍倾向于第二语言教学。文章所讨论的华文教学是指以海外华人华裔学生为主要教学对象的汉语言文化教学。文章强调外派教师既要了解海外华裔族群的特点，又要牢固树立第二语言教学意识，特别是要明了海外华文教学与国内语文教学和对外汉语教学的差异，它们在教学对象、教学目标以及学校环境等方面都有区别。

21. 针对华裔学生的写说一体化中级汉语口语教学模式

作者：张春红

期刊名称：语言教学与研究

发表时间：2013 年第 6 期

摘要：文章针对来华留学的华裔学生特点，在综合众多第二语言教学与学习理论的基础上，提出“针对华裔学生的写说一体化中级汉语口语教学模式”。文章介绍了与该教学模式相关的理论基础，具体说明了“写说一体化口语教学模式”的教学目标、教学环节和操作程序，并简要报告了运用该教学模式进行一学期教学实践所取得的教学成果。教学实践证明，“写说一体化口语教学模式”符合华裔学生的年龄和学习特点，是针对华裔学生的一种行之有效的新型口语教学模式，并且弥补了当前口语教材及口语课堂教学之不足，使口语教学更加鲜活生动，实现了口语课堂教学的交际最大化。

22. 在电脑教学中渗透汉字教学思想的研究——以柬埔寨的华文教育为例

作者：王莹、杨帆

期刊名称：青年文学家・教育论丛

发表时间：2013 年第 9 期

摘要：很多外国学生认为，汉字学习是汉语学习中的一大难点。随着学习时间的增加，大量生词的累积，学习者会产生畏难情绪，不利于对汉语更好更深入的学习。作者在柬埔寨担任教师志愿者期间，发现东南亚很多国家的华校都开设了汉语教学的电脑课程，并在该课程中大力倡导五笔输入法的教学。文章指出五笔输入法中的拆字及汉字结构、笔顺等的应用，对培养学生对汉字的笔形、笔画部件的组合关系、结构的认知，以及正字法意识的萌生都有很大的帮助，对对外汉字教学改革将是很大的契机。

23. 学好中外语言文化，提高华文教育水平

作者：陈道明

期刊名称：教育教学论坛

发表时间：2013 年第 11 期

摘要：文章通过回顾外语专业对培养华文教育人才的贡献，探讨了对外汉语教育和传播中华文化两者的关系，得出外语教师在华文教育事业中大有可为的结论。华文教育显然包括对外汉语教学和传播中华文化，在开展华文教育时，必须注意两者并重。作者从开展华文教育的重大文化意义以及对目前华文教育师资力量的剖析中，探讨外语教师在华文教育中发挥的重要作用，并指出华文教育绝不只是中文和外文教育工作者的事，要办好华文教育，需要各学科的通力合作、密切配合、全民参与。

24. 菲律宾华裔中学生文化背景及语言环境现状调查——以基立学院为例

作者：高爱军

文章来源：河北师范大学硕士学位论文

完成时间：2013 年 5 月

摘要：菲律宾的华文教育开始于 1899 年建立的中西学堂，在经历了百余年的风风雨雨之后，目前，菲律宾的华文教育质量每况愈下，学界都在积极探讨问题的根源及解决的办法。本文从第二语言习得环境因素的视角对菲律宾华裔中学生的社会文化背景和语言环境进行调查，了解菲律宾华裔学生课堂以外的语言环境现状，探索影响菲律宾华文教育的外部环境因素。文章提出了一些营造华语学习的社会环境的建议：一是利用好学校的语言环境；二是利用好家庭环境，培养学习华语的动机；三是开发利用好各种社区环境因素，如各种华人社团；四是开发利用各种新闻媒介；五是要努力提高华语教育的社会地位，赢得政府的了解和政策支持；六是要增强民族认同意识。

（三）华文教材、华校及师资培养研究

1. 印度尼西亚本土汉语师资培训中的一些问题及策略

作者：汪敏锋

期刊名称：东南亚纵横

发表时间：2013 年第 1 期

摘要：汉语师资匮乏已然成为阻碍汉语国际教育的一大瓶颈问题。如何更有效地、更多地培养本土汉语师资成为一个十分有意义的课题。文章对印尼 60 所汉语教育和培训机构以及 120 位汉语教师进行了调查，在总结当前培养形式的基础上，分析了印尼现行本土汉语师资培养存在的一些问题，并提出了相应的解决策略，认为应根据本土师资的需要，创新培养培训形式，努力提高培养的有效性、实用性和针对性。文章还认为，培训应先满足印尼本土汉语师资职业化的需要，然后再过渡到专业化，印尼本土汉语师资专业化的培养是一项极具挑战的工程。

2. 海外华文教师培训的策略选择——以印尼为例

作者：徐天云

期刊名称：肇庆学院学报

发表时间：2013 年第 1 期

摘要：海外华文教师队伍存在的主要问题表现在数量不足和素质不高两个方面。海外华文教师培训在目标上要进行前瞻性的规划；在培训对象上要有针对性地进行调整；在培训层次上要进行阶段性推进；在培训内容上要进行系统性配置；在培训方式上要进行多样性选择；在培训结果上要进行有效性检验；在实施培训策略时要注意在不同的培训机构之间做出协调，要注意合理运用收费杠杆，要注意使培训逐渐本土化。文章就印尼在华文师资数量和质量两方面的积累以及在培训华文教师方面丰富的经验，对前一阶段的华文教师培训情况进行总结，并对下一阶段的培训活动安排提出了可行性策略。

3. 有关新加坡小学华文教材中新加坡元素的若干思考

作者：徐峰

期刊名称：海外华文教育

发表时间：2013 年第 2 期

摘要：新加坡双语教育政策之下的华文教学是一种既不同于中国语文教育，也不同于纯粹外语学习的第二语言教学。新加坡华文教育的种种特异之处可称为新加坡元素。文章就新加坡小学华文教材中的新加坡元素进行探讨，认为教材应处理好华族文化和本地文化及文化多样性的选择问题，同时注意文化呈现的层级性及呈现方式；现有的单元教学模式尚未真正反映学习者类型差别的不同需求；而教材语言过于强调核心规范标准与学习活的语言、使用活的语言这一教改目标并不完全协调，华文教材的语言应适当体现地域化特点。结合新加坡的实际情况，文章还提出教材中应采用口语从宽和书面语从严的解决策略。

4. 新加坡华语教学本土化探索——聚焦《中华通识课程》与《双文化课程》

作者：刘丽平、雒力蓉

期刊名称：当代教育与文化

发表时间：2013 年第 3 期

摘要：多元文化教育发展国际化背景下，为了适应教育发展全球化的要求，新加坡政府自 2004 年开始出台了一系列与华语教学相关的政策，旨在通过中华通识课程和双文化课程的开办，促使学生对中西方语言、文化有比较广泛的认识，同时为学生提供更加充分的受教育机会，提升其学业成就，激发其发展潜能。该政策的实施，在惠及学校、学生的同时，开展了更宽领域的交流与合作，提高了教育的国际化水平，成功地完成了教育转型，也促进了国家民族教育的均衡发展，亦有效地实现了刺激国家经济发展的目的。

5. 多语背景下印尼华语教师语言态度调查

作者：王衍军、张秀华

期刊名称：东南亚研究

发表时间：2013 年第 6 期

摘要：文章通过调查得出的数据表明，对华语的态度，印尼华语教师在年龄结构上呈现明显的差异：年长者对华语的态度始终一致，年轻一辈对华语的态度在多元语言背景的影响下日益复杂化。文化因素和社会需要成为两代人华语态度差异的主要原因。文章着重从印尼华语教师的语言态度入手，观察印尼华语及其他语言的现状，从中透视印尼华人的语言生活及语言态度。这一研究对当前海外华语教学和华文传播也具有一定的借鉴和参考价值。

6. 泰国汉语师资现状及对策研究

作者：陈艳艺

期刊名称：东南亚纵横

发表时间：2013 年第 8 期

摘要：学者们普遍认为，泰国汉语师资存在师资不足、师资队伍不稳定和教学能力参差不齐的问题。然而近 20 年来，泰国汉语教育发展迅速，泰国汉语师资是否依然如此？文章通过问卷调查和访谈等实地调研形式，分析访谈内容和问卷调查数据，分析总结泰国汉语教师最近现状及所存在的问题，进而预测泰国汉语教师发展的未来走向，并针对其现今存在的问题提出了五项解决方法：第一，加强输入型汉语教师的选拔和培训工作；第二，加强泰国本土型教师的培养；第三，做好泰国汉语教师的“本土化”培训；第四，提高泰国籍汉语教师的待遇；第五，为增加泰国汉语教师彼此间的沟通和交流创造机会。

7. 欧洲华文学校发展的关键影响因素分析——以意大利佛罗伦萨中文学校为例

作者：严晓鹏

期刊名称：教育学术月刊

发表时间：2013 年第 8 期

摘要：文章以意大利佛罗伦萨中文学校为例，对其发展历程进行深入、细致的剖析，解析欧洲华文学校发展的新特点和趋势。该校发展轨迹可分为创建时期、稳步发展时期和新时期。文章以学校的课程设置及教学活动、学校的财务管理和日常运营、学校办学特色与宗旨为研究要件，检视佛罗伦萨中文学校办学十二年的历程。研究发现，在欧洲华文学校的发展过程中，会有许多因素对其产生影响，其中教育需求、政策支持、组织交流、社区关系、治理结构、师资发展等六个方面因素的影响最为重要。

（四）海外华语特点与使用现状研究

1. 印尼苏北华语口语词汇与现代汉语词汇差异调查

作者：朱湘燕、黄舒萍

期刊名称：华文教学与研究

发表时间：2013 年第 1 期

摘要：文章调查了印尼苏北棉兰华人日常口语交际所使用的华语词汇的词形、词义和用法，将其与现代汉语词汇进行了对比。结果表明：苏北棉兰华语词汇与现代汉语普通话、方言词汇存在着复杂的关系，可分为汉语普通话中有、汉语闽粤语中有、汉语普通话和方言中都无三大类；而在汉语普通话里有的词汇中，存在着词形和词义方面的差异；在汉语闽粤语里有的词汇中，有的存在着词形方面的差异；汉语普通话和方言中都无的词汇，主要集中在饮食、节日、事物等印尼特有的方面。两者在词形、词义和用法上的差异主要集中在汉语多种方言词语的保留、词汇用法的变化、印尼词语的汉化上。

2. 海外汉语方言研究的新视野——读《全球华语词典》

作者：李如龙

期刊名称：辞书研究

发表时间：2013 年第 1 期

摘要：文章从海外汉语方言的特点和传统汉语方言调查研究方法的局限出发，以《全球华语词典》为例，通过对其所收录闽粤方言词汇的分析，论述了《全球华语词典》为海外汉语方言调查研究所开拓的新视野。由于海外方言与大陆本土方言生态环境的差异，语言接触频繁，词汇变异大，特有词语多，内外借词多，传统的汉语调查方言的方法并不能用于研究海外方言。而《全球华语词典》所示的闽粤方言词语对海外方言调查以及华语词汇研究具有巨大贡献，因此文章从多个方面阐述了海外汉语方言调查研究工作的重点不仅在于语音，更重要的是以词汇为核心。

3.《全球华语词典》处理区域异同的成功与不足

作者：刘晓梅

期刊名称：辞书研究

发表时间：2013 年第 1 期

摘要：《全球华语词典》词语的区域异同处理是其灵魂所在，其成功之处体现在四个方面：一是区域的覆盖尽量全球化，二是词语区域分布差异的多样化，三是不同区域间词语差异的多样化及区域内部词形差异的多样化，四是注意了历时传播中区域差异转为趋同。其不足之处也表现在：全球华语各区域的收词量均衡性尚待加强，部分词语漏标使用区域，部分闽、粤方言词的标区及其与华语词的划界处理不完美，部分有明显区域差异的常用词语未收。文章建议进一步协调收词的区域均衡性，与时俱进，细化各种差异；进一步细化、丰富词语的突出差异点；协调好华语区域分布的共时与历时关系、区域性与通用性关系，以达到区域差异功能的最优化。

4. 第九届东南亚华文文学研讨会（绍兴）述评

作者：王传习

期刊名称：绍兴文理学院学报

发表时间：2013 年第 1 期

摘要：10 月 23 日至 25 日，东南亚华文文学研讨会绍兴分会场会议在绍兴文理学院隆重举行。本场会议由绍兴文理学院、南洋理工大学孔子学院等单位主办，绍兴文理学院人文学院承办。此次研讨会以东南亚为中心，在空间维度上实现了新的扩展，探讨范围由东南亚华文文学延伸和扩大到历史、文化层面，多位研究者详细地评介了东南亚华文文学和文化活动情况，涉及华人社团、群体分布、移民活动、历史记载等。不少研究者以东南亚华文文学为中心，介绍了一些颇具特点的华人族群及其历史足迹，进一步充实了东南亚华文文学研究。总之，整个研讨会既有对华文文学历史的重新追溯，也有对当下现实问题的敏锐思考，发掘出许多富有价值的新资料，开拓了研究新局面。

5. 华语规范化的标准与路向——以新加坡华语为例

作者：尚国文、赵守辉

期刊名称：语言教学与研究

发表时间：2013 年第 3 期

摘要：文章以新加坡华语为例，探讨华语规范化的标准及路向问题。语言规范化都需要解决“以什么为标准”这个基本问题。新加坡华语作为海外华语的典型代表，其规范化的历史经验可以为其他地区华语规范化工作提供参考。新加坡在华语规范化方面做过不少工作，使得新加坡华语与普通话非常接近，但由于未明确提出使用规范，对于具体应用中的问题缺乏关注，以致大众传媒和教育等领域的华文应用仍面临诸多困惑。华语区应设立专门的语言规范化机构，为当地的华语制定明确的使用标准，以促进华语的教学和应用。

6. 境外华人汉语使用情况调查研究——以缅甸华人为例

作者：张兰仙

期刊名称：民族教育研究

发表时间：2013 年第 4 期

摘要：随着中缅两国在各方面交流与合作的加强，缅甸华人对学习汉语的需求不断增加，缅甸的华文教育也获得了较大发展。但目前境外华文教育水平远未满足境外华人对学习汉语的需求。文章基于境外华人家庭内部成员汉语使用情况、缅甸华校汉语使用情况以及集市、商店与公共场合汉语使用情况的调查，提出加强研究缅甸华人汉语使用情况的重要性。文章也认为建立和完善境外华文教育政策，加强境外华文教育师资培训，调查汉语使用情况是探索境外华人汉语教育教学的有效措施，可以推广境外华人使用汉语，促进中缅两国在文化教育领域的交流与合作。

7. 泰北华裔中学生语言使用情况调查报告——以清莱府的两所中学为例

作者：刘瑜

期刊名称：语言教学与研究

发表时间：2013 年第 6 期

摘要：泰国北部居住着近 30 万华人华侨，他们的语言使用情况非常值得关注。笔者于 2012 年 2 月对泰北清莱府美斯乐华人村的兴华中学和大同中学两所华文学校做了较为详细的调查，收到有效调查问卷 273 份。文章以此次调查为例探讨泰北华裔中学生的语言使用情况，包括双重语言现象、双层语言现象以及对汉、泰、英三种语言的态度和对自己的语言期望等。文章还考察了调查对象的语码选择、语言态度与其性别、族籍的关系。同时认为，该社区对于进一步研究其他语言接触现象具有非常重要的研究价值，不同时代间的语言差异、语言接触对当地汉语语音、词汇、语法的影响等都值得进一步深入研究。

8. 马来西亚华语以“了”（liao）充“了”（le）现象研究

作者：黄立诗（马来西亚）

期刊名称：长江大学学报（社会科学版）

发表时间：2013 年第 7 期

摘要：马来西亚高频使用的方言（福建话）里“了”（liao）具有普通话“了 1”和“了 2”的语法功能。因此，马来西亚华人习惯把“了 1”和“了 2”读作“liao”，这是他们长期接触福建话而产生的一种语言变异现象。从语言变异的理论来看，马来西亚华人会把华语的“了”（le）读成“liao”是因为他们的脑海里存有福建方言和华语两个语言系统。在说话时，这两个系统之间就会出现相互竞争的现象，最后，一个系统可能进入另一个系统而成为变异成分，形成一种变异的语言现象。

9. 从语法化视角看马来西亚华语“回”作动态助词的现象

作者：黄立诗（马来西亚）

期刊名称：现代语文

发表时间：2013 年 8 月下旬刊

摘要："回"在马来西亚华语里可作动态助词，表示"回复"义。文章列出"回"作为动态助词的多种用例，并就其语法功能和当地高频使用方言广东话及福建话的"返"和"转"作比较。通过"相因生义"和"接触引发的语法化"（Contact-induced grammaticalization）理论说明这种特殊语法现象的出现是"复制性语法化"的产物。广东话在马来西亚华人区的流行程度非常高，在这样的语言环境下，当地的华语受到广东话语法的影响是在所难免的。"回"作动态助词的用法是马来西亚华语和广东话之间的相互影响所引发的一种复制性语法化现象。

10. 浅谈马来西亚华语助词"着"的用法变异

作者：区淑仪

期刊名称：现代语文

发表时间：2013 年第 8 月下旬刊

摘要：文章探讨了马来西亚华语助词"着"的用法，发现它除了拥有普通话"着"的几个语法意义之外，还因受到英语和粤语的影响，附加了两个表示"动作的进行"和"事件的持续"的语法意义。文章认为动词"来""去"和"回"在"动作可重复性"的认知域和"动作内部变化的持续性"的认知域里皆属非持续动词，因而导致此类动词可以与"着"搭配使用，表示动作的进行。文章还讨论了"着"跟粤语表示进行态的"紧"以及表示保持态的"住"的语义相似点及其是如何导致后两者的语法特点被收录到马式华语的。

11. 印尼华人家庭媒体使用现状分析——基于对雅加达 500 余名新生代华裔青少年的调查

作者：沈玲

期刊名称：东南亚纵横

发表时间：2013 年第 12 期

摘要：文章通过调查发现，就印尼华人家庭而言，代际不同，对媒体的使用倾向也不相同。祖辈常用媒体依次为报纸、广播、影视、杂志和网络；父辈最常用的媒体依次为报纸、影视、杂志、广播和网络。新生代华裔青少年常用媒体依次为网络、影视、广播、杂志和报纸。要提高中国传统文化的传播效度，必须注意传播策略，重视网络与影视的作用。文章认为，就传播层面而言，我们在印尼进行汉语教育、建设中国文化软实力时除了精择传播内容等，也应注意传播策略，根据传播对象的特点与习惯选择合适的媒体和符合对象阅读习惯的文字，在巩固如报纸杂志等传统媒体的同时，尤其应该重视网络的力量与影视的作用，以此提高中国传统文化在海外新生代华裔中的传播效度。

三　著作选介

（一）中国大陆出版的华教类著作

1. 海外少儿汉语课堂教学与研究

作者：方小燕、王葆华、陈慰宇等

出版社：科学出版社

出版时间：2013 年 1 月

摘要：该书是印尼少儿汉语课堂教学方法研究的成果汇总，主要围绕汉语少儿课堂上汉语要素习得的方法和第二语言教学法在少儿汉语课堂上的实际运用进行讨论。共收录少儿汉语教学论文 14 篇，均为针对印度尼西亚棉兰市崇文三语中小学暨幼儿园少儿汉语学习者的教学问题而发，案例丰富生动，对象明确，针对性强，每篇文章后面都有资深教师做评述，把少儿汉语教学的实践和理论研究结合起来，给人以启发。

2. 计算机辅助华文教学

作者：熊玉珍

出版社：暨南大学出版社

出版时间：2013 年 6 月

摘要：该书是暨南大学海外华文教育系列教材之一，其适用对象主要为海外华文教育、对外汉语、汉语言、汉语言文学等专业的本科生和研究生。该书在内容选取上，遵循现代教育技术“理论 - 技术 - 应用”相结合的原则，以华文教育领域的特点、华文教学内容为主线，系统地介绍了现代信息技术在华文教育中的应用。

该书共分五章。第一章为计算机辅助华文教学概述，主要介绍现代信息技术对华文教育的促进作用以及计算机辅助华文教学的现状和发展趋势；第二章为网上华文教育信息资源的获取与利用，主要介绍网上华文教育信息资源的类型和特点以及资源的获取与利用方法；第三章为华文多媒体教学素材的设计与制作，主要介绍华文多媒体教学素材的组成、类型、特点及设计流程，列举了不同媒体素材的设计与制作；第四章为对象化华文资源的设计与制作，主要介绍了对象化华文资源制作的支撑理论和设计流程，并以《中文》作为范例，示范了如何制作汉字、词语、语法、课文以及各类华文练习等华文教学资源；第五章为计算机辅助华文测评，介绍了计算机辅助测评的发展阶段、优势和相关理论，然后从技术和应用层面阐述了计算机辅助华文测评的现状以及计算机辅助华文测评的一般方法。

该书从学习者的学习特点和学习需求出发，以华文教学和现代信息技术一体化方案为主要依据，面向华文教学应用来介绍现代信息技术的基本原理，力求通俗易懂。根据华文教育领域的特点，选择并组织侧重不同的教学内容，解决华文教育中教育技术应用的重点和难点问题，同时加强实践环节的教学与训练，其目的是培养学习者具备理论与实践相结合的复合型能力和素养。

3. 海峡华文教学论丛（第1辑）

作者：曾毅平

出版社：暨南大学出版社

出版时间：2013 年 8 月

摘要：该书是 2012 年 3 月暨南大学华文学院与台湾铭传大学华语文教学学系联合举办的“华文教学研讨会暨工作坊”的论文汇编，共收录 20 余篇论文，主要围绕“华文教学理论与世界的结合”展开。

书中与华文教育密切相关的论文简介如下。李香平的《华文基础汉字教材中汉字知识的选择和编写》通过调查四部较有影响的华文汉字教材，对教材中涉及的汉字知识点总数目、汉字知识类型、汉字知识的阐释语言、配套练习的设计情况四个方面进行了比较，指出目前汉字教材在编写知识点的选择上，应将构形知识和技巧性知识作为初级汉字教材编写的重点；而在阐释方式上，应该简明扼要，例证丰富；在练习设计上，注意设计针对性的练习来体现汉字知识的迁移。周静的《菲律宾华语课堂教学管理的五大原则》则以菲律宾密三密斯光华中学的华文课堂教学为观察窗口，结合东南亚等国的华文教学经验，总结出现代华文教学课堂管理的五大原则：管理目标明确原则、教学环节清晰原则、教学管理一体化原则、严格纪律与充满活力互动原则、评估与监控结合原则。邵长超的《由华裔学生华文态度调查看印尼万隆的华文教育——以融华华文补习班学生为调查对象》通过对印尼万隆地区 100 名华裔学生进行问卷调查，指出华裔学生在华文的认同度、学习华文动机、语言环境、影响华文学习的因素、课堂学习困难、教学对学习困难的看法、学生对教师的期待等七个方面的具体现状及其出现的问题，并依据得出的数据分析华文教育所面临的形势与我们需要重点思考的方面，以此为华文教育的健康发展提供参考。

多年来，两岸华语文教学工作者在教学上各自有着丰富的实践，在华文教学的理论和应用研究方面，有许多要共同面对的问题，理论和方法上既有同一性，也有差异性，形成了各具优势的研究领域，研究视野和成果正可互融互通互补。《海峡华文教学论丛》的出版为两岸同行提供了一个深入切磋、交流的学术园地。

4. 语码转换与汉语教学

作者：郑林

出版社：北京大学出版社

出版时间：2013 年 3 月

摘要：该书聚焦华裔汉英双语儿童，采用实证研究的方法，是在对澳洲墨尔本地区三所小学的儿童进行长达四个月的个别访谈的基础上写出的。这些儿童都是第一代或者第二代华裔移民的子女，而三所学校各有代表性：一所学校开设中文课，一所学校开设西班牙语课，而另一所学校没有开设外语课。该书主要探讨了两个问题：（1）这些双语儿童在他们的汉语学习中拥有什么资源？（2）他们以前的汉语学习经历是如何影响他们的汉语表达的？旨在探索语码转换的本质，进一步完善当前对汉英语码转换的解释，并据此提出相应的汉语教学策略。

在探索双语儿童进行语码转换的决定因素的同时，该书重点考察了语码转换与声调、语法结构、语言交际功能，以及双语华裔儿童的社会背景和教育背景等之间的关系。这些研究成果将为汉语作为第二语言的教师们提供一个全新的教学视角，有助于他们的教学实践，同时也有助于决策者制定合理的语言政策。

5. 马来西亚华人社团研究

作者：石沧金

出版社：暨南大学出版社

出版时间：2013 年 8 月

摘要：该书主要研究马来西亚的华人社团，考察马来西亚华人社团历史沿革的规律、特点，分析其在马来西亚的历史，特别是在当地华侨华人社会历史发展中的作用及影响，有着重要的学术价值和现实意义。

全书共分四章，分别论述马来西亚华人社团的相关重要问题。第一章探讨了地缘性社团、血源性社团、业缘性社团、文（学）缘性社团、宗教社团、秘密社团等不同类型社团的发展历程，做了较为系统深入的总结。第二章主要分析华团的内部机制和主要组织机构，重点分析了在华团中具有重要地位和影响的青年组织、妇女组织以及奖助贷学金。第三章主要从政治参与、华文教育、华人文化三个方面入手，探讨华人社团与华人社会之间的密切关系。书中专辟一节讨论华人社团与华文教育，细述了“会馆办学”的历史点滴及其对华文教育产生的积极意义，还记录了华人社团自20世纪60年代以来，为回应马来政府一系列不利于华文教育的发展政策所做出的抗争。第四章为华人社团名录，收录华人社团资料。

该书主要采用历史学的理论和方法来研究马来西亚华人社团历史，如划分华人社团历史发展分期，尽力搜集更多的社团史料，加以分析、归类、考订等。该书也采用了一些社会学的研究方法，作者在马来西亚进行了为期一年的田野调查，走访了许多华人社团，尤其是具有重要地位及影响力的华团，并针对一些重要领袖或人物进行了大量的访谈。该书内容翔实可信，提供了较为全面的马来西亚华团基本资料，具有一定的参考价值。

6. 新加坡马来西亚华文书法百年史

作者：谢光辉、陈玉佩

出版社：暨南大学出版社

出版时间：2013 年 7 月

摘要：该书以20世纪新加坡、马来西亚华文书法为研究对象，在有效整理马来半岛地区华人书法史料的基础上，从教育和组织活动等角度对之加以考察，并通过对各地区、各时期书史、书迹和书法家创作风格与前后传承关系的分析，梳理近一百年华文书法在新加坡、马来西亚传播和发展的实际情况与演变脉络，构建其书法发展的历史框架和理论体系，同时为两地当代书法的发展提供一个参考。

根据历史发展的阶段性特点，全书将20世纪的新、马华文书法分为四个时期：第一个时期是华文书法的启蒙和孕育时期（1900～1945年）；第二个时期是华文书法的低迷与沉寂时期（1946～1956年）；第三个时期是华文书法的危机与困境时期（1957～1980年）；第四个时期是华文书法的蓬勃和发展时期（1981～2000年）。作者主要考察各时期三方面的问题：一为该时期的华文教育与书法教育，重点考察华文教育对华文书法传播与发展的影响；二为该时期的书法团体与书法活动，主要考察各种社团组织及其活动在新加坡、马来西亚书法发展过程中的地位和作用；三为该时期的著名代表书家与地域书风，分区域介绍新、马各时期著名书家及其书作，重点考察他们之间的传承、演变及影响。

全书图文并茂，并附有七个附录，详列了新加坡、马来西亚相关教育史、美术史等研究文献资料，书画社团特刊资料，书法比赛作品集资料，书法展览作品集资料，书法论文资料，马来西亚书艺协会各联委会会务报告、会议记录资料，以及新、马报刊相关资料。

7. 国家软实力及华侨华人的作用国际学术会议论文集

作者：刘泽彭主编

出版社：暨南大学出版社

出版时间：2013 年 9 月

摘要：该书是 2012 年 3 月 10 日至 12 日在广州举办的“和谐和共赢：国家软实力及华侨华人的作用”国际学术研讨会的论文汇编，共收录 30 篇论文，主要议题涵盖软实力比较、文化软实力研究、华侨华人与公共外交、软实力视野下的华文教育、海外新移民与华裔精英的作用等。

书中与华文教育密切相关的论文如下。耿虎提出新形势下的海外华文教育应在做好自身文化传承的同时，进一步扩展文化传播功能，从加强自身建设、增强吸引力，谋求承认、扩大影响力，紧密互动、加大助推力三个方面，将服务华社与服务祖（籍）国文化软实力战略统一起来，从而实现又好又快发展。马来西亚的祝家丰主要谈了马来西亚华文教育在中华文化的传播过程中所扮演的角色及其间接辅助中国软实力传播的方式。陈友明通过问卷调查、交流访谈、三语学校会议记录查阅等形式对印尼主要的约 40 所三语学校的宏观管理问题进行调查、研究，并对三语国民学校所面临的困难和问题提出了改进建议。

8. 海峡两岸华文出版——数字化、原创力、人才培养

作者：王彦祥、任文京主编

出版社：中国书籍出版社

出版时间：2013 年 7 月

摘要：该论文集是海峡两岸华文出版论坛发行的第二辑论文集，涵盖了该论坛第六至第八届的论文。全书共分五个部分，第一部分为研究论文，包括如下三个主题：第六届——原创力、第七届——数字化、第八届——人才培养；第二部分为论坛致辞；第三部分为主题演讲；第四部分为综述撷英；第五部分为三届论文索引。该论文集记录了两岸出版学术交流的进展，对海峡两岸华文出版产业的发展有一定的影响。

9. 2010 年海外华侨华人发展报告

作者：王望波、庄国土

出版社：厦门大学出版社

出版时间：2013 年 8 月

摘要：2010 年是海外华侨华人社区不断发展壮大的一年。世界华侨华人人口依然保持平稳增长态势，海外华侨华人在文教科技领域、融入与回馈当地社会、积极参选参政等方面取得了较大的进展。为更准确及时地把握侨情变化，更深入地研究分析其发展趋势及规律，为制定侨务政策提供相关依据，在《2007 年海外华侨华人概述》《2008 年海外华侨华人概述》《2009 年海外华侨华人概述》的基础上，厦门大学南洋研究院组成课题组开展了“2010 年海外华侨华人发展报告”课题研究。

该书第六章“文教科技领域与华文教育”第四节“华文教育与汉语热”专节讨论 2010 年海外华文教育现状。

该书首先指出，近年来，随着中国社会经济的持续快速发展以及世界其他地区众多华裔精英在各领域的杰出表现，中华文化的价值也日益凸显，中文的国际地位大大提高。世界各国对汉语学习的需求与日俱增，汉语正成为国际化程度发展最快的语言，世界范围内出现了华文教育热、汉语热。接着，总结了国务院侨办以及中国华文教育基金会等有关部门长期以来对华文教育发展所做的大力支持，及其积极策划和实施的若干各具特色的华文教育项目相关情况。还详细介绍了 2010 年争取加拿大、澳大利亚等国家在政策上支持海外华文教育的有关情况。

作者认为经过多方的共同努力，海外华文教育工作取得长足的进步，但长期困扰华文教育发展的很多问题仍然有待进一步解决，如华文学校办学经费十分有限，华文教师队伍不稳定、数量不足，华文学校组织管理能力、华文教学水平有待跟进，适合当地国情、校情的“本土化”教材还缺乏，课外读物、辅导用书种类不多，数量不足等。

10. 海外华文传媒的多维审视

作者：彭伟步主编

出版社：暨南大学出版社

出版时间：2013 年 5 月

摘要：该书是一本围绕海外华文传媒展开的论文集。该书根据大众传播学基本原理，以媒介市场和受众划分，将海外华文媒体作为一个独立的具有跨文化传播特征的特殊大众传播媒介体系进行研究，为研究和分析海外华文媒体的基本特征及其发展规律开拓了新思路。

全书共分为六编：第一编介绍海外华文传媒与业界动态；第二编解析海外华文传媒与传播现象；第三编分析海外华文传媒对国家形象的塑造；第四编介绍海外华文传

媒与政治文化；第五编是对海外华文传媒与业务的探讨；第六编展示海外华文传媒的新媒体发展情况。

11. 泰国华文纸媒研究

作者：黄海珠

出版社：中国社会科学出版社

出版时间：2013 年 5 月

摘要：全书共分四篇，第一篇为历史回顾及现状分析，主要对泰国华文纸媒的历史进行了梳理，并对每个历史发展阶段的背景，其中突出的人物及事件分别阐述；同时，对泰国华文纸媒的现状按报刊的类别归类说明，并对华文纸媒所依存的环境系统进行剖析，分别说明其细分环境的影响。第二篇为内容研究及比较分析，主要阐述泰国纸媒的报刊内容、读者群体及经营状况，同时，将泰国与两个条件相似的非华语国家的华文纸媒发展情况进行比较，从中说明不同的政策环境、社会背景、文化特性及宗教环境，对华文纸媒的发展有着重要的影响。第三篇为作用及影响力研究，主要对泰国华文纸媒的媒介影响力进行细致阐述，同时对促进华文纸媒发展的四个重要的泰国国内社团的作用分别进行交代。第四篇为存在问题及发展展望，主要对目前泰国华文纸媒在发展中暴露的问题及面临的机遇与挑战分别进行阐述，在提出解决途径的同时，对泰国华文纸媒的发展趋势进行了预测与展望。作者提到华文报业与华文教育有着相辅相成、荣辱与共的密切关系，不断升温的“华文热”为华文报纸培养读者，不断涌入的华文读者促使华文媒体的勃兴，不断复兴的华文报纸反过来又辅助华文教育，这也是泰国一些华文媒体积极关心并投身华文教育的原因。

12. 华人与中国

作者：王赓武

出版社：上海人民出版社

出版时间：2013 年 6 月

摘要：该书作为王赓武教授的自选集，以华人移民问题为中心，分为“中国：文明与民族”“中国与外部世界”“移民地位”三个专题，共收录 16 篇文章，结集了作者几十年来在这一领域研究成果的精华。该书既有总领全局的眼光，又有细致入微的分析；既体现了纵向历史的延续性，又展现了区域研究的开阔度。作者对风云变幻的国际局势中的中国国家地位和海外华人的作用尤具卓识。

13. 战后菲律宾华文教育研究（1945～1976）

作者：姜兴山

出版社：暨南大学出版社

出版时间：2013 年 10 月

摘要：该书主要对菲律宾战后华文教育的办学背景与历史演变、战后初期华文教育的发展机遇、华文教育的进步与繁荣、“菲化运动”与华校危机、菲华融合进程中的华文教育变迁等几个方面进行研究。该书结合菲律宾的殖民史、国内民众需求、政府决策等实际情况，全面再现了菲律宾华文教育萌芽、发展、高潮、再次起步、进入稳定阶段的全过程。

14. 周有光文集－第八卷－语言文字学的新探索、21 世纪的华语和华文

作者：周有光

出版社：中央编译出版社

出版时间：2013 年 5 月

摘要：《周有光文集》共十五卷，七百余万字，收录了迄今周有光先生公开发表的学术专著、随笔杂文等作品。第一至第八卷主要是语言学、文字学、文字改革研究以及与中国语文现代化相关的专著和论文集；第九至第十五卷包含周有光先生最近二十年跨学科的研究成果及著作，其研究方向侧重于文化史及社会发展的一般规律，其中有些作品为散文、随笔和杂文。该册为第八卷，内容包括语言文字学的新探索、21 世纪的华语和华文等。

15. 世界华文文学经典欣赏

作者：赵小琪、王宁宁

出版社：中国人民大学出版社

出版时间：2013 年 12 月

摘要：该书在海内外首次依据艺术开掘上的独创性、风格流派上的代表性、艺术影响上的广泛性三个标准对在华人文化圈和其他文化圈中产生了极大影响的世界华文文学经典进行了系统、整体性的评析。这些兼具深厚博大的“民族性”和宏阔开放的“世界性”的世界华文文学经典主要有余光中、洛夫、梁秉钧、张枣的现代诗，金庸、古龙等的新武侠小说，钟晓阳、席绢、艾米等的言情小说，刘以鬯、陈映真、七等生、张大春等的现代主义小说，赖声川、白先勇等的探索性戏剧，三毛、张晓风、董桥、龙应台、王鼎钧、刘荒田等的散文。

该书各篇目均由“作者简介”“精彩阅读”“作品简析”“作者自白”“名家点评”“文献目录”六个栏目组成。“作者简介”介绍作家生平及其相关的文学活动。“精彩阅读”主要为读者提供原汁原味的阅读体验。“作品简析”主要以立体的角度、

独到的见解阐发作品在思想与艺术上的独特价值。“作者自白”和“名家点评”是对“作品简析”中一家之言的补充。“文献目录”则为读者进一步了解该作家、作品及其他相关文学内容提供一些较为重要的阅读参考书目。

（二）中国港台地区及海外出版的华语文教学类著作

表4-1　中国港台地区及海外出版的华语文教学类著作

序号	书名	作者	出版社/出版时间
1	华人课堂中的教与学	符理迅、林碧霞著	香港：香港大学出版社，2013
2	华语表达的态与艺	叶德明著	新北市：正中书局，2013
3	Fun玩华语123—下（I、II）	舒兆民主编	新北市：正中书局，2013
4	Oh！My Guide！吃喝玩乐学华语	舒兆民主编	新北市：正中书局，2013
5	2013中文教学论文集	简光明著	高雄市：春晖出版社，2013
6	陈嘉庚与南洋华人论文集	叶钟玲著	马来西亚陈嘉庚基金工委会，2013

第五部分

2004～2011 年华文教育主要著作辑录

1. 现代华语概论

作者：徐杰、王惠

出版社：八方文化创作室

出版时间：2004 年 7 月

摘要：该书是专门为新加坡，马来西亚，以及中国的香港、澳门、台湾等地读者撰写的综合性专著。

第一章分析了华语的性质、地位与形成阶段。既描述了华人民族共同语的确立过程和标准，也对华语的地域变体华人方言做了分区介绍，还对华语在境外华人社会中的使用、作用以及华语国际化的情况做了介绍和展望。

第二章至第六章分章全面系统论述了现代华语的语音、词汇、语法、语用、文字的理论问题。“语音”章主要介绍语音的性质、元音和辅音、华语声韵调情况、音节结构、语流音变及语调；“词汇”章主要介绍词汇单位、华语词汇的构成、构词法、词义的性质与类型、多义词和同音词、词义的类聚和组合；“语法”章对语法与语法学的关系、词的语法分类、句法分析、句子的语法分类以及华语语法的特点、语法流派与华语语法研究进行阐述；“语用”章就语用和语用学、话语交际的过程和原则、制约话语交际的广义语言环境、话语理解的机制及话语表达的技巧做出论述；“文字”章主要介绍文字概况、汉字的结构、构形理据、形体演变及定量分析方面的内容。

第七章主要介绍新加坡华人与新加坡华语的情况。新加坡华人的语言运用随着新加坡国情的变迁和语言政策的变化而在不同历史时期呈现不同的面貌。作者还阐述了新加坡华语的性质定位与规范问题，并对新加坡华语的语音、词语、语法特点做了分析。

全书理论表述深入浅出，语言分析科学实用，做到了提纲挈领，通俗易懂。

2. 华教百年坎坷路——砂拉越华文中学奋斗史

作者：黄招发

出版社：慕娘印务有限公司

出版时间：2004 年 10 月

摘要：该书记录了马来西亚砂拉越州华文中学教育发展历史，是该地区有史以来第一部较完整、较系统的华教史记，具有历史和现实意义。全书主要内容共分五章。

第一章主要记述了砂拉越州坎坷的华教之路。砂拉越华文教育是伴随着中国南来移民的逐渐增加而开拓成长的，并在社会各因素的影响下经历了坎坷的风雨历程。

第二章逐一记录了砂拉越州 17 所华文中学在 1962 年改制之前艰辛的创办和发展进程，它们是：古晋的中华中学、一中、二中、三中、四中，石角民立中学，古晋十七哩民众中学，西连民众中学，泗里街民立中学，诗巫的建兴中学、光民中学、开智中学、公民中学、公教中学、黄乃裳中学，美里的培民中学、廉律中学。

第三章简要介绍了在 1961 年改制风暴下，接受改制的 11 所中学的发展历史。它们是：诗巫的中华中学、敦化中学、中兴中学、卫理中学、圣心中学、光华中学、中正中学，民丹莪的开中中学和东华中学，泗里街的华侨中学，以及美里的中华中学。

第四章记述了砂拉越历史上，20 世纪 50 年代和 60 年代初，先后发生的 5 次较大规模、较有历史和社会影响力的学生运动浪潮。

第五章是附录部分，收录了一些政策法令及华校财政收支、学生人数等情况。

3. 印尼华侨史：古代至 1949 年

作者：李学民、黄昆章

出版社：广东高等教育出版社

出版时间：2005 年 1 月

摘要：《印尼华侨史》叙述内容上起秦汉，下至 1949 年中华人民共和国成立前后，涉及印尼华侨社会经济、政治、文化、教育等方面。

《印尼华侨史》认为，印尼华侨教育的发展大致可以分为以下三个阶段。（一）1901 ~ 1911 年是华侨教育的兴盛时期。中华学堂已完全具备现代学校的性质，越来越多的中华学校教师从日本及中国招聘而来。（二）1912 ~ 1927 年是华侨教育的持续发展时期。这一时期华侨教育持续向前发展，外岛学校迅速增加，出现平民学校，儿童接受教育的比例不高。华侨教育在殖民者的敌视和破坏下开始发生分化。（三）1928 ~ 1942 年是华侨教育的分化时期。此间由于荷印政府的敌视、分化，华侨教育界逐步分化成为两派，一派以土生华侨领袖为代表，他们逐渐对华文教育日益失去信心和兴趣，越来越热衷于西方教育；另一派以新客华侨为主，他们认为华侨儿童必须接受中华文化的教育，了解中国史地，具备中华民族的自尊心和自豪感。随着教育界的分化，两种不同体系的教育界人士各自建立了自己的团体。

该书肯定了印尼华侨教育在培养人才、普及文化教育、促进华侨热爱祖国以及服务当地等方面做出的杰出贡献，也指出了华侨教育事业在前进中遇到的困难和问题，主要包括经费困难、校舍不足、设备欠完善、行政不统一、缺乏统一的教育宗旨、教师队伍质量不高、忽视职业教育、印尼政府的打击和破坏等。

4. 东南亚的福建人

作者：林忠强、陈庆地、庄国土、聂德宁

出版社：厦门大学出版社

出版时间：2006 年 9 月

摘要：该书是雪兰莪福建会馆 120 周年会庆所举办的“东南亚福建学研讨会”的论文集，收录了 14 篇海内外知名学者就马来西亚乃至东南亚福建人的历史、文化、贡献及成就的研究文章。其中，与华文教育直接相关的有 3 篇：《战后马来亚地区福建人与华文教育之发展》《以陈嘉庚、陈六使与林连玉为代表谈华教人物的类型》《郭鹤尧与华文教育》。第一篇介绍了自 1956 年马来（西）亚南洋大学创立，到董教总的成立、独立大学的筹办和华文独立中学的复兴运动等华教事件，指出福建人作为马来（西）亚华族重要族群在华文教育发展中扮演了重要角色；第二篇选取陈嘉庚、陈六使与林连玉三个具有典范作用的华教人物，论述其身世背景、办学教育路线和典范作用，进行归纳分类，从而借此梳理出华教人物的理想类型，作为讨论华教人物的标准；第三篇则具体论述了郭鹤尧先生对华文教育发展做出的贡献。

该书是研究马来西亚及东南亚福建人的历史、文化、贡献和成就的一本合集。作者希望透过历史的长度和区域的广度，从国家、社会、族群和个人等视角，并从政、经、文、教等层面，了解和探讨福建人南来的事迹、垦荒的艰苦、奋发的过程以及落叶归根和开花结果的过去。

5. 华文教学概论

作者：郭熙

出版社：商务印书馆

出版时间：2007 年 9 月

摘要：该书是以华文教学为出发点的教材。该书系统地介绍了华文教学的基本概念、历史和现状，分析了华裔学生的特点及其对华文学习的影响，阐述了如何进行华文教学的设计、华文水平测试与教学效果评估，等等。该教材体现了学术性、实用性和原创性，体现了新的语言教学和学习理念。作者希望通过对该教材的学习，学生可以了解华文教学的相关知识，掌握相关的教学技巧，并能创造性地开展教学活动。

该书分 8 章，含 4 个附录。第一章定义了华文教学和华文教学的相关概念，包括华文教学的性质、模式、目标以及其语言观；第二章介绍海外华人社会及其语言状况，包括其形成和分布，并介绍各国现状，总结其语音、词汇、语法、汉字上的特点；第三章概述海外华文教育事业的发展史，并分别介绍亚洲、北美洲、大洋洲和欧洲的华文教育；第四章主要介绍华裔学生的特点及其对华文学习的影响；第五章论述华文教学的设计，从华文教学区别性的教学对象出发，讨论大纲设计、课程设置、教材的编写和选择、课堂教学四个过程；第六章到第八章分别介绍了目前华文水平测试与教学评估、华文教学的研究现状以及华文教师的基本素质与师资的培训。附录部分收录了华人华侨分布、国家批准的 25 个华文教育基地、华文教学相关网站和华文教材 4 个实用性资料。

6. 全球化与本土化：东南亚华文教育发展策略研究

作者：陈荣岚

出版社：厦门大学出版社

出版时间：2007 年 11 月

摘要：该书针对教育对象的特点，进行了思想观念的创新、教育理论的创新和研究方法的创新，以建立科学、实用、针对性强的华文教育学科体系，从整体上提高华文教育的教学水平，为华文教育的新发展提供坚实的理论基础。作者认为，东南亚华文教育的改革与发展呼唤华文教育工作者、研究者为其提供系统、科学、富有生机的理论研究成果，要求从海外社会的实际需要和所在国的国情出发。东南亚华文教育的生存和发展受到诸多因素的制约，其中既与居住国的政治、经济、外交和文化教育的政策有关，又与华侨华人自身的政治、经济地位以及整个国际社会大环境有关。

该书第一章主要是关于东南亚华文教育发展策略的研究，讨论了包括其历史与现状、机遇与挑战、困难与问题及对策与建议 4 个方面；第二章论述东南亚华语教学的现状、教学难点及相应的教学对策；第三章研究东南亚华文师资培训与教材编写，探讨了师资教材编写的基本原则、语法培训教材的编写及本土化华文教材编写的基本思路；第四章是对东南亚华人语言的多角度研究，分别分析了东南亚华语特殊词语的源头，汉语方言研究对东南亚华语教学的意义，中国大陆、香港、澳门、台湾目前的语言文字使用现状，东南亚华人语言。

7. 新版实用视听华语

作者：台湾师范大学

出版社：正中书局股份有限公司

出版时间：2008 年 2 月

摘要：《新版实用视听华语》共分 5 册，是一套集权威性、完整性与实用性于一体的成人华语教材。每套包含课本、教师手册、学生作业簿及语音辅助光盘。该系列教材是在台湾师范大学编辑委员会、台湾教育局出版发行的 1999 年 9 月面世的《实用视听华语》1、2、3 册的基础上进行改编、修订的。该教材基于 2003 年美国大学委员会宣布的 AP（Advanced Placement）华语测验计划而建立的第二语言五大目标——沟通（Communication）、文化（Cultures）、多元（Connection）、辩思（Comparisons）、实用（Communities），培养初学中文者听、说、读、写能力，课程设计以语法句型为骨干，配以中国人日常生活用语，以达到实学实用的目标。每册教材所包括的内容大致如下：（一）课文、对话；（二）生字、生词及用法；（三）语法要点及句型练习；（四）课室活动；（五）短文；（六）注释。

该套教材针对母语非华语的外籍人士，重点训练学生的基本发音、语法及常用字汇，着重日常生活的会话，达到学生语言流利的目的。书中所有生字与生词例句都采用注音符号、汉语拼音、通用拼音并列，以增加学生多元的认读方式。第一册共 12 课，着重基本发音、语法及常用词汇，以培养学生的基础生活华语沟通能力。第二册共 13 课，延续第一册实际生活用语，使学生达到流利使用华语的水平，掌握生动自然表达的语用技巧。第三册共 14 课，着重大学校园活动与日常生活话题，加强各种话题表达技巧的训练。第四册共 14 课，介绍中华文化之社会、历史、地理及人情世故，语法配合情境介绍，增强学习效果。第五册共 20 课，介绍中华文化之特质及风俗习惯，包括民俗文化、传统戏剧、文字、医药、科技、环保、消费、休闲等，提高学生对目前各类话题讨论的能力。全套教材的重点字、词、句型都有英语翻译；全书采用繁体字写作；课文从实用出发，兼具中华文化知识传递；每课操练丰富、情景多样，是一套经过多年实践检验的华语文教材。

8. 华语师资认证秘笈

作者：王增光

出版社：新学林出版股份有限公司

出版时间：2008 年 5 月

摘要：该书是针对台湾教育局从 2006 年起开办的“对外华语师资认证考试”

(科目包括国文、汉语语言学、华语文教学、华人社会文化、华语口语与表达等五科)、面向华语文教师的指导性书目。书中主要包括三方面内容：一是华文知识汇集，是作者担任中文教职近30年的心血结晶；二是教学实务经验，是作者授课华语师资班、华语文中心的精华提炼；三是考试实战经验，是作者通过考试、取得证照的心得分享。

该书在体例上按照台湾“对外华语师资认证考试”的考试科目分为5个单元。第一个单元是华语口语与表达，指出考试题型，强调了如“字音必须到位”“上声字读音变调”“必须特别注意区分的声母或韵母”“‘一、七、八、不’四字的读音”“‘啊’字的连音变化”“轻声词”“儿化韵”等口语表达的重点，并列出了参考书目以及历届试题以供参考；第二个单元是国文，强调了考试题型，列出重点内容如成语、文字学、作家作品、文学体裁演变、台湾文学、国学常识等，并给出参考书目和历届真题，这一部分占了全书篇幅的一半以上；第三个单元是汉语语言学，主要强调语言的属性特征，汉语儿化的功能，词缀的定义及类别，轻声，动词的种类，音译词的类别，现代汉语词汇语法特点，句子动态变化的四种现象——移位、省略、插说、追补等重点内容，并给出参考书目；第四个单元则是华语文教学的部分，包括语音教学、汉字教学、词汇教学、语法教学、语用教学等语言要素教学，也包括了当今主流教学法的介绍，如直接教学法、自然教学法、启示顿悟法、沟通交际教学法、默示教学法、整体行动反应法，等等，强调了中介语、正迁移与负迁移、习得与学习等二语教学的概念；第五个单元是华人社会与文化，主要介绍一些华人文化、历史常识。

该书对了解台湾“对外华语师资认证考试”的内容和形式有较大的借鉴意义，也提供了一个了解台湾华语文师资培训生态的途径。

9. 务实的决策——新加坡政府华语文政策研究

作者：吴元华

出版社：当代世界出版社

出版时间：2008年12月

摘要：该书共分14章，对新加坡政府华语文政策做了探讨和研究，具体内容包括执政初期对华文教育的立场与重要措施，从政治观点论政府不能提高华文地位的原因，从语言计划的观点论华文地位的变化，从教育策略的观点论华文教育的式微、建国方略与语文规划等。

该书分为上下两编。上编主要论述了1954年人民行动党建党到1965年新加坡独立期间的社会、政治、教育与语言环境如何影响华文地位；从新加坡对华文与华文教育所采取的一些重大措施，看现代新加坡的华文由殖民地过渡到独立时的发展过程。

该书探讨了这个阶段新加坡华文地位和华文教育的演变，宏观地研究政府的政策理论基础及其对社会、政治、教育与语言各方面的影响，微观的课程内容与实施细则不在讨论范围之内。具体共分7章，分别论述了人民行动党的华文与华文教育政策，执政初期领导层对华文教育的立场与重要措施，李光耀对华文地位的基本立场剖析，从政治观点论政府不能提高华文地位的原因，从语言计划的观点论华文地位的变化，从教育策略的观点论华文教育的式微、政府想把南洋大学变成马来亚人大学的愿望，并得出5个结论：（1）政治与经济现实限制华语文发展空间；（2）1954~1959年，行动党主张统一教育制度；（3）1959~1965年，政府为长期教育目标奠定基础（华文地位获得提升且政府关注华语文的政治性）；（4）英文的实用价值受到重视；（5）华语文保留延续的生命力。

该书下编主要论述华语文在新加坡的现状与前景，包括《论新加坡华语文的政治价值》《建国方略与语文规划》《英文土壤也能培养出华文精英》《从人口普查报告看双语教育成效的喜与忧》《春风吹拂，乔木抽芽》5篇研究成果。

该书附录收录了新加坡学生华文学习的调查报告、李显龙总理畅谈对华语文教学的看法以及李显龙总理有关华语文政策与传统文化的语录精选。

10. 变动中的语言：现代汉语和华语

作者：周清海

出版社：玲子传媒私人有限公司

出版时间：2009年7月

摘要：该书主要收录了周海清教授关于汉语与汉语教学发展变迁的10篇论文。《变动中的语言》一文从语法和词汇两方面观察现代汉语标准语和各地华语的变动情况；《语言变迁与语文教材》一文从汉语走向世界的视角，谈论语言变迁与语文教材、语文教学等相关的问题；《新加坡华文课本所反映的语文政策与文化问题》以新加坡华文课本作为例子，讨论新加坡的语言政策与文化认同问题，认为华文教学注重提供华人世界所共同认同的文化，并且让语言学习者了解华人社区当前的状况；《论全球化环境下华语的规范问题》认为各华语区应当慎重考虑如何在交流和自主之间保持平衡，同时提出要使各地华语趋同更为显著，华语区之间也必须有更多的共识；《华语走向世界对新加坡的挑战》从语文教育和语言本体来讨论华语走向世界对新加坡华语的挑战；接下来收录的是作者于2007年参加“全球华语论坛：华人·华语·教学”时汇报的“编写与出版《全球华语词典》的意义”讲稿；《华语教学与华语研究》一文提出对汉语研究者加强现代汉语、各地华语研究的要求，以满足汉语推广和汉语教学的需要；《现代汉语的发展与汉语的国际推广》从全球化的角度谈论华语文的语言现况以及华语文学习者的语言负担；《语言选择与语言教育——历史与地域的观察》一文从历史和地域的角度深入地观察语言的选择问题，以及语言的选择怎样影响语言教育；《海外华人在多语环境下的语言生活和语言态度——兼论海外汉语方言研究的意义》讨论了多语环境、语言功利目的、语言对民族与文化的维系与传承作用等前提下，华人语言的选择、方言的背景以及研究海外汉语方言的意义。

最后，作者还分享了自己以及家人语文学习的经历和经验，为读者了解新加坡华人的语言教育情况提供了生动的个案。

11. 中国文化在东南亚

作者：杨保筠

出版社：大象出版社

出版时间：2009 年 9 月

摘要：《中国文化在东南亚》旨在对中国文化在东南亚地区各国传播及影响的概貌做一个比较全面的综述。该书重点介绍中国文化在东南亚的影响，同时也简要叙述了东南亚各国文化在丰富中国文化方面所起的积极作用，以体现中国与东南亚双方“交流”的重要性。

从远古的传说、考古的证据、史籍对官方交流的记载可见中国与东南亚国家悠久的文化交流史，双方交流的途径主要有官方和民间两种，华侨是中国文化在东南亚传播与交流的桥梁。该书介绍了中国在政治经济、生产工艺、科学技术、语言文字、音乐喜剧、宗教及风俗习惯等方面对东南亚的影响，还从农业、工艺技术、语言文字、艺术、宗教等方面介绍了中国所吸收的东南亚文化的因素。在这漫长的相互交流关系历史中，读者可以看到中国文化对东南亚地区产生的广泛而深远的影响，也能看到中国从东南亚各国的当地文化中汲取的有益营养，看到双方文化在彼此交往的过程中借助各种渠道相互取长补短。

最后，作者简要分析了历史上中国与东南亚文化交流方面的一些显著特点，并对今后中国与东南亚在新的历史条件下交流关系的发展做出展望。

12. 世界汉语教育史

作者：张西平

出版社：商务印书馆

出版时间：2009 年 12 月

摘要：该书是以世界汉语教育史为核心的教材。该教材系统地介绍了包括中国对外汉语教育史和国内少数民族双语教育史在内的世界上主要国家和地区汉语学习和汉语教育的历史，总结了世界上主要汉学家和语言学家的汉语研究成果，分析了汉语作为目的语进行教学的特点、规律和方法，为当今世界范围内的汉语教学活动以及汉语教学研究提供了学术和历史的支撑。通过该教材的学习，学生可以了解世界范围内不同时期、不同地区汉语教学的历史概貌，认识对外汉语教学的学科性质和特点，提高教学的个性化和国别化意识，创造性地开展教学活动。

该书共12章，提供了大量而丰富的史料。第一章导论主要讨论了该书的研究对象、研究方法以及研究意义。第二章至第六章按照时间的脉络，分别介绍了明清以前、明清时期、近代、现代以及当代中国对外汉语教育的历史发展情况，史实丰富。第七章至第十二章从国别出发，分别论述了朝鲜半岛、日本、东南亚、西欧、东欧和北欧、美洲和大洋洲等6个国家和地区的对外汉语教育发展史，涉及面广阔。总而言之，该书是一本关于中国及世界汉语教育发展历程的通史性教材。

13. 汉语国际传播：新加坡视角

作者：吴英成

出版社：商务印书馆

出版时间：2010年1月

摘要：该书从新加坡视角讨论国际汉语教学，主要涉及四大方面的问题：新加坡华语作为汉语的一个重要变体具有哪些特色；在汉语全球化的浪潮中新加坡应扮演怎样的角色；新加坡主流华语教学中存在哪些问题；针对已有问题，新加坡华文教学界应该如何应变。

新加坡是一个汇聚东西方文化的国家，这里华语教学所面对的问题对中国的对外汉语教学和欧美地区的汉语作为第二语言/外语教学都有一定的借鉴意义。该书认为，汉字的特征使得中华文化得以传承和延续，但是，这一特征也使得汉语不易全球化。举例而言，日本、韩国和越南长期以来深受中华文化的影响，但是，日语、韩语和越南语仍然需要一套语音系统来辅助汉字，以适应这些语言中更复杂的语法体系。该书分4章。第一章“汉语变体研究”主要分析新加坡华语的历史渊源及特色，并介绍新加坡区域语言政策的演变，比较中国大陆、中国台湾、新加坡的语言教育、语言政策和汉语变体。第二章“汉语全球化与新加坡华语的定位”主要论述了在中国崛起、汉语全球化的大背景下，全球三大汉语同心圈（“中原”区、海外华人区、外语区）内的国际汉语教学现状及汉语国际传播所遇到的阻力，在此基础上新加坡的经验和新加坡华语在世界汉语教学中的定位。第三章“多语环境下的新加坡华语教学的微观研究”则具体从偏误研究、汉字教学、词汇教学、语法教学四个方面细致讨论目前新加坡华语教学研究的一些成果。第四章“华语教学‘新’策略”基于新加坡三次教学改革的经验，反思其过程和结果，介绍了新加坡华语课程的框架调整以及华英双语并用的独特华语教学法，并通过调查测试的方式研究华语作为第二语言的阅读策略，提出阅读理解的新教学建议，最后还介绍了新加坡双语小学华文数字教材的制作，讨论信息科技在华语教学中的应用。

14. 华文教育心理学

作者：连榕等

出版社：教育科学出版社

出版时间：2010 年 8 月

摘要：该书共分 10 章，根据教育心理学的研究体系，将当代心理学的原理与方法、新研究与新理论和华文教育融合起来，形成了华文教育心理学学科的新体系。其中第一章到第九章主要是华文学习心理和教学心理的内容，第十章是近年来作者所做的部分实证研究报告。书中对华文教育心理学做如下定义：华文教育心理学是华文教育与教育心理学紧密结合的产物，是专门研究海外华人把汉语，特别是汉语作为外语或第二语言学习过程中所发生的学与教的心理现象及其变化和发展规律的学科，是教育心理学的一个分支。

该书第一章主要做概念界定，论述了华文教育、教育心理学和华文教育心理学三门学科及其关系，介绍了华文教育心理学的发展历程；第二章详细介绍了华文学习相关理论，包括行为主义学习论、认知主义学习论、建构主义学习论和人本主义学习论；第三章论述了华校学生的心理，包括华文学习动机、华文学习策略、华文学习风格、华文学习迁移、华文学习的智力因素和非智力因素；第四章从不同教学内容和课型出发，分析了华文拼音教学心理、华文识字教学心理、华文写字教学心理、华文听力教学心理、华文口语教学心理、华文阅读教学心理和华文写作教学心理；第五章主要研究华文教师心理，包括角色心理、成长心理、职业心理和心理健康问题；第六章是关于华文课堂管理心理的研究，包括教学设计、教学策略、组织心理、行为管理、华文课堂与信息技术的整合；第七章提出了华校学生心理健康的重要性，包括心理健康概述、心理健康的标准、心理健康教育的途径和方法以及常见心理问题的成因与调适；第八章论述了华文教学环境的营造，包括语言环境、学生群体与同伴关系以及师生交往和师生关系；第九章论述了华文学习结果的评价，包括评价的基本概念、测验的种类和编制、试题形式、标准化测验 4 节；第十章是该书的特色章节，是针对 10 所东南亚华校的教育心理学实证研究，分别是菲律宾华文教师心理，菲律宾华校学生的语言态度，菲律宾华校学生学习心理，菲律宾华文教师对学生问题行为的认知，菲律宾华校学生的心理健康，马来西亚华文教师的专业化发展，东南亚华文学校幼儿教师的专业化发展，马来西亚学生自尊、学习自我效能与心理健康的关系研究，印度尼西亚华文教师主观幸福感、职业倦怠、职业承诺的现状及其关系，以及雅加达华文教师教学效能与职业承诺的相关分析。全书理论与实践结合，对华语文教学具有非常重要的参考价值。

15. 华语文数位教学

作者：林金锡、连育仁

出版社：新学林出版股份有限公司

出版时间：2010 年 3 月

摘要：该书是一本从理论与实务两方面双轨并进地介绍如何进行华语文数位教学的书籍，是一本研究计算机辅助语言教学的著作。其写作目的是让读者快速认识华语文数位教学的本质、效益及其发展性，并让教师备课更加顺利、教学更有弹性。该书分为理论与实务两大部分，理论部分包含总论、华语教师之数位能力与多媒体教学之理论等内容；实务部分按照媒体类型来分类，包含文字、图片、声音、影片、Moodle 与华语数位教学懒人包等内容。作者还提供了一份供教学者参考的学习该书的课程纲要，以求学习该书的华文教师能够制作个人的“数位教学档案”（digital portfolio）。

该书指出，“由于华语文教学教育者学习者遍布于海内外、程度不一、母语相异等特殊性，数位学习无国界、学习者自主等特质刚好符合华语文教学的需求，许多网站、华语学习工具及华语文教学软件纷纷抢进市场，掀起一波华语文与数位结合的潮流。”作者经由研究及实证发现，认为“无论是在传统教室里进行的面对面教学，亦或是透过网路进行的同步或非同步教学，都受益于数位教学科技的进步，在教与学的运用上更加多元，也都获得了不错的效果”，从而论证了数位对语言教学的实用性和促进作用。但同时，作者也提醒华语教师们“多媒体与华语教学并非仅止于华丽炫目而已”，而应该“提供反复练习的机会与适当的回馈，强化学习者的学习认知，协助其对课文、对话、字汇等教材内容重新编码，转化成内部表征，储存至长期记忆中”，肯定了数位技术能够“在多重感官学习方面，整合动画、图表、图形、影像、音效等视觉与视听元素，增加了学习者撷取资讯的管道”，并认为在网络时代下，掌握数位知识，是华文教师的如虎添翼的技能。

针对数位教学的实际操作，该书详细介绍了利用各种软件、网站为华语教学提供辅助手段的技能，如汉字转拼音、拼音调号输入、汉字字源及演变、姓名印章制作、汉字图像搜寻、生字练习本制作、笔顺动画和字源动画、发音呈现、语音合成、影片处理制作、字幕插入以及 Moodle 课程设计等计算机技能，是一本网络时代下数位技术辅助教学技巧的华语教师手册。

16. 全方位生活华语

作者：王晓钧、黄宝珊等

出版社：新学林出版股份有限公司

出版时间：2010 年 4 月

摘要：该书由美国西密歇根大学和台湾义守大学的专家共同编撰，是一套面向外国人的全方位日常华语学习教材，内容包括听、说、读、写技能训练，食、衣、住、行、文化知识与多样化的习题演练，是从生活实用角度出发编写的华语教材。教材分上下两册，每册约八课，包含内容如下：（1）课文（繁体字书写，附拼音和英文翻译）；（2）生词；（3）对话（根据课文主题设计的对话）；（4）语法（采用中英文解释语法项目，用 ADJ、O、N、NP 等缩略词代表语法成分，辅以例句说明）；（5）练习（包括词汇练习、完成对话、词语搭配等题型，每课都辅以真实的交际场景的照片以帮助运用当课语言知识）；（6）实用语料（多以生活中会出现的实用文本为例，如机场起飞时刻表、商店菜单、商场楼层商铺提示、火车票等，根据语料提问，引导学生思考回答，以在真实交际场景中融会运用，锻炼华语交际能力）；（7）汉字笔顺（包括简繁体字的笔顺和书写格）。书后还有附录部分，附有语法词类略语表、简体版课文与对话、单字索引、听力理解等内容。

该教材有以下特点。（1）语言和文化结合，知识输入与技能培养兼重。该教材避免了文化内容介绍的晦涩难懂，以介绍文化的课文部分引出真实相关的交际场景和交谈内容的对话部分，以对话部分帮助理解相关华语文化。（2）繁体为主，兼顾简体，考虑到学习效率和学习目标的多样性。每课课文和对话为繁体，但在附录部分有简体版课文，且每课课后的汉字笔顺部分均列出了繁体字和简体字的笔顺。（3）听说读写四项语言技能综合训练，每课有阅读课文、有锻炼口语的对话、有填空练习和汉字笔顺练习、有实用语料的问题回答、有听力练习，是一本综合性教材。（4）基于真实语料和真实交际场景的设计，具有很强的实用性。总的来说，该套教材是面向具有初级华语基础，希望了解中华文化的外国华语学习者的实用华语教材。

17. 全球华语新词语词典

作者：邹嘉彦、游汝杰

出版社：商务印书馆

出版时间：2010 年 9 月

摘要：该词典以巨型语料库（LIVAC）为基础编写，收录 2000 年以后产生或流行的华语各地新词 1600 多条。所收条目精选自 LIVAC 语料库所见近 2 万条新词，以语料库的量化资料为基础，说明新词在各地区使用情况的差异，对绝大多数新词有背景知识介绍并附外来词原文，其大部分例句取自语料库所见各地华语的当代报刊，适合中等文化程度读者使用。该词典按词目音序编纂，并附录词目英译索引、粤语拼音索引、注音字母索引、词目笔画索引，以便查考。

编者编写该词典旨在调查、记录、了解和比较研究不同地域的汉语新词。编者认为，中华语文及其背后的中华文化历史悠久、千姿百态，所涉及的地域辽阔、人口众多。因为受不同文化背景和政治实体的影响，加上长期较少交流，渐渐形成了各具特色的华语文。而近三十年以来，随着社会的发展，经济和文化中心格局的变迁，特别是中国大陆实行改革开放政策后，在不同地区使用的汉语书面语，尤其是词汇又有了新的特色。调查、记录、了解和比较研究不同地域的汉语，无论从实用的角度还是从社会语言学的角度来看，都是很有意义的。

该词典与过去出版的新词词典相比主要有以下特色：（1）编纂手段科学，以语料库语言学以及配套的电脑语料库为基础；（2）收词新，收录各地区 2000 年以后产生或流行的新词；（3）研究实证化，量化分析新词使用情况的地区差异；（4）对新词有背景知识的介绍；（5）例句取自语料库所见华语区五地的当代报章。

18. 泰国华人社会：历史的分析

作者：施坚雅

出版社：厦门大学出版社

出版时间：2010 年 9 月

摘要：本书的内容共分 9 章。第一章介绍了古代的暹罗华人；第二章介绍了 1917 年以前暹罗的中国移民及其人口增长；第三章主要介绍了拉玛五世时期华人在泰国经济中的地位；第四章讨论了拉玛三世至五世时期的暹罗华人社会；第五章论述了泰国华人社会向民族主义和团结的过渡；第六章探讨移民的流入和流出；第七至九章分别介绍了 1938 年前、第二次世界大战期间和 1948 ~ 1956 年，泰国社会的华人生活。

该书第四章、第五章、第七章和第九章较多涉及泰国的华文教育问题。早期泰国华文教育主要在华人的传统私塾进行。20 世纪的头 10 年中，教授中文的教会学校蓬勃发展起来，西式的中文学校针对“迅速取得实际知识”的要求，不断地建立起来。由于民族主义和革命热情的高涨，新的学校教育更为兴隆。新民学校成为华人社会支持的第一间学校。至 1925 年，此类学校在全暹罗已发展到 48 所。华文教育在此期间发展比较迅速。泰国华文教育真正严重的困难，发生在 1932 年革命之后。泰国政府认为，为了使所有儿童成为国家的有用公民，他们应该接受泰式教育，对华校的监督突然变得非常严厉和强硬。泰国政府的限制措施使华校必须更大程度地依赖当地出生的华人教师和泰人教师。1955 年以后，泰国政府对有关华人教育的政策出现了和缓的征兆，如同意批准中华总商会在原中华中学旧址开办一所中学。但是轻微的放松不能使奄奄一息的泰国华人教育复苏起来。泰国华文教育发展依然长途漫漫。

19. 数位华语发音

作者：叶德明、陈庆华

出版社：正中书局股份有限公司

出版时间：2010 年 11 月

摘要：该书是专为外籍华语语音学习者撰写的，以现代语言学理论为基础，应用语音学的对比分析方法，进行华语语音的“教”与“学”。同时采用数位学习的方法，为学习者提供在电脑上充分练习的作业，以达到预期的学习效果。该书以注音符号与汉语拼音为主、国际音标为辅说明音值。

该书按照外籍人士学习华语的难点编排，将声调、韵母、声母、拼音、语调、语音变化按顺序分为上、下两篇及教学篇。上篇共 17 课，注重语音结构，声调与上声变调，韵母的种类与发音原则，儿化韵、韵尾及练习，声母的发音部位及发音方法，声调在合词中的变调，连音变化，合词断词、停顿、轻重音，语气语调、一字多音等基础语音内容与练习。下篇及教学篇共 5 课，延展至语言实际表达及各种语言形式变化，包括绕口令练习、诗歌吟咏、散文朗读、演讲、社会语言差异的探讨、各国学生语音上之难点与校正方法及练习。书后还附加注音、汉语拼音、IPA 对照表、全书名词索引、多媒体光碟等资料。

该书采用中英对照方式，以便第二语言学习者阅读，所有的例词、例句都附有汉语拼音。每课都以浅显易懂的叙述方式，详细解说华语发音的基本结构及各个声母和韵母的发音方式，内容附有大量的例词、例句及插画，以期让学习者能够“即学即说即懂”。

20. 国家建构与民族认同：马来西亚华文大专院校之探讨（1965－2005）

作者：曹淑瑶

出版社：厦门大学出版社

出版时间：2010 年

摘要：该著作分为 7 章，分别介绍了战后初期马来西亚地区的华文教育、柔佛新山的南方学院、吉隆坡的新纪元学院和槟城的韩江学院。

在第二章中，该书介绍了战后初期华文教育的复兴与南洋大学的设立，指出二战以前，马来西亚地区的绝大多数华文学校仅是小学阶段的教育。大战结束后，在主客观情势都相当有利的情形下，各地华校不但纷纷复校，且数目急速增加，规模扩展迅速。马来西亚地区的华文教育长久以来存在一个根本性的问题——它不是一个完整的教育体系，而是依附在原乡教育的脉络之下，仰赖原乡教材、师资，以及中小学毕业生升学管道的提供。该著作在第三章介绍了马来西亚一所筹而未建的独立大学，包括筹设缘由、论争、运动、诉讼案等内容。第四章介绍了柔佛新山的南方学院，包括宽柔专科班的设立、南方学院的设立、南方学院的学制与课程规划。第五章介绍了吉隆坡的新纪元学院，包括董总与新世纪学院的设立、新纪元学院的组织架构、新纪元学院的课程规划与教学研究、新纪元学院的校园文化。第六章介绍了槟城的韩江学院，包括韩江中学的新闻专修班、韩江学院的设立及课程规划、韩江学院的国际教育合作、校园文化及发展策略。

21. 全球华语词典

作者：李宇明

出版社：商务印书馆

出版时间：2010 年 5 月

摘要：《全球华语词典》是一部描写性的词典，其中记录了世界不同地区有特色的词语和词义，将某些词语在各地的不同说法加以对照。该词典是不同华人社区学者的共同成果，每个编写组都由中国大陆和当地学者共同组成，编委和顾问来自不同的华人社区。

该词典收录了 20 世纪 80 年代以来世界各华人社区常用的华语词汇约 10000 条。华人社区主要包括中国大陆（内地）、中国的香港和澳门、中国台湾、新加坡、马来西亚、泰国、印度尼西亚等地，此外还有日本、澳大利亚、美国、加拿大等地区。该词典主要收录 20 世纪 80 年代以来各华人社区常见的特有词语，所使用的汉字以中国大陆、新加坡、马来西亚等通行的为标准，尽量考虑其他华人社区的用字习惯。该词典依据普通话的读音注音，原则上采用分词连写的方式。在释义方面，该词典释义行文尽可能使用现代汉语的通用词语，一般不用特有词语或文言，且所列条目都标注词类。在用例方面，所收词语一般配有用例，用例不标出处。此外，该词典设立“知识窗”，内容包括词语的背景知识以及跟词语有关的需要特别提示的信息等。在附录部分，该词典包括了汉语拼音方案、词目字形差异对照、华语国名差异对照、华语各国首都名称差异对照。词典还列有词目首字音序索引和词目首字笔画索引，可供查检。

22. 东盟华文教育

作者：蔡昌卓

出版社：广西师范大学出版社

出版时间：2010 年 11 月

摘要：该书以华文教育发展为例，用清晰的时间阶段展现论述了文莱、柬埔寨、印度尼西亚、老挝、马来西亚、缅甸、菲律宾、新加坡、泰国、越南 10 个东盟国家的华文教育发展史。作者指出，东盟各国的华文教育都经历了荆棘坎坷和起起落落，都曾受到世界局势以及本国政治的影响和冲击。世界范围内的战争、各国意识形态的不同是影响和阻碍华文教育发展的两大因素。作者回顾历史，分析现状，对东盟各国的华文教育做了定位，各国的国情决定了其在发展华文教育方面有自己的特色和存在的问题。作者通过对各国华文教育现状、教育政策以及海内外相关机构的交流与合作等方面广泛而深入的研究，展望了华文教育的发展趋势和前景。

该书强调了研究东盟华文教育史的重要性，并提出了研究方向和方法。书中指出，及时研究东盟各国华文教育历史，对不同时代华文教育情况进行梳理和总结，分析华文教育起伏根源，深刻吸取过去的教训，把握发展脉络，结合当地实际情况，探索新的途径，找到切实可行的办法，对华文教育健康持续发展将起到积极有效的作用，以更好地促进中国跟东盟各国的交流与合作，不断增进各国人民的友谊。

23. 越南华侨史

作者：徐善福、林明华

出版社：广东高等教育出版社

出版时间：2011 年 1 月

摘要：该书共分为 6 章，包括绪论、郡县时期的人员迁移、古代越南华侨史、近代越南华侨史、现代越南华侨史以及越南华侨对祖国的贡献。

该书第四章第六节集中介绍了越南华侨文化教育事业。作者认为法属时期的越南华侨教育大体上可分为 3 个阶段：1907 年以前为第一阶段，私塾阶段；1907 年至 1930 年为第二阶段，新式学校兴起的阶段；1930 年以后为第三阶段，发展阶段。

第二阶段的越南华侨教育呈现两大特点。一是侨校先从越南南部开始兴办，然后发展到北方和中部；先由大都市带头，接着向各省会、县城逐步蔓延；先有帮会开办的公立学校，尔后陆陆续续出现各类私立学校；先是男女分校而学，之后才实行男女合校。二是新学堂与旧私塾同时并存。在华侨人口稠密、经济较为发达的城市，新学堂方兴未艾，而居住人口分散、经济发展滞后的乡镇，旧私塾仍呈历久未衰之势。作者还指出，各地侨校的办学经费来源，一是由华侨帮会筹借，当地侨领、华商或商会捐助；二是靠收缴学费。各侨校学制均沿用国内小学的六年制，教材主要采用国内中华书局、商务印书馆出版的通用课本，师资多数从国内聘请，也就地录用合格人才，许多学校都以方言授课。

第三阶段是近代越南华侨教育的发展阶段。1931 年暨南中学和中国公学 2 所中学的创办，是越南华侨教育向中学阶段发展的标志。越南华侨教育事业的发展，与中国政府对海外华侨教育的重视不无关系。在旅越华侨文化事业的发展历程中，华侨报刊的问世与发行具有十分重要的意义。1938 年创刊的《全民日报》是当时最具影响的侨报。在宗教信仰方面，近代以前，旅越华侨主要信奉儒、道、佛及与之融合的原籍地民间信仰，各帮会会馆是早期旅越华侨从事祭祀、以之为信仰宣示形式的重要场所。

24. 缅甸语言问题研究

作者：蔡向阳

出版社：中国出版集团世界图书出版公司

出版时间：2011 年 5 月

摘要：该书是一本研究缅甸语言问题的论文集，内容涵盖语音、词汇、语法、翻译等几大部分，分析了缅甸语这一汉藏语系的重要语支代表的语言特点，并基于此探讨缅甸语的综合运用问题。其最大特色是很多文章通过古代保留下来的用表音文字记录的缅甸文，研究其历时变化发展历程，追溯其语源，同时也做了很多共时语言本体研究，补充了一些缅甸语研究的空白，为进一步深入系统建立缅甸语研究体系添砖加瓦。

该书编者蔡向阳先生是一位缅甸语教师。他指出，现代语言学越来越重视语言共性和个性的研究，语言共性的研究有赖于单一语言的深入探究。语言由不同的要素组成，由于语言各要素的特点不同，采取的研究方法也会不同。随着新的研究成果不断涌现，对缅甸语语言事实的研究视野不断扩大，研究领域向多维拓展，语言比较、文体、修辞、翻译、语言与文化等也被纳入研究的范围。作者还认为，语言的研究不可能是孤立的，而是需要多种社会人文科学的综合研究才能更加清楚语言发展的内在规律。

由于缅甸本国的学术研究欠发达，研究时能参考的成果十分有限，但该书研究者们在研究时引进了现代语言学的先进方法和理论，全面提升了对缅甸语各类语言事实研究的水准。

25. 汉语流传欧洲史

作者：卡萨齐、莎丽达

出版社：学林出版社

出版时间：2011 年 8 月

摘要：该书主要讲述了汉语的对外传播在欧洲大陆所刻下的种种印记。该书按照历史脉络梳理了汉语在欧洲的传播史及其相应的地位变化。商周秦汉王朝在征服异族、统一国家、拓展疆域的过程中，必然伴随汉语的推广和汉文化的传播。魏晋至唐宋不仅是中国社会架构转型的重要时期，也是中华文化主体生成的关键阶段，在广纳外来语言和文化的同时，中国也向世界展示了本土语言文化的非凡魅力和持久张力。由于国力鼎盛、文化强势，这一时期的汉语传播力度无疑十分强劲。据史料记载，唐代居留中国的蕃民、胡商和胡奴不仅数量庞大，而且种族繁杂，这些人是当时学习汉语、使用汉语、传播汉语的生力军。不过，当时的汉语传播尽管声势赫赫，但以今天的眼光来看，波及范围并不广，主要限于东亚、东南亚、中亚和西亚地区。这个时期的汉语对外传播只是一种单纯的语言传习，几乎看不到当时域外人士进行汉语分析的资料。同时，史料显示，汉魏六朝的佛经译者大多是胡僧，但他们对梵语的特点往往津津乐道，而对汉语的特点则有点漠然置之。汉语在欧洲的传播就由此开始一步步发展。该书后面部分更详细介绍了欧洲人研究汉语的各类历史著作，为汉语欧洲传播的历史研究提供了丰富资源，也为汉语本身研究提供了一个欧洲角度。

《汉语流传欧洲史》的出版填补了汉语在欧洲传播、发展的历史研究空白。任何对汉语流传欧洲的历史状况感兴趣的人，都可以借助这部资料翔实、条理清楚、分析细致的著作。该书不仅可以帮助人们更全面地了解欧洲学者在汉语研究领域的不懈探索和成就，同时也能够促使人们更理性地对待欧洲语言学和中国语言学之间的密切关系。

26. 华文教育心理学

作者：唐燕儿

出版社：广东高等教育出版社

出版时间：2011 年 8 月

摘要：该书是一本面向高等学校华文教育本科专业及汉语国际教育专业学生的基础教材，也可作为心理学、教育学、汉语言学等邻近专业学生与教师的培训资料，适用于华文教育工作者、对外汉语教师、汉语学习者、第二语言学习者以及对华文教育心理学有兴趣的广大读者。在内容上，该书除了对理论方面进行系统、深入浅出的介绍，还注重列举实例，以便学习者学以致用。著作开篇采用讲故事的方法，以提高学生对这门课程的学习兴趣。实践证明，这样的安排确实起到了较好地提高学生学习兴趣的作用。本课程的大多数学习者将进入教师行列，而且他们的主要教育对象是青少年及儿童，该书在第二章介绍华文学习者心理发展及其理论的内容中，特别增加了有关儿童语言发展心理的有关内容。

该书共分10章，第一章绪论部分由8个不同背景的汉语学习者和教授者的故事引入，展开华文教育心理学的学科建构，论述其基本概念，包括定义、对象、内容范围和任务等，并阐述了华文教育心理学的发展、同邻近学科的关系以及研究方法和学习方法。第二章主要从华文学习者的角度论述其心理发展及相关理论，包括概念特点和动力、条件理论、阶段理论以及儿童语言发展心理。第三章介绍了华文学习的主要理论，包括行为主义学习理论、认知主义学习理论和建构主义学习理论。第四章定义了华文学习的基本概念、作用和类别，并论述了华文学习者学习的准备过程和有效条件，以及学习与其他事物的关系。第五章、第六章分别讨论了影响华文学习的因素和影响华文教学的因素，前者包括学习的迁移、年龄与性别、智力与语言学能、动力和态度、性格与风格五个主要因素；后者包括正式课堂教学与集体活力、社会与环境、教学媒介的选用、教学效果情况分析四个主要因素。第七章主要论述了华文知识传授与应用，定义了知识，概述了知识的理解、保持和运用。第八章和第九章重点研究华文学习者的学习心理和华文教师心理，前者从华裔学生学习心理、文化差异与文化背景、成功的华文学习者心理特点、如何成为优秀华文学习者4个角度论述；后者从教师的职责及职业的角色特征、华文教师的知识结构与能力结构、如何培养优秀华文教师3个方面论述。第十章是关于华文教学评定问题的探讨。在各个章节的编写中，作者一直注重实用性，尽可能地列举实例，帮助学生理解。在附录中还提供了每一章的思考与练习及参考答案，供学习者巩固学习并进行自我考核。

27. 2009年海外华侨华人概述

作者：王望波、庄国土

出版社：世界知识出版社

出版时间：2011年8月

摘要：该著作共分8章，介绍了2009年海外华侨华人的人口、社团、参选参政、经济事业、文教科技等方面的内容。

该书第六章第三节集中讨论了华文教育与汉语热。编者指出，华侨华人长期以来克服种种困难在各国兴办华文教育，在传播中华文化、帮助当地民众了解中国、增进民间友好、促进中外经济文化交流等方面发挥着越来越大的作用。在近年来海外华文教育发展较为顺利的欧洲，华校规模逐渐扩大，学生人数不断增多。中国经济实力的快速提升和未来发展的巨大潜力使中文受到欧洲各国政府的高度重视。不少欧洲国家已基本形成了“分布较为合理、形式较为多样”的汉语教学格局。

国务院侨办多年来采取提供师资培训、举办海外华人华侨子女夏令营、编写发放教材、优先扶持海外师范学校等措施，促进海外华文教育发展。为了满足世界人民学习、了解中华文化的需要，国务院侨办加强海外华文教材编写和师资培训工作。随着中国经济社会的发展和国际地位的日益提高，随着中国与世界各国经济文化联系的日益密切，随着国际社会对中国经济持续发展的看好和对中国的关注度日益提升，全球汉语热近年来不断升温。泰国政府决定在中小学开设汉语课，5 年内实现 30% 的高中生学习汉语的目标。世界范围内“汉语热”的持续升温，也造就了一批通晓汉语的非华人群体，他们也成为各国华文媒体的“非母语”受众。如何更好、更有效地服务于非母语受众，这也是海外华文媒体进一步发展所面临的新课题。

28. 新加坡华文及文学教学

作者：陈志锐

出版社：浙江大学出版社

出版时间：2011 年 12 月

摘要：该书收录了 8 篇论文，探讨在新加坡极其复杂的第二语言的语境中，华文教学的新策略与华文文学的教学法。

全书共分为两大部分，第一部分是“重找切入点、横切面、磨合处：新加坡华文作为第二语文的教学”，第二部分是“跨领域、综合性、开放式：新加坡教学语境中的文学教学”。第一部分具体包括 3 篇文章。第一篇文章《华文作为第二语言——新加坡的复杂语境以及华文二语教学》，作者指出新加坡“语言实验室”的特点：在新加坡独特、复杂的语境中，教室里同时拥有多种不同背景的华文学习者是极其普遍的现象。“新加坡语言实验室”的独特性不仅体现于其整体的语言环境，也体现在每一个语文学习者身上。正因为如此，新加坡的教育制度、课程框架、教材与教学法等，都必须注意每一个学习者的差异，特别是把华文作为第二语言的学习者的独特性和差异性。作者尝试从二语的理论、新加坡的教学方法与特色等多角度来看其语言环境和应对策略，提出华文作为第二语言的教学必须是多样化的，而且必须有高度的针对性，以符合现今新加坡不断嬗变的社会语言背景和华文教学环境。第二篇文章《新加坡小学课本中的单元式教材在华文作为第二语文教学上的适用性和实用性》，作者重点探讨了两个有关新加坡华文单元模式教材的问题，针对小学课本的单元式设计进行文本的研究，探讨其编制和设计是否适用于新加坡特定语境中的华文第二语文教学，并通过对小学华文教师的调查和面谈进一步审视此单元教材在课堂中应用的情形，指出此教材在运用时的具体困难，提出相应的解决建议。第三篇文章《与创造力的奇迹对话——从英国的夏山学校看创造力的启发及其对新加坡华文作为第二语文教学的启发》，从英国的夏山学校看创造力的启发及其对新加坡华文作为第二语文教学的启发。第二部分包括5篇文章，主要内容是：以网络科技教材进行文言文教学的设计与实践；以多媒体资源教授中英文、中英文学及文化课程；以老舍《茶馆》为例的现代戏剧教学的实践和初探；1965年后“新加坡电影”的双语影评与电影在华文教学中的应用；新加坡高中文学批评的教学与实践。

29. 华文教学法

作者：陕西师范大学国际汉学院

出版社：陕西师范大学出版总社有限公司

出版时间：2011年11月

摘要：该书主要介绍华语作为第二语言教学与习得的基础理论和方法。其目标不仅在于增进教学知识，更重要的是提高教学技能，因此特别强调学习的实践性和应用性，需要通过课堂观摩、试讲、交流等方式，把教学法的理论和实践化作华文教师的实际教学能力。

全书共分4章，第一章是华文教育概况及其基本理论，包括华文教育的概况、基础学科、第二语言教学法流派和华文教学中学习主体分析。作者指出，目前华文教育师资队伍存在这样一些问题：师资匮乏，师资水平有限、理论修养薄弱，教师队伍不稳定、流动性大，教师职业化程度不一、存在“专业上的业余教师，教学上的业余工作”现象；教师个人情况的参差不齐也决定教学动机、方法、手段、效果的不同；队伍结构不合理，性别、年龄分布不均等。第二章“华文要素教学法”中介绍了4种教学法，分别为语音教学法、汉字教学法、词汇教学法和语法教学法。语音教学法中包括声母教学、韵母教学、声调教学。汉字教学法中作者介绍了汉字教学的原则、方法以及汉字不同阶段及类型的教学技巧。在词汇教学法的部分，作者介绍了词汇教学的原则、生词的展示、词语的释义、词语的练习。语法教学法部分，作者主要介绍的是语法教学的原则、方法、课堂活动及教学技巧。作者在第三章“华文言语技能教学法”中，从原则、内容和方法3个方面介绍了听力技能的训练、口语技能的训练、阅读教学以及写作技能的训练。第四章“课堂教学技能与实践”中，作者从教学准备、课堂教学以及测试3个方面分别进行了论述。其中，教学准备包括教材分析、教案设计以及教具准备，课堂教学部分包括导入、讲解、提问、巩固、板书。在测试部分，该书介绍了测试的目的、内容、分类、原则以及设计的步骤之后，指出测试是华文教学的重要环节，在华文教学中有着非常重要的作用，华文教师应当充分重视测试。

30. 华语语音及教学

作者：钟荣富

出版社：正中书局股份有限公司

出版时间：2011 年 12 月

摘要：该书是世界华语文教育学会董鹏程先生策划的《对外华语文教学研究丛书》中的一本。作者认为“语音是学习第二语言或外语的第一步，任何学习语言的人都必须先学会语音，才能步入语法或句法的学习。想成为华语教师，不但要具备语音知识，更需要了解语音的教学原理、相关研究及教学实务应用技巧”。该书是一本帮助华语教师“不是语音学家亦能提升华语语音教学”的师资培训教材性书籍，为“有心从事华语教学的工作者提供教学之前应有的参考和准备”。基于此写作目的，该书表达精简，所举例证也以实用为经，以深入浅出为纬，避免了语音学中复杂的理论陈述和抽象用语。全书主体部分是华语语音本体的分析、诠释等，只在最后一章简短地讨论语音教学，是一本华语语音本体理论知识型书籍。

该书共分 6 章。第一章是华语语音的入门基础背景，包括“华语”的界定、语音的本质、汉语的音节结构、注音符号与汉语拼音等基础知识。第二章到第五章分别介绍了华语的辅音、韵母结构、声调、儿化韵等语音知识。其中，第二章“华语的辅音”论述了辅音与元音的差别、辅音与声母以及辅音的分类等内容；第三章“华语的韵母结构”介绍了元音的概念、华语中的双元音与三合元音、元音与韵尾、圆唇元音及其相关结构等内容；第四章“华语的声调”介绍了声调与重音、变调、轻声与三声变调、“一七八不”的变调等内容，其中对变调这一部分论述得十分详细，涉及音节数目与变调、姓名与变调、速度与三声变调等内容；第五章则简要介绍了华语的“儿化韵”这一语音现象，说明了儿化韵的作用以及其他音节合并现象和韵尾延展现象；第六章是华语语音教学实践的部分，提出了 4 个议题，即语音学与语音教学的关系、音标符号与语音教学之间的关系、语音识别与发音、语音教学的要项，并认为“语音是学习第二语言或外语的第一步，任何学习语言的人都必须先学会语音，才能步入语法或句法的学习”。作者还指出，“在整个第二语言或外语的语言教学环境或架构之中，语音教学其实并没有受到应有的重视，若与语法教学比较，更可说语音教学是广受漠视的一项”，强调了语音教学的重要性及其被忽视的现状。

31. 华语研究录

作者：郭熙

出版社：商务印书馆

出版时间：2012 年 4 月

摘要：该书收录了作者近年来探索华语及华语教学问题的成果，包括《论“华语”》《论华语研究》《从华语到华语研究》《从华语视角下的语言规划到华语规划论》《从华语的探源到对华文教学性质的认识》《从母语到第一语言、第一语文概念的梳理》《多元语言文化背景下母语维持的若干问题：新加坡个案》《马来西亚：多语言多文化背景下官方语言的推行与华语的拼争》《马来西亚槟城华人社会的语言生活》《马来西亚华语教学》《答马来西亚〈星洲日报〉记者问》《论海外华文教学的性质和地位》《华文教育专业建设之我见》《关于华文教学当地化的若干问题》《海外华人社会中汉语（华语）教学的若干问题——以新加坡为例》《配合现状的双语华文教学》《新加坡华文教学的再思考》《华文教学要从实际出发》《海外华语教学研究的现状与展望》《海外华语传播与〈中国语言生活状况报告〉》《海外华语传播概况》等近 30 篇文章。作者被海外华人对母语教育孜孜追求的精神所感动，被海外华人社会的语言资源富矿所吸引，被华语研究的广阔前景和不断出现的成果所激励，其对华语、华语教学、华文教育等问题的全方位、多角度、众领域研究汇集在该书之中，为正在走向成熟的华语研究打下了基础。

附：2004～2011 年华文教育主要著作

2004～2011 年华文教育主要著作

序号	书名	作者	出版社	出版年份
1	小学基础华文：课本（五年级，第 5 卷，第 2 部分）	新加坡教育部课程规划与发展署	新加坡：泛太平洋出版社	2004
2	现代华语概论	徐杰　等	美国：八方文化创作室	2004
3	华语揣台语：实用华台语词汇对照	白聆	台南县：王家出版社	2005
4	基础华语	周健　等	北京：北京大学出版社	2005
5	快乐幼儿华语	大华风采有限公司	北京：北京语言文化大学出版社	2005
6	东南亚华文报纸研究	彭伟步	北京：社会科学文献出版社	2005
7	“三个代表”重要思想与侨校高等教育创新	蒋述卓	广州：暨南大学出版社	2005
8	横滨山手中华学校百年校志	横滨山手中华学校百年校志编辑委员会	日本：横滨山手中华学园	2005

续表

序号	书名	作者	出版社	出版年份
9	海外华人的社会变革与商业成长	颜清湟	厦门：厦门大学出版社	2005
10	第三届印度尼西亚华文教育研讨会论文集	印度尼西亚雅加达华文教育协调机构	雅加达：印度尼西亚雅加达华文教育协调机构	2005
11	学语致用——李光耀华语学习心得	蔡志礼	新加坡：世界科技出版公司	2005
12	日本华侨·留学生运动史	日本华侨华人研究会	日本侨报社	2006
13	厦门大学海外教育学院海外华文教育研究系列·海外教育五十年	黄鸣奋	厦门：厦门大学出版社	2006
14	厦门大学海外教育学院海外华文教育研究系列·HSK（初中等）应试指导	黄鸣奋	厦门：厦门大学出版社	2006
15	实践导向的华语文教育研究	宋如瑜	台北：秀威资讯科技股份有限公司	2006
16	初级标准华语	宋燕坤	北京：北京语言大学出版社	2006
17	教师专业成长与学生高效学习——以密集华语课程建构为例	方淑华	台北：师大书苑有限公司	2006
18	华文教学概论	郭熙	北京：商务印书馆	2007
19	海外华文教育	孙浩良	上海：上海人民出版社	2007
20	海外华文教育纵览（东南亚卷）	孙健	广州：暨南大学出版社	2007
21	马来西亚华文教育发展简史	郑良树	北京：外语教学与研究出版社	2007
22	轻松学中文	马亚敏、李欣颖	北京：北京语言大学出版社	2007
23	理论、实践与反思：新加坡华文教学论文十三篇	陈之权、张连航	新加坡：南洋理工大学国立教育学院中文系	2007
24	新意中文	陈健	北京：北京语言大学出版社	2007
25	嘻哈说唱学汉语系列	卢毓文	北京：北京语言大学出版社	2007
26	初级标准华语	韩解况　等	北京：北京语言大学出版社	2007
27	华语语法活动小锦囊	宋如瑜	台北：秀威资讯科技股份有限公司	2007
28	21世纪华语新词语词典	邹嘉彦　等	上海：复旦大学出版社	2007
29	基础华语（第一册）——印度尼西亚学生用书	周健	北京：北京大学出版社	2007
30	实用生活华语不打烊	杨琇惠	台北：五南图书出版股份有限公司	2007
31	电脑化华语发音测验与教学	张小芬、古鸿炎	台北：心理出版社股份有限公司	2007
32	印度尼西亚华文教育发展史	黄昆章	北京：外语教学与研究出版社	2007
33	全球化环境下的华语文与华语文教学	周清海	新加坡：新加坡青年书局	2007

续表

序号	书名	作者	出版社	出版年份
34	全球化与本土化：东南亚华文教育发展策略研究	陈荣岚	厦门：厦门大学出版社	2007
35	槟榔屿华人史图录	陈剑虹	槟城：Areca Book	2007
36	印度尼西亚初级华语课本（第一册）繁体版	宋如瑜、黄两万　等	台北：秀威资讯科技股份有限公司	2007
37	菲律宾华文教育综合年鉴（1995－2004）	Wang Hongzhong	马尼拉：菲律宾华教中心出版部	2008
38	中文听说读写（第三版）	Liu Yuehua，Yao Taochung	波士顿：剑桥出版社	2008
39	新版实用视听华语课本	王淑美	台北：正中书局股份有限公司	2008
40	务实的决策：新加坡政府华语文政策研究	吴元华	北京：当代世界出版社	2008
41	华语师资认证系列·华语口语与表达	黄声仪、易元培	台北：新学林出版股份有限公司	2008
42	华语	陈荣岚	北京：教育科学出版社	2008
43	华语师资认证秘笈	王增光	台北：新学林出版股份有限公司	2008
44	华语文教学导论	何淑贞　等	台北：三民书局股份有限公司	2008
45	海外汉语四百年管窥	姚小平	北京：外语研究与教学出版社	2008
46	实用华语教学系列·华语电脑辅助教学	齐玉先	台北：新学林出版股份有限公司	2008
47	实用华语教学系列·华语语音资料库及数位学习应用	曾金金	台北：新学林出版股份有限公司	2008
48	实用华语教学系列·华语语文能力	蔡蓉芝	台北：新学林出版股份有限公司	2008
49	2008 第一届华语文教学国际研讨会暨工作坊论文集	铭传大学华语文教学学系	台北：文鹤出版有限公司	2008
50	实用华语文教学导论	张金兰	台北：文光图书有限公司	2008
51	台湾华语	光濑宪子	东京：情报センター出版局	2008
52	打电话（外国人学华语——100堂中文课 01）	朱荣智　等	台北：新学林出版股份有限公司	2008
53	在餐厅（外国人学华语——100堂中文课 02）	朱荣智　等	台北：新学林出版股份有限公司	2008
54	邮局与银行（外国人学华语——100 堂中文课 03）	朱荣智　等	台北：新学林出版股份有限公司	2008
55	在医院（外国人学华语——100堂中文课 04）	朱荣智　等	台北：新学林出版股份有限公司	2008
56	去逛街（外国人学华语——100堂中文课 05）	朱荣智　等	台北：新学林出版股份有限公司	2009

续表

序号	书名	作者	出版社	出版年份
57	谈生意（外国人学华语——100堂中文课06）	朱荣智　等	台北：新学林出版股份有限公司	2009
58	租房子（外国人学华语——100堂中文课07）	朱荣智　等	台北：新学林出版股份有限公司	2009
59	搭捷运（外国人学华语——100堂中文课08）	朱荣智　等	台北：新学林出版股份有限公司	2009
60	休闲娱乐（外国人学华语——100堂中文课09）	朱荣智　等	台北：新学林出版股份有限公司	2009
61	去旅行（外国人学华语——100堂中文课10）	朱荣智　等	台北：新学林出版股份有限公司	2009
62	华人社会与文化——社会风俗篇	苏慧霜	台北：新学林出版股份有限公司	2009
63	华语语音学	陈秋燕主编	台北：正中书局股份有限公司	2009
64	华语正音练习	台中教育大学	台北：五南图书出版股份有限公司	2009
65	对外华语文教学研究丛书·华语教学研究方法与论文写作	何德华	台北：正中书局股份有限公司	2009
66	对外华语文教学研究丛书·华语文教材分级研制原理之建构	蔡雅薰	台北：正中书局股份有限公司	2009
67	对外华语文教学研究丛书·对比分析与华语教学	钟荣富	台北：正中书局股份有限公司	2009
68	春暖侨校	横滨山手中华学校，横滨华侨总会	横滨华侨总会	2009
69	实用华语教学系列·实用华语文教学概论	朱荣智　等	台北：新学林出版股份有限公司	2009
70	实用华语教学系列·实用华语语音学	张正男	台北：新学林出版股份有限公司	2009
71	百年侨校	黄海娟　等	北京：中国华侨出版社	2009
72	华文教学研究	彭俊	广州：暨南大学出版社	2009
73	实用生活华语——认识华人文化（高级）	杨琇惠	台北：五南图书出版股份有限公司	2009
74	汉字理论与教学	宋建华	台北：新学林出版股份有限公司	2009
75	百年侨刊	姚婷　等	北京：中国华侨出版社	2009
76	世界汉语教育史	张西平	北京：商务印书馆	2009
77	实用华语文教材教法	张金兰	台北：文光图书有限公司	2009
78	中国文化在东南亚	杨保筠	郑州：大象出版社	2009
79	汉学研究与华语文教学	戴维扬、于金龙	台北：万卷楼图书股份有限公司	2009
80	变动中的语言	周清海	新加坡：玲子传媒私人有限公司	2009
81	语言学与华语二语教学	吴伟平、李兆麟	香港：香港大学出版社	2009

续表

序号	书名	作者	出版社	出版年份
82	学华语实用资料表册	华叶、何生	台北：华语文基础教学研究社	2009
83	数位华语发音	叶德明、陈应华	台北：正中书局股份有限公司	2010
84	小学基础华文课本五年级（上册）	新加坡教育部课程规划与发展司小学华文课程组	新加坡：教育出版社	2009
85	华文社会与文化讲义	黄茗冠	台北：新学林出版股份有限公司	2009
86	小学华文（教学用书·五年级·第1卷）	新加坡教育部课程规划与发展司	新加坡：教育出版社	2009
87	世界华文教育发展研究	张向前	北京：中国言实出版社	2009
88	全球华语新词语词典	邹嘉彦、游汝杰	北京：商务印书馆	2010
89	华语教学系所课程大纲汇编	信世昌	台北：文鹤出版有限公司	2010
90	华语文教学研究	江惜美	台北：新学林出版股份有限公司	2010
91	实用华语教学系列·华语文教学讲义	舒兆民	台北：新学林出版股份有限公司	2010
92	华文教育心理学	连榕	北京：教育科学出版社	2010
93	全方位生活华语	王晓钧、黄宝珊	台北：新学林出版股份有限公司	2010
94	世界华侨华人研究（第3辑）	刘泽彭	桂林：广西师范大学出版社	2010
95	东盟华文教育	蔡昌卓	桂林：广西师范大学出版社	2010
96	美洲华语	许笑浓	北京：北京大学出版社	2010
97	实用华语教学系列·数位科技运用于华语文教学之研究	舒兆民	台北：新学林出版股份有限公司	2010
98	全球华语词典	李宇明	北京：商务印书馆	2010
99	海外华侨·南洋篇	巫乐华	北京：中国国际广播出版社	2010
100	华人社会与文化（华语师资认证系列）	刘瑞琳	台北：新学林出版股份有限公司	2010
101	中国的华侨·美洲	陆国俊	北京：中国国际广播出版社	2010
102	华语教学语法	何淑贞、王锦慧	台北：文鹤出版有限公司	2010
103	泰国华人社会：历史的分析	施坚雅	厦门：厦门大学出版社	2010
104	探讨影响华语聆听能力的因素	何子煌	新加坡：新加坡青年书局	2010
105	互动与创新：多维视野下的华侨华人研究	刘泽彭	桂林：广西师范大学出版社	2010
106	华语与文化之多元观点	严翼相	台北：文鹤出版有限公司	2010
107	读写学中文（一）	王慧娟　等	台北：新学林出版股份有限公司	2010
108	读写学中文（二）	王慧娟　等	台北：新学林出版股份有限公司	2011
109	华文教育心理学	唐燕儿	广州：广东高等教育出版社	2011
110	华文教育社会心理学	宋兴川	福州：福建教育出版社	2011

续表

序号	书名	作者	出版社	出版年份
111	政府的教育政策对砂拉越华文教育发展的影响	杨佳佳（Yeo Chia Chia）	马来西亚：砂拉越华族文化协会	2011
112	300 句说华语	杨琇惠	台北：五南图书出版股份有限公司	2011
113	华语趣味成语	杨琇惠	台北：五南图书出版股份有限公司	2011
114	华语文教学方法论	周庆华	台北：新学林出版股份有限公司	2011
115	多媒体华语教学	郑琇仁、宋如瑜	新北：正中书局股份有限公司	2011
116	2011 华语文科际整合学术研讨会论文集	钱奕华　等	苗栗：联合大学华语文学系	2011
117	华语教学专辑·对外华语师资培训	李希奇	台北：文鹤出版有限公司	2011
118	华语教学专辑·对外华语课程设计	叶德明	台北：文鹤出版有限公司	2011
119	华语教学专辑·对外华语教材研发	林秀惠	台北：文鹤出版有限公司	2011
120	五百字说华语（中印尼文版）	刘纪华	侨务委员会	2011
121	新加坡华文及文学教学	陈志锐	杭州：浙江大学出版社	2011
122	大题小做——新加坡华文课程与教学论文集	陈之权	南京：南京大学出版社	2011
123	教育资讯技术在华文教学上的应用：21 世纪的环球观点	陈之权	南京：南京大学出版社	2011
124	德育古鉴	清·史洁珵（玉涵）	北京：中国水利水电出版社	2011
125	汉语流传欧洲史	卡萨齐、莎丽达	上海：学林出版社	2011
126	华文教学法	陈学超	西安：陕西师范大学出版社	2011
127	缅甸语言问题研究	蔡向阳	广州：世界图书出版广东有限公司	2011
128	越南华侨史	徐善福、林明华	广州：广东高等教育出版社	2011
129	华语语音及教学	钟荣富	台北：正中书局股份有限公司	2011
130	华侨史	朱杰勤	桂林：广西师范大学出版社	2011
131	南洋华侨与闽粤社会	陈达	北京：商务印书馆	2011
132	马新史学 80 年——从“南洋研究”到“华人研究”（1930－2009）	廖文辉	上海：上海三联书店	2011
133	菲律宾华语课本·综合练习	沈文、刘永山	北京：北京语言大学出版社	2004
134	菲律宾华语课本·阅读课本.17	沈文、刘永山	北京：北京语言大学出版社	2005
135	菲律宾华语课本·阅读课本.18	沈文、刘永山	北京：北京语言大学出版社	2006
136	菲律宾华语课本·阅读课本.19	沈文、刘永山	北京：北京语言大学出版社	2007

第六部分

华教天地

一　华文教育基地

随着中国经济的快速发展，汉语热、中华文化热在全球范围内持续升温，海外华侨华人社会对发展华文教育的呼声也越来越高。应海外华社的需求，中国国务院侨务办公室从2000年开始在国内一些省市遴选了多所实力雄厚、条件较好的大专院校，作为开展海外华文教育的基地，以期更好地利用社会资源做好新时期的海外华文教育工作。国务院侨务办公室华文教育基地的主要任务是承担海外华文教育教材的研究、编写工作；招收培养海外华侨华人子弟；接待海外华裔青少年夏（冬）令营团队；为海外各级各类华校培训教师，并根据需要选派教师到海外华校任教，开展海外华文教育的理论研究等。十余年的实践证明，华文教育基地的建立，不仅提高了华文教育工作的社会化程度，还有效弥补了国务院侨务办公室人力不足、专业资源有限的缺憾，有力地支持了海外华文教育的发展。

（一）华文教育基地名录

表6－1　华文教育基地名录

序号	基地院校名称	所在省（自治区/直辖市）	所在城市
1	暨南大学#	广东省	广州市
2	华侨大学#	福建省	泉州市/厦门市
3	北京华文学院#	北京市	北京市
4	广西华侨学校#	广西壮族自治区	南宁市
5	昆明华文学校#	云南省	昆明市
6	安徽大学	安徽省	合肥市
7	安徽师范大学	安徽省	芜湖市
8	东北师范大学	吉林省	长春市

续表

序号	基地院校名称	所在省（自治区/直辖市）	所在城市
9	海南大学*	海南省	海口市
10	海南师范大学	海南省	海口市
11	河南大学	河南省	开封市
12	湖南师范大学#	湖南省	长沙市
13	华东师范大学#	上海市	上海市
14	华中师范大学*	湖北省	武汉市
15	九江学院	江西省	九江市
16	辽宁师范大学*	辽宁省	大连市
17	南京师范大学	江苏省	南京市
18	青岛大学*	山东省	青岛市
19	山西大学	山西省	太原市
20	陕西师范大学*	陕西省	西安市
21	上海师范大学*	上海市	上海市
22	四川大学*	四川省	成都市
23	泰山学院	山东省	泰安市
24	天津大学*	天津市	天津市
25	温州大学*	浙江省	温州市
26	西北师范大学	甘肃省	兰州市
27	厦门大学#	福建省	厦门市
28	延边大学	吉林省	延吉市
29	浙江大学*	浙江省	杭州市
30	郑州大学	河南省	郑州市
31	重庆师范大学	重庆市	重庆市
32	北京海淀进修实验学校	北京市	北京市
33	成都树德中学	四川省	成都市
34	重庆市暨华中学#	重庆市	重庆市
35	哈尔滨外语学校	黑龙江省	哈尔滨市
36	杭州学军中学	浙江省	杭州市
37	河南省实验中学	河南省	郑州市
38	山东泰安艺术学校	山东省	泰安市
39	深圳耀华学校	广东省	深圳市
40	温州市少年艺术学校#	浙江省	温州市
41	温州体育运动学校	浙江省	温州市
42	张家口市第六中学	河北省	张家口市

注：带＊号者为本年鉴重点介绍基地；带#号者为《世界华文教育年鉴（2013）》重点介绍基地。

（二）华文教育基地院校风采

1. 海南大学（海口）

海南大学是海南省唯一一所综合性大学和省属重点大学，位于海南省省会海口市，濒临琼州海峡，毗连大海，占地200公顷；校园环境优雅、景色宜人，是学生求学、老师从事教学科研的好地方。2000年4月，海南大学被中国国务院侨务办公室批准为海外华文教育基地。

1996年9月，海南大学对外汉语教学中心成立，成为教育部指定的招收外国留学生的教学单位。自成立以来，接收了全球30多个国家和地区的数千名留学生，积累了丰富的对外汉语教学经验。2006年6月，海南大学正式成立了以对外汉语教学和留学生教育为基础的新型学院——国际文化交流学院，专门负责全校外国留学生的招生、学籍管理和对外汉语教学工作。学院配备专职人员对留学生进行全方位的管理和服务；设有对外汉语教育系，配有从事对外汉语教学的专职教师，要求他们持有国家汉办颁发的对外汉语教师资格证书，教学经验丰富；负责教学管理以及科研工作，重点开展对外汉语教学以及汉语言文学和中国文化的教学与研究工作。

国际文化交流学院是海南大学国际化的一个重要标志。为了增进中国人民同世界各国人民之间的友谊，促进彼此间的文化与科技交流，学院招收世界各地的各类留学生，包括长、短期汉语进修生，各个专业的本科生、研究生；开设零起点的汉语班、初级班、中级班、高级班。除汉语言课外，还针对留学生的兴趣爱好，开设中国历史、国画、书法、武术（太极拳）、京剧艺术欣赏、HSK考试辅导等选修课。

国际文化交流学院抓住对外汉语教学及留学生教育快速发展的大好机遇，进一步拓宽办学渠道，采用“走出去”“请进来”两种模式，努力与海外大学开展双边或多边合作。为了适应对外汉语教学和留学生教育事业蓬勃发展的新形势、新需求和新变化，该学院正瞄准国际水准，利用海南省的地理优势和学校的办学优势，努力创建面向留学生教育的一流专业，成为来华留学生进修汉语语言和文化的首选基地，努力成为海南大学学院建设的优质品牌。

2. 华中师范大学（武汉）

华中师范大学创办于1903年，是中国教育部直属重点综合性师范大学，国家“211工程”重点建设的大学，中国最早接受外国来华留学生的高等院校之一，具备接收中国政府奖学金留学生的资格，同时也是中国国务院侨务办公室批准的首批“华文教育基地”之一，湖北省汉语国际推广工作研究基地。

华中师范大学国际文化交流学院是华中师范大学所属的二级学院，是从事来华留学生（包括本科生、硕士研究生、博士研究生）招生、管理以及对外汉语教学、科研的专门学院。该学院拥有一批高水平且多数具有海外汉语教学经验的对外汉语教师队伍。多年来，在师资培训、专业设置、教材教法、培养方式上积极探索，开拓创新，形成了一套行之有效的教学模式。如在课程设置上，学院除了为留学生开设汉语听、说、读、写等基础语言课程外，还开设了中国概况、中国文化、中国历史、中国经济、书法、太极拳等选修课和专题讲座；在短期培训上，学院全年开设 1 周到 8 周的“中国语言和传统文化短期班”，采取语言教学、文化讲座和参观考察相结合的形式，使留学生不仅学习中国语言，还能亲身感受中国悠久的历史和文化；在课后辅导上，学院还针对学生的特殊情况和特别要求，采取“一对一”的个别教学方式。学院不仅开设多种类型的汉语学习课程，而且在汉语言本科、硕士和博士研究生学历教育方面形成了完整的格局。其灵活的教学方式、丰富的教学内容和精湛的教学水平，深受留学生的欢迎。

华中师范大学国际文化交流学院积极开展广泛深入的国际交流与合作，不断探索新的国际合作办学模式。每年吸收各国高校的交换学生到校学习；与外国教育机构合作举办各类短训班；和国外留学中介机构建立广泛联系，发展和扩大与国外教育机构的交流合作，为前来留学的团体和个人提供了优质高效的教学服务；积极和国外大学合作开办孔子学院和汉语培训点，加大汉语国际推广力度，架设沟通世界的桥梁，搭建交流语言的平台；每年派遣教师赴海外进行汉语教学或担任合作研究。

华中师范大学华文教育基地自建立以来，即广泛与海外华人华侨机构开展合作。该基地目前已与新加坡华文教师总会、马来西亚华校董事联合总会、泰国华文教师公会等华文教育组织建立了良好的合作关系，为其华文教师提供高层次培训和学位教育。华文教育基地还积极开展海外华人华侨夏令营活动，已开办了多期夏令营和汉语短期班。

3. 辽宁师范大学（大连）

辽宁师范大学是一所省属重点大学，始建于 1951 年 8 月，初建时为师范专科学校，是新中国诞生后首批建立的高等师范院校之一。1953 年，更名大连师范专科学校；1958 年 7 月扩建为大连师范学院；1960 年更名为辽宁师范学院；1983 年 12 月更名为辽宁师范大学。

辽宁师范大学国际教育学院是辽宁师范大学专门接收、培养外国留学生和华侨学生的对外汉语及华文教育机构，是中国国家教育部批准接收外国留学生的定点单位之一，是国务院侨务办公室首批确定的全国22个华文教育基地之一，是中国汉语水平考试（HSK）考点之一。国际教育学院在办学中坚持“让汉语走向世界，用汉语架起友谊桥梁”的理念，自1985年以来，先后接收和培养了来自20多个国家和地区的10000余名来华留学生和华侨学生。很多留学生学成之后，凭着他们较高的汉语水平和文化知识，找到了理想的工作，有些人已经成为所在国知名的汉学家、教授、外交官或事业有成的企业家。目前在校留学生来自10多个国家共600多人，其中有硕士研究生8人、本科生70多人、汉语言研修生500多人。经过20多年的发展，国际教育学院从原来单一的汉语言培训，发展到现在已经有了汉语言本科专业（分汉语言文化和商贸汉语两个方向），同时还招收教育、心理、中文、法律、体育、历史、旅游、艺术等60多个专业的本科生和硕士研究生，构架起一个多专业、多学科、多层次的来华留学生教育体系。

辽宁师范大学华文教育基地自成立以来，已经先后承办了海外华裔青少年“中国寻根之旅”夏令营、冬令营和舞蹈春令营；并承担了多次海外华文教师培训任务，如“华文教育·校长研习”泰国班等。2011年，该基地还与中国国务院侨务办公室、加拿大多伦多教育局联合举办“加拿大多伦多市华文教师汉语言本科学历培训班”，旨在提高多伦多地区华文教师的汉语教学水平。

4. 青岛大学（青岛）

青岛大学是山东省重点建设的综合性大学，位于美丽的海滨城市青岛。青岛大学于1993年由原青岛大学、青岛医学院、山东纺织工学院和青岛师范专科学校合并组建而成。4所学校在办学历程中积淀了丰厚的文化底蕴，汇聚成了青岛大学的办学传统，为新的发展打下了坚实基础。

2006年国务院侨务办公室青岛大学“华文教育基地”正式揭牌。该基地主要承担海外华文教育教材的研究、开发工作；招收、培养海外华侨华人子女学习中国语言文化；接待海外华裔青少年夏（冬）令营团队；为海外各类华文学校培训教师，并根据需要选派教师到海外华文学校任教；开展海外华文教育的理论研究等。

青岛大学华文教育基地拥有一支专业素养深厚、教学经验丰富的华文教学团队。教师们均为硕士、博士或在读博士，且是华文教育方面多有建树的专家和学者。教师团队汉语言文学素养高，精通文化学、心理学、教育学和语言教学理论，在中外语言文化交流方面具有丰富的经验，掌握了科学的对外汉语教学技巧，对山东青岛等地域文化具有丰富的认识，是学校华文教育的坚强后盾。青岛大学华文教育基地在教学管理方面实行“因需施教，人文关怀”的总原则，一方面遵循华文教学的客观规律，安排高素质的教师担任各科目的教学工作，运用“科学、简单、高效”的教学方法，指导学生提高汉语能力和中华文化修养；另一方面，根据学生的各种需要开设特色课程，如影视汉语、传媒汉语、文化汉语、HSK 考前指导，以及绘画、剪纸、流行歌曲、烹调技艺等民俗文化课程。无论是基础课程，还是特色课程，都以内容丰富、题材广泛、时代感强、语词适用、图文并茂、生动有趣为特征。

5. 陕西师范大学（西安）

陕西师范大学创建于 1944 年，是教育部直属师范大学、国家“211 工程”重点建设学校，是国家培养高等院校、中等学校师资和教育管理干部的重要基地。学校位于西安，被誉为西北地区“教师的摇篮”。该校自 1965 年起就开始了留学生教育事业，已先后与 40 多个国家的 70 所高等院校及文化机构建立了友好合作关系。

2007 年 6 月 4 日，国务院侨务办公室批准该校为“国务院侨务办公室华文教育基地”，这是中国西北地区首个华文教育基地。该基地依托国际汉学院而建设。国际汉学院位于西安的南北中轴线长安路上，东邻大雁塔，南依曲江池，校园绿荫覆盖，环境优美。国际汉学院担负着陕西师范大学培养学习汉语和中国文化的各国留学生的教学任务，同时还承担培训国外汉语教学师资的任务。国际汉学院现设留学生教育系、对外汉语教学系、中国学系、海外汉语教师培训中心以及国际汉学研究所，是国家汉办指定的西北地区“国家对外汉语教师资格证书”考点。自 20 世纪 60 年代以来，国际汉学院共培养 3000 余名留学生，积累了丰富的对外汉语教学和管理经验。经过几十年的发展，目前学院已形成了一支 60 余人、专兼职相结合的教师队伍。专职教师中 95% 已经获得由国家汉办颁发的对外汉语教师资格证书。国际汉学院在教育和管理方面独具特色，在课程设置、学籍注册、班级选择等方面都相当灵活。学院开设了常年课程班、普通汉语预科班、寒暑期强化班等，在教学时间长度、班级规模、教材选择、课程设计、教学进度方面都本着因材施教、因地制宜的原则，以更好地满足不同层次学生的需求。

基地自成立后，充分利用国际汉学院在对外汉语教学和研究方面积蓄的实力，同时积极发挥该校在人文社会科学方面的综合优势，积极挖掘基地在传统文化与地源方面的优势，形成特色，塑造品牌，承担国家委托的海外华文教师培训任务，开展华文教育教材的研制工作，接待华裔青少年夏（冬）令营团队，选派教师赴国外推广汉语，开展海外华文教育理论研究等任务。

6. 上海师范大学（上海）

上海师范大学是上海市重点大学，是上海地方大学中一所以本科层次教育为主要任务、以应用型人才培养为主要目标、文科见长并具有师范特色的综合性大学。上海师范大学是上海市最早开展留学生汉语教育的学校，并于 2004 年 2 月在国际文化交流学院的基础上整合有关力量组建了对外汉语学院。对外汉语学院是一个集留学生教育、对外汉语专业本科生教育、语言学及应用语言学专业硕博士教育于一体，教学与科研并重的教学科研单位。该学院是国家汉语水平考试的考点，是国务院侨务办公室的华文教育基地（与华东师范大学联合申办），是国家汉考委 HSK（旅游）的研发单位，设有 HSK（旅游）研发办公室，拥有上海市重点学科——对外汉语。

上海师范大学对外汉语学院是国务院侨务办公室的华文教育基地，自成立以来先后承办了一系列活动，为海内外培养了大批华文教学与研究人才，教学质量和服务质量受到国务院侨务办公室和上海市侨办的肯定。2008 年承办了“东南亚华文教师研修班”，并与上海市政府侨办、市教委、华东师范大学联合举办了“首届上海华文教育研讨会”；2009 年举办了为期 4 周的第 4 期汉语教师培训班，旨在鼓励有志在海外从事中文教学者到中国学习，迎合全美的学中文热潮及帮助缓解美国中文师资短缺的问题，合格者能取得 12 个汉语核心硕士课程的学分，可用于申请中文教师执照。2010 年 7 月，该院顺利完成了“加拿大华文教师培训班”的任务；2011 年承担了“国务院侨务办公室海外华文教师和华文学校校长”的培训任务。此外，为了提升马来西亚的华文教育素质，培育更多的华文师资，该基地与马来西亚留华同学会在马来西亚开办中文系学士课程，全部课程需时 4 年，课程采用面授及函授相结合的方式进行。

7. 四川大学（成都）

四川大学地处中国历史文化名城、“天府之国”——成都，是教育部直属重点大学，是国家“985 工程”和“211 工程”重点建设的高水平研究型综合大学。四川大学在长期的办学历程中形成了深厚的人文底蕴、扎实的办学基础和以校训——“海纳百川，有容乃大”、校风——“严谨、勤奋、求是、创新”为核心的川大精神。

四川大学华文教育基地于 2009 年由国务院侨务办公室批准设立，同时也是四川省首批华文教育基地之一。该基地设在历史悠久、实力雄厚的文学与新闻学院。四川大学文学与新闻学院是该校文科教学和科研实力最雄厚的学院，所属中国语言文学、新闻传播学、艺术学理论三个一级学科，在第二轮、第三轮教育部全国高校学科评估中均排名全国第五。学院建立和完善了与国内外专家、同行进行学术交流的机制，每年举办国际、国内学术会议，密切跟踪国际、国内学术的前沿动态。到目前为止，主办了中国古典文献学、国际比较文学、中国俗文化研究、中国饮食文化、新闻传播等国际学术研讨会及汉语史研究、中外文论研究学术研讨会等多个国内重要学术会议；

同时，与美国、加拿大、英国、荷兰、日本、韩国、新加坡以及中国台湾、香港等地10余所著名高校建立了学术交流、互访讲学、合作研究的双向合作交流关系。

自成立以来，四川大学华文教育基地组织、承办了一系列华文教育培训活动。2010年承办印尼幼儿华文教师培训班以及海外华裔青少年“中国寻根之旅”夏令营四川营；2011年举办马来西亚华校校长培训班；2012年先后成功举办第十四期海外华裔青年企业家中国经济高级研修班、海外华裔青少年“中国巴蜀文化行”金帝夏令营、“英国兰开夏大学孔子学院——四川大学学术国际交流营”等活动；2013年承办“华文教育·教师研习”欧美班，对来自美国、英国、德国、西班牙等9个国家的30名华校校长和教师进行了培训。2013年四川大学文学与新闻学院在四川大学附属小学举行结对挂牌仪式，川大附小成为该学院的华文教育实践基地，为学院的留学生提供学习交流和教育实践的平台。

8. 天津大学（天津）

天津大学是教育部直属国家重点大学，其前身为北洋大学，始建于1895年。1959年被中共中央、国务院首批指定为国家重点大学，也是中国首批进入“211工程”“985工程”的高校之一。

2001年“国务院侨务办公室华文教育基地”在天津大学国际教育学院揭牌，成为全国首批华文教育基地之一，由国际教育学院具体负责华文教育工作，承担海外华文教育教材的研究、开发工作，招收、培养海外华侨华人子弟，同时为海外各级各类华校培训教师，并开展海外华文教育的理论研究等。

天津大学国际教育学院成立于2000年1月，其主要职能和任务是：统筹全校外国留学生的招生和教学管理、生活管理以及社会管理工作，承担留学生的汉语教学任务。学院传承着天津大学在100多年的办学历程中形成的优良传统与学风，依托天津大学雄厚的办学实力与资源，发挥在长期探索与实践中积累的留学生教育经验，使天津大学的留学生规模不断扩大，办学水平与质量明显提高，吸引了越来越多的留学生来校学习。目前，天津大学的留学生教育已形成多种类、多层次的格局，不仅有长、短期不同的语言进修生、汉语速成生，而且还有进入各专业学习的本科生、硕士生、博士生。留学生的国别也发生了显著的变化，由改革开放初期的10余个国家，发展到目前42个国家。

10余年来，该基地在国务院侨务办公室和天津市侨办领导的关心指导下，围绕着“为侨服务”的工作宗旨，急侨所急，想侨所想，需侨所需，圆满完成了华文教师培训及夏令营等各项任务，先后承办了由中国华文教育基金会组织的“海外红烛故乡行”泰国嘉宾团在“基地”的访学活动，承办了泰国、菲律宾华文教师培训班，组织海外华裔青少年“中国寻根之旅”夏令营（天津营），承办了“国务院侨务办公室马来西亚华文教师培训班”和国务院侨务办公室的“华文教育·校长研习”马来西亚班。

9. 浙江大学（杭州）

浙江大学是一所具有悠久历史的全国重点大学，是首批进入国家“211 工程”和“985 工程”建设的重点大学之一。

浙江大学国际教育学院是浙江大学专门负责招收和管理外国留学生、进行中国语言和文化教育的学院，总部在杭州玉泉校区，其他校区设直属留学生管理部，是国务院侨务办公室华文教育基地单位。学院从 1979 年起开始恢复对外招生，迄今已有 25000 余名外国留学生完成学业。学院开设长短期汉语和中国文化进修课程，已开设汉语言本科专业（经贸、旅游管理方向）；设有中国汉语水平考试（HSK）考点，承办每年 4 月、6 月和 11 月举行的 HSK 考试，在该学院进修汉语的大部分外国留学生在历次 HSK 考试中都取得了优良成绩。学院还为团体学员开办汉语言和中国文化、中国经济贸易、中国工商管理及琴棋书画等各类短期进修班，每年有 800 多名短期留学生到校学习。

学院积极开拓境外汉语教学合作项目，已接受国家汉语国际推广办公室的委托在澳大利亚西澳大学、美国罗得岛大学和日本立命馆亚洲太平洋大学参与建设孔子学院；学院与世界上最大的金融托管服务公司美国道富银行共同在美国波士顿设立了中国文化中心，定期派遣教师为道富银行员工进行汉语培训；学院还与研究生院和人文学院联合在马来西亚开办了中国语言文化的硕士研究生班。

10. 温州大学（温州）

温州大学是一所地方综合性大学。该校文化底蕴深厚，有着优良的办学传统，是国务院侨务办公室首批华文教育基地单位。

学校致力于通过多元化途径推广华文教育，注重科研与教学相结合，积极承办海外华裔青少年“中国寻根之旅”夏令营和海外华文教师汉语言文化知识培训班。学校自 2000 年首次承办海外华裔青少年“中国寻根之旅”夏令营以来，至今已有逾千名温州华裔青少年参加过此活动。从 2007 年起承担了 4 届分别由国务院侨办和浙江省侨办主办、温州市侨办承办的海外华文教师汉语言文化知识培训班的教学任务，向海外华校教师传授当前最先进的中国大陆语文教学的理论研究和发展方向、课堂教学的组织、教案准备和教学基本要点。课程采取互动式、案例式、参与式教学，通过观摩名师课堂教学、备课评课、课堂模拟教学等方式提高海外华文教师的教育教学能力。2012 年开始承办华裔青少年“中国寻根之旅”海外优秀华裔青年文化营，从营员的历史使命、时代要求和自身素养三方面进行培养和提升，成为温州侨界的一个品牌项目，受到温州海外华侨华人的普遍欢迎。

温州大学具备招收培养港澳台侨生资格，于 2011 年开始招收第一届华侨本科生，在国际合作学院开设国际经济与贸易和市场营销两个专业，引进美国、丹麦优质教育资源，采用中英双语授课，其中市场营销专业学生可获中丹双方学位，学生也可选择赴美留学“2 +2”“3 +1”项目。2013 年，学校斥资 100 万元，面向全球的华侨学生推出全额奖学金政策，为入读温州大学的华侨学生提供 20 个名额的全额奖学金。

二　华文教育示范学校

海外华文学校虽然数量众多、分布地域广泛，但是普遍存在发展水平不高、教学质量参差不齐等问题，直接制约着海外华文教育发展上水平、上层次。为了扭转这种局面，国务院侨务办公室于 2008 年启动海外华文教育示范学校建设工程，在华侨华人聚居国家遴选一批办学场所相对固定、办学水平较高、在当地较有影响并具有一定示范作用的华文学校，予以重点支持。希望通过发挥这些学校的示范带动作用，促进当地其他华校的发展进步，促进海外华文教育大发展。

首批示范学校的评选工作从 2008 年底启动，经过海外华校申报、中国驻外使领馆审核和抽样考察等多个环节，最终于 2009 年在众多候选学校中确定了 22 个国家的 58 所华校，成为首批“华文教育示范学校（单位）”。

建设海外华文教育示范学校是国务院侨务办公室为推动新时期海外华文教育发展而采取的一项新举措，在首批示范学校建设取得了一定成绩、积累了一些经验的基础上，本着“成熟一批，评选一批，建设一批，成功一批”的基本原则，国务院侨务办公室于 2011 年初再行启动第二批评选活动，经过学校自行申报、相关单位审核和主办单位审批等多个环节的严格遴选，在众多候选学校中确定了 15 个国家的 46 所作为第二批“华文教育示范学校（单位）”。“华文教育示范学校”的评选得到广大海外华校的热烈响应，2013 年又有 27 个国家的 88 所海外华文学校入选第三批“华文教育示范学校（单位）”。目前的“华文教育示范学校”总数已增至 192 所，覆盖五大洲 35 个国家。

从 2010 年起，国务院侨务办公室将在教材编写与提供、教师培训与培养和华裔学生活动等方面加大对示范学校的支持力度，同时还将做好牵线搭桥工作，帮助国内华文教育基地院校和示范学校建立合作帮扶关系，切实提高示范学校的办学水平。目前，示范学校的办学水平、办学规模和办学影响均得到了明显的提高。同时，通过发挥示范学校的榜样作用，还带动了当地其他华校提高办学水平，进一步促进了所在国家和地区的华文教育发展，受到了海外华校和广大师生的广泛赞誉。

（一）192 所国务院侨务办公室华文教育示范学校

表 6－2　2009 年首批“华文教育示范学校（单位）”入选名单（58 所）

国家	入选学校（单位）名称
菲律宾	1. 菲律宾中正学院*
	2. 菲律宾侨中学院#
	3. 宿务耶稣会圣心学校*
	4. 描戈大同中学
老挝	5. 万象寮都公学#
	6. 沙湾拿吉崇德学校*
	7. 百细华侨公学*
蒙古国	8. 旅蒙华侨友谊学校#
日本	9. 横滨山手中华学校*
	10. 神户中华同文学校#
泰国	11. 北榄公立培华学校*
	12. 国光慈善中学*
	13. 育华学校*
	14. 智民学校#
缅甸	15. 东方语言与商业中心
	16. 福星语言与电脑学苑#
	17. 福庆学校*
文莱	18. 文莱中华中学#
韩国	19. 汉城华侨小学#
	20. 韩国大邱华侨小学
奥地利	21. 维也纳中文学校#
	22. 维也纳中文教育中心*
丹麦	23. 丹麦华人总会中文学校#
	24. 美人鱼中华文化学校*
荷兰	25. 旅荷华侨总会乌特勒支中文学校#
	26. 安多芬中文学校*
西班牙	27. 马德里华侨华人中文学校#
英国	28. 伯明翰华联社中文学校*
	29. 伦敦普通话简体字学校#
	30. 华夏中文学校

续表

国家	入选学校（单位）名称
意大利	31. 意大利普拉托华人华侨联谊会中文学校*
	32. 米兰华侨中文学校#
加拿大	33. 蒙特利尔佳华学校#
	34. 亚省中文学校
	35. 侨文中文学校
	36. 湾景周六中文学校
	37. 温哥华北京中文学校*
美国	38. 希望中文学校#
	39. 南侨学校*
	40. 圣地亚哥华夏中文学校
	41. 尔湾中文学校
	42. 休斯敦华夏中文学校
	43. 亚特兰大现代中文学校*
	44. 华夏中文学校
	45. 希林亚裔社区中心
澳大利亚	46. 澳大利亚汉语国际推广中心#
	47. 南澳华联谊会中文学校
	48. 苗苗中文学校*
	49. 神州中文学校
新西兰	50. 基督城路易·艾黎中文学校#
	51. 奥克兰现代中文学校
毛里求斯	52. 新华学校#
巴西	53. 圣保罗华侨天主堂中文学校*
	54. 袁爱平中巴文化中心
苏里南	55. 广义堂中文学校#
法国	56. 法国华侨华人会中文学校#
	57. 法国潮州会馆中文学校*
	58. 法国欧洲时报文化中心中文学校

注：带＊号者为本年鉴重点介绍学校；带#号者为《世界华文教育年鉴（2013）》重点介绍学校。

表6－3　第二批“华文教育示范学校（单位）”入选名单（46所）

国家	入选学校（单位）名称
菲律宾	1. 菲律宾中西学院
	2. 菲律宾华教中心

续表

国家	入选学校（单位）名称
菲律宾	3. 怡朗新华学院
	4. 三宝颜中华中学
柬埔寨	5. 金边端华学校
	6. 崇正学校
	7. 福建会馆民生中学
缅甸	8. 缅甸东枝东华语言与电脑学校
	9. 缅北腊戍果文中学
泰国	10. 泰京培英学校
	11. 罗勇府公立光华学校
	12. 龙仔厝府三才公学
	13. 呵叻府磨艾县公立育侨学校
	14. 帕府中兴学校
	15. 泰南勿洞中华学校
澳大利亚	16. 悉尼大同中文学校（Ashfield）
	17. 丰华中文学校
	18. 雪梨中文学校
	19. 中华会馆黎明中文学校
阿根廷	20. 富兰克林中文学校
德国	21. 柏林华德中文学校
	22. 巴伐利亚中文中心学校
	23. 不来梅华威中文学校
	24. 汉堡汉华中文学校
	25. 斯图加特汉语学校
荷兰	26. 丹华文化教育中心
加拿大	27. 渥太华欣华中文学校
	28. 大温哥华中华文化中心李树坤书院 - 中文学校
	29. 卡尔加里育丰中文学校
美国	30. 哈维中文学校
	31. 美中实验学校
	32. 剑桥中国文化中心
	33. 瑞华中文学校
葡萄牙	34. 里斯本中文学校
瑞典	35. 瑞青中文学校
	36. 瑞京中文学校

续表

国家	入选学校（单位）名称
比利时	37. 布鲁塞尔中文学校
西班牙	38. 马德里爱华中文学校
	39. ESERP 孔子文化学校
	40. 中国文化学校
	41. 中加西友好学校
意大利	42. 基督教罗马中文学校
	43. 意大利佛罗伦萨中文学校
	44. 米兰第一中文学校
	45. 意大利金龙学校
	46. 罗马中华语言学校

表 6-4　第三批“华文教育示范学校（单位）”入选名单（88 所）

国家	入选学校（单位）名称
菲律宾	1. 罗申那同和中学暨附小
	2. 红奚礼示立人中学
	3. 菲律宾怡省毓侨中学
	4. 怡朗华商中学
	5. 宿务中华中学
	6. 碧瑶爱国中学
	7. 仙朝峨中华中学
韩国	8. 光州全南中国侨民学院中国华侨学校
柬埔寨	9. 公立广肇中学
	10. 暹粒中山中学
	11. 西哈努克省公立港华学校
	12. 立群学校
老挝	13. 老挝琅勃拉邦新华学校
缅甸	14. 缅甸仰光九龙堂天后华文补校
	15. 八莫佛经学校
	16. 曼沾勐稳学校
	17. 抹谷千佛寺学校
	18. 景栋中文培训中心
日本	19. 同源中国语学校
	20. 九州中国人学者技术人员联谊会附设习悦中文学校

续表

国家	入选学校（单位）名称
泰国	21. 曼谷培知公学
	22. 芭提雅明满学校
	23. 大城强华学校
	24. 网銮公立建华学校
	25. 清迈崇华新生华立学校
	26. 彭世洛醒民学校
	27. 清莱网攀公立中华学校
	28. 泰国坤敬公立华侨学校
	29. 乌汶华侨学校二
	30. 德教树强学校
	31. 泰国合艾陶华教育慈善中学
	32. 东盟普及泰华学校
爱尔兰	33. 爱尔兰华协会中文学校
波兰	34. 华沙汉语中心
	35. 华沙中文学校
比利时	36. 安特卫普中文学校
德国	37. 德国柏林益智中华文化学校
	38. 德国华达中文学校
	39. 汉园杜塞尔多夫中文学校
	40. 纽伦堡中文学校
法国	41. 法国语言文化国际交流协会附属精英中文学校
	42. 法国中华学校
捷克	43. 布拉格中华国际学校
挪威	44. 挪威中文学校
葡萄牙	45. 维拉贡德中文学校
瑞典	46. 斯德哥尔摩新星中文学校
	47. 哥德堡第一中文学校
瑞士	48. 日内瓦中文学校
西班牙	49. 塞维亚中文学校
	50. 巴萨罗那中国学校
英国	51. 英国共和协会中文学校
	52. 英国依岭中文学校
	53. 英国格林威治中文学校
	54. 苏格兰华夏中文学校
	55. 曼城侨联社华人子弟学校

续表

国家	入选学校（单位）名称
意大利	56. 米兰龙甲中文学校
哥斯达黎加	57. 中哥文化教育中心
加拿大	58. 蒙特利尔孔子学校
	59. 孟尝会中文学校
	60. 怀尔逊中文学校
	61. 侨道中文学校
美国	62. 特拉华州春晖中文学校
	63. 美洲中华中学校
	64. 美国夏威夷明伦学校
	65. 德克萨斯达拉斯现代语文学校
	66. 底特律中文学校
	67. 西北中文学校
	68. 克利夫兰当代中文学校
	69. 亚省现代中文学校
	70. 圣路易现代中文学校
	71. 长城中文学校
	72. 密歇根州新世纪中文学校
	73. 俄亥俄州现代中文学校
	74. 亚省希望中文学校
	75. 安华中文学校
	76. 大辛辛那提中文学校
牙买加	77. 牙买加中华会馆中文班
阿根廷	78. 阿根廷侨联中文学校
澳大利亚	79. 悉尼实验中文学校（原大同中文学校）
	80. 樱桃小溪华人协会中文学校
	81. 布里斯班中文学校
	82. 同心中文学校
	83. 亚洲语文学校
	84. 新金山中文学校
	85. 新金山文化学校
新西兰	86. 惠灵顿中文学校
	87. 新西兰华人社区服务中心文化学院
	88. 奥克兰华新中文学校

（二）海外华文教育示范学校风采

1. 菲律宾中正学院（菲律宾）

菲律宾中正学院位于马尼拉市，是一所由海外华人创办，菲律宾政府和中国政府都承认的高等教育学校。学校创建于 1939 年，由 Wong Chun Seng 先生创办，最初只有 273 名学生，所提供的也只有高中课程，经过近 70 年的发展，目前学校已经成为能提供幼儿园、中学、大学、研究生教育的集团式教育机构，在当地不论华人还是本地人中都有非常好的声誉。

菲律宾中正学院提供双语教学课程，即英语和中文均为学校的教学用语。学生必须掌握以上两种语言，否则将自动退学。此外，学校以中国古代“礼义廉耻”为指导精神，辅以“德智体群美”的现代精神，对学生的品质加以培养。目前学校提供的学位包括：信息管理学士学位、信息技术学士学位、会计学士学位、计算机科学学士学位、商业学士学位、教育学士学位，以及计算机教育硕士学位、教育学硕士学位和 MBA 学位。菲律宾中正学院多年来培养了许多菲律宾华人精英人才，其毕业生活跃于菲律宾全国政治、经济、贸易、金融、文化、体育等各个领域。

学校自成立以来，为菲律宾社会培养了众多人才，在推广华文教育方面做出了突出贡献，在菲律宾华人社会和全国都享有盛誉，已成为世界知名的海外华校。2005 年中国驻菲律宾大使吴红波应邀访问了菲律宾中正学院，受到了学院董事会、学院领导、中正校友总会负责人以及师生们的热情欢迎。这是吴红波大使首次以中国驻菲大使身份访问中正学院，具有特殊的意义。

2. 宿务耶稣会圣心学校（菲律宾）

耶稣会圣心学校坐落于菲律宾宿务市真马克西龙大道，是目前宿务地区规模最大的学校。2009 年该校被中国国务院侨务办公室评选为菲律宾 4 所“华文教育示范学校”之一。

该校的历史可以追溯到 1953 年，当时宿务市天主教华人团体的家长为了子女的教育向杨保禄神父提出建立一所学校。随后，耶稣会前中国传教士的负责人也向他提出建校的请求。圣若瑟学校的神父们更是慷慨地以其分校的名义使新学校获得合法地位。1955 年圣心学校建成一个独立的学校，1965 年 7 月 9 日圣心学校建成一所菲律宾人的学校，菲律宾教育局批准其在教授正规的学校课程之外教授中文和艺术。1998

年2月，圣心学校与马尼拉的光启学校以及怡朗的圣母学校一起被整合进耶稣会菲律宾会所属的阿黛奈奥网络系统。圣心学校起初一直是男校，1998年开始招收少量低年级女学生，自2000~2001学年开始全面招收女生，2006年送走首批女毕业生。自从男女同校之后，该校的学生人数迅速增长。2010年3月校董会决定将学校改名为"宿务亚典耀圣心学校"，隶属于菲律宾天主教耶稣会，是一所集幼儿部、小学部和中学部为一体的私立学校。2010年，宿务亚典耀圣心学校在校生约2600余人，学制是4+6+4，即幼儿园4年、小学6年、中学4年。每个班级每星期有4节华语课，每节课50分钟。学校中文教师以本地教师为主，接收少量中国志愿者作为汉语教师。

耶稣会圣心学校注重宗教和伦理教育、一流的学术教育及个人的素质培训。此外，该校也通过基督教教育，使学校的服务成为联系菲律宾人与菲律宾华人团体的一个桥梁。学校的宗旨是使其毕业生具有卓越的特质，即"基督徒的见证性，有效的公民，服务精神和先锋气质"。

3. 沙湾拿吉崇德学校（老挝）

崇德学校位于老挝沙湾拿吉省省会沙湾拿吉市，创建于1931年，参与初建的人员包括广东、福建、香港、澳门、台湾的侨社移民与一部分老师，1936年第一批小学生毕业。由于第二次世界大战爆发，学校停课避难十几年，于20世纪40年代末开始恢复办学，1967年创办初中一年级，1970年第一批初中生毕业。初中部开设至1982年，随后由于政治与资金方面的问题，崇德学校的初中部停办10年，1993年才再次开班至今。2007年8月开始创办高中部。学校至今共有560名学生，22名汉语老师，9名本地华侨教师。

沙湾拿吉华文学校的教学对象是华侨和非华侨学生。华侨无论出生在哪里，他们从小所受的教育和养成的生活习惯都受到居住国的影响，当然，由于或多或少受到家庭和华人社会的影响，他们对汉语也并非一无所知。他们有的会说一些汉语或方言，有的会写一些汉字，但是不具备汉语"听、说、读、写"的技能，更没有实际的交际能力。所以，他们要重新以学习第二语言的方式学习汉语。

4. 百细华侨公学（老挝）

百细华侨公学位于老挝占巴色省，创建于1929年，距今已有80余年的历史，其发展过程历经坎坷，经历了三个阶段。

第一阶段：创建之初至20世纪60年代的草创阶段。1929年，百细华侨刘天秀先生捐出一块地皮，在客家侨贤吕木有等人以及福昌、广祯祥、富源等多家商号推动下，侨界贤达广泛赞助，在老挝百细创办了崇正学校与客属理事会馆。1933年，潮州帮长陈再盛先生发起筹办潮州学校。各潮州乡亲鼎力推动，建立华侨学校兼潮州理事会，校址与崇正学校隔街相望，命名为华侨学校。当时百细市只有这两所中文学校。到了20世纪40年代，潮、客侨贤建议将崇正、华侨两校合二为一，初期称“中华华侨联校”，后改称“华侨公学”。在时任校长高永成推动和百细校董、理事长大力支持下，1956年9月华侨公学增办初中班。百细华侨公学成为老挝第一所华文教育学校。至20世纪60年代，在校学生曾一度达到1700余人，吸引了泰国、柬埔寨等地的学生来求学。

第二阶段：1970到1990年的艰难维持阶段。20世纪70年代初期，百细的华侨人数从万余人锐减到不足千人，华侨公学学生人数也大大减少，原千余人的学生只剩下300余人。1976年老挝教育部对外文学校的教育做了严格的限制和管理，规定外文学校增加老挝语授课，减少外文科，对华侨公学严禁数理、地理、历史、尺牍等多类课程，还派公派教师和精通老挝文的校长长驻华侨学校。这一时期，学校的经费也有了问题，只能向本地华侨号召每月义捐（后来称为“月捐”）来帮补学校的开支，并由当时梁诚钦理事长时常带领部分侨领到素旺、永珍市向侨商募集办学资金。师资缺乏，只好号召尚留在本地刚毕业的毕业生来为母校服务。缺乏教材、教学课本，只好鼓励全体老师用手抄、手印、手订来解决。直到1985年，生活日用品、学生用品的匮乏问题才得到基本解决，但教材还是缺乏，部分课本仍然用手抄版（一部分课本一直用到1997年），此时学校学生已降至200余名。

第三阶段：20世纪90年代以来的复兴阶段。老挝政府实行改革开放政策后，华侨公学陆续收到旅外校友汇来捐助母校的义款，学校经费问题也逐渐缓解。1989年中老邦交正常化以来，华侨公学也得到祖籍国的帮助。1991年华侨公学获中国国务院侨务办公室的资助，国务院侨务办公室首次选派5名教师前往广州华侨学生补习学校进修一年；同时，20世纪70年代离开老挝后旅居法国、美国、澳洲、加拿大、泰国等世界各地的老挝华侨，事业有成之时不遗余力反哺母校，修缮校舍、资助教育基金，华侨公学迎来了春天。1992年中国国务院侨务办公室派出2位汉语教师到华侨公学支教，由此初中班得以恢复。缘于老挝与中国的经济交往日益频繁，大约从1994年开始，到老挝做生意的中国人开始日益增多，掌握汉语的学生通常就业情况比较好，这一进步吸引了更多的生源。1996年底，经学校理事会同意，华侨公学从中国聘请老师。2001年3月，时任中共中央政治局常委的罗干，在亲临学校视察后，高度赞誉了海外侨胞心系中华、兴学助教的善举。2006～2007学年，为让学生们能够更好地学习华文，华侨公学增办了高中，该学年学生人数达到320名。2009年，百细华侨公学被中国国务院侨务办公室评为首批55所海外华文教育示范学校之一。

尽管属于私立学校，老师工资需要靠收取的学费来发放，但就读该校的学生依然络绎不绝。对于家庭经济困难的，也可以分期付学费。学校目前开设有幼儿园、小学、初中及高中，学生 580 人，其中老挝籍约占 80%，老挝华侨约占 15%，越南华侨约占 5%。学生毕业后，约有 5% 会选择到中国留学，一部分会选择到新加坡、马来西亚留学。

5. 横滨山手中华学校（日本）

日本横滨山手中华学校位于神奈川县横滨市，是由孙中山先生首倡，在康有为、梁启超等人大力协助下，在 1898 年由横滨华侨自己创办、自己经营管理的全日制学校。其前身是横滨大同学校，当时校长和教师都是从国内聘请的，其课程设置和男女同校等办学方式都是在海外华侨社会中领先的，可以称得上是世界上第一所近代华侨学校。

横滨山手中华学校已有 100 多年的历史，其间经历了 1923 年关东大地震、中日战争、1945 年的美国空军大轰炸、1952 年台湾强权政治干扰等重重艰难困苦。在广大爱国侨胞的热情关注和积极支持下，该校几代人前仆后继，始终为在日华侨华人后代传播中华文化，增进中日两国的友好和交流，培养适应社会发展需要的人才，造就了该校的百年辉煌。横滨山手中华学校在二战后就开始实施汉语普通话教学，并在幼儿部、小学部的基础上增添了初中部，半个多世纪来已培养毕业生 2000 余名。他们有的成为华侨华人事业的接班人，有的已融入了日本主流社会，为中日两国之间的合作及友好交流做出了积极的贡献。

近 20 多年来，横滨山手中华学校的教育对象逐渐转变为第三代、第四代华侨以及大陆新移民的子女，纯粹日本人子女也占一定的比例。为了适应新形势的变化，该校自 1993 年开始实施教育改革，大力提倡“素质教育”，着力研究“双语教学”，进一步把中华学校的教育任务明确为：（1）中华学校的学生要继承并弘扬中华文化，同时学习中日两种语言并可熟练运用，具备较高的交际能力；（2）学生具备日本学校的同等学力，毕业后可进入日本的教育体系继续深造；（3）中华学校的毕业生要对中国有深厚的感情，要具备较高的综合素质，可以在今后的社会工作中具有更强的竞争力，成为适应社会形势变化的新型人才，进而为中日两国友好大业做出贡献。

百年来学校以传播中华文化为己任，培养德智体全面发展的人才。小学部开设的中文系列课程有汉语、会话、历史、地理、书法等。汉语和会话使用的教材是国务院侨务办公室主编的《汉语》《说话》，历史、地理等课程使用的是该校在北京华文学院帮助下自行编写的教材。另外，小学部的数学课使用的是中国的人民教育出版社出版的九年制义务教育课程数学课本，教学中也使用汉语进行教学。中学部的中文课实行分科教学，将中文课分成精读、泛读、会话和写作 4 科。另外还单独开设中国文化常识课。中学部中文系列课程使用的都是该校在北京华文学院帮助下自行编写的教材。学校多年来一直致力于提高教师队伍的教学能力，每年组织老师赴中国进修，并在校内进行教学研究和改革，使学校的教学能够跟随时代的步伐而进步，教师队伍的业务素质已有了长足的提升。

作为学校教育活动的一部分，山手中华学校非常重视对外交流，其活动形式多样，对象广泛。中国改革开放后，横滨山手中华学校积极与祖（籍）国政府联系，派教师赴北京进修，与国内的华文教育专家进行研讨，引进中国对外汉语教学的模式，使学校的教学能够跟随时代的步伐而前进。学校的教学成就和教育发展一直深受祖（籍）国政府的关怀和帮助。中国国务院侨务办公室和外交部在师资派遣和培训、教材编写、购置文化教育用具等方面都提供了直接的帮助。中国国家领导人对日本侨界和日本华文教育也是关怀备至。2008 年 5 月出访日本的时任国家主席胡锦涛，抽出宝贵时间到横滨山手中华学校视察。这是中国国家元首首次到海外华侨学校视察，也是对该校华文教育工作的肯定和激励。

6. 北榄公立培华学校（泰国）

北榄公立培华学校创办于 1950 年，是“泰国北榄府培华学校慈善机构”下辖的文化单位，是以“北榄公立培华学校慈善机构”注册的法人机构。现任慈善机构主席兼董事会主席为李锦龙先生。该校前身是在北榄府城隍庙后创立的华明学校。后来，又在其毗邻的同善坛兴建木质二层校舍一座，并更名为“培华学校”，起初只教授华文小学一至四年级，随着时间的流逝，学校逐步走向正规。经过几代华人华侨的艰辛努力以及中泰社会各界的鼎力支持，如今展现在世人面前的是一座气势磅礴、风姿多彩的华文民校。

现在的公立培华学校拥有教学楼 3 座，综合活动大礼堂 1 座，并配有中文图书馆、电脑室、音乐舞蹈室、多媒体教室，现代化教育设施齐全。教职工 130 余名，中文教师 32 名，其中中国籍教师 14 名。现有学生 2000 余名，其中幼稚园 600 余名，小学部 1200 余名，中学部 270 余名。每周中文课总时数为 10 小时。

学校的宗旨是“追求知识，培养道德，掌握语言”。为此，学校始终朝着以下目标前进：教学等工作与国际接轨，并继承优良的传统文化，让学校教育符合社会与生活的需要，使学生在知识、道德、文化等方面具备良好的基础，达到国家教育目标，培养学生成为社会的好青年。学校除了传授知识，教授语言，强调听、说、读、写外，还教授中国音乐、美术、书法、舞蹈等中国传统文化课，开展中文兴趣班，学习剪纸、画脸谱、烹饪中国美食等，组织举办中国诗歌朗诵、歌曲演唱比赛、中国传统节日纪念等各种丰富多彩的文娱活动，开拓学生视野。学校中国文化氛围浓厚，学生参加校内外各种汉语比赛，屡获殊荣，名列前茅。

随着近年来汉语热的兴起，以及中国对海外华文教育的大力支持，学校不断加大与中国方面的联系，组织学生到中国参加各种夏令营、冬令营活动，使学生近距离接触中国传统文化、了解现代中国。60 多年的风风雨雨，60 多年的沧桑巨变，培华学校始终致力于中国文化的教育和传播，培育了一代又一代英才。2009 年，学校入选中国国务院侨务办公室首批“海外华文教育示范学校”。

该校积极参与泰国的华文教育活动。在 2011 年 2 月 10 日至 12 日由泰国教育部民教委隆重举办的大中部地区（包括曼谷地区、东部地区、中部地区、西部地区）的学术展览会上，北榄公立培华学校进行了多个主题的学艺展览。中华美食主题展示了中华传统美食——饺子、包子、茶叶蛋、烙饼的制作方法；戏剧舞蹈表演主题展现了画脸谱、舞龙狮等趣味游乐活动；手工艺展示主题展示了纯手工制作的窗花剪纸以及中国结等富有中国民间特色的手工艺品；传统棋艺主题展示了象棋、围棋。这些学艺活动极大地调动了学生的学习积极性，也充分展现了培华学校的生机与活力。2011 年 6 月 16 日，北榄公立培华学校在延寿大礼堂隆重举行 2011 年敬师节。2011 年 6 月 25 日，泰国东部华文民校联谊交流会在该校延寿大礼堂隆重举行，泰国华文民校协会主席梁冰女士出席了此次大会，并就泰国东部华文民校的发展和交流提出了宝贵的建议和意见。2013 年国务院侨务办公室主任裘援平一行访问培华学校，并代表国务院侨务办公室向培华学校捐赠 60 万泰铢，表达了中国国务院侨务办公室对该校华文教育工作的肯定和关心。

7. 国光慈善中学（泰国）

国光慈善中学位于泰国南部的合艾市。该校的办学历史可以追溯到 20 世纪 20 年代。1923 年，合艾埠开始有华文课授，主要形式是私塾，学生人数也不多，大约 30 人。1924 年，当时富甲一方的大慈善家徐锦荣先生，在现今合艾宪法路与第四街交界处，捐献一块地皮给当地华侨，作为从事教育的场所。为此，当地华侨特别成立一个管理委员会，并兴建了一所学校，命名为“中华益群学校”。1925 年学校正式招生办学。10 年后学校因故停办。后经客家先贤谢枢泗先生同校管理委员会共同努力，学校始得复办。1938 年，泰国全国的华校被当时政府勒令停办。1945 年，日本以构建“东亚共荣圈”为名发动的侵略战争刚刚结束，合艾华文课授以“中华夜校班”之名义出现。战后不久，合艾五属（潮、闽、琼、广、客）有关人士联合向当局申请兴办日班的“中华学校”，获得成功，引起合艾及邻近府治民众的瞩目。随着就读学生人数的不断增加，原有的教室已不敷使用。徐锦荣先生再捐献出一块位于今宪法路的地皮（即今国光学校校址所在），提供给五属人士建新校之用。虽然那时五属华侨都在为组织各自的同乡会而奔忙，但兴学建校这一宗旨和有关计划从未间断。

在30间新教室建成后，原有的学生全部由旧校搬迁到新校来就读。为了遵照当时泰国教育部有关民校讲授外国语文（华文）的条例规定办学，学校更名为“合艾国光学校”。1953年，学校因触犯泰国教育部有关教授外文（华文）条例而被查封，执教执照也被吊销。1968年，合艾国光校友会成立，并成立筹办委员会，发起复校运动。但因当时泰国政府“被封后学校不得再复校”的政策复校工作无法进行。委员会于是决定收购另一所有小学和初中学部的学校，即财雅学校，并将其全校师生迁移至合艾国光学校校舍上课，将财雅学校校名更改为“合艾国光学校”。1970年，五属会馆代表、合艾国光校友代表以及徐锦荣遗产办事处代表联合组成国光校董会，主理校政工作。在有志之士多年努力下，国光中学终于得到重建。

合艾国光学校现已向泰国政府申请注册为“合艾国光学校教育慈善会”。该慈善会仍由五属会馆、合艾国光校友会等6单位组成董事会，董事长为方志雄，乃庆·素旺纳翁为学校课授准可证注册人。学校现有学生2800多名，包括1所幼稚园，1个图书馆，1个标准足球场，灯光篮球场和室内篮球场各1个，2个室内排球场。学校现已在幼稚园2、3年级11个班，小学1到6年级34个班分别开设了华语课。幼稚园每班每星期2节，小学部每班每星期7节，使用统一的泰国华文教材。

8. 育华学校（泰国）

育华学校全称“南邦公立育华学校”，始创于1927年，是泰国南邦府唯一一所由育华教育慈善基金会主办、华侨捐资的民办公助的华文学校。学校位于交通便利的南邦市区内，占地面积17600平方米。校内教学设施先进齐全，校内景色宜人、宽阔幽雅，是一所优美的花园式学校。目前，学校有泰、中、英教职员工120名，学生1300人，其中寄宿生300余人。该校遵照泰国教育部规定课程办学，开设幼儿园，小学至高中12年学制的课程。为适应社会发展的科学化、现代化和国际化的要求，从2003年5月开设汉英双语教学的国际班。同时，学校也随着学习汉语的社会热潮，开设了汉语夜校补习班，使更多各界人士有学习华文的机会。

该校学生在小学和初中阶段每周上10节中文课（其中5节是早读），学习内容包括：拼音、汉字、造句、作文、毛笔字、珠算、电脑汉字录入等。华文教学的全部课程由中文部管理。几十年来，南邦育华学校坚持“育人为本，质量第一”的教学方针，已为泰国政、工、商、医界及文化教育等各行各业输送了大批优秀华语人才。2001年该校通过泰国教育部审核，成为达标学校。该校积极利用自身优势，在泰国南邦的华文教育活动中发挥“领头羊”作用。2012年8月，该校成功举办了泰国南邦市民校中文技能比赛。

育华学校的成长得到了华侨、华裔及其他华人社团、中国驻清迈总领馆的大力支持，也得到了社会各界的大力支持。2011 年学校新校区落成，泰国诗琳通公主莅临南邦公立育华学校，亲自为学校新校舍——育德楼揭幕。

9. 福庆学校（缅甸）

福庆学校位于缅甸曼德勒市，由曼德勒福建同乡会创建于 1993 年，原名为“福庆宫托儿所”，办学伊始有学生 100 多名。2003 年，福庆学校董事会进行了改革，成立了扩大董事会，面向全体华人华侨吸收新董事，学校更名为“曼德勒福庆语言电脑学校”，简称“福庆学校”；2007 年 23 日，福庆学校与中国国家汉办签署了建立曼德勒福庆学校孔子课堂的协议；2008 年 5 月 14 日，与云南大学合作挂牌“孔子课堂”，云南大学肖宪副校长及曼德勒总领馆唐英总领事为福庆学校孔子课堂揭牌；2009 年，中国国务院侨务办公室授予福庆学校“海外示范学校”称号；2010 年，云南省侨办挂牌“云南海外化交流中心缅甸中心”，同年更名为“福庆语言电脑教学中心”；2012 年，云南海外文化教育中心曼德勒分中心、云南教育国际文化交流缅甸曼德勒分中心挂牌。

福庆学校的办学宗旨是弘扬中华文化，为缅甸当地开发人力资源。在社会各界的帮助下，学校办学硬件和软件都取得了很大的发展。福庆学校原校舍是福建同乡会馆址内两栋二层的楼房，2006 年云和寺胡同内的教室拆除重建，2008 年五层楼新校舍建成；后在高景山董事长的带领下，董事会又将福建同乡会馆址内原有教室拆除，2011 年，四层楼的“孔子课堂”教学楼、办公楼竣工。学校目前总共拥有 80 多台电脑，实现了宽带上网。现有学生 1500 名左右；教师 39 位，其中本科以上学历 33 位，博士 1 位，硕士 10 位，在读博士生 3 位。开办的班级有：幼儿班、小学初级班、初级速成班、中级班、高级班、云南大学及云南师范大学的汉语言文学专业大专函授班、电脑班、短期会话班、HSK 强化班、缅语班。从 2010 年开始，福庆学校在曼德勒市以外的城市开设新汉语教学点，由福庆学校派出教师，开办汉语拼音、汉语考试强化班，开拓汉语教学新市场。新汉语教学点有马圭市、旺兰市、睥谬市、旺邦市、八莫市、和平市、抹谷市、东宜市、丙弄市、曼占市。福庆学校还与东枝东华语言电脑学校结为友好学校，与缅北 150 多所华校取得共识，携手汉语教学推广工作。福庆学校现在是汉语水平考试（HSK）考点，有腊戍、东枝、抹谷 3 个分考场。

近年来，福庆学校举办了丰富多彩的汉语活动，有“请进来”式和“送回去”式的教师培训班、中华才艺培训班、国际华文教育研讨会、东南亚华文教学研讨会、“汉语桥”中文比赛、本土汉语教师培训班、汉语教材培训班、汉语教学研讨会及首届华校才艺培训班等。福庆学校还积极参加中国各部门举办的 HSK 夏令营、冬令营、优秀者进修班、中国寻根之旅等，与昆明华侨补校结为友好学校，与云南大学成人教育学院联合举办汉语言文学专业大专函授班，并与缅北 26 所华校取得共识，共同携手办好汉语教学推广工作。

福庆学校还积极推进学生赴中国深造工作，为中国高等院校输送了大批学生，合作学校有暨南大学、华侨大学、昆明华文学校、云南大学、云南师范大学、北京华文学院等。

10. 维也纳中文教育中心（奥地利）

维也纳中文教育中心是一所中国语言与文化教育机构，校址在维也纳市九区著名的国立瓦萨中学。学校与维也纳大学主楼比邻，校园幽美、交通便利。据 2012 年的统计，维也纳中文教育中心有 40 个班，800 名学生，30 多位老师。除中文教学外，还为学生们开设了音乐、舞蹈、绘画、武术、象棋等兴趣班。另外还有德语、英语、太极、知识讲座等针对学生家长的学习班。语言班每周上课两小时，兴趣班一小时。上课时间为每周六下午一点半至五点半。另外，在圣波尔藤市设有分校，教授中文。学校属于非营利性机构，向学生收费是为了支付校舍的租金、教学器材和老师的工资。

学校校务管理机构为理事会。校务管理人员多为义务兼职，大部分由理事会成员担任。学校采取开放式办学方法，鼓励家长为学校服务，广纳贤士，不断地吸收有教育、文化、科技、艺术特长和背景的热心服务者。该校聘请的老师大多具有师范和语言专业的教学经验。对孩子有爱心、有耐心，对海外中文教育有事业心是学校选择老师的重要前提。

中文教学着力培养学生的中文听、说、读、写能力，并兼顾培养学生对中华文化的认识。教材除采用暨南大学专为海外儿童所编中文课本，还根据德语地区情况配以适当补充材料。采取小班教学的方式，辅以电脑、录像、投影等设备，保证教学质量。在教学方法上，学校始终遵循“启发兴趣，愉快教学”的思想，在注重语言教学的同时，还加入了中国文化知识（历史、习俗、地理）课程。兴趣课教学的目的在于发掘学生的艺术天资、鼓励创新和丰富他们的学校生活。

中心还设置了多种文化活动项目，如由学生家长组成的合唱团、舞蹈团、太极拳班及篮球队。这些既丰富了家长们的文化生活，又为弘扬中华文化、树立华人正面形象起到了积极作用。该中心业已成为维也纳华人的一个重要聚会场所，学生家长及各界华人常聚于此，举办各种类型的报告会，参加研讨、座谈等。此外，学校还组织了一系列的活动，如周末郊游、集体滑雪、每年一度的春节游娱会和体育运动会等，还为学生编排了舞蹈、话剧节目，参加当地的联欢活动，这些既增强了师生及家长间的感情和相互间的了解，也培养了学生们团结、友爱和为华人社区及大众社会服务的精神。

维也纳中文教育中心创办已有十年，如今已成为奥地利规模最大、师资力量最强的民间华文教育机构，并赢得了极高的办学声望，同时她也是凝聚华人学者力量，弘扬中国文化和促进华人进入主流社会的颇具生命力的华人社区团体。

11. 美人鱼中华文化学校（丹麦）

美人鱼中华文化学校是在丹麦哥本哈根市注册的文化俱乐部，会员主体是在丹麦哥本哈根地区生活、工作，且具有良好教育背景的华人家庭。该俱乐部的主要活动内容是为青少年开设周末中文课程，旨在让孩子们学习汉语、了解华夏文化、结交中国朋友。在中文教学之外，学校还安排了丰富多彩的文化课堂和兴趣班，并不时举办适合学员参加的文娱活动。学校始创于 1996 年 1 月，已有 17 年稳定持续的办学历史。

美人鱼中华文化学校是一个实行会员制的独立社团，由会员合资兴学，共同拥有。学校鼓励家长参与办学，提供教学资源或义务代课。由年度会员大会选举的理事会负责学校日常管理。依赖全体师生和会员的共同努力，美人鱼中华文化学校在丹麦华人社会取得了良好声誉，并于 2009 年荣获国务院侨务办公室授予的首批 58 所海外华文教育示范学校称号。

美人鱼中文学校兴学理念为“勤学创优，和谐共容，同参共与”。“勤学创优”是指学校教学的终极目标是帮助学员们学习巩固和掌握中文语言，了解中国文化。学校组织的各种活动以学生为中心，要学有所获。“和谐共容”是指华人群体在丹麦社会是少数族裔，学校在教育孩子自尊自强的同时要认识到尊重个人、尊重少数、立足多元的重要性；要鼓励吸收西方文化中对个性自由与独立的追求，同时弘扬中国文化中提倡吃苦耐劳、设身处地为人着想、善于求同存异的优良传统，使华裔的后代在多元化的世界里能牢牢站稳脚跟。此外要创造条件，让学生们喜欢中文学校这个集体，在这里除了学习还要交友。“同参共与”是指学校要吸取以往发展的经验教训，提倡“大家的事情大家办，有钱出钱、有力出力，互助互利”的精神，会员们一起动手为集体分忧解难，而不是依赖少数个人或小团体，更不能受制于人。

据 2013 年 11 月底的统计，美人鱼中华文化学校有在校学生 116 名，年龄在 4 到 17 岁之间，分 10 个常规教学班授课，逢周六 10：00 至 12：45 开课，每次三节课，每节课 45 分钟。为保证教学质量，学校实行小班教学，各班人数多在 10 到 15 人之间。

12. 安多芬中文学校（荷兰）

安多芬中文学校位于荷兰南部安多芬城内，于 1978 年由安多芬基督教会创办，属非营利团体。创办之初，因实际需要，教学以粤语为主，课本从香港采购。那时的学生只有二十几个，教室是在一个咖啡馆里，由数位热心中文教育的人士担任义务教师。后因学生人数继续增加，于1984年迁至新校址。学生在1986年增至120人，因为人数增多，该校也在1986年9月改为安多芬基督教会和安多芬华人协会合办，开始寻求安多芬市政府的协助，但未获首肯，于是学校发起学生请愿诉求，于1987年终于获准使用市政府的学校教室上课。两年后因市政府改变政策，学校于1989年11月迁校。

为了谋求更好的前景，安多芬中文学校于1993年设立理事会，重新订立会章，并于同年9月向政府注册成为独立机构，发展中文教育事业。学校于1993年9月开始增设中国大陆拼音普通话班。1995年特为本校毕业生设立成人普通话会话班。1996年因台商日见增多再增设中国台湾注音普通话班。1997年中文学校步入第20个年度，学生人数超过200人。班级分为17个，由识字班至小学六年级，以粤语及普通话授课，采用荷兰中文教材发展计划出版的课本及中国台湾提供的注音符号课本。自2004年9月始，基于荷兰外侨政策变更，对学校的津贴收紧，因此转用由中国国务院侨办提供的课本。同时学校开始改变招生政策，逐渐将学校转为全普通话班制。该校于2009年被中国国务院侨务办公室选为海外首批“华文教育示范学校”之一。学校的人数于2013年也增至近400人，不仅有华裔子弟，也有荷兰的成人与儿童，甚至还有荷兰父母送他们领养的中国孩子来念书，他们希望孩子们不要忘掉自己的根。

安多芬中文学校的教育宗旨为：教导华侨子弟中国语文及中国文化，从而增进自我认识、增强与父母的沟通。该校还十分重视学生品德的培养，鼓励学生了解和认识基督。学校的经费主要依靠学费和各界的捐赠。学校的管理机构为理事会和教育委员会。目前开设的课程分为儿童教育和成人教育两种，无国籍限制。儿童教育包括儿童普通话班、儿童台湾普通话班和儿童广东语班三类；成人教育分为高级普通话班、成人普通话班和实用普通话班三类。目前学校有教师20位左右，于每周六上午授课。

多年来，安多芬中文学校历经风雨、默默耕耘，始终对华文教育事业抱着坚定的信念和毅力，在多方的扶持下获得了长足的发展，为中华文化的教育和传播做出了贡献。

13. 伯明翰华联社中文学校（英国）

伯明翰华联社中文学校是一所非营利的注册学校，始创于1965年，初期仅10多名由香港来的儿童学习中文，属识字班性质，由两三位华侨义务教学，在当时的华联社社址上课。1965～1970年，学校未具规模，只能租赁场地上课，提供免费中文学习，老师及职员都是义务性质，学校经费靠热心人士赞助。1970年后，学生人数渐多，需要固定的正式校舍上课，于是在1990年初租用了当地一所学院的校舍。2008年9月，因所租赁学院进行校舍改建，华联社中文学校便迁到目前的校址上课。

伯明翰华联社中文学校的办学宗旨是培育华侨子弟，延续和弘扬优良的中华民族传统文化，贯彻实践华文教育，凝聚广大华文教育工作者，将爱国文化教育的伟大事业推向高峰，同时促进华人华侨社会的团结进步与和谐发展，构造一个和睦相融、合作共赢、团结友爱、充满活力的华人社会。

学校现有学生330人，同时提供广东话和普通话教学。广东话班涵盖一年级至九年级，还有中学及高级会考班。普通话班包括幼儿班（K1－K2），以及一年级至六年级班。另有两个证书班供16岁以上的学生入读。目前该校有广东话教师12名、普通话教师11名、舞蹈班教师1名、功夫班教师1名。

伯明翰华联社中文学校积极参与各项华文教育活动，先后承办了英国中文教育促进会组织的第五届华文师资培训；参加由英国共和协会举办的第十七届全英华人运动日暨全英中文学校校运会，并取得第三名的好成绩；进入由英国中文教育促进会举办的“邯郸杯”中国成语典故大赛决赛；参加中华文化大赛；参加由山东侨办和英国中文教育促进会联合主办的“山东杯”齐鲁文化知识竞赛。2009年被国务院侨务办公室评为“华文教育示范学校”。

14. 普拉托华人华侨联谊会中文学校（意大利）

普拉托华人华侨联谊会中文学校于1998年6月由普拉托华人华侨联谊会创办，是意大利普拉托市政府和有关部门正式批准和注册的正规语言学校。普拉托中文学校目前在校学生1000多人，是意大利最大的中文学校。该校主要是对华人华侨子弟和热爱中文的意大利人进行中文培训，同时进行意大利语培训。其目的在于推广汉语和推动华人华侨融入主流社会。

该校自创办以来，联谊会长期坚定不移地支持中文学校的发展和中文教育的推广，2008年斥巨资购买了近2000平方米的新校舍，为意大利普拉托当地的华侨子女创造了一流的学习场所和环境，联谊会是学校可持续发展的坚强后盾。目前联谊会中文学校设有幼儿部、小学部、中学部和成人部。在教学上，从单纯的中文教学发展到多科目、多层次、多格局的教育模式。教材以国务院侨务办公室提供的中文教科书为蓝本，对学生进行系统的中文教学，从易到难、循序渐进，着重培养学生中文的听、说、读、写能力。此外，学校还开设了意大利语、数学、英语、舞蹈、音乐、美术、武术等课程。学校拥有强大的师资力量，执教老师都是具有多年教学经验的专业老师，为该校的教育事业做出了重要贡献。

2010年在上海世博会隆重开幕之际，该校师生在校园里举办活动共同庆祝世博会。2011年，意大利普拉托华人华侨联谊会中文学校执行校长吴静云分别与温州市实验小学、温州市籀园小学、温州市第四幼儿园负责人签署了友好关系协议书。2012年4月，首届海外华裔青少年中华文化大赛预赛在意大利普拉托华人华侨联谊会中文学校举行，该校共有475名学生参赛。同年9月，由意大利普拉托省政府主办，普拉托华人华侨联谊会中文学校协办的“中国文化节”在普拉托省政府后花园举行。意大利国际合作融入部部长安德烈·里卡尔迪参观普拉托华人华侨联谊会中文学校，对普拉托华人华侨联谊会中文学校的规模、办学方式表示赞赏，认为其现代化的教学设施和先进的教学模式很值得借鉴和推广。该校还参与了2013年“寻根中国·相约上海”中华舞魂主题夏令营。

15. 温哥华北京中文学校（加拿大）

温哥华北京中文学校成立于1996年，系由中国大陆学子创办、在加拿大不列颠哥伦比亚省政府注册的非营利性中文学校。学校以教授中文、弘扬中华文化、繁荣加拿大多元文化为宗旨。本着对学生、家长和社会负责的精神，学校严格师资、严明管理、严谨教学，具有优良的校风。

温哥华北京中文学校拥有一支高水平、敬业的优秀教师队伍。学校挑选教师，重其才，更重其德，看其是否有爱心、耐心和责任心。教师绝大多数毕业于中国师范院校中文系、教育系或幼儿师范，其中不乏富有多年教学经验的大中小学特级或优秀语文教师。学校重视制度化管理，制定了一系列作业检查、学生考勤、测验考试、评估奖励等制度，对教师、学生及家长均有要求，以保证学生能在安全舒适的环境中学习中文。

学校本着百年树人的精神，始终坚持对学生进行中国传统文化的美德教育。学校制定了系统的教学大纲，在拼音和听、说、读、写各方面均有具体要求。学生经测试后按水平编班，以确保教学效果。学校十分重视汉语拼音教学，以适应中文挑战考试和AP考试的要求。使用中国暨南大学华文学院为海外华侨华人子弟专门编写的《中文》课本，教授简体字，并坚持用普通话授课，为孩子创造一个听说中文的环境。

为了提高学生们学习中文的兴趣，学校或自行举办、或鼓励孩子们参加社会上的各种有关活动，如《汉语桥》中文演讲比赛、本校一年一度的诗歌朗诵比赛、卑诗省中文作文比赛、儿童合唱团、中国寻根之旅夏令营，并常年与中文报刊联合举办中文佳作征文活动。

学校设有学前班、1至12年级普通班、提高班（分初级、中级和高级）、中文挑战考试班、中文 AP 考试辅导班以及暑期班。该校目前有 3 个校区，分别设在温哥华、里士满和本拿比。

16. 南侨学校（美国）

南桥学校创办于 1920 年，初期校址在旧金山唐人街昃臣街 645 号，当时规模很小，仅有学生 30 人，由关定坡先生负责管理及任教。现在校址位于旧金山市沙加缅度街 755 号，是于 1925 年夏季落成的新校舍。新校舍由南海福荫堂拨款购地兴建。校舍共 3 层，土库为大礼堂，可容 400 多人；共有标准教室 6 间，每间教室设座位 45 个，另有校长室及校务处各 1 间；南海福荫堂会议室设在二楼，地方宽敞，供重要会议使用。该校创办迄今已逾 90 载，历史悠久，其间有赖福荫堂先贤及历届董事鼎力支持，各侨团热情赞助，历任校长及教职员通力合作，奠定了稳固的办学基础，于 2009 年 10 月被中国国务院侨务办公室评选为首批华文教育示范学校。

从 2011 年 1 月开始，为不断提高学生学习中文的积极性和主动性，南侨学校与旧金山《侨报》合办以“开卷有益”为主题的阅读中文书籍活动。该活动从举办书展、课堂引导到自行阅读、交流心得，培养了学生阅读中文书的习惯，活动收到了良好的效果。学校确定持之以恒开展这项有意义的活动。校方企盼“阅读生活化、学习终身化”的理念能成为南侨每位师生的自觉行为。

南侨学校的工作得到了社会各界的肯定。2010 年 2 月，中国国务院侨务办公室副主任许又声率团到旧金山湾区进行“文化中国·四海同春”大型慰侨演出时，特别抽出时间莅临南侨学校指导工作。2010 年 3 月，广东省侨办主任吴锐成率团拜访南侨学校；2010 年 12 月，中国海外华文教育工作联席会议考察团在国务院侨务办公室文化司副司长周虹的带领下，在该校举行了海外华文教育工作座谈会，湾区多所中文学校校长和教师代表出席了这次盛会；2011 年 5 月，中国外交部为解决海外使领馆工作人员子女学习中文的问题，派工作组前往南侨学校调研。2010 年和 2011 年，该校都获得中国华文教育基金会资助的 10 万元人民币。

17. 亚特兰大现代中文学校（美国）

亚特兰大现代中文学校创办于 1992 年，是美东南地区规模最大的传播中华文化的非营利教育组织，是国务院侨务办公室公布的全球首批“华文教育示范学校”之一，现任总校长为刘志强先生。

学校创办 20 多年来积累了丰富的办学经验，拥有一支教学经验丰富、懂得海外中文教育规律、有献身精神的管理和教师团队。学校十分重视师资队伍的建设和教学质量的提高。除了每年春秋两季定期举办教师培训，学校还出版教学专刊，鼓励教师之间互相交流经验，提高教学水平。学校注重学生中文听、说、读、写能力的培养，强调寓教于乐，用各种生动活泼的形式调动学生的学习兴趣。针对海外中文教学的特点，学校强调整个教学环节中，教师、学生、家长三方面的交流沟通与协调配合。

亚特兰大现代中文学校目前在华人居住集中的地区设有 4 个校区。现有学生 1200 多名，教师 70 多名，开设各类中文班级 70 多个，绘画、唱歌、跳舞、武术等各类才艺班级及 SAT 和汉语水平考试（HSK）辅导班 20 多个。学校学前班招收 4 岁以上儿童，普通中文班和中英文双语班招收 5 岁以上学生。中文班使用《中文》作为教材，同时也使用《马立平中文》教材。普通中文班学制 10 年。学生完成十年级的学业后，还可以进入高级中文班（AP 中文），在中文阅读和写作方面继续深造。为了帮助学生们参加 HSK 和 AP 科目考试，学校在主校区开设了 HSK 考前辅导班，通过 HSK 考试目前已被纳入该中文学校的毕业申请合格条例之一，也已融入中文学校九、十年级的中文教学。学校还开设了 AP 中文考试补习班，AP 中文近年来已列入很多高中的 AP 课程。此外还设有 AP 数学、化学及物理补习班，学校聘请经验丰富的大学教师授课。

亚特兰大现代中文学校在各项华文教育活动中表现活跃，对教师的管理和培训也非常规范，曾成功举办 2013 年海外华文教师名师巡讲和教师培训、教师研讨会、马立平中文教学讲座等活动，该校 3 位教师被国务院侨务办公室评为“优秀海外华文教师”。得益于优秀的教师团队，该校学生的汉语学习成绩斐然，高年级学生在 2013 年新 HSK 考试的通过率高达 90%，22 位学生荣获海外华裔青少年中华文化知识竞赛优秀奖。该校还是海外中文学校中少有的几所办有校刊的学校。

18. 苗苗中文学校（澳大利亚）

苗苗中文学校位于澳大利亚昆士兰州布里斯班，是一所于 1997 年正式成立的非营利性中文学校。苗苗中文学校的宗旨是传播中华文化，促进社区交流。学校校委会成员都是学生家长或义务工作人员，他们在工作中广泛征求所有学生家长的意见，力争把学校办好。苗苗中文学校在为学生们提供良好学习环境的同时，也给学生家长们提供一些见面和交流的机会。苗苗中文学校的建立，填补了澳洲布里斯班市汉语拼音及标准简化汉字教学之缺。

该校的教学大纲建立在《中文》教材基础之上，既追求内容也兼顾学生兴趣。多年来，由于各届校委会的努力工作、各位家长的认真配合及宣传，更由于聘用有丰富教学经验的教师进行精彩有趣的课堂讲授，学校的声誉日渐提高，现已有校区 3 个，分别为南区分校、西区分校及黄金海岸分校，学生总数近 500 人。苗苗中文学校得到家长及社区，包括中国驻布里斯班领事馆、昆士兰州教育部、各华人团体及个人的广泛支持。目前苗苗中文学校是布里斯班及黄金海岸区域最大的教授简体中文的学校，受昆士兰政府资助，并定期接受昆士兰民族教育部的培训及考核。

该校现开设中文一至十二年级课程，以及中文儿童班和成人班，学生可以根据自己的实际程度选择最适合自己情况的年级就读。另外，学校还设有启蒙及初、中、高级的美术班，儿童音乐及舞蹈班，日文班，儿童心算班等。这些班为学生们提供了一个练习听说中文的机会，同时也使学生们在轻松愉快的气氛中学习一些舞蹈艺术、美术知识。学校也在努力增加其他课程，如戏剧、中国历史、书法等，以进一步丰富学生们在学校的生活，增加他们的知识，提高他们学习中文的兴趣。

19. 圣保罗华侨天主堂中文学校（巴西）

圣保罗华侨天主堂中文学校在巴西开启了教授葡文、中文双语的先河，是巴西最大的从事双语教育的正规学校之一，被中国国务院侨务办公室评为海外华文教育示范学校。在圣保罗华侨天主堂中文学校肖思佳校长的努力下，中文学校自2007年起与圣本笃学院联合办学。圣本笃学院是一家历史悠久的教会学院，设有大专部、高中部、初中部、小学及幼儿园。

圣保罗华侨天主堂中文学校以优惠的学费招收华人学生，现有华人学生200余名。学校有教学楼、餐厅、图书馆、体育场等良好的教学条件，并有高素质的数理化及中文等各科教师，吸引着越来越多的华人子弟来此就读。学校除了提供巴西正规教育外，还开设了5个中文班、5个葡文班、2个英文班，现有19位高校毕业的教师，学校面向4岁至高中适龄少年招生。该校不断完善教育和服务工作，为了使学生德、智、体、艺全面发展，学校开设了各种补习班、才艺班，包括钢琴班等课程。此外，学校还提供接送学生的服务，提高了学生的安全性并方便了家长。

自合作办学后，该中文学校在华文教育方面日渐有声有色，学校规模不断扩大，得到广大师生们的喜爱和赞扬。2009年2月，时任国务院侨务办公室副主任赵阳到访巴西时特别参观访问了该学校。同年12月，中国驻圣保罗总领事孙荣茂夫妇、圣保罗各侨团侨领、中巴文化教育等各界来宾及学校师生300多人共聚一堂，为该校举行“华文教育示范学校”揭牌仪式。此外，该校还承办了2012年“中华文化大乐园”巴西夏令营。

20. 法国潮州会馆中文学校（法国）

法国潮州会馆中文学校隶属于潮州会馆，该会馆于1986年由热心侨务的法国侨领吴武华带头成立。几十年来，在历届会长和理监事的关怀下，在历任文教组负责人的领导下，在广大乡亲和社会人士的鼎力支持下，潮州会馆中文学校从无到有，一步一个脚印发展壮大。在原有的基础上，教学工作不断改进创新，取得了一定的成绩，获得各界人士的赞誉和好评。

2000 年 7 月，潮州会馆夏令营团在北京人民大会堂参加了“中国寻根之旅”开营仪式，时任国务院副总理李岚清亲自授旗于该校代表。2001 年，该校开办了程度不同的 8 个班，采用由北京华文学院编写的《汉语》课本为教材。到现在，潮州会馆中文学校已经初具规模，很多学生慕名前来。2009 年，潮州会馆中文学校还被中国国务院侨务办公室授予首批“华文教育示范学校”的称号。

近年来，潮州会馆中文学校进一步加强了与祖国的联系，回国参加夏令营暑期班学习，成为该校重点工作之一。历届文教组每年都做好安排，组织在法青少年参加这项有意义的活动，让华侨华人子弟进一步学习祖国的语言文化、游览名胜古迹、参加联谊活动。

近十余年来，随着中国经济的飞速发展，中文越来越受到重视，因而喜爱学习中文的人士不断增多。潮州会馆中文学校学习环境较为理想，老师们教学认真负责，家长们予以好评，所以中文学校的学生人数不断增加，除了华侨华人子弟，也有外国朋友来校学习。

三　华文教育人物

海外华文教育的蓬勃发展离不开广大华人华侨的鼎力支持。在近半个世纪的历史洪流中，他们栉风沐雨、砥砺歌行，或是为了争取华人华侨的华文学习权利与当局者进行顽强抗争；或是艰苦创业，为改善海外华文教育条件慷慨解囊、倾资助学；或是默默坚守在不同国家的华文教育一线，实践着在海外播撒中华文化种子、传承华夏文明的伟大使命。正是因为他们的舍身奉献，才有了如今海外华文教育蒸蒸日上的局面。《世界华文教育年鉴（2014）》特推出“华文教育人物”版块，介绍10名在世界范围内对华文教育做出突出贡献的华人华侨，以颂扬他们的动人事迹。

表6－5　华文教育人物

姓名	国籍	职业/身份
陈永栽	菲律宾	菲华商联总会永远名誉理事长 菲律宾航空公司董事长 华侨大学董事会副董事长
梁　冰	泰国	泰国华文民校协会主席
荣　萌	加拿大	加拿大蒙特利尔佳华学校校长
苏一新	缅甸	缅甸华侨华人慈善会会长 缅甸福星语言电脑学苑董事长
孙浩良	澳大利亚	澳大利亚新金山中文学校校长
陶　凯	美国	美国剑桥中国文化中心副董事长
伍善雄	英国	英国中文教育促进会会长 英国纽卡斯尔市中文学校主席
杨启秋	柬埔寨	柬埔寨柬华理事会总会长
叶新田	马来西亚	马来西亚董总主席
郑年锦	印尼	印尼马龙佳集团董事长 华侨大学董事会副董事长

注：本表人名按姓氏拼音排序。

1. 陈永栽先生简介

陈永栽先生祖籍福建省晋江市，童年时全家移民到菲律宾，凭借顽强的毅力，自学完成大学课程；经过数十年的艰苦奋斗，一跃成为闻名世界的菲律宾企业家和华人侨领。

陈永栽先生热爱祖籍国，钟情于中华传统文化，热心公益事业，在家乡捐资兴建医院、学校、体育馆和图书馆等。他在菲律宾大力呼吁要振兴华文教育，多次出资开展“挽救行动”和“留根工程”。陈永栽先生认为，“文化的传承，是一个民族生存发展的生命”，“中华文化是孕育了五千多年的文明结晶，是世界文化宝库珍贵的财富”。而随着海外游子渐渐从落叶归根的华侨变成落地生根的华人，时间的推移导致年轻一代华人对祖籍国的语言、文化、传统、情感等日渐淡化。华人、华社的生存发展面临着严峻的挑战。对此，陈永栽先生高瞻远瞩、身体力行，积极振兴华文教育，推动菲中文化交流。

陈永栽先生积极推动华人社会关心华文教育及改善教师待遇，赞助华文教师和学生参加中文培训和进修。早在20世纪80年代，他就以福川烟草公司的名义，赞助两批本土学生到中国华侨大学攻读大学四年中文本科专业。怡朗新华学院的吴志超校长就是其中的一位。陈永栽先生“倾心华教”表现在方方面面，华文教育界举行的各种形式的教师培训，无论是走出去的，还是请进来的，都得到陈先生的经费支持和帮助，他捐建的教学楼、大礼堂、体育馆等随处可见，像繁星似地遍布菲律宾南北各地的华校校园。2000年，由他出资组织菲律宾七所大学的师生赴厦门大学进行学术交流；由菲华商联总会赞助菲律宾华文教育研究中心举办全国纪念华文教育100周年征文活动并结集出版，书名为《新世纪华语教学》。

陈永栽先生对师资的培养尤为重视，他认为师资队伍的建设要特别注重本土化、年轻化。2004年菲律宾华文教育研究中心启动培养本土年轻一代教师的“造血计划”，即输送本国中学毕业生到中国高校攻读教育本科，至今已选送141名学生到中国留学，陈先生第一个站出来，鼎力支持，赞助了55人，占总人数的1/3。每年留学生回国时，陈先生都要亲自设宴招待他们，听取他们有关学习成果的汇报。

为了把中华文化的种子播入菲律宾华裔年轻一代的心灵中，为了培植新生代的中华情怀，他不惜耗资几千万，连续14年举办菲律宾华裔学生暑期厦门汉语进修团。地点由厦门扩展到泉州、漳州等城市，累积人数达到9856人次。正如中国国务院侨务办公室文化司副司长周虹所评价的那样：“陈永栽先生的这一善举，放眼全球都是很少见的。”

菲律宾华裔学生暑期厦门汉语进修团的同学是来自菲律宾全国各地华校的学生，

其人数之多，范围之广，是菲律宾华人历史上前所未有的。陈永栽先生对此项“留根工程”极为重视，从课程设置到课时安排，都一一予以关注。他要求带队老师严格考勤，严格管理。50多天的学习、参观、游览，让学生学到了许多书本上学不到的东西，不仅提高了他们的汉语水平，同时增进了他们对祖籍国的感情，让他们亲身感受到中华文化的博大精深，进而大大提升了学习汉语的热情。许多学生兴趣盎然地再三参加汉语进修团，有一些学生在菲律宾中学毕业后，选择到中国厦门大学进行专业学习；有些则干脆选择到中国留学，攻读华文教育专业，决意当一名华语教师，直接服务华文教育事业。确实像陈永栽先生自己说的那样，“大把、大把地撒种子，就不信它不生根发芽，开花结果”。如今，进修团正日益显现其成效与影响力。参加过进修团的学生们，对于陈先生的义举无不万分感激。他们写诗赞颂陈先生，用诗的语言来表达他们的崇敬与感激之情。诗中写道：“……是谁为我们铺设这一金光大道？是谁用心良苦，设计将中华文化之精髓注入我们的心灵、脑海。那是商界的巨人，那是华人的旗帜，那是当代的陈嘉庚。那是我们心目中最值得尊敬的人，那始终如一赞助我们的人，那留在我们心中永不忘怀的人。这就是陈永栽先生。”

陈永栽先生对文化教育界人士格外看重，“尊师重教”的精神在他身上焕发出璀璨夺目的光彩。陈先生平时日理万机、商务繁忙，每天登门拜访的人很多，许多人往往要久候才能与陈先生交谈。然而，当陈先生知道来访者是文化教育人士时，他会毅然优先接待他们，并且会非常谦恭、热情地与他们亲切交谈，倾听他们的心声，解决他们的困难。每次谈完话，他总是把这些文化教育界的客人送至电梯或大楼门口，而那些商务往来的客人，往往得不到如此殊荣。每次有专家、学者到菲律宾举办高水平的学术报告会，陈永栽先生都会安排在他的世纪公园酒店大宴会厅举办。

陈永栽先生不但是发展中华文化的推动者，也是传承中华文化的爱好者。他自幼秉承母训，喜爱研究中华文化。他常年聘请大学的专家教授为他讲授古代典籍、古典文学、古代中国历史、诗词、演义，等等。他每天都利用清晨的好时光读书学习，年逾古稀，学而不倦。他不仅熟读《孙子兵法》，还能熟练背诵《三字经》《唐诗三百首》《古文观止》《论语》等，甚至还能背诵毛泽东主席的全部诗词，这些关于中国传统文化的学习，为陈永栽成为一名成功的儒商打下深厚的基础。

陈永栽先生多年来坚持传承中华文化，以华族的生存发展为己任，不惜出财出力全身心地投入华文教育，并从精神上给华文教育工作以巨大支持。为感谢和表彰陈永栽先生对传承中华文化所做出的贡献，国务院侨务办公室专门向他颁授了“倾心华教，泽被侨胞”的牌匾，并授予他“热心海外华文教育杰出人士”称号。

2. 梁冰女士简介

梁冰女士祖籍广东顺德，出生于泰南一个工人家庭，现为泰国华文民校协会主席。梁冰女士早年曾从事艺术教育，能歌善舞的梁女士在青年时代经常放弃休息时间培训华校舞蹈教师，为各校排练舞蹈参加慈善演出。梁冰女士婚后从商，经过多年的艰苦打拼，凭着精明的头脑、敏锐的观察和刻苦的精神，事业取得巨大成功。在艰辛打拼事业的同时，梁冰女士无时无刻不关注华文教育的发展。在中泰建交之前，当时的泰国政府对于华文教育还存在一定的限制，可谓困难重重。梁冰女士这么多年的坚持，只因为她有一颗“中国心”。梁女士认为教育与艺术并重，都可以升华人的情感和激发人的创造力。但教育缺少人关心，并需要投入大量的财力和付出宝贵的心血。“鱼与熊掌不可兼得”，梁女士决定舍弃艺术，专心致志地支援教育，为教育事业的发展出钱出力，奔走呼吁，全身心投入，倾情奉献。

在 1999 年至 2001 年任广肇学校校主期间，梁冰女士出资整修学校基础设施，捐建儿童游泳池，并且对学校完善细致地管理，对教师关怀备至，对学生严格要求。在梁冰女士和教职员工的辛勤劳动下，2001 年 7 月，泰国教育部批准广肇学校为标准学校。梁女士关怀培养华文人才，为全泰国的华校、九属教师奖励金会、清莱皇太后大学内的“中国语言文化中心”及身为校主的广肇学校等单位和泰国各华校赞助逾 4000 万泰铢。据不完全统计，梁冰女士近年来赞助已逾 7000 万泰铢。除了对华文学校的捐赠外，梁女士热心社会慈善事业，扶危济困，凡泰国发生的水灾和中国发生的地震等，她都在第一时间慷慨解囊，义伸援手。

梁冰女士一生致力于推动泰国华文教育，先后 4 次担任泰国华文民校协会主席。2000 年 5 月，梁冰女士众望所归，当选泰国华文民校协会主席，当即赞助该协会基金 100 万铢，并分期分批地率团拜访泰国各地的华校，为当地学校乐助经费，受到各校师生的称赞。为响应泰国教育部推行标准学校的宗旨，推动华校发展，2000 年 10 月，她牵头主办“民校友育改革暨标准学校学术讲座会”，泰国教育部职官、移民局职官、全泰国华校负责人和有关教师踊跃参加，取得圆满成功；2000 年 11 月，梁女士领导的泰国华文民校协会与香港国际教育交流中心在曼谷联合举办了“亚太华文教育专题论坛”，在开幕典礼上，梁冰主席呼吁在座的专家学者顺应信息时代的潮流，共同探讨、交流和改进中文教育的新路向。梁冰女士在 2000 至 2003 年任主席期间，四度组织访问中国 34 所学校，派送 4 批教师赴华进修，还购买了固定会址。2004 年 4 月 24 日，梁冰主席功成荣退，荣膺泰国华文民校协会永远名誉主席。梁冰女士退职后，仍然心系华教，陆续赞助协会经费 60 万铢，通过出钱出力，鼎力支持泰国华文民校协会的各项工作，深得泰华侨社、社会各界的认同和赞誉。正是因为其崇高的威望和过人的能力，梁冰女士于2010年4月20日重返华文民校协会，荣膺第七届主席。

梁冰女士自2010年4月重任协会主席以来，为华教的发展殚精竭虑，废寝忘食，几乎没有休息一个假日，夜以继日地奔波操劳在华文教育战线上。梁女士统筹整合协会资源，兼顾各部区华校的发展，尤其是对那些地处偏远、资源匮乏的华校关爱有加。梁冰女士不顾年事已高，每年都要多次亲自率团到各府的学校去实地考察，了解并帮助各地华校解决存在的实际困难，如学校新建教学楼有资金缺口，即毫不犹豫地慷慨捐赠，动辄数十万铢至数百万铢不等；如学校缺乏中文老师，即想方设法通过各种渠道引进；如老师在教学过程中有不足之处，即现场纠正。总之，梁冰主席的慈善义举、悉心指教，得到了广大华校校董、师生发自内心的钦佩和崇高的敬意。此外，梁女士以饱满的热情全身心投入到泰国华教育事业的发展中。她锐意革新，与时俱进，在泰国教育部的领导下，与中国国务院侨务办公室、中国海外交流协会、中国大使馆等友好合作往来，并与属下七部区（曼谷区、东部区、西部区、中部区、东北部区、北部区、南部区）华文民校联谊会积极互动，使泰国华文民校协会会务蒸蒸日上，取得了可喜的成绩。

梁冰女士被认为是泰国华教界的“一面旗帜”。时任国务院侨务办公室副主任赵阳称赞她不顾年事已高，还在为泰国的华教事业孜孜不倦地工作。近年来，梁冰主席发现，要发展华教，培养本土青年老师、编写适用教材是关键。她开始资助华校青年教师赴中国深造的往返旅费，并请国务院侨务办公室帮助提供教材。现在，许多受其资助的教师学成回国后，已成长为学校的华文教育骨干；泰国华校也得到了中国出版的最新教材，提高了当地华文教育水平。

2010年11月，著名侨乡顺德举行全世界顺德联谊总会第七届恳亲大会暨顺德荣誉市民称号授衔仪式，梁冰女士因对顺德经济社会发展和所在国家与地区做出积极贡献被授予“顺德荣誉市民”称号。2011年2月，因其为华文教育做出的巨大贡献，梁冰女士荣获泰国教育部长秦拉汪·汶益杰亲自颁发的奖盾。2011年4月，泰国教育部召开成立119周年纪念大会，在教育部大礼堂颁发对教育做出杰出贡献奖，梁冰女士因为对教育做出卓越贡献，荣获第一名，获“金针奖”。2011年11月，梁冰主席率团参加在中国西安举行的“第二届世界华文教育大会”，因其对教育的突出贡献，荣获“热心海外华文教育杰出人士”奖。2013年，由中国文化部、国务院新闻办、国务院侨务办公室、国家广电总局和中央电视台共同主办，中央电视台中文国际频道承办的首届“中华之光——传播中华文化年度人物颁奖典礼”在中央电视台新址隆重举行。在由中国驻外使领馆、中国各大媒体和知名专家学者共同推荐产生的110位候选人中，经过评委会三轮评选，并参考央视网和各大门户网站的网民投票，梁冰女士与杜维明、莫言等10人最终获得个人奖。梁冰女士因60余年不懈弘扬推广中华文化、出钱出力、身体力行而享誉国际，为海外华文教育的发展做出了重要的贡献。“中华之光——传播中华文化年度人物评选”组委会高度赞美梁冰女士：“一介女子，却是泰国侨界栋梁。不劳相问，对祖国仍一片冰心。风华正茂时放弃舞台，年过八旬，还在为推广华文教育奔波。在这个国度，她是北方的星辰，人们看到她，就想起了故乡。”

除了华文教育之外，梁女士积极推动中泰两国的文化艺术交流。多年来，她凭借在艺术领域的高深造诣和地位，多次促成中泰两国之间各艺术团的互相往来，成为中泰文化传播的民间大使。2008年北京奥运会闭幕式和2009年新中国成立60周年庆典，梁冰女士都曾作为当地著名侨领代表受邀前往北京出席。

梁冰女士半个多世纪以来和其他华界人士共同推动泰国华文教育的发展，使如今的泰国社会形成学习中文的热潮，使泰国大部分学校将华文作为外语课。梁冰女士的远见卓识和富有魄力、卓有成效的做法，必将使其名垂青史、德留千秋。

3. 荣萌女士简介

蒙特利尔佳华学校是加拿大目前规模最大的中文学校之一。作为校长，荣萌女士领导学校至今已经度过了整整20年。这些年来，荣萌女士团结众多教师，艰苦创业，努力传播中华优秀文化，在当地侨界和社会上享有崇高信誉，为海外的华文教育事业做出了突出的贡献。

出生于20世纪50年代中期的荣萌，成长于上海的一个知识分子家庭，和全国人民一样，栉风沐雨，经历了那些年代在中国发生的一切。父母的言传身教，严格的家风规矩，从小培养了荣萌爱国爱人民的情操、坚定不移的信念和吃苦耐劳的品格。在华东师范大学中文系学习时，她就立下要做一名优秀的人民教师的愿望。毕业后，她曾在基层中学执教，对于教育工作有一种天然至深的感情。20世纪80年代中期，不识多少英文的荣萌来到蒙特利尔，在丈夫陈志强先生（佳华学校创始人之一）的鼓励下，刻苦努力，取得了麦吉尔大学的教育学硕士学位，并成为一名对外汉语教师。从此，她开始了海外中国语言文化传播者的职业生涯。

1994年2月，受命于加拿大中国专业人士（蒙特利尔）协会，荣萌成为加拿大第一所由中国大陆人士创办的中文学校——佳华学校的校长，主持学校从人事到教学的全面工作。当时，佳华学校虽属周末学校，但其成立，却在加拿大各地引起了强烈的反响。多伦多《明报》《世界日报》，蒙特利尔《华侨新报》等侨报先后报道了此消息，视这个在加拿大首个使用中国教材、用普通话和简体字教授汉语及数学的学校为新生事物。

佳华学校是一所在地方政府注册的非营利教育机构，宗旨是使所有在校的华裔青少年能有机会学习祖籍国的语言文字和优秀的传统文化，也希望能顺应中国政治经济改革的形势，吸引更多的当地人士到学校，通过在佳华学校的学习，使更多的加拿大人了解中国，了解中国人。20 年来，佳华学校从最初的 100 余名学生，发展至今超过 1600 名学生；从当时的 11 个班到现在的 130 个班，成为加拿大历史上最大的中文学校之一。佳华学校开设的中文课和用中文教授的中小学数学课层次最全，级别最多，水平也最高。佳华学校以其课程的专业化、系统化和规范化享誉蒙特利尔。2011 年佳华学校成为首批由中国国务院侨务办公室授予的“海外华文教育示范学校”之一，也是上海市侨办仅有的两个海外“推广中心”之一。全校有 40 多名教师被中国务院侨务办公室授予“海外优秀华文教师”的光荣称号，荣萌本人也获得“海外华文教师杰出贡献”奖。同时，荣萌女士还被聘为上海市华文教育研究中心的专家。

作为海外华文教育的“示范学校”，荣萌女士带领佳华学校坚持了以下几点：

第一，建设一支具有高尚风范的教师队伍，坚持教书育人，提倡牺牲精神，努力传播中国文化，为崇高的“留根工程”做贡献；

第二，坚持学校运营不营利原则，不追求物质利益，努力为当地华裔青少年建立一个学习祖国语言文化的良好环境；

第三，教育学生热爱祖籍国，树立高远志向，培养其艰苦创业的精神，身在加拿大，胸怀全世界；

第四，培养学生全面发展，不仅学习汉语，还学习数学、历史、艺术，做对社会有用的人才；出版校刊《百花园》，开辟汉语学习和交流的新阵地；

第五，充分发挥“示范学校”的作用，注意团结当地友校，促进华文教育培训交流，共享华文教育资源；

第六，努力协调和发展与当地侨界的良好关系，支持和协助使领馆及中国国务院侨务办公室，做好有利于侨界团结和发展的工作；

第七，坚持走出去发挥“推广中心”的更大作用，不仅在华侨华人社会中传播中国文化，也有策略地在当地社会，特别是在当地中小学推广中国文化。

20 年来，佳华学校教师队伍不断发展壮大，保持优秀。这支队伍的成员全部来自中国，并全部具有大学师范本科或同等学力，教法丰富，管理规范，谦虚谨慎，团结努力，与时俱进，不断学习新的理念和新的经验，不断进步；佳华学校通过开展各项活动，促进学生学习中文。学校连续 18 年参加国务院侨务办公室组织的“华裔青少年寻根之旅”活动，坚持举办“佳华杯”作文和普通话朗诵比赛，参加“海外华人少年作文比赛”和“鲁迅青少年文学奖”等活动。佳华学校还是中国务院侨务办公室历届“海外华裔青少年知识大赛”蒙特利尔地区的承办单位。这些比赛和活动，大大鼓励了学生学习中文的兴趣，届届有好文章刊登在《人民日报》和其他期刊、报纸，年年有好成绩激励学生进步。佳华校刊《百花园》更是以清新别致的特点受到师生和家长的欢迎和喜爱。建校 20 年来，佳华学校培养学生成千上万。在校时，学生们在老师的谆谆教导下，耳濡目染，成绩不断提高，每年在中国和当地的各项比赛中频频获奖；走出佳华学校后，被北美著名高校点名招去的不乏其人，众多学生逐渐成为各条战线上的骨干力量。

回顾佳华学校的发展历史，校长荣萌女士自豪地表示，佳华学校白手起家，从一无所有开始，发展到如今的规模和水平，除了来自祖国的巨大支持，凭的是教师和学校管理人员淡泊名利、敬业努力，凭的是热心家长扶植理解、鼎力支持，凭的是本地华人对祖国的信念、对民族的感情。随着中国经济改革的迅猛发展，中国和大多数国家共同创建孔子学院，为世界进一步了解中国搭建桥梁，自 2007 年开始，作为佳华学校校长的荣萌，还在当地的道森学院成立的魁北克孔子学院中担任院长的职务，承担起在海外全面传播中国文化的重任。路漫漫其修远兮。荣萌女士和佳华学校将不断努力，积极开拓，再创辉煌。

4. 苏一新先生简介

苏一新先生原名苏志福，1948 年跟随父亲到缅甸。抵缅后的第二年即 1949 年，苏先生便加入华侨互助会，开始投身漫长而艰辛的爱国事业和华教事业，矢志不渝。在缅甸生活了一段时间后，苏先生经常发现一些华人华侨的后代不会讲中文，这种现象令他痛心疾首。他认为，一个民族一旦失去自己的语言文化，就意味着这个民族的灭亡。作为一个坚定的爱国华人，他衷心地希望看到华人华侨子女学习中文、中华传统文化在缅甸发扬光大。他希望通过华文教育让缅甸的华人华侨下一代掌握中国的语言和文字、了解中华民族的传统文化和美德。他坚信学习中华语言文化、继承中华民族的传统美德对广大海外华侨华人有着重要的价值和深远的意义。本着“作为华侨华人的后代，理应会讲中国话”的信念，苏先生开始踏上探索华文教育发展的道路，在推广华文教育、弘扬中华文化的这条道路上，苏先生一走就是 60 年。

1953 年，苏一新先生第一次参加华文教育工作，加入顶淡汶地区创办的华侨公学董事会，并当选为常务董事。华侨公学是该地区第一所也是唯一一所华侨学校，在校学生 200 余名。华侨公学的创立，对顶淡汶地区华文教育的起步和推广起到了至关重要的作用。1959 年，苏一新先生与林伟涛先生一同在南澳镇创办了南澳镇华侨小学。由于资金匮乏，苏一新先生独资购买了学校课桌椅及其他教学设施，推动了南澳镇地区华文教学的发展。在努力探索华文教育的征途上，苏先生遭遇了重重艰难与险阻。正所谓万事开头难，每所学校创办之初，都是从一两个学生开始，慢慢扩大规模。在实践过程中，他坚定了一种信念：对华侨华人下一代进行华文教育，不仅仅是一种语言教育，它还背负着民族文化薪火相传的使命。正是这种神圣的使命感和高度的责任感，支持苏一新先生一路走来。

自1965年华文学校收归国有以后，缅甸政府全面禁止华文教育。曾经辉煌一时的两所正规华文学校——华侨中学和南洋中学，被缅甸政府收归国有。自此，华文教育在缅甸陷入了举步维艰的境地，只能以零零散散的补习班的形式苟延残喘。看到这种情形，苏一新先生痛心不已，但是这并没有动摇和打消苏先生开展华文教育的信念。教师的匮乏对于当时的缅甸来说，还不是最大的问题。在教学的过程中，除了教师之外，最不可或缺的就是教材，但是由于缅甸政府明令禁止华文教育，因此华文教材也被限制进入缅甸。为了继续发展华文教育，自2000年至2009年，苏一新先生冒着极大的危险从中国边境城市瑞丽把汉语教材运送到仰光，全程费用均由苏先生独自承担。在缅甸局势日益明朗之后，华文教育也渐渐有了喘息的机会，仰光华文教育借机复苏，各地华校纷纷复办。在这一关键时期，苏先生运送的教材就如同雪中送炭，让华文教育的星星之火有了发展成为燎原之势的可能。除了苏先生自己创办的学校使用的教材以外，他还免费为缅华图书馆、缅华文化艺术协会以及仰光各华校运送教材。可以毫不夸张地说，缅甸的华文教育能够延续至今，发展到现有的规模和水平，苏一新先生功不可没。

苏一新先生对华文教育的热忱源于他拳拳的爱国之心。2002年，为满足广大华人华侨及其子弟学习汉语、了解中华文化的迫切需求，时任缅甸福建同乡总会副会长的苏一新先生倡导创办福星语言与电脑学苑，为此，苏先生先后8次自费前往昆明向云南省侨办申请外派教师和开设课程所需的300套汉语教材。创校之初，学校遭遇了一系列的困难：没有办学的场地，没有专业的教师，没有适用的教材，等等。尽管如此，苏先生也没有被困难吓倒，他理清头绪，逐一解决问题。没有办学场所，就把会馆当作学校；没有专业的教师，就向中国国内申请外派教师，并借助外派教师的力量带动本地教师的培养；没有适用的教材，就千里迢迢从中国的边境偷偷把书运进缅甸。回想创校之初，学校仅有零星的几个学生，经过10年的发展，福星语言与电脑学苑已经发展到在校学生800多名的规模，成为仰光地区规模最大的华校之一。

在漫长的探索过程中，福星语言与电脑学苑的办学规模越来越大，名声也越来越响。此时，苏一新先生清醒地认识到，推广华文教育，弘扬中华文化，绝非一人能为之事，华文教育事关华人社会发展兴衰，需要各方仁人志士共同努力。只有汇集各方力量，开辟多种渠道，才能推动华文教育事业不断向前发展。他深信华文教育的实质是借助中华民族语言推广、传承、弘扬中华文化，保持华侨华人下一代的民族特性。开展华文教育，不能只限于语言功能的传授，同时也要将语言文字的学习与文化的传承有机结合起来，使受教育者在学习语言的过程中，了解、继承和发扬中华民族优秀的传统文化。机遇总是垂青有准备的头脑，在得知中国国家汉语国际推广领导小组办公室在海外建立孔子学院和孔子课堂大力推广汉语教学时，苏一新先生激动不已。2007 年 7 月，他来到地处福建的华侨大学，向华侨大学提出了合作创办福星孔子课堂的意向。在中国国家汉办和合作方华侨大学的大力支持下，福星孔子课堂于 2009 年 11 月正式揭牌成立。正是由于苏一新先生抓住机遇，积极参与，主动作为，才促成了福星孔子课堂的成立。从福星语言与电脑学苑到福星孔子课堂的建立，福星完成了一次完美转型。福星孔子课堂作为文化交流型孔子课堂，不仅为汉语的推广和文化的传播起到了积极有力的作用，同时也为促进中缅两国的文化交流和两国人民的传统友谊奠定了坚实基础。

福星孔子课堂成立以后，立刻向中国国家汉办申请新汉语水平考试（HSK）、新中小学生考试（YCT）和商务汉语考试（BCT）考点，并每年举办这三类考试，为仰光地区广大汉语学习者提供了一个检测自身汉语水平的机会。从 2009 年起至今，参加这三类汉语水平考试的人数已经达到 6000 多人次，对仰光地区汉语教学的发展起到了极大的推动作用。苏先生对这三类考试非常重视，每逢考试都会亲临考场指导工作，以确保考生在一个良好有序的环境中进行考试。

福星孔子课堂成立以后还负责承办“汉语桥”世界大、中学生中文比赛缅甸仰光赛区的预选工作。由福星孔子课堂推荐的选手在中国举办的“汉语桥”决赛中均取得了优异的成绩。自 2010 年起，福星还先后与勃生勃华语言与电脑中心、Total Learning Academy 和 IMEC 等学校签署了合作协议，帮助他们开展汉语教学。截至 2012 年，在福星的指导和帮助下，学习汉语的学生人数达到 4000 多名。如今，福星语言与电脑学苑孔子课堂不论是在教学规模、师资力量，还是教学质量方面都处于领先地位，成为仰光及周边地区汉语教学机构的典范，带动缅甸南部地区汉语教学的全面发展。因此，2009 年被国务院侨务办公室授予“华文教育示范学校”的光荣称号。作为这个学校的董事长，也是学校的创始人之一，苏先生为这个学校捐献了巨额的资金并倾注了大量的心血。苏一新先生认为，随着中国国际地位和国际影响力的不断增强，中国与世界各国在政治、经济、文化、教育等领域的交流将日益频繁，汉语的应用价值应该会大大提升，特别是汉语的商业价值。作为与中国一水相隔的邻邦，缅甸必将掀起一股汉语热潮。苏先生希望借助这股热潮推动缅甸南部地区华文教育的全面发展。

除了办学之外，苏一新先生还通过其他文化活动来推广中华文化。缅华文化与艺术协会主要负责协调缅华各文艺团体及华文补习班的工作。自 2011 年以来，苏一新先生就被推举为该协会的会长。在他的领导下，协会每年举办演讲比赛、歌咏比赛、作文比赛等一系列文化活动，为中华文化在缅甸的推广做出了杰出贡献。

每个人的心中都有一个梦想，在苏一新老先生的心里，他最希望看到的是缅甸能有一所正规的华文学校，这也是他毕生为之奋斗的目标。虽然已是80高龄，本该颐养天年，享受天伦之乐，但苏先生却毅然舍去含饴弄孙的乐趣，孜孜不倦地致力于推广华文教育，弘扬中华文化，老而弥坚。苏一新先生长期以服务社会为己任，他对祖籍国的爱是如此纯粹，如此深沉。尽管前行的道路荆棘密布，但苏一新先生在弘扬中华文化的道路上步伐愈加坚定。

5. 孙浩良先生简介

孙浩良先生于1951年9月出生于江苏无锡，中学毕业后下乡务农，两年后应征入伍，1973年被选送到上海复旦大学哲学系深造，并于1978年考入中国社会科学院研究生院，是中国实行学位制后的首批哲学硕士学位获得者之一。孙浩良先生于1981至1991年任职于中央美术学院，先后担任讲师、副教授，并兼中央美院党委委员、宣传部长，发表过《当代西方哲学思潮》《艺术的涵义》《当代西方艺术理论概述》等论著和译作。

1991年7月，孙浩良先生移居澳大利亚墨尔本市，应聘在莫纳什大学亚洲系教授汉语课程。正是这个机遇，使他与海外中文教育结下了不解之缘。早在1992年底，他就发起创建了当地第一所由中国大陆学者主办的周末中文学校，第一个明确倡导以简体字、普通话和汉语拼音为基础的华人社区民族语言教学。

学校办学刚开始举步维艰。开学第一天只有包括他自己的孩子在内的6名学生，但是他并没有因此气馁，而是亲自走上讲台以他渊博的学识和生动有趣的讲课，赢得了学生们的喜爱和家长们的信任。很快学校的名声传播开来，报名入学的孩子越来越多。到第三年，学校就扩展到两所分校近400名学生。繁重的教务让他感到分身乏术，献身华文教育的远大理想使他下决心辞去了大学的教职，全身心地投入华文教育事业。

孙浩良把他创办的学校命名为“新金山中文学校”是颇具深意的。“新金山”是19世纪淘金时代的华工们对墨尔本地区的别称，以区别于当时已挖尽金子的美国旧金山。他在《让我们一起来开发这座金山》（1993年）这篇文章中写道：“新金山这个名字，更容易使我们联想起老一代海外华人的血泪史，但是，难道我们今天不应该赋予它新的内容吗？过去，我们的前辈漂洋过海来到澳洲，开发新金山，是为了他们的子孙后代；如今，虽然淘金时代已经过去，但是，就在我们的身边，同样有一座金山有待我们去开发，那就是尽快地把我们的孩子培养成才，让他们去实现我们曾经梦寐以求而尚未实现的宏愿。”

二十多年来，孙浩良先生始终孜孜不倦地探索着海外华文教育可持续发展的途径。为鼓励更多的华裔家长将子女送到学校来学中文，他坚持“非政治性、非宗教性、非营利性”的办学原则；为便于学生们就近入学，他先后开设了10所分校，目前已有近5000名在校学生；为减轻家长们的经济负担，他坚持低学费标准，还采取3至4岁学童全免学费、同一家庭第3个子女半免学费、为优秀学生提供奖学金等措施。为此，他于2006年发起创办了新金山中文教育基金会，每年都有相当一批优秀学生和教师获奖。

孙浩良先生从办学之初就很重视华文教育的正规化建设。“业余学校办出专业水平”是他的口号和目标。为此，他十分注重教师培训、教材开发、教学科研等基础性工作，他本人还利用业余时间撰写和发表了《海外华文教育》专著及多篇学术论文。新金山中文学校的教学成果十分显著，在历年的全省高考中文科目中都保持着成绩遥遥领先的地位。本省英文主流报纸曾多次到学校采访报道过。

他还较早提出了探索海外华文教育产业化发展的思路，并且身体力行，围绕着华文教育事业，利用学校的资源优势先后办起了印刷、出版和传媒等企业，不仅取得了较好的经济效益，也为学校的发展做出了很大的贡献。

近年来，孙浩良先生又把中文课堂搬进了当地的全日制中、小学校。他认为，华文教育不能自囿于华人社区，应该走进主流社会，这是华文教育新的增长点和制高点。他还提出“汉语推广要从洋娃娃做起”。《人民日报》海外版以此为标题，头版头条做了长篇报道。目前新金山中文学校已在当地的20多所中、小学校内开设了“课后中文班”，受到学生和家长的热烈欢迎。

孙浩良先生在华文教育领域所做的努力和贡献，得到了澳中两国政府及有关部门的充分肯定和高度赞誉。2001年国际志愿者年，澳大利亚时任总理霍华德亲自签发奖状，以表彰他在社区文化建设中所做的贡献；中国国务院侨务办公室于2011年授予他“热心海外华文教育杰出人士奖”；他还是上海海外交流协会的理事并长期担任上海华文教育研究中心的海外专家。他在2013年中央电视台中文国际频道举办的“全球侨胞中国梦”征文比赛中，以《让世界上更多的人会说中国话》一文荣获特等奖，应邀出席在北京举办的颁奖典礼。

6. 陶凯女士简介

陶凯女士毕业于北京大学生物系，1987年赴美。曾在北京大学、中国医学科学院、协和医科大学、波士顿生物医学研究所、塔芙茨大学等科研院所长期从事科学研究工作。陶凯女士自1995年接任剑桥中国文化中心中文学校校长、1997年担任剑桥中国文化中心副董事长至今，从事华文教育将近20年。

陶凯女士热爱中文教育事业，在过去的十几年中尽心尽力地为中文学校服务。在工作中善于探索，勇于开创新的项目，联系社会各个方面，和学校同仁一起把中文学校从一个只有7名学生、1名教师的小型中文课后补习班发展成为现在的拥有近千名学生、近70名教职工、两处校区、约1400平方米场地的正式教育机构。目前该校办学层次齐全、课程设置丰富多样，学校开设了近50门课程，孩子从两岁九个月起就可以接受中英双语教育，从而使华文教育系统化。

陶凯女士对华文教育工作倾注了满腔热忱，自担任中文学校校长以来，她凭借高瞻远瞩的治学理念促进学校的全面发展。

第一，重视学生的文化教育，在传授文化知识的同时，也注意培养学生们对中华文化传统的认知。该校在美东地区是第一所教授简体字、普通话和汉语拼音的中文学校。

第二，注重学生的全面发展。在过去的20多年中，该校培养出许多全面发展的优秀学生。他们在全美各种比赛（如中文比赛、数学比赛、绘画比赛等）中屡获大奖。多元文化、双语能力，使不少学生在中学、大学成为学生领袖。

第三，注重文化交流。为了更好地弘扬中华文化，该校组织参与了许多文化交流活动。在剑桥市庆祝建市150周年的游行中，该校的秧歌队伍成为有史以来第一次出现的华人队伍，令人耳目一新。学校协助中国国务院侨务办公室在波士顿地区举办多次大型文艺演出；还多年组织学生回中国参加“寻根之旅”活动，让学生亲身体验博大精深的中华文化，促进学生了解自己的祖籍国。

第四，注重师资建设。建立了美中文化教育交流中心，利用远程教育系统为大波士顿地区多所中文学校甚至大学中文教师提供了培训。中心多次组织波士顿地区大型教学研讨会，提高了海外的中文教学水平。

第五，注重学术提升。中心还重视学术传播工作。中心与美中文化研究所合办学术期刊《美中社会和文化》，这是一份高层次的专业学术刊物，面向学术机构与大学，不少中美知名学者为其顾问或作者。

第六，注重社区服务。20年来，中心努力帮助华人解决在美国社会生活和生存所面临的困难和问题，逐步成为华人社区活动和服务的中心。此外，该校每年还面向社区免费举办各种类型的讲座。

陶凯在全美中文学校协会工作期间，曾代表协会与其他华人社团一起努力，成功开办了AP中文项目。陶凯凭借丰富的华教工作经验，致力发展中文教育，为促进美中文化交流与发展做出了不懈的努力。她曾任全美中文学校协会理事会四届理事兼协会副会长，曾被中国国务院侨务办公室授予“优秀华教工作者”称号，2011年获得中国国务院侨务办公室颁发的“热心海外华文教育人士奖”。陶凯现兼任北京市侨办北京海外交流协会理事会理事等职。

7. 伍善雄先生简介

伍善雄先生祖籍广东顺德，出生于香港，1968 年移居英国，在英国纽卡斯尔创立百顺旅行社事务所，此后，把经营范围扩大到房地产。他于 1990 年被推选为纽卡斯尔华新社会长，后与当地的房屋协会合作，创立英国东北地区第一所华人安老院。在历任英国华人社团联合总会秘书长期间，他积极安排联合总会参加国际侨团活动，更在东北地区积极为癌症基金和儿童基金筹款效力。1992 年伍善雄先生进入纽卡斯尔大学校董委员会，成为英国大学的第一位华人校董。

为了弘扬中华文化、留住华夏之根，伍善雄先生于 1993 年参加创立了英国中文教育促进会，积极推广国务院侨务办公室的《中文》教材，呼吁学校实行“字同文，语同音”的教学改革。在当时以粤语及繁体字教学为主的侨社学校，他大力倡导采用普通话和简体字教学。除了积极组织教师回国接受普通话教学培训外，他还安排华裔青少年到北京学习汉语及中华文化，10 多年来，每年都组织逾 100 名华裔青少年回国参加夏令营学习。此外，为了鼓励华裔青少年多说普通话，他于 2003 年创办了全英普通话朗诵比赛，每年定期于伦敦、曼彻斯特及爱丁堡三地隆重举办，目前每年参赛的华裔及非华裔学生达 1000 人。“汉语文化学习夏令营”及“全英普通话朗诵比赛”已成英国中文教育促进会文教活动系列中的品牌项目。

伍善雄先生重视传统优秀文化的传承，为丰富华裔青少年伦常道德观念，以弥补西方道德中的一些缺失，他向侨社中文学校宣扬儒家学说，从 2010 年开始每年举办齐鲁文化知识学习和竞赛。此活动深受老师及家长的欢迎，4 年来已有 600 多名华裔青少年参加学习和竞赛，成绩令人鼓舞。他每年还组织安排 30 名学生前往济南参加齐鲁文化夏令营活动。

为激发华裔青少年学习汉语文化的热忱和兴趣，伍善雄先生于 2007 开始举办“邯郸杯”成语学习竞赛。由教学一线的教师负责搜集成语、编写学习资料。此项活动受学生欢迎的程度大大超过预期，参与者有来自中国家庭的孩子，也有相当一部分来自英国主流学校，每年参加成语竞赛的学生逾 100 人。

师资队伍的不稳定和教师水平的参差不齐是英国周末华校急需解决的两大难题。鉴于此，伍善雄先生除了鼓励老师每年夏天回中国大陆参加国务院侨务办公室举办的多项目培训班、申请外派专家来英国给老师们培训，还于 2011 年 3 月开创性地牵头引线与中国暨南大学华文学院签署合办“华文教育专业、对外汉语专业”本科教学站，此课程以函授及面授的形式对学生进行 3 至 4 年的培养。成绩合格者可获得暨南大学相应的华文教育专业或对外汉语专业本科毕业证书。符合学位管理规定的华文教育专业学员最终可获得教育学学士学位，对外汉语专业可获得文学学士学位。首届30位学员（在职老师）将于2015年前往暨南大学参加毕业考试，并出席毕业典礼。伍善雄先生相信这30个合格的华文教师日后定能成为30所周末华文学校的中坚力量，并将发挥他们“星星之火可以燎原”的作用，带动更多的华文教师提高自身教学能力。

伍善雄先生坚信，在海外推广华文教育是实现强国之路的一个有效方式，因为中国不仅要成为经济大国、政治大国，更应该成为文化大国，这就迫切需要在海外传播推广汉语言和优秀中华文化。一方面，海外华裔青少年学习了汉语和中华文化后，寻找到自己的文化之“根”，增强了民族认同感；另一方面，外国人学习了汉语和中华文化后，也更有利于中外交流和中外友好。

为表彰伍善雄在癌症基金、儿童基金方面所做的努力及其致力于高等教育方面的工作，2000年6月18日，英国女王授予他MBE大英帝国勋衔。同年6月26日，他当选为英国中文教育促进会第四届会长，至今已任逾12年的第七届会长。他于2000年10月倡议并创立了英国华文教师节，定期于每年10月的第3个星期天在伦敦隆重举办庆祝教师节的活动，表彰优秀华文老师。他常以“家事国事天下事，推广华文教育是大事”来勉励老师为海外华文教育做出更大的贡献。伍善雄先生在弘扬中华民族文化、拓展海外华文教育中做出了巨大贡献，取得了骄人成绩，被国务院侨务办公室授予“优秀华文教育工作者”光荣称号。

8. 杨启秋先生简介

柬埔寨华文教育事业取得举世瞩目的辉煌成就，离不开杰出的华社领袖杨启秋先生的领导。长期以来，杨启秋先生以坚定的信念和坚强的毅力，以高尚的风范和无私奉献精神，率领广大华人华侨齐心协力、团结奋斗、艰苦创业，历尽沧桑岁月，创造了柬埔寨华文教育事业空前繁荣的良好局面，为传承和弘扬中华民族文化做出彪炳史册的卓越贡献。

杨启秋先生祖籍中国广东省潮安县庵埠乡，1944年9月25日出生于柬埔寨磅针省，幼年时家教严格，承沐祖训，颇受教益。4岁，随父亲回家乡汕头读书；1949年，转往香港求学；两年后回到柬埔寨金边市端华学校就读，学习中华民族文化，接受中华民族传统熏陶。初中毕业后，杨启秋先生怀着“经商致富，造福社会”的远大志向走进社会。他聪明能干，勤勤恳恳，展露出不凡的才华，26岁即果敢地创办纺织厂，成为享誉金边的“小老板”。20世纪70年代后，柬埔寨陷于战火之中，局势混乱，社会动荡，民不聊生，杨启秋先生虽身临困境，但他凭着超群的智慧和胆略从事进出口贸易，经过10多年的艰苦创业，奠定了雄厚的产业基础，打造了闻名国内外的综合性、国际性公司——冠霖国际集团，集团旗下拥有多家产业公司，成为柬埔寨国家建设与发展的有生力量。

事业有成、地位显要的杨启秋先生始终把“传承民族精粹，弘扬中华文化”作为伟大志向，满腔热忱地肩负起发展柬埔寨华文教育的历史重任。1992 年，他率领华社精英为柬埔寨华文教育事业复兴奔走呼号，捐款出力，终于使因战乱而凋零破败的端华学校获得新生。1994 年，杨启秋先生发动潮籍乡亲重建潮州会馆，并被推选为第一届理事会会长。上任伊始，他即把发展华文教育事业作为工作的重中之重，提出的第一项重大决策就是增建端华分校。他亲自担任端华学校建校委员会主席，亲自主持建校工作，亲临现场组织指挥，带头出钱出力，积极筹措资金，克服各种困难，在最短的时间内建成柬埔寨史上规模最大、学制最全、水平最高的华校，为端华学校的发展奠定了坚实基础。杨启秋先生非常关心端华学校的发展，积极倡导以改革促进步等一系列关键性、战略性、指导性理念，为端华学校的教学体制、教师队伍、教学管理、教学改革、教学理念、教学设施等建设指明了方向，使端华学校各项工作日新月异、蓬勃发展、傲居前沿，取得前所未有的丰硕成果，为柬埔寨经济和社会发展培养了大批优秀人才。2011 年端华学校被中国国务院侨务办公室授予“海外华文教育示范学校”荣誉称号。

1995 年，杨启秋先生众望所归，当选为柬华理事总会主要领导。从此，他义无反顾地肩负起领导全柬华文教育事业发展的历史重任。近 20 年来，他以超人的睿智和胆略，实事求是，与时俱进，富有创意地实行了一系列重大的战略性、基础性、历史性的举措。

第一，确立柬华理事总会对柬埔寨华文教育事业实行一元化领导机制。统一教学体制、统一教材使用、统一师资管理、统一重大教学活动，集中人力、物力、财力，对全国范围内的华校实行统一、全面、系统的协调管理。

第二，建立和充实柬华理事总会文教处、教材师训处等华教管理机构，强化管理职能，通过系统化、专业化、职能化的管理，更好地为基层华校服务。

第三，成立柬华文教育基金会，亲自担任基金会主席，带头捐献巨款，并发动社会各界热心人士为柬华教育事业发展筹集大量资金，解决华校教学及发展资金短缺的困难。

第四，紧密结合柬埔寨华文教育实际，参照国内外最新标准，编辑出版华文中小学教材，建立起富有特色的华文教材体系，使柬华教育事业向本土化、规范化、现代化发展。

第五，带头捐助资金并动员华社社团和社会热心人士筹措资金，建设和改善华校教室及教学设施，添置电脑、图书、文体器材等设备，使华校教学环境及教学条件得到明显改善。

第六，积极采取请进来讲授和送出去学习的方法，长期坚持不懈地培训师资力量，提高教师队伍素质，更新教师知识水准，使柬华教育事业焕发活力。

第七，积极与中国国务院侨务办公室和中国国家汉办等部门紧密合作，引进祖籍国教师人才，充实教学力量，传播教学经验，促进教学进步。

第八，大力倡导改革之风，有步骤、有重点、多种形式地组织开展教学改革活动，使华校师生拓宽视野、转变思维、更新理念、改进方法，逐步形成一套富有特色的教学模式，促进柬华教育事业可持续性发展。

第九，坚持开展柬埔寨全国华校学生“大使奖”现场作文比赛等激励活动，以比赛促进华校教学，以比赛推动学生进步，以比赛弘扬中华文化，效果显著，意义重大，鼓舞人心，影响深远。

第十，主持创刊出版柬华理事总会机关报——《柬华日报》，并担任报社董事长，为弘扬中华民族文化、宣传和促进柬华教育事业发展开拓了宝贵的阵地。

杨启秋先生以其远见卓识和雄才大略，为柬华教育事业发展指明了前进的方向，奠定了非常珍贵的社会和物质基础，开辟了具有历史意义的道路，为柬埔寨华社华人发展进步做出异常卓越的贡献，也因此获得令人敬佩的荣誉和地位：2000 年荣任柬华理事总会会长，至今已蝉联三届会长；2002 年柬埔寨政府洪森总理授予他和夫人蔡巧娥女士“国家卫士”金质勋章；2011 年荣获中国国务院侨务办公室授予的“海外热心华文教育人士奖”；2013 年中国海外交流协会聘任他为“海外顾问”；他还被国内外许多社会团体授予各种荣誉职衔或荣誉称号。

9. 叶新田先生简介

叶新田先生于 1939 年在吉隆坡出生，祖籍广东省惠州市惠阳县，马来西亚华裔公民，现为马来西亚华校董事联合会总会主席。

叶新田 1959 年于尊孔中学高中毕业后，曾攻读英国伦敦大学外文学士学位，1989 年考入澳门东亚大学（即现在的澳门大学），并获得企业管理硕士学位（MBA）。1993 年他以论文“The Chinese Schools of Malaysia Towards the Year 2000”（《走向 2000 年的马来西亚华文教育》）获得美国肯幸顿大学教育博士学位。1998 年获得澳洲南十字星大学（Southern Cross University）企业管理博士学位。叶新田先生 20 世纪 80 年代从商，曾任伐木及运输公司董事经理。现为新运贸易公司及叶氏企业管理咨询公司董事长，从事建材贸易及企业咨询与人力资源培训服务。

叶新田博士精通中文、英文和马来文。从 20 世纪 70 年代开始以 3 种语言从事写作与翻译，题材包括教育、社会、经济、企业管理、文艺诗词等，至今出版著作超过 25 部。他将马来文学译成华文，又将马华文学和中国哲学名著译成马来文，对促进华巫文化交流做出了贡献。叶新田博士长期关注马来西亚华文教育的发展，为争取马来西亚华人权益不遗余力，学术著作多以华教为主题，近期有关华文教育的著作有《天行健，华教以自强不息》《大马华文教育迈向二千年》《承先启后　再攀高峰——董总主席叶新田博士华教言论集》等。叶新田博士对其他领域，如文学、企业管理等，也广为涉猎，曾出版著作《风雨如晦壮征程——叶新田诗文片片集》《亚洲企业管理的金科玉律——华人企业经营管理的12项成功秘诀》等。

作为马来西亚华文教育界的重要领导人，叶新田博士长期关注当地华文教育的发展，为马来西亚建成完整的华文教育系统奔走。他推行独立中学，呼吁华人华侨社团支持华教，自己身体力行。20世纪60年代曾在吉隆坡两所华文独立中学担任马来文教师；1970年至1975年被政府内安法令扣留；70年代下半期任华文报记者、商会助理秘书和出版社出版经理等；80年代开始积极参加华文教育工作，80年代末、90年代初开始参与马来西亚华校董事联合会总会（董总）领导工作，其间曾于1989年代表董总出席国家经济理事会、1991年代表董总出席国家教育咨询理事会。自1991年至1997年担任董总总务、1997年至2005年担任董总署理主席、2005年至今担任董总主席。除了董总主席一职外，叶新田博士还兼任董教总教育中心（非营利）有限公司董事部主席、董教总全国发展华文独立中学运动工作委员会主席、雪兰莪暨吉隆坡联邦直辖区华校董事会联合会主席、雪兰莪惠侨互助会会长等职。此外，叶新田博士还受聘为中国数地海外交流协会顾问及常务理事、东南亚华文教学研讨会义务秘书长，受聘为中国多所大学客座教授，在中国、印尼及菲律宾等地主讲多场华文教育巡回讲座会。2009年叶新田博士受邀到中国北京观摩60周年国庆庆典。

10. 郑年锦先生简介

郑年锦先生于1931年4月20日出生于印尼西爪哇省首府万隆市，祖籍福建福清市渔溪镇，系渔溪定山郑氏25代世孙。其于幼年日本南侵时避难到郊区小镇，在日本投降之后于万隆新隆华小学受中文教育，后随父经商。1949年到印尼首都雅加达工作。经多年的奋斗，1957年创办了进出口公司，主要进口纺织品和纱线；1961年和几位朋友合作在中爪哇省创办第一家织布厂，采用中国织布机和日本印染设备；1969年在西爪哇省兴建织布厂，70年代初成立马龙佳集团至今，现任集团董事长。马龙佳企业集团目前主要从事纺织、房地产开发、钢铁、饲养等行业，约5万员工。郑年锦先生为印尼的经济发展和社会进步及人民就业做出了重大贡献。

除了事业上的巨大成功，郑年锦先生对教育事业也有着执着的追求。他先后担任印尼Tarumanagara大学董事和印尼Prasetiya Mulya商学院基金会董事，为印尼高等教育的发展献计献策。对印尼华文教育的健康发展，他更是做出了巨大贡献。为了配合印尼教育部解决雅加达华文教育中存在的问题，使印尼的华文教育事业得到稳步健康的发展，“雅加达华文教育协调机构”于2004年应运而生，由郑年锦先生担任该机构辅导委员主席。

为了使广大中下层印尼学子拥有一个学习汉语和出国深造的平台，2005年他与几位华裔合股创办了新雅学院，并出任学院董事长。学院创办后即与中国华侨大学和福建师范大学签署合作协议，实施“3+1”与“2+2”的教学体制，为印尼培养了众多高质量的华文教育人才。此外，郑年锦先生还担任新华南洋国际学校董事。该校成立于2012年，是继印尼八华学校之后，雅加达的第二所现代化的华侨学校，囊括了幼儿园、小学至高中阶段的教育，旨在培养自强自立、实事求是、深懂礼仁孝义、诚信务实、富有儒家内涵的优秀人才。

作为印尼著名的爱国侨领，郑年锦先生多年来造福桑梓，为祖国和家乡人民的教育事业倾注了满腔热情。郑年锦先生于1995年在家乡福清市渔溪镇独资500多万元兴建虞阳小学，1997年捐赠30万元添置电脑、图书馆设备，2001年又捐赠60万元建电教楼，2003年再次捐赠23.5万元添置多媒体教学设备和教师服装。在郑年锦先生的倾力支持下，虞阳小学以其先进的办学理念、一流的办学质量迅速得到了广大家长的认可，成为当地老百姓心中的名牌。

郑年锦先生作为华侨大学校董会副董事长，为华侨大学的发展出谋划策，并多次捐款在华侨大学泉州校区兴建侨总图书馆，在华侨大学厦门校区兴建郑年锦图书馆。郑年锦先生表示，希望图书馆大楼建成后能发挥保存人类文化遗产、传递科学情报、开发智力资源的功用；并希望自己的所作所为能带动更多有识之士为华侨华人自己的大学——华侨大学的建设发展做出更大贡献。除了捐资助学外，郑年锦先生参与兴建了养老院、医院、福建华侨博物馆等工程，还为闽江调水工程和四川汶川地震救灾工作捐资捐款。

郑年锦先生现任世界福清同乡联谊会理事会永久名誉主席、印尼华裔总会名誉主席、印尼雅加达华文教育协调机构辅导委员会总主席、印中经济社会文化合作协会副总主席、中国国务院海外交流协会常务理事、北京市侨联顾问、华侨大学校董会副董事长等职。郑年锦先生为团结印尼华侨华人力量，促进中国与印尼的经济和文化往来、华文教育事业的发展做出了巨大贡献，2000年在北京受到江泽民主席的亲切会见。

第七部分

福建省 2013年度华文教育工作

一　夏（冬）令营情况

2013年，福建省共举办各类夏（春、秋、冬）令营84期，参营人数达10032人，继2012年后办营规模再超万人，有22个国家和地区的海外华裔及中国港澳台地区的青少年参加了活动。“请进来”办营73期，6544人参营，其中与设区市县合作办营47期2120人（福州3期102人，厦门4期82人，漳州1期200人，泉州20期689人，莆田2期47人，三明1期135人，南平4期241人，龙岩5期326人，宁德5期238人，致公党2期60人）；省市侨办独立办营8期2087人；43所福建省属海外华文教育基地校直接或间接参与办营，其中直接办营21期，人数2368人。“走出去”办营11期，营员人数3488人，其中省侨办4期1710人，海外华文教育基地校7期1778人（见表7－1、表7－2）。

表7－1　福建省2013年度“请进来”夏（春、秋、冬）令营情况

各地市办营情况	营期	人数	备注
福州3期102人	闽清营1期	40	
	福清营1期	34	冬令营集结
	福州营1期	28	北京集结
厦门4期82人	美国营	14	
	俄罗斯营	24	
	台湾营	25	
	北京集结	19	北京集结
漳州1期200人	台湾营	200	台湾营
泉州20期689人	丰泽1期	36	
	洛江1期	30	
	永春北京集结1期	30	北京集结
	永春冬令营3期	131	冬令营集结
	惠安营1期	50	

续表

各地市办营情况	营期	人数	备注
	惠安北京集结 1 期	30	北京集结
	惠安冬令营 1 期	25	冬令营集结
	安溪营 1 期	36	
	安溪冬令营 1 期	60	冬令营集结
	南安营 2 期	57	
	南安八闽行 1 期	50	基金会
	南安北京集结 1 期	29	北京集结
	晋江营 1 期	30	
	晋江北京集结 1 期	29	北京集结
	晋江冬令营 1 期	21	冬令营集结
	泉港区冬令营 1 期	45	冬令营集结
莆田 2 期 47 人	莆田营 1 期	30	
	莆田八闽行 1 期	17	基金会
三明 1 期 135 人	三明冬令营 1 期	135	冬令营集结
南平 4 期 241 人	南平营 2 期	93	
	南平北京集结 1 期	18	北京集结
	邵武营 1 期	30	
	武夷学院台湾营	100	南平市
龙岩 5 期 326 人	龙岩营 1 期	100	
	龙岩八闽行 1 期	50	基金会
	永定营 1 期	48	
	永定冬令营 1 期	59	冬令营集结
	新罗区营冬令营 1 期	69	冬令营集结
宁德 5 期 238 人	古田北京集结 1 期	29	北京集结
	古田八闽行 1 期	51	基金会
	古田冬令营 1 期	81	冬令营集结
	屏南营 1 期	33	
	屏南冬令营 1 期	44	冬令营集结
致公党 2 期 60 人	缅甸营 1 期	25	
	菲律宾营 1 期	35	
省市侨办独立办营 8 期 2087 人	菲华学生学中文夏令营 1 期	810	
	中华文化八闽行泉州集结营 1 期	415	基金会
	北京集结营暨第六届联欢节	339	
	菲律宾福建行夏令营 1 期	34	
	加拿大营 1 期	16	

续表

各地市办营情况	营期	人数	备注
海外华文教育基地校21期2368人	归侨侨眷子女营1期	93	
	泉州市境外新生文化活动夏令营1期	220	泉州市
	三明清流夏令营1期	160	三明市
	南少林国际学校营8期	646	
	华侨大学3期	593	
	集美大学2期	149	
	福建师大5期	440	
	厦门外国语学校3期	540	

表7-2 福建省2013年度“走出去”夏（春、秋、冬）令营情况

主办/承办单位	名称	人数	备注
福建省侨务办公室（福建省海外交流协会）	中国文化海外行——南非营	350	金辉集团资助
	中国文化海外行——金辉集团新西兰营	250	
	中华文化大乐园印尼泗水棉兰营	560	
	共庆中国年·八闽文化——走进印尼巴厘岛	200	
	共庆中国年·八闽文化——走进澳大利亚悉尼	200	
	共庆中国年·八闽文化——走进澳大利亚布里斯班	150	
	合计	1710	
福建省海外华文教育基地校	共7期，分别在菲律宾马尼拉、宿务、罗申那、三宝颜，泰国普吉、曼谷，美国加利福尼亚等地开展	1778	中华文化大乐园项目

2013年度，福建省开展的夏（冬）令营活动呈现以下特点：

一是办营期数多。全省各地竞相办营，营地遍及9个设区市，全省15个县（市、区）开展了办营活动。一年春夏秋冬，平均月月开营，最多的一个月有15个营在11个县（市）相继开营。

二是海外华文教育基地校积极参与。全省11个海外华文教育基地校参与了办营活动。

三是海外社团重视、积极参与。除了传统的东南亚国家社团和华教机构外，通过网络报名的欧洲、美洲、大洋洲等地区的华校和华教机构也成为福建省夏（冬）令营活动的新对象。

四是组织举办了5场大型活动：

1. 举办了菲华学生学中文夏令营开营式。2013年4月1日菲律宾航空公司董事长陈永栽先生，国侨办副主任马儒沛，福建省侨办主任杨辉、纪检组长闵蕙君等领导参加了此次开营式并授营旗，有810名菲律宾华裔青少年参加了活动。

2. 举办了“第六届福建海外华裔及港澳台地区青少年联欢节”。7 月 30 日，来自 13 个国家和地区的 300 余名海外华裔及港澳台地区青少年相聚福州，参加了 8 月 1 日举行的联欢节活动。福建省侨办主任杨辉、纪检组长闵蕙君出席了开营式。杨辉主任致辞祝贺，并向营员们颁授营旗。

3. 组织了“2013 年中国寻根之旅北京集结营”活动。8 月 2 日，省侨办纪检组长闵蕙君亲自带领 300 多名海外华裔及港澳台地区青少年赴北京参加国侨办举办的“2013 年中国寻根之旅北京集结营”活动，工作成效显著。

4. 举办了中国华文教育基金会项目——“2013 年中国文化行——金辉福建八闽营”活动。6 月 25 日，来自印尼、马来西亚、缅甸、博茨瓦纳、西班牙、德国等国家和地区的 300 多名海外华裔青少年齐聚泉州参加了开营式。这项活动得到了中国华文教育基金会的高度重视和充分肯定，基金会理事长林文肯、福建省侨办纪检组长闵蕙君出席了开营式，并向营员们颁授营旗。

5. 举办了 2013 年海外华裔青少年“中国寻根之旅”冬令营福建营活动。12 月 21 日，来自印尼、马来西亚、新加坡、新西兰、澳大利亚等国家的 300 多名华裔青少年齐聚厦门参加了开营式。国侨办文化司副司长周虹、福建省侨办纪检组长闵蕙君出席了开营式，并向营员颁授营旗。

二 文化交流和对外宣传

2013 年，福建省侨办积极拓展侨务外宣工作（见表 7-3）。

表 7-3 2013 年福建省侨办开展文化交流情况

时间	名称	内容	参与对象	主办单位
1.20-1.26	福建省侨联“亲情中华”艺术团赴马来西亚慰问演出	福建省侨联“亲情中华”艺术团一行 29 人赴马来西亚进行慰问演出。艺术团由福建实验闽剧院演员组成，演出 3 场。此次出访主要是祝贺马来西亚和中国建交 39 周年暨沙巴马中联谊协会成立	福建省侨联、福建实验闽剧院、马来西亚政府部分官员及当地华人等	福建省侨联
1.18-1.22	第五届世界华语文教学研究生论坛	围绕“全球化时代的世界华语文教学与中华文化传播”主题进行探讨交流	来自韩国、泰国、日本及中国大陆、台湾、澳门等地 40 多所高校的专家学者及华语文教育领域的研究生	华侨大学、台湾世界华语文教育学会
2 月上旬	优秀境外学生返回中学母校交流活动	华侨大学 2012 年优秀境外生通过个人交流、团队汇报、座谈宣传、问卷调查等多种形式，向母校中学汇报个人在华侨大学的学习、生活情况	来自中国香港、中国澳门、马来西亚、缅甸、印尼等国家和地区的 40 多名学生	华侨大学
3.21	中越三校联合办学，共推华教发展	华侨大学、昆明华文学校、越南河内第二师范大学在滇签署三方合作办学协议，促进中越两国教育交流与合作，共推华文教育事业发展	华侨大学、昆明华文学校、越南河内第二师范大学	
5.22	新西兰侨领到访福建宁德，探访中外合作办学	双方就合作办学、海外侨社建设、教育交流等事项进行探讨	新西兰基础商学院董事长、新西兰宁德商会会长王旭，宁德市外事侨务办公室	福建省宁德市外事侨务办公室

续表

时间	名称	内容	参与对象	主办单位
5月底－6月初	海外华文媒体高级研修班	来自美国《侨报》、南非《华侨新闻报》、印尼《国际日报》、韩国《新华报》、阿联酋《中东侨报》等报社的23位海外华文媒体记者参观陈嘉庚纪念馆、厦门城市规划展览馆、厦门国际邮轮码头中心等，开展采风报道	厦门市侨办、部分海外媒体	国务院侨办
5.28－6.7	“走基层·侨乡行”中央媒体团走进福建	记者在10天的走基层侨乡行中，在30多个采访点集体采访了华侨大学校长以及20多个学院的相关负责人、师生，采访了来自美国中文电视、《南美侨报》、《欧洲时报》等海外中文媒体的同行。采访了著名侨乡、历史文化名城泉州、厦门	“走基层·侨乡行”媒体团、福建侨办、泉州侨办、厦门侨办、华侨大学	国务院侨办
6.16	2013世界闽南文化节	以“弘扬闽南文化，增进交流合作”为主题，汇聚了泉州提线木偶戏、南音、梨园戏、高甲戏、歌仔戏、南少林武术等闽南文化艺术精粹。2013世界闽南文化节是第五届海峡论坛系列活动的重要组成部分	全国政协副主席张榕明、文化部部长蔡武、海协会会长陈德铭、文化部副部长赵少华、国侨办副主任任启亮、福建省委副书记于伟国和中国国民党副主席林丰正等出席，来自36个国家和地区的各界人士	文化部、全国侨联、台盟中央、全国台联、海峡两岸关系协会、中国广播电视协会和福建省人民政府
6.20－7.2	福建省委常委、宣传部长袁荣祥率团访问丹麦、瑞士和意大利	在丹麦，代表团考察了丹麦文化研究院并与其签订了合作意向书，就相互出版发行儿童读物和中国文化书籍达成了共识；与丹麦侨界达成了在哥本哈根华人社区合作建设闽侨书屋的意向。在瑞士，代表团与瑞中友协法语区分会主席白鹄先生就进一步加强媒体交流、文化创意、文艺演出、非物质文化遗产展示等领域的合作交换了意见。在意大利，代表团与那不勒斯省省长就文化旅游产业合作发展达成合作意向	丹麦文化研究院、瑞士瑞中友协法语区分会和意大利Intrado公司	
6.22－7.13	“华文教育·名师巡讲”赴印尼巡讲活动	“华文教育·名师巡讲”赴印尼巡讲活动，分赴印度尼西亚万登、锡江、丹绒槟榔开展师资培训活动。特邀福建省师范大学陈泽平、席扬、王汉生3位知名学者，分别承担汉字和词汇教学、阅读和写作教学、中国文化专题的授课任务	218名当地华文教师	中国海外交流协会主办，福建省海外交流协会承办

续表

时间	名称	内容	参与对象	主办单位
6.26	印尼东方音乐基金会到访福建厦门交流南音文化	印尼东方音乐基金会访问团一行38人专程到福建厦门同安进行南音文化访问交流	厦门同安银安堂南音研究会	
6.27	福建省文化代表团访问匈牙利	福建省文化代表团访问匈牙利并参观闽侨书屋	福建省政府、文化厅、外办，欧亚友好联谊总会，匈牙利福建同乡会，匈牙利华文媒体	福建文化厅
7.22－8.1	第二届“根连福建·情系华夏”访问团	访问团考察游览北京、上海、福建等地，鼓励和支持优秀华裔子弟增进与中国的联系	加拿大24名15至23岁的优秀华裔青少年	国务院侨办
8.28	美中观光协会访闽团	美中观光协会常务副会长曹胜华与福建省侨办副主任林泽春进行了座谈交流，希望今后加强联系，深化合作，共同谱写事业发展的新篇章	美中观光协会、福建省侨办	
10.18－10.27	福建省政协副主席、省新闻出版局局长郭振家率团访问南非、肯尼亚	代表团参加了由全非洲中国和平统一促进会举办的第二届非洲论坛，举行了“海西新风采　福建新跨越”图片展开幕式，签署了新闻出版领域全方位合作的意向书，参加了南非“闽侨书屋”、福建新华书店约翰内斯堡分店揭牌仪式暨第八届中国（福建）图书展	福建省新闻出版局、全非洲中国和平统一促进会、肯尼亚华人华侨联合会	
10.24	海内外信众福建古田交流“朱大姐”信仰文化	福建宁德市古田县凤山天婵宫举办朱赛英大姐信仰文化交流活动。百余名来自新加坡、泰国、马来西亚、英国等世界各地的华人华侨，及当地群众5000余人齐聚一堂，共同纪念“朱大姐”	海外华侨及当地信众	福建宁德市古田县凤山天婵宫
10.29－11.5	福建省侨联“亲情中华”艺术团赴印尼、马来西亚演出	福建省侨联副主席陈式海率领福建省侨联“亲情中华”艺术团赴印尼雅加达、泗水和马来西亚举办了多场慰侨演出	福建省侨联、雅加达吉祥山基金会（福州同乡会）、印尼东方音乐基金会、马来西亚亚庇福建会馆、当地华侨华人	福建省侨联
11.2－11.4	加拿大武术代表团赴福建泉州寻“根”交流	为了寻找武术的“根”，加拿大武术代表团一行28人到“东亚文化之都”福建泉州访问，11月2日在泉州南少林国际学校展开交流	泉州南少林国际学校	
12.3－12.14	2013年华文教育赴马来西亚福建讲学团	主要进行华文幼儿师资培训活动，开设了幼儿园语言教育、幼儿心理学、幼儿园数学教学、幼儿舞蹈教学、幼儿美工教学、幼儿园班级管理等教学专题	62名当地华文幼儿教师，当地华校董事长、董事成员，赴外学习交流返程的华文教师	中国海外交流协会、福建省海外交流协会主办，马来西亚沙巴亚庇中华工商总会承办

续表

时间	名称	内容	参与对象	主办单位
12.20－12.30	2013年东南亚国家华校骨干教师交流团	交流团团员观摩华侨大学华文学院华文教育专业课程，体验了华侨大学课堂，并听取教学法分析、青少年心理健康教育、太极拳等讲座，还参观当地人文景观，感受闽南风俗文化	来自印尼、马来西亚等国的30名华校教师	国务院侨务办公室主办，华侨大学承办

赴英国、巴西等6个国家采拍了第六批9人《天涯海角福建人》系列片。邀请22家华文媒体赴福州等四地采访；邀请美国《侨报》小记者团一行18人访问南平等四地。做好海峡两岸经贸交易会、福建省侨资项目对接会等福建省大型侨务活动的宣传工作。

以“走出去”模式，遴选并推荐福建省知名专家、学者和民间艺人共53人进入国侨办“文化中国·名家讲坛”资料库；组织福建省3名专家赴南非、肯尼亚、坦桑尼亚巡讲。

以“请进来”模式，举办“第五届世界华语文教学研究生论坛”，接待来自新西兰、加拿大、美国、印尼、马来西亚等国的4个交流访问团。

以合作办校和海外办学等方式加强与海外在华文教育方面的交流与合作。

三 华文教育师资培训

2013年，全省培训海外华文师资22期2022人，超额完成年计划任务。其中，省侨办通过“请进来、走出去”培训9期1261人；海外华文教育基地校培训13期761人。

一是“请进来”培训6期340名海外华文师资。培训了马来西亚华校幼儿和中小学教师班（3个班）、印尼华文中小学教师研修班、澳门福建学校访闽团、赴菲律宾任教的外派教师培训班。

二是“走出去”培训3期921名海外华文师资。组织了“华文教育·名师巡讲”赴印尼万登、锡江、丹绒槟榔开展师资培训活动，赴马来西亚霹雳州、沙巴州培训当地华文幼儿教师。

三是依托海外华文教育基地校培训13期761人，其中福建幼儿师范高等专科学校5期、福建师范大学2期、华侨大学6期。

四　华文教育资源建设

2013 年，福建省侨办向南非“闽侨书屋”捐赠第三批图书 1200 册。福建省侨办累计已向南非“闽侨书屋”赠书近 2000 册。

2013 年 6 月 30 日，南非“闽侨文化中心”举行揭牌仪式，宣告全球首个海外闽侨文化中心正式成立。福建省文化厅为“中心”配备了电脑、投影仪、音视频卡拉 OK 系统等设备，福建省图书馆的电子资源也将落户“中心”。“中心”的目的就是满足广大华侨华人对祖（籍）国文化的需求，建立中国和南非文化交流的桥梁，借此向南非社会介绍中国文化精品。

华侨大学已正式启动华侨华人信息中心建设。建设华人华侨信息中心系统的主要工作包括：集中学校力量建设全球华人华侨网；在有关学院进行的海外华文教育、华社、华文媒体、华商、人物等调研普查的基础上，建设全球华侨华人数据库、远程华文教育网等。

由国侨办与厦门大学携手共建的华文网络远程学历教育项目，于 2013 年 8 月 8 日在厦门启动。华文网络远程学历教育项目旨在服务海外华侨华人及华裔新生代的华文教育，搭建包括新侨在内的广大华侨华人与两岸同胞在华文教育与中华文化传播领域的合作交流平台。

五　华文教育基地建设

福建省华文教育基地学校增加新成员。厦门一中、厦门双十中学申报福建省海外华文教育基地学校，获福建省侨办批准。

南平市成立海外华文教育工作领导小组，成为继2005年省海外华文教育工作领导小组之后，率先成立海外华文教育工作领导小组的设区市。

图书在版编目（CIP）数据

世界华文教育年鉴.2014/贾益民主编.—北京:社会科学文献出版社,2015.4
ISBN 978-7-5097-7264-5

Ⅰ.①世… Ⅱ.①贾… Ⅲ.①华文教育-世界-2014-年鉴 Ⅳ.①G749.1-54

中国版本图书馆CIP数据核字（2015）第052987号

世界华文教育年鉴（2014）

主　　编／贾益民
副 主 编／胡培安　胡建刚

出 版 人／谢寿光
项目统筹／王　绯
责任编辑／张建中　周　琼

出　　版／社会科学文献出版社·社会政法分社（010）59367156
地址：北京市北三环中路甲29号院华龙大厦　邮编：100029
网址：www.ssap.com.cn
发　　行／市场营销中心（010）59367081　59367090
读者服务中心（010）59367028
印　　装／三河市东方印刷有限公司

规　　格／开　本：787mm×1092mm　1/16
印　张：24.5　插　页：0.5　字　数：460千字
版　　次／2015年4月第1版　2015年4月第1次印刷
书　　号／ISBN 978-7-5097-7264-5
定　　价／168.00元